·全国高职高专公共课系列示范教材·

"十二五"江苏省高等学校重点教材

(2013-1-069)

实用语文教程

A PRACTICAL TUTORIAL IN CHINESE LANGUAGE AND LITERATURE

主编

徐建新　黄云峰

编委

黄云峰　孔祥静　李　莉

徐建新　张绍华　张丹黎

南京师范大学出版社

NANJING NORMAL UNIVERSITY PRESS

图书在版编目（CIP）数据

实用语文教程 / 徐建新，黄云峰主编．—南京：南京师范大学出版社，2014．9

全国高职高专公共课系列示范教材

ISBN 978-7-5651-1821-0

Ⅰ．①实…　Ⅱ．①徐…　②黄…　Ⅲ．①大学语文课—高等职业教育—教材　Ⅳ．①H19

中国版本图书馆 CIP 数据核字(2014)第 178883 号

书　　名　实用语文教程
主　　编　徐建新　黄云峰
责任编辑　崔　兰
出版发行　南京师范大学出版社
地　　址　江苏省南京市宁海路 122 号(邮编:210097)
电　　话　(025)83598919(总编办)　83598412(营销部)　83598297(邮购部)
网　　址　http://www.njnup.com
电子信箱　nspzbb@163.com
印　　刷　江苏中山印务有限公司
开　　本　787 毫米×1092 毫米　1/16
印　　张　25
字　　数　546 千
版　　次　2014 年 9 月第 1 版　2019 年 1 月第 4 次印刷
印　　数　1 — 5 000 册
书　　号　ISBN 978-7-5651-1821-0
定　　价　49.00 元

出 版 人　彭志斌

修订说明

一、修订原因

2005 年我们编写并出版了教材《新世纪实用语文教程》(河海大学出版社),后于 2010 年出版了修订本(上海交通大学出版社),至今已有 4 年。在使用过程中,我们发现"阅读与欣赏"需要更换部分篇目,"应用文写作"部分需要结合学生实际需求作较大调整,同时为提高学生的听说能力,增加了"听说篇"部分,并对综合练习部分进行了较大调整。教材也更名为《实用语文教程》,并被列入南京师范大学出版社"全国高职高专公共课系列示范教材"中。

二、修订原则

教材的再次修订遵循人文性与工具性并重的总体原则。"阅读篇"部分精选古今中外经典文学作品,重视人文精神的渗透,旨在开阔视野、陶冶情操,提高学生的文学鉴赏力。"写作篇"部分则注重应用写作能力的培养,突出语文的工具性、实用性,提高学生的职业能力和适应职业变化的能力。教材增加"听说篇"内容,意在提高学生的语言表达能力和社会交际能力。

三、主要修订内容

修订后教材主要分成三个模块,即"阅读篇""写作篇"和"听说篇"。

(一)"阅读篇"采用原"阅读与欣赏"部分的体例,通过增删篇目进行调整。精选古今中外作品中具有较强人文精神和时代特色的篇目进行充实,在课后"思考与练习"中增加讨论性、调研性的思考题与分析题,以开阔学生视野,拓展学习空间,调动学生学习积极性。

(二)"写作篇"针对高职高专学生的职业性特点,着重进行普通应用文的训练。将原"应用文写作"部分,主要是第一章绪论、第二章行政公文两部分进行精简,只保留"通知""报告"和"请示"三个公文文种作为"党政公文"单元内容,增加"会议文书"和"宣传策划文书"两章内容。

(三)"听说篇"的增加,旨在避免仅"重读写"的传统语文教育模式。该部分针对高职高专学生实际需求,设计普通话训练、基础口才训练、实用口才训练这三方面内容,旨在提高学生实用的语音、口才和沟通交际能力。

四、修订内容分工

黄云峰（“写作篇”第一章），孔祥静（“阅读篇”第四章，“写作篇”第四章、第五章，“听说篇”第一章，附录），李莉（“阅读篇”第一章、第三章，“听说篇”第二章、第三章，附录），徐建新（“写作篇”第三章、第六章，“听说篇”第二章，附录），张绍华（“阅读篇”第二章），张丹黎（“写作篇”第二章、第七章）。

敬告作者

本书收入的部分文字作品稿酬已委托本书的编委会来付，敬请有著作权的作者与本书编委会联系领取稿酬和样书。（联系电话：0511－87290388）

目 录

第一编 阅读篇

第一章 散文

第二章 诗词

第二编 写作篇

第三章　实用口才训练

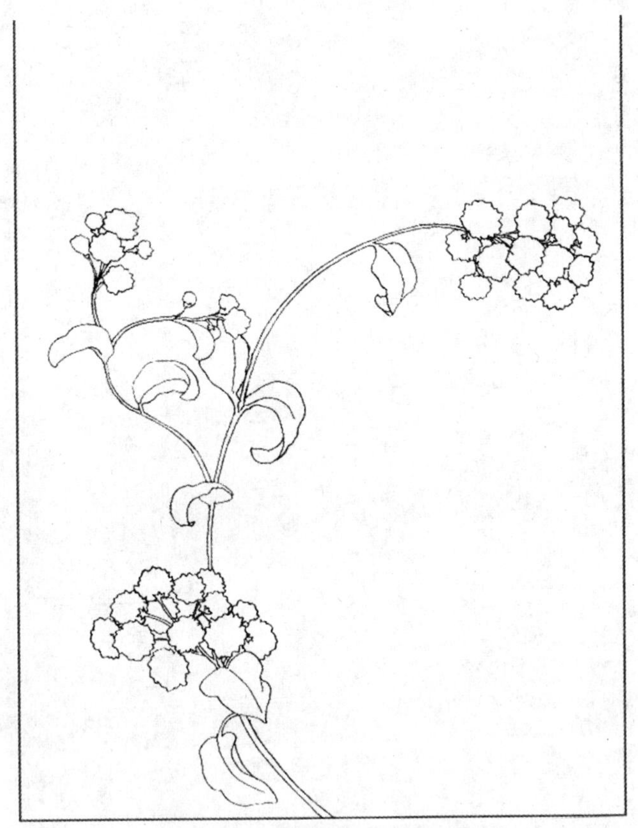

阅读篇

第一章 散 文

郑伯克段于鄢[1]

初[2],郑武公娶于申[3],曰武姜[4],生庄公及共叔段。庄公寤生[5],惊姜氏,故名曰寤生,遂恶之。爱共叔段,欲立之。亟[6]请于武公,公弗许。

及庄公即位,为之请制[7]。公曰:"制,巖邑[8]也,虢叔死焉,佗邑唯命[9]。"请京[10],使居之,谓之京城大叔[11]。祭仲[12]曰:"都城过百雉[13],国之害也。先王之制,大都不过参国之一[14];中,五之一;小,九之一。今京不度[15],非制也,君将不堪[16]。"公曰:"姜氏欲之,焉辟害[17]?"对曰:"姜氏何厌之有[18]?不如早为之所[19],无使滋蔓。蔓,难图[20]也。蔓草犹不可除,况君之宠弟乎?"公曰:"多行不义必自毙[21],子姑待之[22]。"

既而大叔命西鄙、北鄙贰于己[23]。公子吕[24]曰:"国不堪贰[25],君将若之何[26]?欲与大叔,臣请事之[27]。若弗与,则请除之,无生民心[28]。"公曰:"无庸[29],将自及[30]。"大叔又收贰为己邑,至于廪延[31]。子封曰:"可矣,厚将得众[32]。"公曰:"不义不昵[33],厚将崩。"

大叔完聚[34],缮甲兵[35],具卒乘[36],将袭郑。夫人将启之[37]。公闻其期[38],曰:"可矣!"命子封帅车二百乘以伐京[39]。京叛大叔段[40],段入于鄢[41]。公伐诸鄢[42]。五月辛丑[43],大叔出奔共[44]……

遂寘姜氏于城颍[45],而誓之[46]曰:"不及黄泉,无相见也[47]。"既而悔之。颍考叔为颍谷封人[48],闻之,有献于公[49]。公赐之食,食舍肉[50]。公问之,对曰:"小人有母,皆尝小人之食矣,未尝君之羹[51],请以遗之[52]。"公曰:"尔有母遗,繄[53]我独无!"颍考叔曰:"敢问何谓也[54]?"公语之故,且告之悔。对曰:"君何患焉?若阙[55]地及泉,隧[56]而相见,其谁曰不然[57]?"公从之。公入而赋[58]:"大隧之中,其乐也融融[59]!"姜出而赋:"大隧之外,其乐也泄泄[60]!"遂为母子如初。君子曰[61]:"颍考叔,纯孝[62]也,爱其母,施[63]及庄公。《诗》曰[64]:'孝子不匮,永锡尔类[65]。'其是之谓乎[66]?"

【注释】

[1]本篇选自《左传·隐公元年》。"郑伯克段于鄢"本来是《春秋》里的一句话,意思是郑庄公在鄢地打败了共叔段。郑伯:指郑庄公。郑国是伯爵级的诸侯国,姬姓,在今河南新郑一带,所以称它的国君为郑伯。鄢(yān):地名,在今河南鄢陵。[2]初:当初,追述往事时常用此词。这里是由鲁隐公元年发生的事谈到它起初的缘由。[3]郑武公娶于申:郑武公娶了申国国君的女儿为妻。郑武公:姓姬,名掘突,"武"是死后谥号。申:姜姓,是侯爵级的诸侯国,在今河南南阳一带。[4]武姜:郑武公妻姜氏。当时妇女出嫁每系母家的

姓，以表示她是从哪家来的，所以后人追称郑武公的妻子为武姜。[5]寤(wù)生：逆生，指胎儿出生时脚先出，即难产。[6]亟(qì)：屡次。[7]为之请制：(姜氏)为段请求封给制这个地方。制：地名，又名虎牢，在今河南荥阳汜水镇西。[8]巖邑：险要的城邑。巖：同“岩”。[9]“虢(guó)叔”二句：东虢国君(即虢叔)曾仗恃地势险要，不修德政，后为郑武公所灭，死在制这个地方。郑庄公怕段占据险地不好对付，不肯将制邑给他，表示要给其他地方都可惟命是从。佗：同“他”。[10]京：地名，在今河南荥阳东南，距郑国都城新郑较近。[11]大叔：太叔，是对段的尊称。大：同“太”。[12]祭(zhài)仲：字足，郑国大夫。[13]雉(zhì)：古代度量单位，长三丈为一雉，当时制度规定，侯伯一级的国都只能方五里，径三百雉，它下面所属的城市，大的不能超过它的三分之一，就是不能超过一百雉，中的不能超过它的五分之一，小的不能超过它的九分之一。[14]参国之一：国都的三分之一。参：同“三”。[15]今京不度：现在京邑(指它的城墙)不合制度，超过规定的高度、面积。[16]不堪：受不了，控制不住的意思。[17]焉辟害：怎么能够避免这个祸害呢？焉：怎能，疑问词。辟：通“避”。[18]何厌之有：宾语前置，意为“有何厌”。厌：满足。[19]早为之所：早一点给他安排一个地方。所：处所。[20]难图：难以对付。图：图谋，谋划。[21]自毙：自趋灭亡。毙：原意是因病或身体受伤倒下去。[22]子姑待之：您姑且等着这个结果吧(指自毙事)。子：古代对男子的尊称。姑：姑且，暂且。[23]既而：不久。鄙：边邑。贰于己：指本来只属于庄公，现在又同时属于共叔段自己。贰：两属。[24]公子吕：字子封，郑国大夫。[25]国不堪贰：一个国家受不了两个人的统治。[26]若之何：对它怎么办？[27]臣请事之：我请求去臣事他(指共叔段)。意思是让我去做段的臣子侍奉他。[28]无生民心：不要使郑国人民生二心。无：同“毋”。生民心：使民生二心。[29]无庸：不用。指用不到这样做。庸：同“用”。[30]将自及：将会自己遭殃的意思。[31]廪(lǐn)延：郑国的邑名，在今河南延津北。[32]厚：指土地扩大。众：民众。[33]不义不昵(nì)：对君不义，对兄不亲。昵：亲近。[34]完聚：修治城郭，聚集民众。完：修治。[35]缮(shàn)甲兵：修整盔甲武器。缮：修理整治。[36]具卒乘：准备好步兵及战车。[37]夫人将启之：指郑武公的夫人(武姜)将要为共叔段打开城门做内应。[38]其期：指共叔段准备袭郑的日期。[39]帅：同“率”。乘：辆。古时一车四马叫做一乘。车上站士兵三人，车后跟步卒七十二人。[40]京叛大叔段：京地人民背叛共叔段。[41]入于鄢：逃到这个地方。[42]伐诸鄢：到鄢地讨伐他。诸：“之于”的合音。[43]五月辛丑：古人用天干地支纪日。依王韬《春秋朔闰表》推算，五月辛丑，是隐公元年五月二十三日。[44]出奔共：逃奔到共国(在今河南辉县)避难。原文此下尚有一段文字——“书曰：‘郑伯克段于鄢’。段不弟；如二君，故曰克；称郑伯，讥失教也；谓之郑志，不言出奔，难之也。”这段文字与《左传》的写作体例不合，似为解释经义之文。有人认为是后人所加，故删。[45]寘：同“置”，安置，这里有幽禁的意思。颍：郑国邑名，故城在今河南临颍西北。[46]誓之：向她发誓。[47]“不及黄泉”二句：不到死后，决不相见。黄泉：古人以为天玄地黄，泉在地下，人死后葬入地下墓穴，因此称人死亡为赶赴黄泉。[48]颍考叔：郑国大夫。颍谷：地名，在今河南登封西南。封人：官名，管理疆界的官。[49]有献于公：指献给庄公一些土产。[50]食舍肉：吃的时候把肉放在一边。[51]羹(gēng):带汁的肉。[52]遗(wèi)之:赠送给她(指颍考叔母)。[53]繄(yī):语气助词,无义。[54]敢:表示歉敬的副词,有"大胆"、"冒昧"的意思。何谓:即"谓何",说的是什么意思。[55]阙:通"掘"。[56]隧:地道。这里用作动词,挖地道的意思。[57]其谁曰不然:那又有谁能说这样做不对呢?其:用在句首,加强反问语气。然:这样,是的。[58]赋:赋诗。[59]融融:和乐自得的样子。[60]泄(yì):舒畅快乐的样子。[61]君子曰:这是作者假托"君子"发表议论。[62]纯孝:笃孝。指孝心真诚、纯笃。[63]施(yì):延续,推及。[64]诗:指《诗经》。[65]"孝子"二句:这是《诗经·大雅·既醉》篇中的诗句,意思是说:孝子的孝道没有穷尽,永久地把它赐给你同类的人。匮(kuì):竭尽。锡:同"赐"。类:指同类的人。[66]"其是"句:大概就是说的这种事吧!

知识链接

《左传》是我国第一部叙事详细的完整的编年体历史著作,相传是鲁国史官左丘明所作,原名《左氏春秋》。一般人认为《左传》是一部独立的历史著作,但西汉后期的古文经学家认为它是解释《春秋》经的,改称《春秋左氏传》。到了晋代,杜预才把它按年头分附在《春秋》的后面。据考证,它的成书年代大约在战国中期。《左传》所记载的历史年代,大致与《春秋》相当,即起于鲁隐公元年(公元前 722 年),止于鲁哀公二十七年(公元前 468 年),实际记事到鲁悼公十四年(公元前 453 年)。

本文围绕郑庄公与共叔段争权这一中心,将人物置于尖锐复杂的矛盾冲突中,通过细节描写与衬托手法的运用成功地刻画出人物的性格特征。

对于郑庄公这一人物形象,一般传统的观点认为,郑庄公是个阴险狡诈、怂弟作恶、胸有城府、老谋深算的人物,庄公即位之初,母亲姜氏为共叔请"制",庄公明明是担心共叔段据险叛乱,而表面上却以关心弟弟为借口婉言拒绝。后来共叔段不断扩大自己的势力范围,庄公表面上一忍再忍,实际上是等待共叔段"多行不义必自毙"的结果。最后共叔段起兵造反,庄公予以致命一击,以此巩固君位。然而也有观点认为,郑庄公是个有远见的政治家,胸有韬略,处事果断,关键时刻不心慈手软。在决定郑国命运和自己君主地位的时刻,庄公果断出击,而共叔段得不到百姓的拥护,只得狼狈逃窜,证明庄公是正确的。文中还将共叔段的贪得无厌、狂妄愚蠢,姜氏的偏私狭隘、以私情干政,以及祭仲的老成,公子吕的急躁,颍考叔的机智,都表现得十分鲜明生动。

本文显示了《左传》作者善于处理人物众多、关系复杂的重大政治、军事事件的艺术能力。文章以母子、兄弟之间的矛盾为主线来组织材料,把纷繁的人物、事件架构得十分和谐;详写兄弟争权斗争的起因和激化进程,略写郑庄公"克段于鄢"的战争经过,避浅就深,深化了文章的主题思想;以郑庄公为中心,与姜氏、共叔段相对衬,用祭仲、公子吕来烘托,人物性格显得更加突出;而"庄公寤生"、颍考叔"舍肉"、母子地道赋诗等传闻逸事的穿插,则使全文张弛合度,平添了不少情趣。

思考与练习

一、填空题

1.《郑伯克段于鄢》选自________，这部编年体史书相传为春秋末年鲁国史官________撰写。

2.“春秋三传”指的是________、________和________。

二、解释下列句中带点的字

1. 大叔完聚，缮甲兵，具卒乘，将袭郑

2. 无庸，将自及

3. 不及黄泉，无相见也

4. 庄公寤生

5. 爱其母，施及庄公

6. 不义不暱

三、翻译下列句子

1. 姜氏何厌之有？不如早为之所，无使滋蔓。

2. 国不堪贰，君将若之何？

3. 无庸，将自及。

4. 先王之制，大都不过参国之一。

四、阅读文章第三自然段，回答问题

1. 这一自然段揭示了共叔段怎样的性格特点？

2. 郑庄公对共叔段的扩张和公子吕的劝告为什么会置之不理？

3. 联系作品，分析郑庄公这一人物形象。

《老子》三章[1]

老　子

天下皆知美之为美，斯恶已[2]；皆知善之为善，斯不善已。故有无相生，难易相成，长短相形，高下相倾，音声相和，前后相随[3]。是以圣人处无为之事[4]，行不言之教，万物作焉而不辞[5]，生而不有[6]，为而不恃[7]，功成而弗居[8]。夫唯弗居，是以不去[9]。

曲则全，枉则直，洼则盈，敝则新，少则得，多则惑[10]。是以圣人抱一为天下式[11]。不自见，故明[12]；不自是，故彰[13]；不自伐[14]，故有功；不自矜，故长[15]。夫唯不争，故天下莫能与之争。古之所谓“曲则全”者，岂虚言[16]哉！诚全而归之[17]。

其安易持，其未兆易谋；其脆易泮[18]，其微[19]易散。为之于未有，治之于未乱。合抱之木，生于毫末[20]；九层之台，起于累土[21]；千里之行，始于足下。

【注释】

[1]《老子》又名《道德经》。作者老子，老子即老聃，楚国人。他曾任周守藏室之史，负责管理藏书，因此见闻广博。据说孔子曾向他请教周礼。周朝衰微，老子西行，著书“言道

德之意五千余言而去,莫知其所终"。此三章是《老子》的第二、第二十二和第六十四章(据晋王弼注本文,有删节)。[2]恶已:恶,丑。已:通"矣"。此句意思是:天下人都知道美好的事物是美好的,丑恶就产生了。斯:这就。[3]有无相生:有和无是对立的两个方面。相生:即由互相对立而生。相成:由互相对立而成。相形:由互相对立而体现。相倾:由互相对立而倾倚。相和:由互相对立而生和谐。相随:由互相对立而生顺序。[4]处无为之事:做的是无所行动的事,做的是并没有做就能发生的事。即"无为而无不为"。[5]万物作焉而不辞:让万物生长而不干预(它们)。作:发生,兴起。辞:马叙伦《老子校诂》认为应作"治"。[6]有:据为己有。[7]为而不恃:施予而不自以为有功。[8]功成而弗居:功成而不自以为有功。居:处,占有。[9]是以不去:所以不会丧失。[10]曲则全:残缺的会变为完整的。枉:本义是树木弯曲,这里引申为冤枉、屈枉。直:直伸、伸展。盈:充盈,满。敝(bì):坏,破旧。惑:迷惑。这里的意思是一旦迷惑就会失掉。这几句都讲的是对立面的互相转化。[11]是以圣人抱一为天下式:抱一即守一(不贪多,不外求),作为天下人的榜样。式:范式、楷模。[12]自见(xiàn):自显于众,自己炫耀自己。明:看得见。[13]自是:自以为是。是:正确。彰:明辨是非。[14]自伐:自己夸耀自己。伐:夸耀。[15]矜(jīn):抬高自己。长(zhǎng):本义为长短的"长",这里引申为长辈、师长、首领,意思是能负起领导责任。[16]虚言:空话。[17]诚全而归之:确实能让人得到保全。诚:实在、确实、的确。[18]其安易持:稳定的东西容易保持。其未兆易谋:尚未显现的时候容易谋划。其脆易泮(pàn):泮,散,解。物品脆弱就容易消解。[19]微:细碎。[20]毫末:毫毛的尖端(言极小)。[21]累土:堆土。

《老　子》

《老子》是道家经典,也是我国古代最具原创性的哲学著作。这篇文字简约、含义晦涩的文章,充满了神秘的色彩。内容涉及对宇宙、人事各方面的认识。总体上来说,老子对于人治(政府)甚至于文化,都抱着否定的态度。他认为任何的社会进步都会招致灾祸,生产的发展会增长人们的贪欲,而贪欲是争斗的根源;文化提高会增长人们的智慧,而智慧恰是争斗的工具。因此他主张回到没有文明的时代,即"小国寡民"的世界,回到"老死不相往来"的状态。

这样的思想对于当今的生活来说是消极的,也是行不通的。但令人惊叹的是,这种消极无为的思想,用一种充满哲学思辨的方式陈述出来,闪烁着夺目的火花。他指出,世上的万事万物都是对立统一的,如福与祸、强与弱、刚与柔、多与少、上与下、先与后、实与虚、巧与拙。矛盾的双方是对立的,也是可以相互转化的。这就是所谓的"有无相成、难易相生、长短相形、高下相倾",也可以说成"祸兮福所倚,福兮祸所伏"。

第一章内容分两层次。第一层集中鲜明地体现了老子朴素的辩证法思想。天下万事万物都是相对存在的，没有绝对的东西。有“上”就必然有一个“下”与之相对。所以当人们知道美之所以为美的时候，丑也就产生了；当知道善之所以为善的时候，恶也就产生了。在这一层意思的基础上，展开第二层如何对待这个矛盾世界的态度。此处所讲的“无为”不是无所作为，随心所欲，而是要以辩证法的原则指导人们的社会生活，帮助人们寻找顺应自然、遵循事物客观发展的规律。他以圣人为例，教导人们要有所作为，但不是强作妄为。

第二章一开头，老子就用了六句话来讲述事物由正面向反面变化所包含的辩证法思想，对此要有“逆向思维”，对待天下的万事万物不能只顺着看，还要学会逆着看。老子认为，事物常在对立的关系中产生，人们对事物的两端都应当观察，从正面去透视负面的状况，对于负面的把握，更能显现出正面的内涵。事实上，正面与负面，并非截然不同的东西，而是经常储存的关系。“曲”里存在着“全”的道理，在“枉”里存在着“直”的道理，在“洼”里存在着“盈”的道理，在“敝”里存在着“新”的道理，老子告诫人们要立足于“曲”“枉”“洼”“敝”“少”“惑”，才能达到“全”“直”“盈”“新”“得”“多”。

第三章讲了两层意思，一是“见微知著”，二是“由微达著”。“其安易恃，其未兆易谋，其脆易泮，其微易散”，都是强调那些看上去不起眼的小事情或微不足道的现象，可能正是后来重大事件之所以发生的关键诱因，所以一定要慎始慎微。

思考与练习

一、填空题

1.《老子》又名__________，作者是__________。

2. 合抱之木，生于毫末；九层之台，起于累土；__________，__________。

二、解释下列句子，注意加点字的意思

1. 天下皆知美之为美，斯恶已。

2. 故有无相生，难易相成，长短相形，高下相倾，音声相和，前后相随。

3. 万物作焉而不辞。

4. 是以圣人抱一为天下式。

5. 不自见，故明；不自是，故彰；不自伐，故有功；不自矜，故长。

6. 其安易持，其未兆易谋，其脆易泮，其微易散。

三、思考与讨论

1. 我们非常熟悉“塞翁失马”的寓言，它其实讲的也是祸福相依存、相转化的道理，在现实生活中，这种现象也是普遍存在的。请你联系自己的生活经验谈谈感受。

2. 现实生活中，人们努力奋斗就是为了拥有、占有，可是老子却告诫我们“生而不有，为而不恃，功成而弗居”。你认为这句话有道理吗？

礼运（节选）

孔子曰：大道[1]之行也，与三代之英[2]，丘未之逮也，而有志焉[3]。大道之行也，天下为公。选贤与[4]能，讲信修睦。故人不独亲其亲，不独子其子；使老有所终，壮有所用，幼有所长；矜寡孤独废疾者皆有所养[5]；男有分，女有归[6]。货恶[7]其弃之于地也，不必藏于己；力恶其不出于身也，不必为己。是故，谋闭而不兴[8]，盗窃乱贼而不作，故外户而不闭。是谓大同[9]。今大道既隐，天下为家，各亲其亲，各子其子，货力为己，大人世及以为礼[10]。城郭沟池以为固，礼义以为纪；以正君臣，以笃父子，以睦兄弟，以和夫妇，以设制度，以立田里，以贤勇知，以功为己。故谋用是作，而兵由此起。禹、汤、文、武、成王、周公，由此其选[11]也。此六君子者，未有不谨于礼者也。以著其义，以考其信，著有过，刑[12]仁讲让，示民有常。如有不由此者，在势者去，众以为殃，是谓小康[13]。

【注释】

[1]大道：伟大的思想原则，指儒家理想化的古代社会均衡形态。[2]三代之英：唐尧、虞舜、夏禹三个时期的杰出人才。[3]逮：赶上。有志：古书记载。[4]与：通“举”。[5]矜(guān)：通“鳏”，没有妻子的人。[6]分：本分、应有的社会职责与家庭生活保障。归：古时女子出嫁。[7]恶：讨厌，憎恨。[8]谋：阴谋诡计。兴(xīng)：兴生，兴起。[9]大同：当时儒家理想的社会境界，人人都各得其所，社会极其和谐。[10]“大人世及以为礼”与“选贤与能”的办法不同。[11]选：同“俊”，是最优秀的意思。这里是说夏商周三代并不都是太平盛世，如夏桀、周幽王、周厉王等都不可数，而可数者中只有这六个人是最优秀的。[12]刑：同“型”，即以“仁”为规范。[13]此处的“小康”与“大同”是相对的，和我们今天所说的小康不完全相同。

知识链接

《礼　记》

《礼记》是儒家经典，成书于西汉时期，是战国(公元前475年—公元前221年)到秦汉时期(公元前221年—公元220年)儒家解释说明《仪礼》的文章选集，是一部儒家思想的资料汇编。

汉代把孔子定的典籍称为“经”，弟子对“经”的解说是“传”或“记”，《礼记》因此得名，即对“礼”的解释。到西汉前期《礼记》共有一百三十一篇。相传戴德选编其中八十五篇，称为《大戴礼记》；戴圣选编其中四十九篇，称为《小戴礼记》。东汉后期大戴本不流行，以小戴本专称《礼记》，而且和《周礼》、《仪礼》合称“三礼”，郑玄作了注，于是地位上升为经。书中还有广泛论说礼意、阐释制度、宣扬儒家理想的内容。小戴本共收《王制》、《月令》、《乐记》等49篇文章，著者多为孔门弟子。本文出自《小戴礼记》。

南宋时期，理学家朱熹将《礼记》中两篇文章《大学》和《中庸》单独抽出来，与《论语》、《孟子》合称“四书”。自宋至清的六七百年间，成为学子入仕应考的必读书。

《礼运》(节选)

本段记叙了儒家学派闪光的政治理想——大同世界及小康思想。这种小康大同的政治理想产生于2000年前的中国，是极为可贵的历史资料。

本段具体反映了孔子所追求的以仁爱为基础的“大同”理想社会。孔子希望，在一个社会里，人人为公，举贤任能，讲究信义，重视团结；每个人都能自觉地关心爱护他人，使男女老少、鳏寡孤独各得其所，生活有所保障；阴谋不生，盗贼不作，门户不闭……若能如此，社会也就达到了所谓的“大同”境界。孔子的这一理想固然反映了他对当时现实的不满和想改变现实的愿望，但在小生产者的生产方式和私有制的社会制度基础上，这种理想实属无法实现的乌托邦。而孔子在这里所说的“小康”则是指私有制社会，一切都建立在以“天下为家”即“私有”的基础上，人人都是为自己着想。当然，在这里孔子列举了六位君子为了保持社会发展与稳定，制定了“礼”作为人们行为的规范与准则，这里主要目的并不是为了颂扬六人的功绩，而是为了阐明“礼”的产生，同样表明了儒家据“仁”重“礼”的思想。相对于理想化的“大同”世界，“小康”则更具有现实性，是对现状的一种深刻思考。我们今天所说的“小康”则是指社会发展达到一个较高的生活标准与幸福标准等。

思考与练习

一、填空题

1.《大同》一文选自__________。

2.__________、__________、__________合称“三礼”。

3.南宋时期朱熹将《礼记》中两篇文章《大学》和《中庸》抽出来，与__________、__________合称“四书”。

二、翻译下列句子并解释加点的字

1.故人不独亲其亲，不独子其子

2.矜寡孤独废疾者皆有所养

3.货恶其弃之于地也，不必藏于己

4.是故谋闭而不兴，盗窃乱贼而不作

5.刑仁讲让，示民有常

三、阅读本文，回答问题

1.说说“大同”与“小康”各有哪些特点。

2.谈谈你对孔子“大同”思想的理解。

苏轼小品文三则

记承天寺[1]夜游

元丰六年十月十二日夜，解衣欲睡，月色入户，欣然起行。念无与为乐者，遂至承天寺寻张怀民[2]。怀民亦未寝，相与步于中庭[3]。庭下如积水空明，水中藻荇交横，盖竹柏影也[4]。何夜无月？何处无竹柏？但少闲人如吾两人者耳。

记游松风亭

余尝寓居惠州嘉祐寺，纵步松风亭下。足力疲乏，思欲就亭止息。仰望亭宇，尚在木末[5]，意谓如何得到？良久，忽曰："此间有甚么歇不得处？"由是如挂勾之鱼，忽得解脱。若人悟此，虽兵阵相接，鼓声如雷霆，进则死敌[6]，退则死法[7]，当恁么时也不妨熟歇[8]。

试笔自书[9]

吾始至南海，环视天水无际，凄然伤之，曰："何时得出此岛耶？"已而思之：天地在积水中，九州在大瀛海中，中国在少海[10]之中，有生[11]孰不在岛者？覆盆水于地，芥浮于水，蚁附于芥，茫然不知所济。少焉，水涸，蚁即径去，见其类，出涕曰："几不复与子相见。岂知俯仰之间，有方轨八达[12]之路乎？"念此可以一笑。

戊寅九月十二日，与客饮薄酒小醉，信笔书此纸。

【注释】

[1] 承天寺：故址在今湖北黄冈县城南。[2] 张怀民：作者的朋友。名梦得，字怀民，清河（今河北清河）人。元丰六年也被贬到黄州，寓居承天寺。[3] 相与步于中庭：一同走到庭院中。相与：共同，一同。中庭：庭院里。[4]"庭下"三句：这是形容月色如水般澄净明亮的样子。藻、荇（xìng）：均为水生植物，这里是水草。[5] 木末：树梢，指在高处。[6] 死敌：死于敌手。[7] 死法：死于军法。[8] 熟歇：很好地歇息一翻。[9] 又名《在儋耳书》，此文写于苏轼谪居海南时期。儋耳：今海南省儋州。[10] 少海：小海。[11] 有生：有生命的东西。[12] 方轨：两车并行，指道路宽阔。八达：道路八面畅达。

知识链接

苏轼是继欧阳修之后宋代古文运动的领袖。其散文作品标志着从发端于魏、历经唐宋的古文运动的胜利结束。苏轼散文的总成就在于集前人之大成而又有创新。既有魏晋之自由通脱，又有唐宋之明白简练；既有韩愈之气盛言宜与欧阳修之纡余委备，又新添了变化流转与自然清新。苏文体裁丰富，既有奏议、进策等政论文，也有纪事、纪游的抒情散文，还有书札、序跋、随笔等小品文。苏文风格多样，其政论文纵横挥洒，广征史事，层层剖析，善于随机生发，翻空出奇；其抒情散文文思敏捷，集叙事、抒情、说理于一体，流畅自然，意境优美；其小品文随意拈来，触处生春，亲切有味。而在总体上，苏文能根据内容而自然变化，巧于布局和构思，波澜层出，机趣横生。

《记承天寺夜游》表达的感情微妙而复杂，贬谪的悲凉、人生的感慨、赏月的欣喜、漫步的悠闲都包含其中。作者"解衣欲睡"的时候，"月色入户"，于是"欣然起行"，月光难得，不免让人欣喜。可是没有人和自己共同赏月，只好去找同样被贬的张怀民，这里包含的贬谪之悲凉与人生之感慨岂一言能尽！然两人漫步中庭，却又是悠闲的。对澄澈清明的月色作了生动形象的描绘，透露出作者在贬谪中虽感慨身微，而又随缘自适、自我排遣的特殊心境。

据《舆地纪胜》所载，松风亭上植松二十余种，清风徐来，松声如涛，是当时的游览胜地。苏轼游松风亭为宋哲宗绍圣元年(1094)十月间事。时章敦为相，东坡知定州，谪知英州，未到任再贬宁远军节度副使，惠州安置。政治打击接踵而来，但他仍满怀兴致游览了松风亭。文章记录了游览时轻松愉悦的心情。苏轼虽被贬官远发南蛮之地，但晚年的他政治心态和人生已趋向平和。“人为什么一定要登上某个极点呢？为何不欣赏沿途的风景，歇歇脚后下山呢？”显示了其对待贬谪的旷达态度，读来理趣盎然。

从黄州到惠州再到海南岛的儋州，苏轼被朝廷贬谪到了天涯海角。他的心情也低落到了极点。环视海天一色，浩淼无际，一种孤独、漂泊之感油然而生。然转念之间，他便跳出了自身，跳出了海南岛，于九天之上俯瞰小小寰球，原来这天地、九州、中国不都在海水的包围之中吗？每个人不都是生活在岛上吗？既然这样，又有什么好悲伤的呢？

不仅如此，苏轼还讲了一个精彩的寓言故事，从这个故事他悟出转折和出路往往就在俯仰之间。人生不如意事十之八九。后人要学会像苏轼那样善于获得解脱。有时换个角度，换种思维方式，便能顿觉天地宽广。

思考与练习

一、注意一字多义现象，解释下列各句中加点的字

1. 念无与为乐者
2. 相与步于中庭
3. 仰望亭宇，尚在木末
4. 进则死敌，退则死法
5. 有生孰不在岛者
6. 岂知俯仰之间，有方轨八达之路乎

二、思考讨论题

1. 谈谈你对苏轼旷达超然的人生态度的认识。
2. 以本文为例试论苏轼小品文的艺术特色。

徐文长传[1]

袁宏道

余一夕坐陶太史[2]楼，随意抽架上书，得《阙编》诗一帙[3]。恶楮毛书[4]，烟煤败黑，微有字形。稍就灯间读之，读未数首，不觉惊跃，急呼周望：“《阙编》何人作者？今耶古耶？”周望曰：“此余乡徐文长先生书也。”两人跃起，灯影下，读复叫，叫复读。僮仆睡者皆惊起。盖不佞[5]生三十年，而始知海内有文长先生。噫，是何相识之晚也！因以所闻于越人士

者，略为次第[6]，为徐文长传。

徐渭，字文长，为山阴诸生[7]，声名藉甚[8]。薛公蕙校越时[9]，奇其才，有国士之目[10]。然数奇[11]，屡试辄蹶[12]。中丞胡公宗宪闻之，客诸幕[13]。文长每见，则葛衣乌巾[14]，纵谈天下事，胡公大喜。是时，公督数边兵[15]，威振东南，介胄之士[16]，膝语蛇行[17]，不敢举头，而文长以部下一诸生傲之，议者方之刘真长、杜少陵云[18]。会[19]得白鹿，属文长作表[20]。表上，永陵[21]喜。公以是益奇之，一切疏记[22]，皆出其手。

文长自负才略，好奇计，谈兵多中，视一世士无可当意者，然竟不偶[23]。文长既已不得志于有司[24]，遂乃放浪曲蘖[25]，恣情山水，走齐、鲁、燕、赵之地，穷览朔漠[26]。其所见山崩海立，沙起云行，风鸣树偃，幽谷大都[27]，人物鱼鸟，一切可惊可愕之状，一一皆达之于诗。其胸中又有勃然不可磨灭之气，英雄失路、托足无门之悲。故其为诗，如嗔，如笑，如水鸣峡，如种出土，如寡妇之夜哭、羁人[28]之寒起；虽其体格时有卑者，然匠心独出，有王者气[29]，非彼巾帼而事人者[30]所敢望也。文有卓识，气沉而法严，不以模拟损才，不以议论伤格[31]，韩、曾之流亚[32]也。文长既雅，不与时调合，当时所谓骚坛主盟者[33]，文长皆叱而奴之[34]。故其名不出于越，悲夫！喜作书，笔意奔放如其诗，苍劲中姿媚跃出，欧阳公所谓"妖韶女老，自有余态"者也[35]。间以其余[36]，旁溢为花鸟，皆超逸有致。

卒以疑杀其继室，下狱论死[37]，张太史元汴力解，乃得出[38]。晚年愤益深，佯狂益甚[39]。显者至门，或拒不纳[40]。时携钱至酒肆，呼下隶与饮。或自持斧击破其头，血流被面，头骨皆折，揉之有声。或以利锥锥其两耳，深入寸余，竟不得死。周望言："晚岁诗文益奇，无刻本，集藏于家。"余同年[41]有官越者，托以抄录，今未至。余所见者，《徐文长集》、《阙编》二种而已。然文长竟以不得志于时，抱愤而卒。

石公[42]曰："先生数奇不已，遂为狂疾；狂疾不已，遂为囹圄[43]。古今文人牢骚困苦，未有若先生者也。虽然，胡公间世豪杰，永陵英主，幕中礼数异等[44]，是胡公知有先生矣；表上，人主悦，是人主知有先生矣。独身未贵耳。先生诗文崛起，一扫近代芜秽之习，百世而下，自有定论，胡为不遇哉？梅客生[45]尝寄余书曰：'文长吾老友，病奇于人，人奇于诗。'余谓文长，无之而不奇者也。无之而不奇，斯无之而不奇也，悲夫[46]。"

【注释】

[1]徐文长：即徐渭(1521—1593)，字文长，别号天池生，晚号青藤道人。山阴(今浙江省绍兴市)人。嘉靖间秀才，性格狂傲不拘，一生潦倒。曾作胡宗宪幕府书记。《明史》本传谓其"天才超轶，诗文绝出伦辈。善草书，工写花草竹石"。是明中叶著名文人、画家、戏剧家。著有《徐文长集》三十卷、《四声猿》杂剧四种等。[2]陶太史：即陶望龄，字周望，号石篑，会稽(今绍兴市)人。曾任翰林院编修，官至国子监祭酒。[3]《阙编》：徐渭于万历八年(1590)自刻的一部文集。帙(zhì)：书册，书函。[4]恶楮毛书：纸张粗劣，书写粗糙。楮(chǔ)：树名，叶似桑，皮可作纸，因以为纸的代称。[5]不佞：没有才能。自谦之辞。[6]略为次第：略加编排次序。[7]诸生：明代已入学的生员统称诸生，包括庠生、贡生、廪生等。徐渭自二十岁进学后，八次应乡试都不曾考中。[8]声名藉甚：名声很大。[9]薛公蕙校越

时：薛蕙做浙江省乡试主考官的时候。薛公蕙：即薛蕙，字君采，公是对他的尊称。亳州（今安徽省亳县）人。正德时进士，曾官吏部考功司郎中。校越：意即做浙江省的乡试主考官。校：考核。[10]有国士之目：对徐渭有“国士”的评价。国士：举国闻名的贤士。[11]数奇(jī)：命运不好，遭不顺利。数：这里指命运。[12]蹶：跌倒，引申为失败，挫折。[13]“中丞”二句：本是汉代御史大夫的属官，明时都察院中的副都御史，其职位相当于中丞相；而明代常以副都御史出任巡抚，所以往往借中丞之名代指巡抚。胡宗宪嘉靖进士，时任浙江巡抚。曾率兵打败过入侵的倭寇。因结交严嵩父子，严嵩败后，他也革职被捕，死于狱中。客诸幕：把他请到幕府中作宾客。[14]葛衣乌巾：葛布做的衣服，黑纱做的头巾。这是一种村野的服装。[15]督数边兵：嘉靖三十五年(1556)，命胡宗宪总督南直隶、浙、闽军务，负责剿灭倭寇，故云“督数边兵”。[16]介胄之士：披甲戴盔之士。这里指将官。[17]膝语蛇行：跪着说话，爬着行进。形容非常恭顺的样子。[18]方之刘真长、杜少陵：把他比作刘惔和杜甫。方：比拟。刘真长：即刘惔，真长是他的字，晋代著名清谈家，曾作过简文帝幕中的上宾。杜少陵：即杜甫。刘、杜二人都是身为僚属而在长官面前不拘礼数的人物。[19]会：适逢，恰好。[20]属：同“嘱”，委托。表：古代奏章的一种。[21]永陵：明世宗嘉靖皇帝（朱厚熜）的陵墓。古时常用陵墓名来称谓该皇帝，以表崇敬。[22]疏记：此指奏章、奏记之类。[23]不偶：不遇，指仕途不顺利。[24]有司：官吏。古代设官分职，每事各有专司，所以称官吏为有司。[25]曲蘖(qūniè)：酒母，代指酒。[26]朔漠：北方沙漠地带。这里泛指北方地区。万历四年(1576)，徐渭曾应宣化巡抚吴兑之聘，到塞北重镇宣化府作客，写了许多反映北方边防形势的诗篇。[27] 大都：大的都市。[28] 羁人：旅居在外不得回家的人。[29]王者气：这里指自成一家的高昂气派。[30]巾帼而事人者：指故作卑屈以讨好权贵的那些文士。巾帼：古代妇女的头巾和发饰。[31]不以议论伤格：意指徐渭所作诗文，虽用议论，但不伤害格调。格：格调。[32]韩、曾之流亚：韩愈、曾巩一流的人物。流亚：指同一类的人物。[33]骚坛主盟者：文坛上的领袖人物。指嘉靖时后七子的主要代表人物王世贞、李攀龙等。《明史·王世贞传》：“世贞始与李攀龙狎主文坛，攀龙殁，独操柄二十年。才最高，地望最显，声华义气笼盖海内。”[34]叱而奴之：把他们视为奴婢一样，大声呵斥。[35]“欧阳公”句：欧阳修《水谷夜行寄子美圣俞》：“作诗三十年，视我犹后辈。文词愈清新，心意虽老大。譬如妖韶女，老自有余态。”妖韶：美艳的样子。原文指的是苏子美的诗，这里借以论书法。[36]间：有时。余：余力。[37]“卒以”两句：陶望龄《徐文长传》：“渭为人猜而妒。妻死后，有所娶，辄以嫌弃，至是（嘉靖四十九年）又击杀其后妇，遂坐法，系狱中。”继室：续娶的妻子。徐渭继室为张氏。[38]“张太史”两句：万历元年(1573)，徐渭被保释出狱。张元汴：字子荩，山阴人。隆庆进士，官至翰林侍读。[39]“晚年”二句：指胡宗宪下狱后，徐渭惧祸佯狂。张汝霖《刻徐文长佚书序》：“其后少保（胡宗宪）以缇骑收，文长恐连，遂佯狂，寻乃即真。居常痛少保功而谗死，冤愤不已，而力不能报，往往形之诗篇。”[40]“显者”句：万历十年(1580)徐渭抱病回乡。陶望龄《徐文长传》：“既归，病时作时止，日闭门与长者饮醪，而深恶富贵人，自郡守丞以下求见者不得也。尝有诣者，伺便排户半入，渭遽手拒扉，口应曰：‘某不在。’”[41]同年：同科考中的人，互称“同年”。[42]石公：袁宗道的号。[43]囹圄（língyǔ）：牢狱。[44]礼数异等：所受礼遇与别人不同。[45]梅客生：即梅国祯，字客生，湖北省麻城县人。万万间进士，官至兵部右侍郎。[46]“余谓”等句：我以为徐文长的思想行为，没有一样不是奇特的，正因为这样，所以他便没有一样是顺利的。后一“奇”字，音 jī，“数奇”之意。

知识链接

小品文为散文品种之一。题材的包容和体裁的自由，可以说是小品文的主要特点。尺牍、游记、日记、序跋、辞赋、小说等文体都可以是小品文。小品文的渊源则可以追溯到先秦时期，但作为文体的兴盛则是在晚明阶段。小品文的盛行与晚明文坛兴起的新思潮有关：首先，李贽以其抨击伪道学与重视个性精神的离经叛道的思想冲击了封建礼教，给晚明文坛以启蒙。随后，以袁宏道为代表的公安派在李贽影响下提出“独抒性灵”的“性灵说”，将表现个体自由性情和个性化思想看作文学创作的重要内容。

晚明小品文的特点可归纳为两个方面：首先是创作风格上趋于生活化、个人化。在小品文的创作上，晚明文人充分展现了他们的日常生活状貌及趣味，为我们呈现出晚明文人特有的生活情调和审美尚趣；小品文的另一个特点是率真直露，注重真情实感，不论是描写个人日常生活，表达审美感受；还是评议时政，抨击污秽，晚明文人多能直露胸臆，毫不掩藏，展现真实的自己。

袁宏道是晚明文坛“公安派”的领袖。他生于“前后七子”复古文风炽烈之时，对盲目厚古复古的风气深恶痛绝，极力倡导“独抒性灵，不拘格套”的文学主张。所谓“代有升降，而法不相沿，各极其变，各穷其趣”。其文或秀逸清新，或活泼诙谐，自成一家。

徐渭是晚明的著名文士，生平事迹颇具传奇色彩。他的气概和胆识与他天才的艺术创作，以及清高傲岸、狂放不羁的性格，很受当时知识分子的景仰。而他那坎坷不遇，潦倒终生，及至忧愤成疾的悲惨命运，也使众人为之痛惜。袁宏道虽与徐渭素昧平生，但他对其为人处世和艺术创作成就由衷钦佩，并对他的不幸遭遇深表同情，他将这种惺惺相惜之情托诸笔端，写下了《徐文长传》这篇文章。

袁宏道吸收了前代人物传记的特色而又有所创新。《徐文长传》一文吸取了《史记》等史传文学“以事传人”的长处，选择了徐渭一生中较有代表性的事例来展现他的才华、个性与不幸的结局，但作者在记事上并不求完整，只是粗略介绍，意到即止。文章在粗略陈述徐渭事迹的同时，往往抓住所记之事的突出特征，赋以一两笔简洁而生动的描绘，以凸现徐渭其人其事及与众不同的独特个性。如写徐渭在胡宗宪幕府之事时，作者用“文长每见，则葛衣乌巾，纵谈天下事”和“介胄之士，膝语蛇行，不敢举头”来烘托，反衬徐渭不“摧眉折腰事权贵”的性格。写徐渭晚年佯狂，用斧锥自戕，则用“血流被面，头骨皆折，揉之有声，或以利锥锥其两耳，深入寸余”来显现其事之真切、离奇，给读者留下了清晰而又深刻的印象。可以说，作者深得《史记》等书描摹人物之妙处，能够不拘形迹而汲取其神韵，得心应手地运用于自己的写作实践，从而使这篇人物传记在人物描写上形成自己的特色。

思考与练习

一、解释下列句子与加点的字

1. 徐渭字文长，为山阴诸生，声名藉甚
2. 然数奇，屡试辄蹶
3. 会得白鹿，属文长作表
4. 议者方之刘真长、杜少陵云
5. 余同年有官越者，托以抄录

二、仔细阅读本文，回答下面的问题

1. 本文的文眼是“奇”，作品是如何突出“奇”的？
2. 谈谈你是如何理解徐渭的人生悲剧的。

故乡的野菜

周作人

我的故乡不止一个，凡我住过的地方都是故乡。故乡对于我并没有什么特别的情分，只因钓于斯游于斯[1]的关系，朝夕会面，遂成相识，正如乡村里的邻舍一样，虽然不是亲属，别后有时也要想念到他。我在浙东住过十几年，南京东京都住过六年，这都是我的故乡；现在住在北京，于是北京就成了我的家乡了。

日前我的妻往西单市场买菜回来，说起有荠菜在那里卖着，我便想起浙东的事来。荠菜[2]是浙东人春天常吃的野菜，乡间不必说，就是城里只要有后园的人家都可以随时采食，妇女小儿各拿一把剪刀一只“苗篮[3]”，蹲在地上搜寻，是一种有趣味的游戏的工作。那时小孩们唱道：“荠菜马兰头，姊姊嫁在后门头。”后来马兰头有乡人拿来进城售卖了，但荠菜还是一种野菜，须得自家去采。关于荠菜向来颇有风雅的传说。不过这似乎以吴地为主。《西湖游览志》云：“三月三日男女皆戴荠菜花。谚云，三春戴荠花，桃李羞繁华。”顾禄的《清嘉录》上亦说，“荠菜花俗呼野菜花，因谚有三月三蚂蚁上灶山之语，三日人家皆以野菜花置灶陉上，以厌蚁虫。清晨村童叫卖不绝。或妇女簪髻上以祈清目[4]，俗号眼亮花。”但浙东人却不很理会这些事情，只是挑来做菜或炒年糕吃罢了。

黄花麦果通称鼠曲草，系菊科植物，叶小微圆互生，表面有白毛，花黄色，簇生梢头。春天采嫩叶，捣烂去汁，和粉作糕，称黄花麦果糕。小孩们有歌赞美之云：

黄花麦果韧结结[5]，
关得大门自要吃：
半块拿弗出，
一块自要吃。

清明前后扫墓时，有些人家——大约是保存古风的人家——用黄花麦果作供，但不作饼状，做成小颗如指顶大，或细条如小指，以五六个作一攒，名曰茧果，不知是什么意思，或因蚕上山时设祭，也用这种食品，故有是称，亦未可知。自从十二三岁时外出不参与外祖家扫墓以后，不复见过茧果，近来住在北京，也不再见过黄花麦果的影子了。日本称作"御形"，与荠菜同为春的七草[6]之一，也采来作点心用，状如艾饺，名曰"草饼"，春分前后多食之，在北京也有，但是吃去总是日本风味，不复是儿时的黄花麦果糕了。

扫墓时候所常吃的还有一种野菜，俗名草紫，通称紫云英。农人在收获后，播种田内，用作肥料，是一种很被贱视的植物，但采取嫩茎瀹食，味颇鲜美，似豌豆苗。花紫红色，数十亩接连不断，一片锦绣，如铺着华美的地毯，非常好看，而且花朵状若蝴蝶，又如鸡雏，尤为小孩所喜。间有白色的花，相传可以治痢，很是珍重，但不易得。日本《俳句大辞典》云："此草与蒲公英同是习见的东西，从幼年时代便已熟识。在女人里边，不曾采过紫云英的人，恐未必有罢。"中国古来没有花环，但紫云英的花球却是小孩常玩的东西，这一层我还替那些小人们[7]欣幸的。浙东扫墓用鼓吹，所以少年常随了乐音去看"上坟船里的姣姣[8]"，没有钱的人家虽没有鼓吹，但是船头上篷窗下总露出些紫云英和杜鹃的花束，这也就是上坟船的确实的证据了。

——1924年2月作，选自《雨天的书》

【注释】

[1]钓于斯游于斯：斯，这、这个、这里，即在这里曾经垂钓过、游历过，表达对某地的怀念。[2]荠菜：荠(jì)为一二年生草本植物，叶在基部丛生。荠菜花为白色又称野菜花。荠菜切碎和以肉馅包馄饨煮食鲜美。[3]苗篮：小竹篮。[4]以祈清目：以求得让人眼睛感觉清亮。[5]韧结结：又有韧性又结实。[6]七草：在日本有七种野菜，称七草。它们是荠菜、芹菜、鼠曲草、鹅肠草、珍珠莲、萝卜、紫云英。[7]小人们：古代指地位低下的人，又泛指人格卑鄙的人。本文指的是乡间小孩子。[8]姣姣：长相美好的女子。

周作人

周作人(1885—1967)，现代散文家、诗人、文学翻译家。原名魁寿。鲁迅的二弟。少年时代，考入江南水师学堂，受海军教育，侧重英文，因而广开接触外文的窗口；及去日本留学，前后六年，除对日本语文和人情有高深的研究外，同时受章太炎指导，中文更为精进。此外，又学俄文，翻译俄国著名作家作品，后学习希腊文得以一窥希腊古典文学。"五四"前后，与鲁迅、陈独秀等人一起，积极倡导新文化运动。他最早从西方引入"美文"的概念，提倡"叙事"、"抒情"散文，给新文学开辟出一块新的土地。他自己也在这块土地上辛勤耕耘，写下大量叙事抒情散文。

"五四"退潮后，周作人的思想上前进与后退的矛盾日益加深，他说自己是"叛徒"与"隐士"的合身，是"流氓鬼"与"绅士鬼"的一体。体现在他的散文创作中，同时有两类不同风格的散文：一类颇有"凌厉浮躁之气"，一类则表现出平和冲淡的韵味。1927年大革命失败后，发表《闭户读书论》，标志着他十年隐逸生活的开始。“七七”抗战爆发后，北京大学南迁长沙、昆明，周作人未随校南下，1938 年投敌附逆。1945 年，周作人因汉奸罪被国民党政府逮捕，囚禁于南京。周作人的人生道路十分曲折而复杂，他的投敌附逆，永远不能得到国人的谅解。然而，作为一个历史人物，作为一个在现代文学史上产生过重大影响的散文作家，却又有很大的研究价值。

周作人散文艺术的主要成就，不在于“浮躁凌厉”的这类散文，而在于创造了“平和冲淡”的这种独特的散文艺术风格。影响所及，形成了与鲁迅为代表的战斗杂文相对峙的另一散文流派。

其主要著作有散文集《自己的园地》《雨天的书》《知堂文集》等，诗集《过去的生命》，小说集《孤儿记》，论文集《艺术与生活》《中国新文学的源流》，论著《欧洲文学史》，文学史料集《鲁迅的故家》《鲁迅小说里的人物》《鲁迅的青年时代》，回忆录《知堂回想录》，另有多种译作。

《故乡的野菜》

周作人善于摭拾人所不言的小题材，信笔写来，无不成趣。《故乡的野菜》即写出了故乡的风俗，且带着清新的野趣。

在这篇散文里，作者不惮其烦地介绍了习见于故乡的荠菜、马兰头、鼠曲草、紫云英，它们的形状、颜色与用途，以及围绕它们而展开的浙东民俗。而文中引述的“荠菜马兰头，姐姐嫁在后门头”“黄花麦果韧结结，关得大门自要吃：半块拿弗出，一块自要吃”野趣十足。这正如周作人自己所说：“王阮亭评《梦粱录》，亦谓气温不雅驯，盖民间生活本来不会如文人学士所期望的风雅，其中不能中意自是难怪，而如实地记述下来，却又可以别有趣雅，但此则别为他们所不知者。”然而如果全部“如实地记述”，大概要夹杂一些恶俗的东西，这就需要作者笔下长眼，要有分寸，要有取舍：“浙东扫墓用鼓吹，少年常随了乐音去看‘上坟船里的姣姣’；没有钱的人家虽没鼓吹，但是船头上篷窗下总露出紫云英与杜鹃的花束”，用笔极其简练明净，从而传达出作者的审美情趣。由此可以见出，以质朴的语言对民俗的东西忠实地记述，以存野趣；以独特的审美标准去芜存精，是这篇散文以及周作人若干散文以野趣为雅趣的契机之一。还不仅仅如此，周作人往往把浙东的民俗推广到深厚的文化背景里去。《故乡的野菜》虽然只不过千二百字，引文却占据了将近六分之一。其中他征引了明人田汝成的《西湖游览志》、顾禄的《清嘉录》，以古证今，把浙东民俗提高到文化史的层次，从而古今打成一片。由于作者独特的生活体验，喜欢以东洋的习俗比附印照，譬如写到黄花麦果时即以日本的“御形”做比，“在北京也有，但是吃去总是日本风味，不复是儿时的黄花麦果糕了。”而在记述紫云英时又引证《俳句大辞典》充分体现了作者渊博的知识和丰富的生活经验，从而又把浙东的民俗放置在一个横的文化比较的剖面上。这样，也使作品带有明显的笔记体散文的特色。

思考与练习

一、填空题

1. "五四"时期发表了《人的文学》《平民文学》等重要理论文章的作家是＿＿＿＿＿。

2. 周作人散文的独特风格是＿＿＿＿＿，代表作品有＿＿＿＿＿、＿＿＿＿＿等。

二、阅读"清明前后扫墓时，有些人家——大约是保存古风的人家"至段末，回答问题

1. 本段是从什么角度来介绍黄花麦果糕？

2. "但是吃去总是日本风味，不复是儿时的黄花麦果糕了。"如何理解这句话的含义？

3. 作品为在描写故乡的野菜时大量引经据典，这样做有什么意义？谈谈你的理解。

三、阅读思考题

对照阅读周作人的同类散文《乌篷船》《谈酒》《喝茶》，体会周作人"谈"某一事物的通常思想与结构。

一只特立独行的猪

王小波

插队的时候，我喂过猪、也放过牛。假如没有人来管，这两种动物也完全知道该怎样生活。它们会自由自在地闲逛，饥则食渴则饮，春天来临时还要谈谈爱情；这样一来，它们的生活层次很低，完全乏善可陈。人来了以后，给它们的生活做出了安排：每一头牛和每一口猪的生活都有了主题。就它们中的大多数而言，这种生活主题是很悲惨的：前者的主题是干活，后者的主题是长肉。我不认为这有什么可抱怨的，因为我当时的生活也不见得丰富了多少，除了八个样板戏，也没有什么消遣。有极少数的猪和牛，它们的生活另有安排。以猪为例，种猪和母猪除了吃，还有别的事可干。就我所见，它们对这些安排也不大喜欢。种猪的任务是交配，换言之，我们的政策准许它当个花花公子。但是疲惫的种猪往往摆出一种肉猪（肉猪是阉过的）才有的正人君子架势，死活不肯跳到母猪背上去。母猪的任务是生崽儿，但有些母猪却要把猪崽儿吃掉。总的来说，人的安排使猪痛苦不堪。但它们还是接受了：猪总是猪啊。

对生活做种种设置是人特有的品性。不光是设置动物，也设置自己。我们知道，在古希腊有个斯巴达，那里的生活被设置得了无生趣，其目的就是要使男人成为亡命战士，使女人成为生育机器，前者像些斗鸡，后者像些母猪。这两类动物是很特别的，但我以为，它们肯定不喜欢自己的生活。但不喜欢又能怎么样？人也好，动物也罢，都很难改变自己的命运。

以下谈到的一只猪有些与众不同。我喂猪时，它已经有四五岁了，从名分上说，它是肉猪，但长得又黑又瘦，两眼炯炯有光。这家伙像山羊一样敏捷，一米高的猪栏一跳就过；它还能跳上猪圈的房顶，这一点又像是猫——所以它总是到处游逛，根本就不在圈里呆着。所有喂过猪的知青都把它当宠儿来对待，它也是我的宠儿——因为它只对知青好，容许他们走到三米之内，要是别的人，它早就跑了。它是公的，原本该劁掉。不过你去试试看，哪怕你把劁猪刀藏在身后，它也能嗅出来，朝你瞪大眼睛，噢噢地吼起来。我总是用细

米糠熬的粥喂它，等它吃够了以后，才把糠对到野草里喂别的猪。其他猪看了嫉妒，一起嚷起来。这时候整个猪场一片鬼哭狼嚎，但我和它都不在乎。吃饱了以后，它就跳上房顶去晒太阳，或者模仿各种声音。它会学汽车响、拖拉机响，学得都很像；有时整天不见踪影，我估计它到附近的村寨里找母猪去了。我们这里也有母猪，都关在圈里，被过度的生育搞得走了形，又脏又臭，它对它们不感兴趣；村寨里的母猪好看一些。它有很多精彩的事迹，但我喂猪的时间短，知道得有限，索性就不写了。总而言之，所有喂过猪的知青都喜欢它，喜欢它特立独行的派头儿，还说它活得潇洒。但老乡们就不这么浪漫，他们说，这猪不正经。领导则痛恨它，这一点以后还要谈到。我对它则不止是喜欢——我尊敬它，常常不顾自己虚长十几岁这一现实，把它叫做“猪兄”。如前所述，这位猪兄会模仿各种声音。我想它也学过人说话，但没有学会——假如学会了，我们就可以做倾心之谈。但这不能怪它。人和猪的音色差得太远了。

后来，猪兄学会了汽笛叫，这个本领给它招来了麻烦。我们那里有座糖厂，中午要鸣一次汽笛，让工人换班。我们队下地干活时，听见这次汽笛响就收工回来。我的猪兄每天上午十点钟总要跳到房上学汽笛，地里的人听见它叫就回来——这可比糖厂鸣笛早了一个半小时。坦白地说，这不能全怪猪兄，它毕竟不是锅炉，叫起来和汽笛还有些区别，但老乡们却硬说听不出来。领导上因此开了一个会，把它定成了破坏春耕的坏分子，要对它采取专政手段——会议的精神我已经知道了，但我不为它担忧——因为假如专政是指绳索和杀猪刀的话，那是一点门都没有的。以前的领导也不是没试过，一百人也逮不住它。狗也没用：猪兄跑起来像颗鱼雷，能把狗撞出一丈开外。谁知这回是动了真格的，指导员带了二十几个人，手拿五四式手枪；副指导员带了十几人，手持看青的火枪，分两路在猪场外的空地上兜捕它。这就使我陷入了内心的矛盾：按我和它的交情，我该舞起两把杀猪刀冲出去，和它并肩战斗，但我又觉得这样做太过惊世骇俗——它毕竟是只猪啊；还有一个理由，我不敢对抗领导，我怀疑这才是问题之所在。总之，我在一边看着。猪兄的镇定使我佩服之极：它很冷静地躲在手枪和火枪的连线之内，任凭人喊狗咬，不离那条线。这样，拿手枪的人开火就会把拿火枪的打死，反之亦然；两头同时开火，两头都会被打死。至于它，因为目标小，多半没事。就这样连兜了几个圈子，它找到了一个空子，一头撞出去了；跑得潇洒之极。以后我在甘蔗地里还见过它一次，它长出了獠牙，还认识我，但已不容我走近了。这种冷淡使我痛心，但我也赞成它对心怀叵测的人保持距离。

我已经四十岁了，除了这只猪，还没见过谁敢于如此无视对生活的设置。相反，我倒见过很多想要设置别人生活的人，还有对被设置的生活安之若素的人。因为这个原故，我一直怀念这只特立独行的猪。

王小波

王小波，北京人，1968 年去云南插队，1978 年考入中国人民大学学习。1984 年赴美，

1988年获匹兹堡大学硕士学位。后任教于北京大学和中国人民大学。1992年后开始成为自由撰稿人。1997年4月逝世于北京。

王小波的文学创作独特，富于想象力、幻想力之余，却不乏理性精神，特别是他的“时代三部曲”，即《黄金时代》《白银时代》和《青铜时代》。在整个三部曲系列中，他以喜剧精神和幽默风格述说人类生存状况的荒谬故事，并透过故事描写权力对创造欲望和人性需求的扭曲及压制。至于故事背景则是跨越各种年代，展示中国知识分子的过去、现在和未来的命运。事实上，王小波最过人之处，无疑是随心所欲的穿梭古往今来的对话体叙述，并变换多种视角。表达手法方面，他善于用汪洋恣肆的笔触描绘男欢女爱，言说爱情的动人美丽场景及势不可挡的威力。

王小波杂文的特色之一是以故事的讲述展开讽喻性的比附，把复杂的说理赋予有趣的“故事”之中。而王小波杂文故事有相当一部分是以他在“文革”时期的生活为背景的，大部分杂文都贯穿着“文革记忆”这一深刻主题。其次，王小波的杂文没有深奥的、捉摸不透的术语，有的只是俗字俗语以及随处可见的荒唐经历、笑话故事以及各种各样的调侃。他的杂文之所以拥有广泛的读者与其有趣而幽默的口语化风格有着密切的联系。无论是日常琐事，还是关系国计民生的大问题，在王小波的笔下都变得妙趣横生。

《一只特立独行的猪》

所谓“特立独行”，即有与众不同的见解与品行，不肯随同流俗，而它却是只猪。从文章标题已经可见本文的幽默，但读完全文就会明白，作者绝不是用这幽默让读者发一笑就完了，他甚至不是让你发笑的，而是要让你觉得悲哀，悲哀之后沉思“特立独行”这个问题。文章借猪写人，通过描写一只特立独行的猪的故事，分析“对生活做种种设置”的谬误，探讨如何生活如何做人的道理。虽然作者的叙述语境是“文革”期间，但“无视对生活的设置”，做特立独行的人，依然是每个人应该思考的命题。

王小波张扬得最彻底的，是一个人作为个人的自由与完整，是灵魂的独立与桀骜。他渴望的世界是所有人都能成为自己的世界，是猪能够按照猪的方式生活的世界，是所有人最大限度地不被设置和统一安排的乌托邦。

北京大学中文系教授洪子诚这样评价他：王小波的随笔以其所坚持的理性、自由的文化立场和活泼生动的文风，而在90年代颇受关注。他的短文更近于“杂文”，“问题意识”很强，往往针对具体的文化思想问题进行写作，并在戏谑笑骂之中表现自己的态度。他的思路十分独特，往往通过一个故事或个人的有趣经历，进入到对于问题的讨论，并随时机敏而生动地插入对相关问题的评点。

思考与练习

一、仔细阅读本文，回答问题

1. 王小波在本文中塑造了一只鲜明的“猪”的“形象”，它与普通的猪相比有什么不同？

2. 文中的“我”的形象是怎样的？

二、思考与讨论

1. 你认为人的生命与生活应该属于谁，实际上又属于谁？造成这种现象的原因你认为是什么？

2. 你觉得文章中那只“特立独行”的猪在现实中能否生存？如果它能够生存下来需要有什么样的特殊本领？如果不能生存，本文的意义何在？

珍贵的尘土

帕乌斯托夫斯基

记不起来了，这段关于一个巴黎清洁工约翰·沙梅的故事是怎样得来的。沙梅是靠打扫区里几家手工艺作坊维持生活的。沙梅住在城郊的一间草房里。本来可以把这个郊区大加描绘一番，以使读者离开故事的本题。不过，也许值得提一笔：直到现在巴黎城郊仍然还留存着一些古老的碉堡。在这个故事发生的时候，这些碉堡还被金银花和山楂子等杂草所覆盖着，一些野鸟就在这里造了巢。

沙梅的草房便在靠北面一个堡垒的脚下，与洋铁匠、鞋匠、捡烟头的和乞丐们的破房子为邻。

要是莫泊桑曾经对这些草棚住户的生活发生过兴趣的话，那他或许会再写出几篇出色的短篇小说来。说不定，它们还会在他的永恒的光荣上添上新的桂冠呢。

可惜除了暗探以外，谁也没来瞻望过这些地方。就是那些暗探，也仅仅在搜索贼赃的时候才会光临。

邻居们管沙梅叫“啄木鸟”，从这里，可以想象得出他是瘦瘦的，鼻子尖尖的，帽子底下总是翘出一绺头发，好像一簇鸟雀的冠毛。

以前，沙梅也过过好日子。在墨西哥战争的时候，他在“小拿破仑”军团里当过兵。

沙梅福星高照。他在维拉克鲁斯得了很重的热病。于是这个害病的兵，没上过一次阵，就给遣送回国了。团长借这个便，把他的女儿苏珊娜，一个八岁的女孩子，托付沙梅带回法兰西去。

团长是个鳏夫，所以到哪儿都不得不把自己的女儿带在身边。但是这一次，他决定和女儿分手，把她送到在里昂的妹妹家里去。墨西哥的气候会夺去欧洲孩子的生命。况且混乱的游击战，造成了许多难以预料的危险。

在沙梅的归途上，大西洋蒸散着暑气。小姑娘终日沉默着。甚至看着从油腻腻的海水里飞跃出来的鱼儿，都没有一点笑容。

沙梅照顾苏姗娜无微不至。当然他也明白，她期望他的不仅是照顾，而且还要温柔。可是他，一个殖民军团的大兵，能想得出什么温柔来呢？他有什么办法使她快活呢？掷骰子吗？或者唱些兵营里粗野的小调吗？

但总不能老是这样沉默下去。沙梅越来越频繁地感到小姑娘用困惑的目光望着他。最后他决定把自己一生的经历片片断断地讲给她听，把英吉利海峡沿岸一个渔村的极琐碎的小事情都回想了起来：那里的流沙、落潮后的水洼、有一口破钟的小礼拜堂、给邻居们医治胃病的他的母亲。

在这些回忆里，沙梅找不出任何能使苏珊娜快活的有趣的东西。但是叫他奇怪的是，小姑娘却贪婪地倾听着这些故事，甚至常常逼他翻来覆去地讲，在一些新的小事情上追根问底。

沙梅竭力回想，想出了这些详情细节，最后，简直连他自己都不敢相信是否真正有过这些事情了。这已经不是回忆，而是回忆的淡薄的影子。这些影子好像一小片薄雾似地随即消散了。的确，沙梅从来也没想到他还要来重新回想他一生中这一段多余的时期。

有一次，他朦胧地想起一朵金蔷薇的故事来。在一家老渔妇的屋子里，在十字像架上，插着一朵做工粗糙、色泽晦暗的金蔷薇；不知道是他看见过这朵金蔷薇呢，还是从旁人那儿听到过这朵蔷薇的故事。

不，说不定，他有一次甚至亲眼看见过这朵蔷薇，并且还记得它怎样闪烁发光，虽然窗外并没有阳光，而且在海峡上空咆哮着惨厉的风暴。沙梅越来越清楚地想起了这朵蔷薇的光辉——低矮的天花板下面的几点明亮的火光。

全村的人都很奇怪：为什么这位老太婆没有卖掉这个宝贝。要是卖掉它，她可以得到很大一笔钱。只有沙梅的母亲一个人肯定说卖掉这朵金蔷薇是有罪的，因为这是当她，这位老太婆，还是一个好笑的小姑娘，在奥捷伦一家沙丁鱼罐头工厂做工的时候，她的情人祝她“幸福”送给她的。

“这样的金蔷薇在世界上不多，”沙梅的母亲说，“可是谁家要有它，就一定有福。不只是这家人，就是谁碰一碰这朵蔷薇都有福。”

沙梅当时还是个孩子，他焦急地等着老太婆有一天会幸福起来。但根本连一星幸福的模样也看不出来。老太婆的房子不断为狂风所摇撼，而且在晚上屋子里连灯火也没有了。

沙梅就这样离开了村子，没等看到老太婆的命运有什么好转。只过了一年，在哈佛耳，一个相识的邮船上的火夫告诉他，老太婆的儿子忽然从巴黎来了。他是一个画家，满腮胡子，是一个快乐的、古里古怪的人物。从那个时候起，老太婆的茅舍已经跟以前大不相同了。里面充满了生气，过着无忧无虑的日子。据说，画家们东抹一笔西抹一笔可能赚大钱呢。

有一次，沙梅坐在甲板上，拿他的铁梳子给苏珊娜梳理她那被风吹乱了的头发，她向他说：

“约翰，有没有人会给我一朵金蔷薇?”

“什么都可能，”沙梅回答说，“絮姬（苏珊娜的昵称），你总也会碰见一个怪人送你一朵的。我们那一连有一个瘦瘦的士兵。他可太走运了。他在战场上捡到半口坏了的金假牙。拿这个我们整连人都喝了个够。这还是在越南战争的时期呢。醉醺醺的炮手为了寻开心，放了一炮，炮弹落到一座死火山的喷火口上，就在那里爆炸了，不料火山也开始喷烟爆发起来。鬼晓得这座火山叫什么来着！仿佛叫克拉卡·塔卡。爆发得可真够瞧的！毁了四十个老乡。想想看,就因为这么半口旧的金假牙,死了这许多人!后来才晓得这个金假牙原来是我们上校丢掉的。当然,这件事情暗中了结了:军团的威信高于一切罗。不过那一次我们可真喝了个痛快。”

“这是在什么地方?”絮姬怀疑地问。

“我不是告诉你了——在越南。在印度支那。在那个地方,海洋冒着火,就和地狱一般,而水母却像芭蕾舞女的镶花边的小裙子。而且那个地方,那种潮湿劲儿呀,一夜工夫,我们的靴子里就长出了蘑菇!若是我撒谎,就把我吊死!”

以前,沙梅听过很多当兵的说谎话,但是他自己从来没说过。并不是因为他不会说谎,只不过是没有这种需要。而现在他认为使苏珊娜快活是他的神圣的职务。

沙梅把小姑娘带到了里昂,当面把她交给了一位绉着黄嘴唇的高个子妇人——苏珊娜的姑母。这位老妇人满身缀着黑玻璃珠子,好像马戏班子里的一条蛇。

小姑娘一看见她,就紧紧地挨着沙梅,抓住了他的褪了色的军大衣。

“不要紧!”沙梅低声地说,轻轻地推了一下苏珊娜的肩膀。“我们当兵的也不挑拣连里的长官。忍着吧,絮姬,女战士!”

沙梅走了。他好几次回头张望这幢寂寞的屋子的窗户,连风都不来吹动这里的窗幔。在窄狭的街道上,能听见小店里的倥偬的时钟报时声。在沙梅的军用背囊里,藏着絮姬的纪念品——她辫子上的一条蓝色的揉皱了的发带。鬼知道为什么,这条发带有那么一股幽香,好像在紫罗兰的篮子里放了很久似的。

墨西哥的热病摧毁了沙梅的健康。军队也没给他什么军衔,就把他遣散了。以一个普普通通的大兵身份,去过老百姓的生活了。

多少年在同样贫困中过去了。沙梅尝试过各种卑微的职业。最后,成了一个巴黎的清洁工。从那时起,灰尘和污水的气味,总没离开过他。甚至从塞纳河飘过来的微风中,从街心花园中衣衫整洁的老太婆们兜售的含露的花束里,他都嗅到了这种气味。

日子溶成为黄色的沉滓。但是有的时候在沙梅的心灵里,在这些沉滓中,浮现出一片轻飘的蔷薇色的云——苏珊娜的一件旧衣服。这件衣服曾有一股春天的清新气息,也仿佛在紫罗兰的篮子里放了很久似的。

苏珊娜,她在哪儿呢?她怎么了?他知道她现在已经是一个成年的姑娘了,而她的父亲已经负伤死了。

沙梅总想要到里昂去看看苏珊娜。但每次他都延期了,直到最后他明白已经错过了时机,苏姗娜完全把他忘记了。

每逢他想起了他们临别时的情景,他总骂自己是笨猪。本来应该亲亲小姑娘,而他却把她往母夜叉那边一推说:“忍着吧,苏珊娜,女战士!”

大家都知道清洁工是在夜深人静的时候工作。这有两个原因:首先是因为由紧张而并不是常常有益的人类活动所产生的垃圾,总是在一天的末尾才积聚起来,其次是巴黎人的视觉和嗅觉是不许冒犯的。夜阑人静的时候,除了老鼠之外,差不多没有人会看到清洁工的工作。

沙梅已惯于夜间的工作，甚至爱上了一天里的这个时辰。尤其是当曙光懒洋洋地冲破巴黎上空的时候。塞纳河上弥漫着朝雾，但它从来也没越出过桥栏。

有一次，在这样雾蒙蒙的黎明里，沙梅由荣誉军人桥上经过，看见了一个年轻的女人，穿着淡紫色镶黑花边的外衫。她站在栏杆旁边，凝望着塞纳河。

沙梅停下了步子，脱下了尘封的帽子说道：

“夫人，这个时候，塞纳河的河水是非常凉的。还是让我送您回家去吧。”

“我现在没有家了，”女人很快地回答说，同时朝着沙梅转过脸来。

帽子从沙梅的手里掉下来了。

“絮娅！”他绝望而兴奋地说，“絮娅，女战士！我的小姑娘！我到底看到你了！你恐怕忘记我了吧。我是约翰·埃尔奈斯特·沙梅，第二十七殖民军的战士，是我把你带到里昂那位讨厌的姑母家里去的。你变得多么漂亮了啊！你的头发梳得多好呀！可我这个勤务兵一点也不会梳！”

“约翰！”这个女人突然尖叫一声，扑到沙梅身上，抱住了他的脖子，放声大哭。“约翰，您还和那个时候一样善良。我全都记得！”

“咦，说傻话！”沙梅喃喃地说，“我的善良对谁有什么好处？你怎么了，我的孩子？”

沙梅把苏珊娜拉到自己身旁，做了在里昂没敢做的事——抚着、吻着她那华丽的头发。但他马上又退到一边，生怕苏珊娜闻到他衣服上的鼠臊味。但苏珊娜挨在他的肩上更紧了。

“你怎么了，小姑娘？”沙梅不知所措地又重复了一遍。

苏珊娜没回答。她已经止不住痛哭。沙梅明白了，暂时什么也不要问她。

“我，”他急急忙忙地说道，“在碉堡那边有一个住的地方。离这里有些儿路。屋子里，当然，全是空的，什么也没有。然而可以烧烧水，在床上睡睡觉。你在那儿可以洗洗脸休息休息。总之，随你愿意住多久。”

苏珊娜在沙梅那里住了五天。这五天巴黎的上空升起了一个不平凡的太阳。所有的建筑物，甚至最古旧、煤熏黑了的，每座花园，甚至沙梅的小窝，都像珠宝似的在这个太阳的照耀下灿烂发光。

谁没体味过因浓睡着的年轻女人的隐约可闻的气息而感到的激动，那他就不懂得什么叫温柔。她的双唇，比湿润的花瓣更鲜艳，她的睫毛因缀着夜来的眼泪而晶莹。

是的，苏珊娜所发生的一切，不出沙梅所料。她的情人，一个年轻的演员，变了心。但苏珊娜住在沙梅这里的五天时间，已经足够使他们重归于好了。

沙梅也参与了这件事。他不得不把苏珊娜的信送给这位演员，同时，当他想要塞给沙梅几个苏作茶钱的时候，他又不得不教训了这个懒洋洋的花花公子要懂得礼貌。

不久，这个演员便坐着马车接苏珊娜来了。而且一切都应有尽有：花束，亲吻，含泪的笑，悔恨和不大自然的轻松愉快。

当年轻的人们临走的时候，苏珊娜是那样匆忙，她跳上了马车，连和沙梅道别都忘记了。但她马上觉察出来，红了脸，负疚地向他伸出手来。

“你既然照你的兴趣选择了生活，”沙梅最后对她埋怨地说，“那就祝你幸福。”

“我还什么都不知道，”苏珊娜回答说，突然眼眶里闪着泪光。

“你别激动，我的小娃娃，”年轻的演员不满意地拉长声音说，同时又重复道，“我的迷人的小娃娃。”

“假如有人送给我一朵金蔷薇就好了！”苏珊娜叹息说，“那便一定会幸福的。我记得你在船上讲的故事，约翰。”

“谁知道呢！”沙梅回答说，“可是不管怎样，送给你金蔷薇的不会是这位先生。请原谅，我是个当兵的。我不喜欢这种绣花枕。”

年轻人互相看了一眼。演员耸了耸肩膀。马车向前开动了。

通常，沙梅把一天从手工艺作坊扫出来的垃圾统统扔掉。但是在这次跟苏珊娜相遇之后，他便不再把那从首饰作坊扫出来的垃圾扔掉了。他开始把这里的尘土悄悄地收到一起，装到口袋里，带到他的草房里来。邻居们认为这个清洁工“疯了”。很少有人知道，在这种尘土里有一些金屑，因为首饰匠们工作的时候，总要锉掉少许金子的。

沙梅决定把首饰作坊的尘土里的金子筛出来，然后把这些金子铸成一块小金锭，用这块金锭，为了使苏珊娜幸福，打成一朵小小的金蔷薇。说不定像母亲跟他说过的，它可以使许多普通的人幸福。谁知道呢！他决定在这朵金蔷薇没做成之前，不和苏珊娜见面。

这件事沙梅对谁也没说过。他怕当局和警察。狗腿子们什么事想不到呢。他们会说他是小偷，把他关到牢里去，没收他的金子。怎么说也罢，金子本来是别人的。

沙梅在没入伍之前，曾经在村子里给教区神甫当过雇工，所以他懂得怎样筛簸谷子。这些知识现在用得着了。他想起了怎样簸谷子，沉甸甸的谷粒怎样落到地上，而轻的尘土怎样随风远扬。

沙梅作了一个小筛机，每天深夜，他就在院子里把首饰作坊的尘土簸来簸去。在没有看到凹槽里隐约闪现出来的金色粉末之前，他总是焦灼不安。

不少日月逝去了，金屑已经积到可以铸成一小块金锭。但沙梅还迟迟不敢把它送给首饰匠去打成蔷薇。

他并不是没有钱——要是把这块金锭的三分之一作手工费，任何一个首饰匠都会收下这件活计，而且会很满意的。

问题并不在这里。跟苏珊娜见面的时辰一天比一天近了。但从某一个时候起，沙梅却开始惧怕这个日子。

他想把那久已赶到心灵深处去了的全部温柔，只献给她，只献给絮姬。可是谁需要一个形容憔悴的怪物的温柔呢！沙梅早就看出来，所有碰上他的人，唯一的愿望便是赶快离开他，赶快忘记他那张干瘪的灰色的脸，松弛的皮肤和刺人的目光。

在他的草房里有一片破镜子。偶尔沙梅也照一下，但他总是发出痛苦的骂声，立刻把它扔到一边去。最好还是不看自己——这个蠢笨的、拖着两条风湿的腿蹒跚着的丑东西。

当蔷薇终于做成了的时候，沙梅才听说絮姬在一年前，已经从巴黎到美国去了，人家说，这一去永不再回来了。连一个能够把她的住址告诉沙梅的人都没有。

在最初的一刹那，沙梅甚至感到了轻松。但随后他那指望跟苏珊娜温柔而轻快地相见的全部希望，不知怎么变成了一片锈铁。这片刺人的碎片，梗在沙梅的胸中，在心的旁边，于是他祷告上帝，让这块锈铁快点刺进这颗羸弱的心里去：让它永远停止跳动。

沙梅不再去打扫作坊了。他在自己的草房里躺了好几天，面对着墙。他沉默着，只有一次，脸上露出一点笑容，他立刻拿旧上衣的一只袖子把自己眼睛捂住了。但谁也没看见。邻居们甚至都没到沙梅这里来——家家都有操心事。

守望着沙梅的只有那个上了年纪的首饰匠一个人，就是他，用金锭打成了一朵非常精致的蔷薇，花的旁边，在一条细枝上，还有一个小小的、尖尖的花蕾。

首饰匠常常来看沙梅，但没给他带过药来。他认为这是无益的。

果然，沙梅在一次首饰匠来探望他的时候，悄悄地死去了。首饰匠抬起了清洁工的头，从灰色的枕头下，拿出来用蓝色的揉皱了的发带包着的金蔷薇，然后掩上嘎吱作响的门扉，不慌不忙地走了。发带上有一股老鼠的气味。

晚秋时节。晚风和闪烁的灯火，摇曳着苍茫的暮色。首饰匠想起了沙梅的面孔在死后是怎样改变了。它变得严峻而静穆。首饰匠甚至觉得这张面孔的痛楚，是非常好看的。

“生所未赐予的，而死却给补偿了。”好转这种无聊念头的首饰匠想到这里，便粗浊地叹息了一声。

首饰匠很快就把这朵金蔷薇卖给了一位不修边幅的文学家；依首饰匠看来，这位文学家并不是那么富裕，有资格买这样贵重的东西。

显然，首饰匠给这位文学家叙述的金蔷薇的历史，在这次交易中起了决定性的作用。

我们感谢这位年老的文学家，多亏他的杂记，有些人才知道从前第二十七殖民军的兵士约翰·埃尔奈斯特·沙梅一生中的这段悲惨的经历。

顺便提一提，这位老文学家在他的杂记中这样写道：

“每一个刹那，每一个偶然投来的字眼和流盼，每一个深邃的或者戏谑的思想，人类心灵的每一个细微的跳动，同样，还有白杨的飞絮，或映在静夜水塘中的一点星光——都是金粉的微粒。

“我们，文学工作者，用几十年的时间来寻觅它们——这些无数的细沙，不知不觉地给自己收集着，熔成合金，然后再用这种合金来锻成自己的金蔷薇——中篇小说、长篇小说或长诗。

“沙梅的金蔷薇，让我觉得有几分像我们的创作活动。奇怪的是，没有一个人花过劳力去探索过，是怎样从这些珍贵的尘土中，产生出移山倒海般的文学的洪流来的。

“但是，恰如这个老清洁工的金蔷薇是为了预祝苏珊娜幸福而作的一样，我们的作品是为了预祝大地的美丽，为幸福、欢乐、自由而战斗的号召，人类心胸的开阔以及理智的力量战胜黑暗，如同永世不没的太阳一般光辉灿烂。”

——选自《金蔷薇》

帕乌斯托夫斯基

帕乌斯托夫斯基(1892—1968),俄罗斯作家。出身于莫斯科一个铁路员工家庭。从中学时代起他就醉心于文学,1912年发表了第一个短篇小说。在十月革命和国内战争时期他比较广泛地接触俄国的社会生活,参加过红军,当过记者及报社编辑。这期间他创作了许多作品。使他一举成名的是中篇小说《卡拉—布加兹海湾》(1932)。后来他还写了一系列画家、作家的传记小说和历史题材的作品,如《伊萨克·列维坦》(1937)、《塔拉斯·谢甫琴柯》(1939)、《北方故事》(1938)等。后期他致力于创作长篇自传体小说《一生的故事》(1945—1963),反映了19世纪末直到20世纪30年代作者的经历,是作者对创作历程和道德、精神内容的思考、探索的总结。帕乌斯托夫斯基的作品多以普通人、艺术家为主人公,突出地表现了对人类美好品质的赞颂,具有动人的抒情风格。他的短篇小说写得优美如诗,艺术水平很高,如《雪》、《雨蒙蒙的黎明》、《一篮云杉果》等。

他于1956年发表的《金蔷薇》是一本创作札记,其中谈了许多创作体会和经历,受到广泛欢迎。全书共十九篇,每篇分别以诗情画意的笔触阐发一个或若干个有关文学创作的问题,并无情节上的依存性和连续性。然而人们却不觉得此书结构松散,内容庞杂。这是因为有一条红线似磁石一般贯穿全书,将所有章节凝聚成一个严密的整体。这条红线便是以本书书名《金蔷薇》所象征的作家对文学事业、对祖国、对人民、对大自然、对生活的爱和对美的锲而不舍的追求。

《珍贵的尘土》

《珍贵的尘土》是《金蔷薇》的第一篇,从文学创作的角度来说,这则故事的寓意是明显的,它不仅道出了文学创作的艰辛,而且蕴涵着文学创作的哲理和规律。真正的作家应该像这位巴黎的清洁工似的,在遍地污秽的粉尘中用自己的慧眼选取金粒,怀着美化大地,美化人的心灵的善良愿望,孜孜不倦,日积月累,用毕生的心血缔造艺术的花朵。这样的《金蔷薇》是真善美的化身,不仅显现着花朵的美丽,而且具有金子的永恒价值。帕乌斯托夫斯基在这则故事里意味深长地申明,艺术创作应该有美好而善良的目的和追求,艺术家应该有一颗永不止息的追求善和美的心灵。

但是《珍贵的尘土》的魅力,除了以美文的形式探讨文学创作原理的独特性外,其中所蕴含的巨大的情感力量也是吸引读者的重要原因。在这个故事中,爱的主题和人性的力量让我们感动。爱是人类永恒的主题,无论年龄、性别、贫富,每个人都有追求爱的权力。主人公沙梅,生活在社会的最底层,贫困潦倒,然而在他不长的一生中却从来没有放弃过对爱和幸福的追求。他对苏珊娜的爱是无私而不求回报的,只是默默地在暗中祝福她,希望她能拥有幸福。这种默默付出,深沉、真挚的爱流淌在文章的字里行间,贯穿了全文,苏珊娜对幸福的追求也是锲而不舍的,也许她暂时没有找到对的人,然而她一直记着沙梅的故事，无论生活如何，总保留着对爱的珍视和期盼，并且坚信——谁要是拥有了金蔷薇，谁就会拥有幸福。

珍贵的尘土，本意是指尘土因含有金屑而珍贵，在本作品中在也代表着那个卑微的小人物——沙梅，一个生活在社会最底层的人，却始终保持着金子般的品质，他代表着人性中最光辉的善良与爱。

思考与练习

1. 沙梅为什么想要送一朵金蔷薇给苏姗娜？在沙梅心中“金蔷薇”象征着什么？
2. 请你从文学创作的角度来谈谈“金蔷薇”的寓意。

第二章　诗　词

东　山[1]

我徂东山，慆慆不归；我来自东，零雨其濛[2]。
我东曰归，我心西悲。制彼裳衣，勿士[3]行枚[4]。
蜎蜎者蠋[5]，烝[6]在桑野；敦[7]彼独宿，亦在车下。

我徂东山，慆慆不归；我来自东，零雨其濛。
果蠃[8]之实，亦施于宇；伊威[9]在室，蟏蛸[10]在户；
町畽[11]鹿场，熠耀宵行[12]。不可畏也，伊可怀也。

我徂东山，慆慆不归；我来自东，零雨其濛。
鹳鸣于垤[13]，妇叹于室。洒扫穹窒，我征聿[14]至。
有敦瓜苦[15]，烝在栗薪[16]。自我不见，于今三年！

我徂东山，慆慆不归；我来自东，零雨其濛。
仓庚于飞，熠耀其羽；之子于归，皇驳[17]其马。
亲结其缡[18]，九十其仪。其新孔嘉，其旧如之何？

【注释】

[1]本篇选自《诗经·国风·豳风》。东山：在今山东境内，周公伐奄驻军之地。[2]慆(tāo)慆：久。濛：微雨貌。[3]士：通"事"。[4]行枚：行军时衔在口中以保证不出声的竹棍。枚：毛传解为微。朱骏声认为微是徽字之错。徽是一种标志。这里即指军服上标志。[5]蜎(yuān)蜎：幼虫蜷曲的样子。蠋(zhú)：一种野蚕。[6]烝：久。[7]敦：团状。[8]果蠃(luǒ)：葫芦科植物，一名栝楼。蠃：同"裸"。[9]伊威：俗名土鳖虫。又叫地鳖，即无翅蟑螂。[10]蟏蛸(xiāoshāo)：一种蜘蛛。[11]町畽(tuǎn)：田舍旁空地。[12]熠耀：光明的样子。宵行：萤火虫，一说磷火。[13]垤(dié)：小土丘。[14]聿：语气助词，有将要的意思。[15]瓜苦：犹言瓜瓠，瓠瓜，一种葫芦。古俗在婚礼上剖瓠瓜成两张瓢，夫妇各执一瓢盛酒漱口。[16]栗薪：犹言蓼薪，束薪。古时婚礼，将一束柴薪放在洞房内，象征永结同心，共同生活。[17]皇驳：皇，黄白相间。驳，红白相间。[18]亲：此指女方的母亲。结缡：将佩巾结在带子上，古代婚仪。

《诗　经》

《诗经》是我国第一部诗歌总集，共收入自西周初年至春秋中叶大约五百多年的诗歌三百零五篇，又叫《诗》或《诗三百》，西汉时被尊为儒家经典，始称《诗经》，并沿用至今。共分风(160篇)、雅(105篇)、颂(40篇)三大部分。它们都得名于音乐。“风”的意义就是声调，古人所谓“秦风”“魏风”“郑风”，就如现在我们说陕西调、山西调、河南调。“雅”是正的意思，周代人把正声叫做雅乐，犹如清代人把昆腔叫做雅部，带有一种尊崇的意味。大雅、小雅可能是根据年代先后而分的。“颂”是用于宗庙祭祀的乐歌。

《东　山》

这是一篇行役诗。行役有兵役、劳役、事役。行役诗在《诗经》中占着重要的位置，说明行役在当时人民身上和心上压力之大。这篇所写，属于兵役，是写诗中的主人从军出征，经过三年之久，才得回来时的悲喜交加的心情。

每章的开头，都是“我徂东山”等四句。这虽是音乐叠章的惯例，但就本篇各章的意义看，这种写法，却不是简单的重复，而是层层推进。一章写将归，二章写归途，三章写归至(到家)，四章写归后，而以重叠的前四句为总纲。前四句，从“徂东山”到“来自东”，是从不归到归来，也是从过去到现在。“慆慆”，极言“不归”的时间之久，细雨迷蒙，却是到家时的气候特征，这是印象很深，难于忘掉的时刻。而长期的苦闷和当前的喜慰，尽在不言之中。在第一章里，像电影镜头一样，刚显出了细雨夜归人，就转对过去的回忆。回忆的首先是将归时的心情：决定要回去了，却面向着西方伤感。于是，他从心底发出了愿望：从今以后，再不要穿军装了！接着又把思想拉回到现实。现实的具体生活，是大家还像聚集在桑叶下的野蚕那样，仍蜷缩在兵车下露宿着啊！第二章重复前四句，再展现了一下现景，回头转写归途看到的荒凉景象：栝楼虽然仍蔓延在人家的房上，但没有人！你看：土鳖在室内缘爬，蜘蛛网在门口，田边留着野兽的蹄印，夜里闪烁的鬼火。一幅幅画面，组织成一片凄凉！但征人认为没有什么可怕，倒很值得想一想。想什么？没有说。可是眼前的荒凉残破景象，“孰实为之，孰令致之？”不正是想的主要内容吗！第三章首四句和下八句，联系得更为密切，一个画面是细雨归人，另一个画面是“鹳鸣”、“妇叹”。妇不只叹，而是行动起来，忙着迎接亲人。她刚把房屋打扫修补好，征人恰好进门。真像柴堆上垂下的一个个苦瓜，受尽了苦！在悲喜交集的情况下，千言万语，无从说起，唯一的寒暄，只是一句：“自我不见，于今三年！”语是那么淡，情却无限深。第四章是征人到家后的事了。也许已隔了一段时间。和平为人们带来了幸福。年轻人的纷纷结婚，就是标志。黄莺闪耀着美丽的毛羽，比翼齐飞；青年女子出嫁，热闹非凡，仪式隆重，一片欢乐！和第一、二章，形成强烈对比。难道这欢乐只限于年轻人？最后用反问语气说：新婚诚然是美好的，但那久离重聚的旧夫妻，不是更感到欣慰吗？没有歌颂和平，没有歌颂为取得和平而付出代价的人，但却是最切实、最真挚的歌颂。

思考与练习

一、填空题

1.《东山》选自我国第一部诗歌总集________。从诗歌的内容上看，这是一首________。

二、反复吟诵诗歌，思考并背诵

1.《诗经·东山》是如何通过想象和回忆营造的侧面描写来凸现反战主题的？

2. 仔细品味诗作抒发的感情。

3. 背诵这首诗。

驱车上东门

驱车上东门，遥望郭北墓。
白杨何萧萧，松柏夹广路。
下有陈死人[1]，杳杳即长暮[2]。
潜寐[3]黄泉下，千载永不寤[4]。
浩浩阴阳[5]移，年命如朝露。
人生忽如寄，寿无金石固。
万岁更相送，圣贤莫能度。
服食求神仙，多为药所误。
不如饮美酒，被[6]服纨与素。

【注释】

[1]陈死人：久死的人。陈：久。[2]杳杳：幽暗貌。即：就，犹言“身临”。长暮：长夜。这句是说，人死后葬入坟墓，就如同永远处在黑夜里。[3]潜寐：深眠。[4]寤：醒。[5]浩浩：水流无边无际的样子。阴阳：古人以春夏为阳，秋冬为阴。[6]被：同“披”。

知识链接

《古诗十九首》

《驱车上东门》出自《古诗十九首》。而《古诗十九首》最早见于《文选》，为南朝梁萧统从传世无名氏《古诗》中选录十九首编入。编者把这些作者已经无法考证的五言诗汇集起来，冠以此名，列在“杂诗”类之首，后世遂作为组诗看待。乐府本是汉武帝时开始设立的一个掌管音乐的官署，它除了将文人歌功颂德的诗配乐演唱外，还担负采集民歌的任务。这些乐章、歌词后来统称为“乐府诗”或“乐府”。今存两汉乐府中的民歌仅四十多首，它们多出自下层人民群众之口，反映了当时某些社会矛盾，有较高的认识价值；同时，其风格质朴率真，不事雕琢，颇具独特的审美意趣。

《古诗十九首》是在汉代民歌基础上发展起来的五言诗，内容多写离愁别恨和彷徨失意，常流露出消极情绪，情调低沉。但它的艺术成就却很高，长于抒情，善用事物来烘托，寓情于景，情景交融。《古诗十九首》在五言诗的发展上有重要地位，在中国诗史上也有相当重要的意义，它的题材内容和表现手法为后人师法，几至形成模式。它的艺术风格，也影响到后世诗歌的创作与批评。刘勰的《文心雕龙》称它为“五言之冠冕”，钟嵘的《诗品》赞颂它“天衣无缝，一字千金”。

《驱车上东门》

这首诗以直抒胸臆的形式，表现出了东汉末年大动乱时期一部分生活充裕但在政治上找不到出路的知识分子消沉的情绪与悲凉的心态。

东汉京城洛阳，共有十二个城门。东面三门，靠北的叫“上东门”。郭，外城。汉代沿袭旧俗，死人多葬于郭北。洛阳城北的北邙山，是丛葬之地；诗中的“郭北墓”，正指邙山墓群。主人公驱车出了上东门，遥望城北，看见邙山墓地的树木，不禁悲从中来，便用“白杨何萧萧，松柏夹广路”两句写所见、抒所感。萧萧，树叶声。主人公停车于上东门外，距北邙墓地还有一段路程，不可能听见墓上白杨的萧萧声，然而杨叶之所以萧萧作响，乃是长风摇荡的结果；而风撼杨枝、万叶翻动的情状，却是可以远远望见的。望其形，想其声，形成通感，便将视觉形象与听觉形象合二而一了。还有一层：这位主人公，本来是住在洛阳城里的，并没有事，却偏偏要出城，又偏偏出上东门，一出城门便“遥望郭北墓”，见得他早就从消极方面思考生命的归宿问题，心绪很悲凉。因而当他望见白杨与松柏，首先是移情入景，接着又触景生情。写“松柏”的一句似较平淡，然而只有富贵人墓前才有广阔的墓道，如今“夹广路”者只有松柏，其萧瑟景象也依稀可想。于是由墓上的树木想到墓下的死人，用整整十句诗进行诉说。主人公对于生命的短促如此怨怅，对于死亡的降临如此恐惧，而得出的结论很简单，也很现实：神仙是不死的，然而服药求神仙，又常常被药毒死；还不如喝点好酒，穿些好衣服，只图眼前快活吧！

思考与练习

一、填空题

1. 被刘勰的《文心雕龙》称之为“五言之冠冕”的是________。

2.《古诗十九首》最早见于________。

二、阅读思考并背诵

1. 课后阅读《古诗十九首》，仔细品味诗作抒发的感情，特别关注一下其中所蕴涵的生命意识。

2. 背诵这首诗。

燕歌行[1]

曹 丕

秋风萧瑟天气凉，
草木摇落[2]露为霜，
群燕辞归鹄南翔。
念君客游思断肠，
慊慊思归恋故乡[3]，
何为淹留寄他方[4]？
贱妾茕茕守空房，
忧来思君不敢忘，
不觉泪下沾衣裳。
援琴鸣弦发清商[5]，
短歌微吟不能长。
明月皎皎照我床，
星汉西流夜未央[6]。
牵牛织女遥相望，
尔独何辜限河梁[7]。

【注释】

[1]本篇属《相和歌辞·平调曲》。燕是北方边地，征戍不绝，所以《燕歌行》多半写离别。[2]摇落：凋残。[3]慊慊：空虚之感。本句是设想对方必然思归。[4]淹留：久留。本句是因其不归而生疑问。[5]清商：乐名。清商音节短促，所以下句说"短歌微吟不能长"。[6]夜未央：夜已深而未尽的时候。古人用观察星象的方法测定时间，这诗所描写的景色是初秋的夜间，牛郎星、织女星在银河两旁，初秋傍晚时正见于天顶，这时银河应该西南指，现在说"星汉西流"，就是银河转向西，表示夜已很深了。[7]尔：指牵牛、织女。河梁：河上的桥。传说牵牛和织女隔着天河，只能在每年七月七日相见，乌鹊为他们搭桥。

知识链接

曹 丕

曹魏高祖文皇帝曹丕(187—226)，字子桓，三国时期著名的政治家、文学家，曹魏的开国皇帝，公元220—226年在位。沛国谯(今安徽省亳州市)人，魏武帝曹操与卞夫人的长子。据《三国志》记载，曹丕文武双全，八岁能提笔为文，善骑射，好击剑，博览古今经传，通晓诸子百家学说。220年正月，曹操逝世，曹丕继任丞相、魏王。之后曹丕受禅登基，以魏代汉。他在位期间，平定边患。击退鲜卑，和匈奴、氐、羌等外夷修好，恢复汉朝在西域的设置。除军政以外，曹丕自幼好文学，于诗、赋、文学皆有成就，尤擅长五言诗，与其父曹操和弟曹植，并称"三曹"，今存《魏文帝集》二卷。另外，曹丕著有《典论》，当中的《论文》是中国文学史上第一部有系统的文学批评专论作品。

《燕歌行》

这是今存最早的一首完整的七言诗。全诗句句押韵，为鲍照等人的七言诗创作奠定了良好的根基，《燕歌行》叙述了一位女子对丈夫的思念。笔致委婉，语言清丽，感情缠绵。这首诗突出的特点是写景与抒情的巧妙交融。诗歌的开头展示了一幅秋色图：秋风萧瑟，草木零落，白露为霜，候鸟南飞……这萧条的景色牵出思妇的怀人之情，映照出她内心的寂寞；最后几句以清冷的月色来渲染深闺的寂寞，以牵牛星与织女星的"限河梁"来表现思妇的哀怨，都获得了很好的艺术效果。诗歌在描述思妇的内心活动时，笔法极尽曲折之妙。比如，先是写丈夫"思归恋故乡"；继而设想他为何"淹留寄他方 "，迟迟不归；再转为写自己"忧来思君不敢忘"，整日里在相思中过活；苦闷极了，想借琴歌排遣，却又"短歌微吟不能长"，只好望月兴叹了。如此娓娓叙来，几经掩抑往复，写出了这位女子内心不绝如缕的柔情。这首诗仿柏梁体，句句用韵，于平缓的节奏中见摇曳之态。王夫之称此诗"倾情，倾度，倾色，倾声，古今无两"，确不为过。

思考与练习

一、填空题

1. 今存最早的一首完整的七言诗是________。

2. 中国文学史上第一部系统的文学批评专论作品是________，作者是________。

二、阅读思考并背诵

1. 《燕歌行・别日何易会日难》，并与本诗比较，仔细品味两首诗在情感抒发上的异同。

2. 背诵这首诗。

走马川行奉送出师西征[1]

岑　参

君不见走马川行雪海边，平沙莽莽黄入天。
轮台九月风夜吼，一川碎石大如斗，随风满地石乱走。
匈奴草黄马正肥，金山西见烟尘飞，汉家[2]大将西出师。
将军金甲夜不脱，半夜行军戈相拨[3]，风头如刀面如割。
马毛带雪汗气蒸，五花连钱[4]旋作冰，幕中草檄[5]砚水凝。
虏骑闻之应胆慑，料知短兵不敢接，车师[6]西门伫献捷。

【注释】

[1]题亦作《走马川行奉送封大夫出师西征》，作于天宝十三载(754)九月，同时还作有《轮台歌奉送封大夫出师西征》。时作者在安西节度使封常清幕中。封奉命西征，岑写此诗送行。据《旧唐书·封常清传》，封氏天宝六载十二月至天宝十四载秋在安西。十四载十一月入朝谒玄宗，奉命抵御安禄山叛军，十二月兵败。是月二十一日与高仙芝一起被玄宗下令斩于潼关。[2]汉家：唐代人多以汉代唐。[3]戈相拨：兵器互相撞击的声音。[4]连钱：马斑驳的毛色。[5]草檄(xí)：起草讨伐敌军的文告。[6]车师：蘅塘退士本作“军师”。车师为唐安西都护府所在地，今新疆吐鲁番境内。

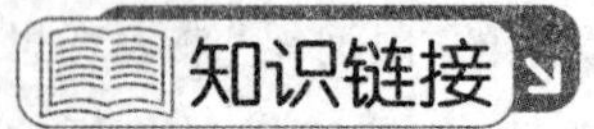

岑 参

岑参(715—770)，荆州江陵(现湖北江陵)人，出身于官宦之家，曾祖父、伯祖父、伯父都官至宰相。高适与他并称“高岑”。岑参父亲两任州刺史，但父亲早死，家道衰落。他自幼从兄受书，遍读经史。曾两度赴西北边塞。第一次是天宝八载(749)在安西(治所龟兹，即今新疆库车)节度使高仙芝幕府掌书记，天宝十载返长安。第二次是天宝十三载(754)夏秋之交赴庭州(北庭都护府治所，在今新疆乌鲁木齐东边奇台县北)，在安西节度使封常清幕中任安西、北庭节度判官。大约至德二载(757)春夏之交，自北庭东归。在此期间，他创作了70多首边塞诗，是盛唐诗人中写边塞诗最多者，也是成就最突出者。

岑参的诗题材很广泛，除一般感叹身世、赠答朋友的诗外，他出塞以前曾写了不少山水诗。诗风颇似谢朓、何逊，但有意境新奇的特色。像殷璠《河岳英灵集》所称道的“山风吹空林，飒飒如有人”(《暮秋山行》)，“长风吹白茅，野火烧枯桑”(《至大梁却寄匡城主人》)等诗句，都是诗意造奇的例子。杜甫也说“岑参兄弟皆好奇”(《美陂行》)，所谓“好奇”，就是爱好新奇事物。自出塞以后，在安西、北庭的新天地里，在鞍马风尘的战斗生活里，他的诗境空前开阔了，爱好新奇事物的特点在他的创作里有了进一步的发展，雄奇瑰丽的浪漫色彩，成为他边塞诗词的主要风格。

《走马川行奉送封大夫出师西征》

岑参诗的特点是意奇语奇，尤其是边塞之作，奇气益著。《白雪歌送武判官归京》是奇而婉，侧重在表现边塞绮丽瑰异的风光，给人以清新俊逸之感；这首诗则是奇而壮，风沙的猛烈、人物的豪迈，都给人以雄浑壮美之感。诗人在任安西北庭节度判官时，封常清出兵去征播仙，他便写了这首诗为封送行。为了表现边防将士高昂的爱国精神，诗人用了反衬手法，极力渲染、夸张环境的恶劣，来突出人物不畏艰险的精神。全篇奇句豪气，风发泉涌，由于诗人有边疆生活的亲身体验，因而此诗能“奇而入理”，“奇而实确”，真实动人。全诗句句用韵，三句一转，韵位密集，换韵频数，节奏急促有力，情韵灵活流宕，声调激越豪壮，有如音乐中的进行曲。

思考与练习

1. 试比较分析高适与岑参诗作的异同。

2. 反复吟诵该诗，分析其艺术特色。

筹笔驿[1]怀古

罗　隐

抛掷南阳为主忧，北征东讨尽良筹。
时来天地皆同力，运去英雄不自由。
千里山河轻孺子，两朝冠剑恨谯周。
唯余岩下多情水，犹解年年傍驿流。

【注释】

[1]筹笔驿：位于今四川省广元市朝天区军师村，因诸葛亮多次在此驻军筹划军事而得名。传说《出师表》乃于此处写成。

知识链接

《筹笔驿怀古》

这首诗与李商隐同题前后赋咏，李商隐赞诸葛之才智，罗昭谏叹诸葛之运命，各有所指，各极其妙。诗歌一开头就联系诸葛亮，再联系筹笔驿作出高度的总括："抛掷南阳为主忧，北征东讨尽良筹。"诸葛亮因刘备三顾茅庐去请他，抛弃了在南阳的隐居生活，为主公刘备分忧，出来辅佐刘备建功立业。北征东讨的运筹帷幄，他的计谋都是好的。这里主要是北征，筹笔驿是为伐魏运筹，是北征；东征是陪衬，不是指打东吴。刘备去打东吴，诸葛亮是反对的，他没有东讨。这里实际上是"南征北伐"，不说"南征北伐"而说"北征东讨"，因为上句已用了"南"字，为避开重复，所以这样说。第二联"时来"一句当指赤壁之战，当时孙权、刘备两家的兵力，联合起来也不能与曹操大军相比。只是倚靠了长江之险，曹操北方的军队不习水战。又靠了东风，好用火攻来烧毁曹军的战船取胜，这是利用天时地利来获胜，所以说"天地皆同力"。时运不济，像李商隐诗里说的："关张无命欲何如？"关羽、张飞都早死了，不能帮助诸葛亮北伐，英雄也不由自主。第三联是说诸葛亮死后，魏将邓艾率军攻蜀，谯周劝后主投降。后主听了他的话投降了。蜀国千里山河，孺子阿斗轻轻地断送了。两朝冠剑指在刘备和后主两朝的文臣武将，主要是指诸葛亮，他既管政事，又管军事，是两朝冠剑。他如有知，一定是恨谯周的。末联归结到筹笔驿，寄情于流水，余韵无穷。余成教《石园诗话》谓"昭谏《筹笔驿》诗，亦七律中最佳者，议论亦颇似义山"，似不为过。

思考与练习

一、填空题

《筹笔驿怀古》作用是________。

二、阅读思考并背诵

1. 阅读李商隐的同题诗“猿鸟疑为畏简书，风云长为护储胥。徒令上将挥神笔，终见降王走传车。管乐有才真不忝，关张无命欲何如。他年锦里经祠庙，梁父吟成恨有余”，与本诗进行比较分析。

2. 背诵这首诗。

望 海 潮

柳 永

东南形胜，三吴都会，钱塘自古繁华，烟柳[1]画桥，风帘翠幕[2]，参差十万人家。云树绕堤沙，怒涛卷霜雪[3]，天堑无涯。市列珠玑[4]，户盈罗绮，竞豪奢。

重湖[5]叠巘[6]清嘉[7]。有三秋[8]桂子，十里荷花。羌管弄晴，菱歌泛夜，嬉嬉钓叟莲娃。千骑拥高牙[9]。乘醉听箫鼓，吟赏烟霞。异日图将好景[10]，归去凤池[11]夸。

【注释】

[1]烟柳：雾气笼罩着的柳树。[2]翠幕：青绿色的帷幕。[3]怒涛卷霜雪：又高又急的潮头冲过来，浪花像霜雪在滚动。[4]珠玑：珠是珍珠，玑是一种不圆的珠子。这里泛指珍贵的商品。[5]重湖：以白堤为界，西湖分为里湖和外湖，所以也叫重湖。[6]叠巘(yǎn)：层层叠叠的山峦。此指西湖周围的山。巘：小山峰。[7]清嘉：清秀佳丽。[8]三秋：秋季，亦指秋季第三月，即农历九月。王勃《滕王阁序》有“时维九月，序属三秋”。柳永《望海潮》有“三秋桂子，十里荷花”。《诗经·王风·采葛》有“一日不见，如三秋兮”，孔颖达疏“年有四时，时皆三月。三秋谓九月也。设言三春、三夏其义亦同，作者取其韵耳”。亦指三年。李白《江夏行》有“只言期一载，谁谓历三秋!”[9]高牙：高矗之牙旗。牙旗，将军之旗，竿上以象牙饰之，故云牙旗。[10]异日图将好景：有朝一日把这番景致描绘出来。异日：他日，指日后。图：描绘。[11]凤池：全称凤凰池，原指皇宫禁苑中的池沼。此处指朝廷。

知识链接

柳 永

“白衣卿相”柳永(约987—约1053)，崇安(今福建武夷山)人。北宋词人，婉约派创始人。原名三变，字景庄。后改名永，字耆卿。排行第七，又称柳七。宋仁宗朝进士，官至屯田员外郎，故世称柳屯田。由于仕途坎坷、生活潦倒，他由追求功名转而厌倦官场，耽溺于旖旎繁华的都市生活，在“倚红偎翠”、“浅斟低唱”中寻找寄托。作为北宋第一个专力作词的词人，他不仅开拓了词的题材内容，而且制作了大量的慢词，发展了铺叙手法，促进了词的通俗化、口语化，在词史上产生了较大的影响。他为人放荡不羁，终身潦倒。死时靠妓女捐钱安葬。其词多描绘城市风光和歌妓生活，尤长于抒写羁旅行役之情。词作流传极广，“凡有井水饮处，皆能歌柳词”。著有《乐章集》。

《望海潮》

《望海潮》是描绘北宋时期杭州景象的。

词的上片描写杭州的自然风光和都市的繁华。要谈杭州，首先把杭州的情况做个总括的介绍。“东南形胜”，是从地理条件、自然条件着笔写的。杭州地处东南，地理位置很重要，风景很优美，故曰“形胜”。“三吴都会”，是从社会条件着笔写的。它是三吴地区的重要都市，那里人众荟萃，财货聚集，故曰“都会”。“钱塘自古繁华”，这一句是对前两句的总结，因为杭州具有这些特殊条件，所以“自古繁华”，但又另有新意。如果说前两句是从横的方面来写，写杭州的现状的话，那第三句则是从纵的方面来写，交代出它“自古繁华”的历史。三句词，从纵、横两个方面勾画出杭州的粗略面貌，以横为主，以纵为宾，实写杭州的现状，对其历史，则是虚写，一笔带过，作为陪衬。下面，就对“形胜”“都会”和“繁华”这三个方面进行铺叙。“烟柳画桥，风帘翠幕，参差十万人家”，是就“三吴都会”一句进行铺展的描写。“云树绕堤沙，怒涛卷霜雪，天堑无涯”，是对“东南形胜”一句做铺展的描写。“市列珠玑，户盈罗绮，竞豪奢”，则是就“繁华”二字进一步铺展，写杭州的繁荣昌盛。

词的下片，写杭州人民和平宁静的生活景象。“重湖叠巘清嘉，有三秋桂子，十里荷花”，写杭州西湖的湖山之美。这既是进一步描写“东南形胜”，同时又是杭州人游乐的背景。“羌管弄晴，菱歌泛夜，嬉嬉钓叟莲娃”是写杭州市民的游乐，“千骑拥高牙”以下，写杭州官员的游乐。

这首词歌颂了杭州山水的美丽景色，赞美了杭州人民和平安定的欢乐生活，反映了北宋结束五代分裂割据局面以后，经过真宗、仁宗两朝的休养生息，所呈现的繁荣太平景象。当然，这种景象还只是生活的表面现象，没有能像他做杭州附近的定海晓峰盐场监督官时那样，揭示出“官租未了私租逼”所造成的广大盐民“虽作人形俱菜色”(《煮海歌》)的苦况。

思考与练习

一、填空题

1.《望海潮》作者是________，其诗集为________。

2. 柳永，北宋词人。原名三变，字________，排行第七，世称“柳七”。他是北宋第一个专力写词的作家，且是长调(慢词)的倡导者。

二、阅读思考并背诵

1. 课外阅读柳永其他词作，了解柳永在中国词史上的重要地位。

2. 背诵这首词。

定风波

苏　轼

常羡人间琢玉郎[1]，天教分付点酥娘[2]。自作清歌传皓齿[3]，风起，雪飞炎海变清凉[4]。

万里归来年愈少，微笑，笑时犹带岭梅香。试问岭南应不好，却道，此心安处是吾乡。

【注释】

[1]琢玉郎：由卢仝《与马异结交诗》"白玉璞里琢出相思心，黄金矿里铸出相思泪"可知，"琢玉郎"应指善于相思的多情男子，词中当用于形容王巩。[2]点酥娘：此处指柔奴。[3]清歌传皓齿：意指美妙的歌声从唇齿间传出。杜甫《听杨氏歌》"佳人绝代歌，独立发皓齿"。[4]"雪飞"句：意指柔奴的歌能使人的心境归于恬适安静。

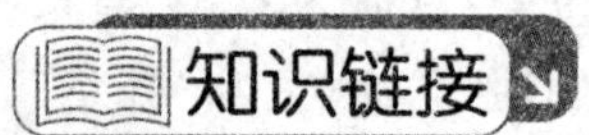

苏　轼

苏轼(1037—1101)，字子瞻，又字和仲，号东坡居士，北宋著名文学家。眉州眉山(今四川眉山)人。宋仁宗嘉祐二年(1057)与弟苏辙同登进士，授福昌县主簿、大理评事、签书凤翔府节度判官，召直史馆。神宗元丰二年(1079)知湖州时，以讪谤系御史台狱，次年贬黄州团练副使，筑室于东坡，自号东坡居士。哲宗元祐元年(1086)还朝，为中书舍人，翰林学士，知制诰。绍圣元年(1094)，又被劾奏讥斥先朝，远贬惠州、儋州。元符三年(1100)，始被召北归，次年卒于常州。苏轼诗、词、文、书、画皆工，是继欧阳修之后北宋文坛的领袖人物。词存三百四十多首，具有广阔的社会内容，将北宋诗文革新运动的精神，扩大到词的领域，扫除了晚唐五代以来的传统词风，开创了与婉约派并立的豪放派，扩大了词的题材，丰富了词的意境，冲破了诗庄词媚的界限，对词的革新和发展作出了重大贡献。作品今存《东坡全集》一百十五卷。词有《东坡乐府》等。

《定风波》

该词上片总写柔奴的外在美，开篇"常羡人间琢玉郎，天教分付点酥娘"，描绘王巩丰神俊朗，柔奴的天生丽质、晶莹俊秀，两人真是天造地设的一双璧人。该句使读者对她的外貌有了一个比较完整、真切而又寓于质感的印象。第三句"自作清歌传皓齿，风起，雪飞炎海变清凉"的意思是：柔奴能自作歌曲，清亮悦耳的歌声从她芳洁的口中传出，令人感到如同风起雪飞，使炎暑之地一变而为清凉之乡，使政治上失意的主人变忧郁苦闷、浮躁不宁而为超然旷放、恬静安详。苏词横放杰出，往往驰骋想象，构成奇美的境界，这里对"清歌"的夸张描写，表现了柔奴歌声独特的艺术效果。美好超旷的歌声发自于美好超旷的心灵，这是赞其高超的歌技，更是颂其广博的胸襟，笔调空灵蕴藉，给人一种旷远清丽的美感。

下片通过写柔奴的北归，刻画其内在美。换头承上启下，先勾勒她的神态容貌："万里归来年愈少。"岭南艰苦的生活她甘之如饴，心情舒畅，归来后容光焕发，更显年轻。"年愈少"多少带有夸张的成分，洋溢着词人赞美历险若夷的女性的热情。"微笑"二字，写出了柔奴在归来后的欢欣中透露出的度过艰难岁月的自豪感。"岭梅"，指大庾岭上的梅花；"笑时犹带岭梅香"，表现出浓郁的诗情，既写出了她北归时经过大庾岭这一沟通岭南岭北咽喉要道的情况，又以斗霜傲雪的岭梅喻人，赞美柔奴克服困难的坚强意志，为下边她的答话作了铺垫。最后写到词人和她的问答。先以否定语气提问："试问岭南应不好？""却道"陡转，使答语"此心安处是吾乡"更显铿锵有力，警策隽永。它歌颂柔奴随缘自适的旷达与乐观，同时也寄寓着作者自己的人生态度和处世哲学。这首词不仅刻画了歌女柔奴的姿容和才艺，而且着重歌颂了她的美好情操和高洁人品。柔中带刚，情理交融，空灵清旷，细腻柔婉，是这首词的风格所在。

思考与练习

1. 反复吟诵这首词，体会苏轼词风中的旷达。
2. 背诵这首词。

扬州慢

姜　夔

淳熙丙申至日，予过维扬。夜雪初霁，荠麦弥望。入其城，则四顾萧条，寒水自碧，暮色渐起，戍角悲吟。予怀怆然，感慨今昔，因自度此曲。千岩老人以为有"黍离"之悲也。

淮左[1]名都，竹西[2]佳处，解鞍少驻初程。过春风十里[3]，尽荠麦青青。自胡马窥江[4]去后，废池乔木，犹厌言兵。渐黄昏，清角吹寒，都在空城。

杜郎[5]俊赏，算而今、重到须惊。纵豆蔻词工，青楼梦[6]好，难赋深情。二十四桥仍在，波心荡、冷月无声。念桥边红药[7]，年年知为谁生？

【注释】

[1]淮左：宋在苏北和江淮设淮南东路和淮南西路，淮南东路又称淮左。[2]竹西：扬州城东一亭名，景色清幽。[3]春风十里：借指昔日扬州的最繁华处。[4]胡马窥江：1129年和1161年，金兵两次南下，扬州都遭惨重破坏。这首词作于1176年。[5]杜郎：唐朝人杜牧，他以在扬州诗酒清狂著称。[6]青楼梦：杜牧《遣怀》"十年一觉扬州梦，赢得青楼薄幸名"。[7]桥边红药：二十四桥又名红药桥，桥边生红芍药。

姜　夔

姜夔(1155? —1221?),字尧章,别号白石道人,又号石帚。饶州鄱阳(今江西鄱阳县)人,南宋词人。他少年孤贫,屡试不第,终生未仕,一生转徙江湖。早有文名,颇受杨万里、范成大、辛弃疾等人推赏,以清客身份与张镃等名公臣卿往来。今存词八十多首,多为记游、咏物和抒写个人身世、离别相思之作,偶然也流露出对于时事的感慨。其词情意真挚,格律严密,语言华美,风格清幽冷隽,有以瘦硬清刚之笔调矫婉约词媚无力之意。王国维《人间词话》说:"古今词人格调之高,无如白石,惜不于意境上用力,故觉无言外之味,弦外之响。"

《扬州慢》

此词作于宋孝宗淳熙三年(1176),时作者二十余岁。宋高宗绍兴三十一年(1161),金完颜亮南侵,江淮军败,中外震骇。亮不久在瓜州为其臣下所杀。作者过维扬时,有感而作此词。

姜夔有十七首自度曲,这是写得最早的一首。此首写维扬乱后景色,凄怆已极。千岩老人,以为有《黍离》之悲,信不虚也。至文笔之清刚,情韵之绵邈,亦令人讽诵不厌。起首八字,以拙重之笔,点明维扬昔时之繁盛。"解鞍"句,记过维扬。"过春风"两句,忽地折入现时荒凉景象,警动异常。且十字包括一切,十里荠麦,则乱后之人与屋宇,荡然无存可知矣。正与杜甫"城春草木深"同义。"自胡马"三句,更言乱事之惨,即废池乔木,犹厌言之,则人之伤心自不待言。"渐黄昏"两句,再点出空城寒角,尤觉凄寂万分。换头,用杜牧之诗意,伤今怀昔,不尽唏嘘。"重到须惊"一层,"难赋深情"又进一层,"二十四"两句,以现景寓情,字练句烹,振动全篇。末句收束,亦含哀无限。正亦杜甫"细柳新蒲为谁绿"之意。玉田谓白石《琵琶仙》,与少游《八六子》同工。若此首,亦与少游《满庭芳》同为情韵兼胜之作。惟少游笔柔,白石笔健。少游所写为身世之感,白石则感怀家国,哀时伤乱,境极凄焉可伤,语更沉痛无比。参军芜城之赋,似不得专美于前矣。周止庵既屈白石于稼轩下,又谓白石情浅,皆非公论。

思考与练习

一、填空题

1. 姜夔,别号________,为南宋著名词人。

二、阅读思考并背诵

1. 词前的小序交待了什么内容?

2. 这首词运用了哪些表达技巧?

3. 这首词如何在现实与历史之间建立相互比衬?

4. 背诵这首词。

湘　月

龚自珍

壬申[1]夏，泛舟西湖，述怀有赋，时予别杭州盖十年矣。

天风吹我，堕湖山一角，果然清丽。曾是东华生小客[2]，回首苍茫无际。屠狗功名[3]，雕龙文卷[4]，岂是平生意。乡亲苏小[5]，定应笑我非计。

才见一抹斜阳，半堤香草，顿惹清愁起。罗袜音尘[6]何处觅，渺渺予怀孤寄[7]。怨去吹箫，狂来说剑，两样销魂味。两般春梦，橹声荡入云水。

【注释】

[1]壬申：公元1812年，嘉庆十七年。这段话是词的序言。[2]"曾是"句：谓作者从小随父居北京。东华，谓东华门，地近清代内阁。[3]屠狗功名：谓功名鄙贱，不值一笑。《史记·樊郦滕灌列传》载樊哙屠狗为业，《后汉书》亦载中兴二十八将中有屠狗者。[4]雕龙文卷：指寻章摘句，写作诗文。《史记·孟子荀卿列传》载驺奭"颇采驺衍之术以纪文"，"齐人曰：谈天衍，雕龙奭。"[5]乡亲苏小：用韩翃《送王少府归杭州》"钱塘苏小是乡亲"句。苏小，即苏小小，南齐时钱塘名妓，才貌绝世，倾动一时。西湖有苏小小墓。[6]罗袜音尘：用曹植《洛神赋》"凌波微步，罗袜生尘"句意，代指苏小等美人的音容踪迹。[7]"渺渺"句：《九歌·湘夫人》"帝子降兮北渚，目眇眇兮愁予"。苏轼《前赤壁赋》"渺渺兮予怀，望美人兮天一方"。

知识链接

龚自珍

龚自珍(1792—1841)，初名自暹，后名自珍；始字爱吾，又字尔玉，旋改璱人；号定盦，亦作定庵、定公、定庵道人；又更名巩祚，再更名易简，字伯定；别署羽琌、羽琌山民等，清代思想家、文学家及改良主义的先驱者，浙江仁和(杭州)人，道光九年(1829)进士，官至礼部主事。道光十九年(1839)辞官南下，1841年暴卒于丹阳书院。身后有诗若干卷，600余篇，多为28岁后所作。著有《定庵文集》。

《湘　月》

嘉庆八年(1802)，龚自珍十二岁时随父龚丽正入京，居于横街全浙新馆。十年后，他由副榜贡生考充武英殿校录，旋即侍父南下就徽州知府之任。四月，龚自珍陪同母亲到苏州看望外祖父段玉裁，并在舅家与表妹段美贞结为伉俪。是夏，携新婚夫人返杭州，泛舟西湖时，念及十年契阔，乃作此《湘月》词抒怀。

词开篇由出身说起。生于杭州，本平凡事，但偏说自己如著名的"飞来峰"一般，是天风将我吹堕在此清丽的湖山之间的。气派之大、构想之奇，令人击节，而一种独往独来、踔厉风发的姿态也栩栩然纸间，为全篇树立了奇气奔涌的基调。接下来回首往事，照应词序"予别杭州十年矣"，词意又紧承"果然"而来。然而十年京华，一事无成，即或鄙贱的"屠狗功名"与空洞的"雕龙文卷"也还未入手，那种惘然之感正如眼前西湖的烟波一般"苍茫无际"。那么自己的行藏则将不止为英豪所不齿，就是那苏小一流美人不也会嘲笑自己的"非计"么。此数句诚然是自嘲，但感喟深沉，杂以绮艳，给人磅礴流丽的魅力感。过片承首句"湖山"而来，掉转抒情之笔来写泛舟西湖所见之景，在写景中，又穿插着词人"清愁""销魂"的主体感受。词人本不是心平气和地来观赏湖山景色，而是借游湖来排遣胸中的不平与愤懑。明乎此，才能体察到开篇"天风吹我"的突兀之句原是主体心灵深处如潮怒气的排戛激荡。这种体味是细微而准确的。事实上，下片也仅有"斜阳""香草"两处意象是眼前所见，其余如"罗袜音尘""渺渺予怀""箫""剑"等无不是心灵化了的"如潮怒气"的衍射。特别是其中第一次出现了"怨去吹箫，狂来说剑"的对举性质的这组意象，为龚自珍一生的诗词创作奠定了指向性的基础。清初词坛大家陈维崧在《沁园春·赠别芝麓先生，即用其题〈乌丝词〉韵》中已有"禅榻吹箫，妓堂说剑，也算男儿意气场"之句，为龚自珍所本，而龚自珍又益以"怨""狂"二字，更加丰富了"箫"与"剑"的内蕴层次，从而形成了属于龚氏的独特销魂之味。

思考与练习

一、填空题

《定庵文集》作者是________。他是清代著名的思想家、文学家及改良主义的先驱者。

二、阅读思考并背诵

1. "箫"和"剑"是龚自珍诗词作品中最重要的两个意象，请结合龚自珍其他作品，加以揣摩分析。

2. 背诵这首词。

弃　妇

李金发

长发披遍我两眼之前，
遂隔断了一切羞恶之疾视，
与鲜血之急流，枯骨之沉睡。
黑夜与蚊虫联步徐来，
越此短墙之角，
狂呼在我清白之耳后，
如荒野狂风怒号，
战栗了无数游牧。

靠一根草儿，与上帝之灵往返在空谷里。
我的哀戚惟游蜂之脑能深印着；
或与山泉长泻在悬崖，
然后随红叶而俱去。

弃妇之隐忧堆积在动作上，
夕阳之火不能把时间之烦闷，
化成灰烬，从烟突里飞去，
长染在游鸦之羽，
将同栖止于海啸之石上，
静听舟子之歌。

衰老的裙裾发出哀吟，
徜徉在丘墓之侧，
永无热泪，
点滴在草地，
为世界之装饰。

李金发

李金发(1900—1976)，原名李淑良，笔名金发，广东梅县人。早年就读于香港圣约瑟中学，后至上海入南洋中学留法预备班。1919年赴法勤工俭学，1921年就读于第戎美术专门学校和巴黎帝国美术学校，在法国象征派诗歌特别是波德莱尔《恶之花》的影响下，开始创作格调怪异的诗歌，在中国新诗坛引起一阵骚动，被称之为"诗怪"，成为我国第一个象征主义诗人。1925年初，他应上海美专校长刘海粟邀请，回国执教，同年加入文学研究会，并为《小说月报》《新女性》撰稿。1927年秋，任中央大学秘书。1928年任杭州国立艺术院雕塑系主任，创办《美育》杂志。后赴广州塑像，并在广州美术学院工作，1936年任该校校长。40年代后期，几次出任外交官员，远在国外，后移居美国纽约，直至去世。

《弃　妇》

这首诗有着双重含义。一是本来意义上的被生活蹂躏的妇女；二是其深层意义，以弃妇象征人类的悲惨命运、生存的基本现实。第一层含义不必重视，让我们来看此诗的深层意义。

"长发披遍我两眼之前，/遂隔断了一切羞恶之疾视，/与鲜血之急流，枯骨之沉睡。"这是一种"世纪末"的情态，颓丧、仇恨、残酷、猜忌都被赤裸裸地象征出来了。诗人说用长发"隔断"这些，即视而不见，返回内心求得安宁，但这只能是妄想。你遁入内心后，仍然有

“黑夜与蚊虫联步徐来”，越过你灵魂的“短墙”，发出尖厉痛楚的呼叫声！你陷入了更可怕的境地，像在旷野上遇到飓风的“游牧”一样，恐惧、孤单、无助、战栗！要是我们能联系诗人写作此诗的年代，这种深切的忧惧是不难理解的。你说它颓废也好，但这是时代的善良的弱者别无选择的基本心态！一种广义的被弃感！

第二节，诗人写唯有艺术能暂时安抚他饱经忧患的灵魂。象征主义诗人认为，自然万物都是人内在生命的象征符号，它们本身就是一种语言，故有“靠一根草儿，与上帝之灵往返在空谷里”一句。诗人深切的隐痛“惟游蜂之脑能深印着”，野蜂无家可归且无时不发出凄凄的嘤嗡声，使诗人找到了他“哀戚”的对应物；诗人的“哀戚”，又像“长泻在悬崖”的山泉，无尽无休，随着败落的秋叶一道流走。这一节虽然还是痛苦的，但我们发现这痛苦中隐隐有一种安慰感。意象（草、蜂、山泉、红叶）也较上一节显得吉祥、美好，这是艺术的力量使诗人感到生的意义。

“弃妇”的忧郁是无尽无终的，它不可避免，难以抛掉。太阳有升有落，而“我”的隐忧却永远弥散在生命的每一个时刻，“夕阳之火不能把时间之烦闷化成灰烬，/从烟突里飞去”，游鸦也不能载走“我”的痛苦，让它落在海边听一听幸福的歌唱！这是多么微薄的乞求，但却是如此之难！诗人，你的忧郁征服了我们，我们的心在颤抖，它充满了咸涩的泪水——而你，却说：“徜徉在丘墓之侧，/永无热泪，/点滴在草地，/为世界之装饰。”你知道人权弃置的命运是不可改变的，有“热泪”与“永无热泪”。对这一事实并无意义！重要的是正视着这一命运，勇敢地揭示它的本质，永不转过头去。

思考与练习

一、填空题

被称为我国第一位象征主义诗人的是________。

二、思考题

1. 李金发被称为“诗怪”，请结合这首诗分析其怪异之处，并体会这种“怪”带来的诗味。

2. 朗诵本诗，分析本诗的诗歌意象。

致橡树

舒婷

我如果爱你——
绝不像攀援的凌霄花，
借你的高枝炫耀自己；
我如果爱你——
绝不学痴情的鸟儿，
为绿荫重复单调的歌曲；
也不止像泉源，

常年送来清凉的慰藉；
也不止像险峰，
增加你的高度，衬托你的威仪。
甚至日光。
甚至春雨。
不，这些都还不够！
我必须是你近旁的一株木棉，
作为树的形象和你站在一起。
根，紧握在地下；
叶，相触在云里。
每一阵风吹过，
我们都互相致意，
但没有人，
听懂我们的言语。
你有你的铜枝铁干，
像刀，像剑，
也像戟；
我有我红硕的花朵，
像沉重的叹息，
又像英勇的火炬。
我们分担寒潮、风雷、霹雳；
我们共享雾霭、流岚、虹霓。
仿佛永远分离，
却又终身相依。
这才是伟大的爱情，
坚贞就在这里：
爱，
不仅爱你伟岸的身躯，
也爱你坚持的位置，
足下的土地。

舒 婷

舒婷，1952年生，原名龚佩瑜，福建龙海人，中国现代女作家，中国当代朦胧诗歌派的代表人物。1969年下乡插队，1972年返城当工人，1979年开始发表诗歌作品，1980年至福建省文联工作，从事专业写作。主要著作有诗集《双桅船》《会唱歌的鸢尾花》《始祖鸟》，散文集《心烟》《真水无香》等。舒婷崛起于20世纪70年代末的中国诗坛，她和同代人北岛、顾城、梁小斌等以迥异于前人的诗风，在中国诗坛上掀起了一股"朦胧诗"大潮。其作品《致橡树》是朦胧诗潮的代表作之一。

舒婷长于自我情感律动的内省、在捕捉复杂细致的情感体验方面特别表现出女性独有的敏感。情感的复杂性、丰富性常常通过假设、让步等特殊句式表现得曲折尽致。舒婷又能在一些常常被人们漠视的常规现象中发现尖锐深刻的诗化哲理，并把这种发现写得既富有思辨力量，又楚楚动人。舒婷的诗，有明丽隽美的意象、缜密流畅的思维逻辑，从这方面说，她的诗并不"朦胧"。只是多数诗的手法采用隐喻、局部或整体象征，很少以直抒告白的方式，表达的意象有一定的多义性。

《致橡树》

《致橡树》是一首优美、深沉的抒情诗，诗人别具一格地选择了"木棉"与"橡树"两个中心意象，将细腻委婉而又深沉刚劲的感情包蕴在新颖生动的意象之中。它所表达的爱，不仅是纯真的、炙热的，而且是高尚的、伟大的。它像一支古老而又清新的歌曲，拨动着人们的心弦。

诗人以橡树为对象表达了爱情的热烈、诚挚和坚贞。诗中的橡树不是一个具体的对象，而是诗人理想中的情人象征。因此，这首诗一定程度上不是单纯倾诉自己的热烈爱情，而是要表达一种爱情的理想和信念，通过亲切具体的形象来发挥，颇有古人托物言志的意味。

首先，橡树是高大威仪的，有魅力的，有深度的，并且有着丰富的内涵——"高枝"和"绿阴"就是一种意指，此处采用了衬托的手法。诗人不愿要附庸的爱情，不愿作趋炎附势的凌霄花，依附在橡树的高枝上而沾沾自喜。诗人也不愿要奉献施舍的爱情，不愿作整日为绿阴鸣唱的小鸟，不愿作一厢情愿的泉源，不愿作盲目支撑橡树的高大山峰。诗人不愿在这样的爱情中迷失自己。爱情需要以人格平等、个性独立、互相尊重倾慕、彼此情投意合为基础。

诗人要的是那种两人比肩站立，风雨同舟的爱情。诗人将自己比喻为一株木棉，一株在橡树身旁跟橡树并排站立的木棉。两棵树的根和叶紧紧相连。诗人对爱情的执著并不比古人"在天愿做比翼鸟，在地愿为连理枝"逊色。橡树跟木棉静静地、坚定地站着，有风吹过，摆动一下枝叶，相互致意，便心意相通了。那是他们两人世界的语言，是心灵的契合，是无言的会意。

两人就这样守着，两棵坚毅的树，两个新鲜的生命，两颗高尚的心。一个像勇敢的卫士，每一个枝干都随时准备阻挡来自外面的袭击、保卫两人世界；一个是热情的生命，开着红硕的花朵，愿意在他战斗时为其呐喊助威、照亮前程。他们共同分担困难的威胁和挫折的考验；同样，他们共享人生的灿烂、大自然的壮美。

诗人要的就是这样的伟大爱情，有共同的伟岸和高尚，有共鸣的思想和灵魂，扎根于同一块根基上，同甘共苦、冷暖相依。

诗歌以新奇瑰丽的意象、恰当贴切的比喻表达了诗人心中理想的爱情观。诗中的比喻和奇特的意象组合都代表了当时的诗歌新形式，具有开创性意义。另外，尽管诗歌采用了新奇的意象，但诗的语言并非难懂晦涩，而是具有口语化的特征，新奇中带着一种清新的灵气和微妙的暗示，给人以无限的遐想空间。

思考与练习

一、填空题

诗人舒婷是我国当代______派诗歌的代表人物，其他代表人物有______、______、______等。

二、思考并背诵

1. 试结合本诗谈谈你对朦胧诗艺术特点的理解。

2. 背诵这首诗。

七月不远

——给青海湖 请熄灭我的爱情

海　子

七月不远
性别的诞生不远
爱情不远——马鼻子下
湖泊含盐

因此青海湖不远
湖畔一捆捆蜂箱
使我显得凄凄迷人
青草开满鲜花

青海湖上
我的孤独如天堂的马匹
（因此 天堂的马匹不远）

我就是那个情种 诗中吟唱的野花
天堂的马肚子里唯一含毒的野花
（青海湖 请熄灭我的爱情）

野花青梗不远医箱内古老姓氏不远

（其他的浪子 治好了疾病
已回原籍 我这就想去见你们）

因此爬山涉水死亡不远
骨骼挂遍我身体
如同蓝色水上的树枝

啊 青海湖 暮色苍茫的水面
一切如在眼前

只有五月生命的鸟群早已飞去
只有饮我宝石的头一只鸟早已飞去
只剩下青海湖 这宝石的尸体
暮色苍茫的水面

知识链接

海 子

海子原名查海生，生于 1964 年 3 月 24 日，安徽怀宁人，在农村长大。1979 年 15 岁时考入北京大学法律系，大学期间开始诗歌创作。1983 年自北大毕业后分配至北京中国政法大学哲学教研室工作。1989 年 3 月 26 日在山海关卧轨自杀，年仅 25 岁。在诗人短暂的生命里，保持了一颗圣洁的心。他曾长期不被世人理解，但他是中国 20 世纪 80 年代新文学史中一位全力冲击文学与生命极限的诗人。

海子 1982 年开始诗歌创作，当时即被称为"北大三诗人"之一。1984 年创作成名作《亚洲铜》和《阿尔的太阳》，第一次使用"海子"作为笔名。从 1982 年至 1989 年不到 7 年的时间里，海子用超乎寻常的热情和勤奋，才华横溢地创作了近 200 万字的作品，结集出版了《土地》《海子、骆一禾作品集》《海子的诗》《海子诗全编》等。其主要作品有：二百五十余首优秀抒情短诗，《太阳七部书》，即诗剧《太阳》、诗剧《断头篇》、诗剧《但是水，水》、长诗《土地篇》、第一合唱剧《弥赛亚》、仪式和祭祀剧《弑》、诗体小说《你是父亲的好女儿》。其部分作品被收入近 20 种诗歌选集以及各类大学中文系《中国当代文学作品选》教材。

在中国当代诗坛，海子常常被评价为"一个诗歌时代的象征"和"我们祖国给世界文学奉献的一位具有世界眼光的诗人"。作为 20 世纪 80 年代后期新诗潮的代表人物，海子在中国诗坛占有十分独特的地位，他的诗不但影响了一代人的写作，也彻底改变了一个时代的诗歌概念，成为中国诗歌文化的一个重要组成部分。其创作的优秀抒情短诗是继"朦胧诗"之后独特而又诗艺出众的作品，兼具抒情性、可诵性和先锋性风格，在当时极为罕见。

海子去世后，其作品和“麦子”意象系统，很快得到诗坛承认并给予极高评价，有关海子诗歌的深度研究已经成为学术界的关注热点之一。

《七月不远》

《七月不远》写于1986年，海子悲伤而正直的诗歌壮年时期，该诗的副标题是“给青海湖 请熄灭我的爱情”。1986年7月海子只身青春远行去西藏，该诗就是在途经青海时创作的。此时海子与女友之间的关系已经有了不和谐的因素。他对于两性的深刻的认识就在不远之前七月，所以在诗中说在“七月不远/性别的诞生不远”。他的爱情不远，但他的爱情已经有了一些世俗的介入，“湖泊含盐”，他那对世俗不够发达的“马鼻子”也嗅到了些许气味。他女友希望他能对二人的将来有些规划，而不是只沉浸在爱情的精神愉悦之中，这让海子有些难堪和尴尬。所以开满鲜花的青海并没给诗人带来过多的幸福，他感到了孤独，他的“孤独如天堂的马匹”，天堂的马匹式的孤独是因为女友世俗的请求使然。而女友是诗人反复“吟唱的野花”，是“天堂的马肚子里唯一含毒的野花”，女友世俗的请求对诗人的诗歌理想构成了一种温柔的威胁，也是唯一的威胁。因此他感受到有些东西离“死亡不远”，要么是诗歌理想，要么是爱情。但诗人是诗歌与生命一体同构的，所以“青海湖 请熄灭我的爱情”，因为“饮我宝石的头一只鸟早已飞去”，那个欣赏海子诗歌的诗人理想的女性形象消逝了，“只剩下青海湖 这宝石的尸体”，只剩下爱情的尸体，诗人的怅惘——“暮色苍茫的水面”！

海子是生命化写作的典型诗人，以生命入诗；当生命燃尽，他不愿做灰烬般人类，他选择面对永恒。

思考与练习

1. 朗诵这首诗，体会诗歌的意象。

2. 课后阅读海子的其他诗篇，并结合海子同期其他诗人的诗作，了解他们那一代诗人的写作状态及精神世界。

当你老了

叶　芝

当你老了，白发苍苍，睡意朦胧，
在炉前打盹，请取下这本诗篇，
慢慢吟诵，梦见你当年的双眼
那柔美的光芒与青幽的晕影；
多少人真情假意，爱过你的美丽，
爱过你欢乐而迷人的青春，
唯独一人爱你朝圣者的心，

爱你日益凋谢的脸上的哀戚；
当你佝偻着，在灼热的炉栅边，
你将轻轻诉说，带着一丝伤感：
逝去的爱，如今已步上高山，
在密密星群里埋藏它的赧颜。

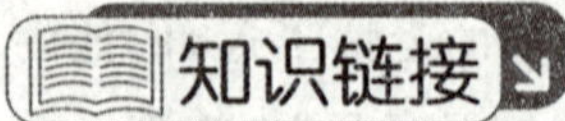

叶　芝

威廉·巴特勒·叶芝(William Butler Yeats，1865—1939)，爱尔兰著名诗人、剧作家。叶芝是"爱尔兰文艺复兴运动"的领袖，也是艾比剧院(Abbey Theatre)的创建者之一。叶芝早年的创作仍然具有浪漫主义的华丽风格，善于营造梦幻般的氛围，例如他在1893年出版的散文集《凯尔特曙光》便属于这种风格。然而进入不惑之年后，在现代主义诗人伊兹拉·庞德等人的影响下，尤其是在其本人参与爱尔兰民族主义政治运动的切身经验的影响下，叶芝的创作风格发生了比较激烈的变化，更加趋近现代主义了。叶芝曾于1923年获得诺贝尔文学奖，获奖的理由是"以其高度艺术化且洋溢着灵感的诗作表达了整个民族的灵魂"。1934年，他和拉迪亚德·吉卜林共同获得古腾堡诗歌奖。突出诗作有《钟楼》(1928)、《盘旋的楼梯》(1929)及《驶向拜占庭》等。

《当你老了》

1889年1月30日，23岁的叶芝第一次遇见了22岁美丽的女演员茅德·冈——一位驻爱尔兰英军上校的女儿。茅德·冈不仅美貌非凡，而且当她在感受到爱尔兰人民受到英裔欺压的悲惨状况之后，开始同情爱尔兰人民，毅然放弃了都柏林上流社会的社交生活而投身到争取爱尔兰民族独立的运动中来，并且成为领导人之一。这在叶芝的心目中对于茅德·冈平添了一轮特殊的光晕。

叶芝对茅德·冈一见钟情，而且一往情深，叶芝这样描写过他第一次见到茅德·冈的情形："她伫立窗畔，身旁盛开着一大团苹果花；她光彩夺目，仿佛自身就是洒满了阳光的花瓣。"叶芝深深地爱恋着她，但又因为她在他的心目中形成的高贵形象而感到无望，年轻的叶芝觉得自己"不成熟和缺乏成就"，所以，尽管恋情煎熬着他，但他并未对她进行表白，一则是因为羞怯，一则是因为觉得她不可能嫁给一个穷学生为妻。茅德·冈一直对叶芝若即若离，并于1903年嫁给了爱尔兰军官麦克布莱德少校，这场婚姻后来颇有波折。尽管如此，叶芝对于她的爱慕终身不渝，因此，难以排解的痛苦充满了叶芝一生的很长一段时间。

叶芝对于茅德·冈爱情无望的痛苦和不幸，促使叶芝写下很多针对于茅德·冈的诗歌来，在数十年的时光里，从各种各样的角度，茅德·冈不断激发叶芝的创作灵感：有时是激情的爱恋，有时是绝望的怨恨，更多的时候是爱和恨之间复杂的张力。

《当你老了》《他希望得到天堂中的锦绣》《白鸟》《和解》《反对无价值的称赞》等都是叶芝为茅德·冈写下的名篇。由于叶芝深受英国神秘主义诗人威廉·布莱克(William Blake,1757—1827)的影响,因此他的诗歌也笼罩着一层神秘主义的面纱。在《当你老了》这首诗中,诗人叶芝通过假设与发现,他站在时间的这一头,想象着老去后的自己,以时间为媒介,为已经绝望了的爱情做着辩解,把它解释为神圣、永恒、始终保持着温暖,最后成功地说服了自己。

思考与练习

1. 有感情地朗诵这首诗。
2. 分析这首诗歌的艺术特点。

第三章　小　说

婴　宁

蒲松龄

王子服，莒之罗店人，早孤，绝慧，十四入泮。母最爱之，寻常不令游郊野。聘萧氏，未嫁而夭，故求凰未就也。

会上元，有舅氏子吴生邀同眺瞩，方至村外，舅家仆来招吴去。生见游女如云，乘兴独游。有女郎携婢，拈梅花一枝，容华绝代，笑容可掬。生注目不移，竟忘顾忌。女过去数武[1]，顾婢子笑曰："个儿郎目灼灼似贼！"遗花地上，笑语自去。生拾花怅然，神魂丧失，怏怏遂返。至家，藏花枕底，垂头而睡，不语亦不食。母忧之，醮禳[2]益剧，肌革锐减[3]。医师诊视，投剂发表，忽忽若迷。母抚问所由，默然不答。适吴生来，嘱秘诘之。吴至榻前，生见之泪下，吴就榻慰解，渐致研诘，生具吐其实，且求谋画。吴笑曰："君意亦痴！此愿有何难遂？当代访之。徒步于野，必非世家，如其未字，事固谐矣，不然，拚以重赂，计必允遂。但得痊瘳，成事在我。"生闻之不觉解颐。吴出告母，物色女子居里。而探访既穷，并无踪迹。母大忧，无所为计。然自吴去后，颜顿开，食亦略进。数日吴复来，生问所谋。吴绐之曰："已得之矣。我以为谁何人，乃我姑之女，即君姨妹，今尚待聘。虽内戚有婚姻之嫌，实告之无不谐者。"生喜溢眉宇，问："居何里？"吴诡曰："西南山中，去此可三十余里。"生又嘱再四，吴锐身自任而去。

生由是饮食渐加，日就平复。探视枕底，花虽枯，未便雕落，凝思把玩，如见其人。怪吴不至，折柬招之，吴支托不肯赴招。生恚怒，悒悒不欢。母虑其复病，急为议姻，略与商榷，辄摇首不愿，惟日盼吴。吴迄无耗，益怨恨之。转思三十里非遥，何必仰息他人？怀梅袖中，负气自往，而家人不知也。伶仃独步，无可问程，但望南山行去。约三十余里，乱山合沓[4]，空翠爽肌、寂无人行，止有鸟道。遥望谷底丛花乱树中，隐隐有小里落。下山入村，见舍宇无多，皆茅屋，而意甚修雅。北向一家，门前皆丝柳，墙内桃杏尤繁，间以修竹，野鸟格磔其中。意其园亭，不敢遽入。回顾对户，有巨石滑洁，因坐少憩。俄闻墙内有女子长呼："小荣！"其声娇细。方伫听间，一女郎由东而西，执杏花一朵，俯首自簪；举头见生，遂不复簪，含笑拈花而入。审视之，即上元途中所遇也。心骤喜，但念无以阶进。欲呼姨氏，顾从无还往，惧有讹误。门内无人可问，坐卧徘徊，自朝至于日昃[5]，盈盈望断，并忘饥渴。时见女子露半面来窥，似讶其不去者。忽一老媪扶杖出，顾生曰："何处郎君，闻自辰刻来，以至于今。意将何为？得勿饥也？"生急起揖之，答云："将以探亲。"媪聋聩不闻。又大言之。乃问："贵戚何姓？"生不能答。媪笑曰："奇哉！姓名尚自不知，何亲可探？我视郎君亦书痴耳。不如从我来，啖以粗粝，家有短榻可卧。待明朝归，询知姓氏，再来探访。"生方腹馁思啖，又从此渐近丽人，大喜。从媪入，见门内白石砌路，夹道红花片片坠阶上，曲折而西，又启一关，豆棚花架满庭中。肃客入舍，粉壁光如明镜，窗外海棠枝朵，探入室中，裀藉几榻[6]，罔不洁泽。甫坐，即有人自窗外隐约相窥。媪唤："小荣！可速作黍。"外有婢子噭声而应。坐次，具展宗阀[7]。媪曰："郎君外祖，莫姓吴否？"曰："然。"媪惊曰："是吾甥也！尊堂，我妹子。年来以家屡贫，又无三尺之男，遂至音问梗塞。甥长成如许，尚不相识。"生曰："此来即为姨也，匆遽遂忘姓氏。"媪曰："老身秦姓，并无诞育，弱息[8]亦为庶产。渠母改醮，遗我鞠养。颇亦不钝，但少教训，嬉不知愁。少顷，使来拜识。"未几婢子具饭，雏尾盈握[9]。媪劝餐已，婢来敛具。媪曰："唤宁姑来。"婢应去。良久，闻户外隐有笑声。媪又唤曰："婴宁，汝姨兄在此。"户外嗤嗤笑不已。婢推之以入，犹掩其口，笑不可遏。媪逋目曰："有客在，咤咤叱叱，是何景象？"女忍笑而立，生揖之。媪曰："此王郎，汝姨子。一家尚不相识，可笑人也。"生问："妹子年几何矣？"媪未能解；生又言之。女复笑，不可仰视。媪谓生曰："我言少教诲，此可见矣。年已十六，呆痴如婴儿"。生曰："小于甥一岁。"曰："阿甥已十七矣，得非庚午属马者耶？"生首应之。又问："甥妇阿谁？"答曰："无之。"曰："如甥才貌，何十七岁犹未聘？婴宁亦无姑家，极相匹敌。惜有内亲之嫌。"生无语，目注婴宁，不遑他瞬[10]。婢向女小语云："目灼灼贼腔未改！"女又大笑，顾婢曰："视碧桃开未？"遽起，以袖掩口，细碎连步而出。至门外，笑声始纵。媪亦起，唤婢襆被，为生安置。曰："阿甥来不易，宜留三五日，迟迟送汝归。如嫌幽闷，舍后有小园，可供消遣；有书可读。"

次日至舍后，果有园半亩，细草铺毡，杨花糁径[11]。有草舍三楹，花木四合其所。穿花小步，闻树头苏苏有声，仰视，则婴宁在上，见生来，狂笑欲堕。生曰："勿尔，堕矣！"女且下且笑，不能自止。方将及地，失手而堕，笑乃止。生扶之，阴挼其腕。女笑又作，倚树不能行，良久乃罢。生俟其笑歇，乃出袖中花示之。女接之，曰："枯矣！何留之？"曰："此上元妹子所遗，故存之。"问："存之何益？"曰："以示相爱不忘。自上元相遇，凝思成病，自分化为异物；不图得见颜色，幸垂怜悯。"女曰："此大细事，至戚何所靳惜？待郎行时，园中花，当唤老奴来，折一巨捆负送之。"生曰："妹子痴耶？"女曰："何便是痴？"生曰："我非爱花，爱拈花之人耳。"女曰："葭莩之情[12]，爱何待言。"生曰："我所为爱，非瓜葛之爱，乃夫妻之爱。"女曰："有以异乎？"曰："夜共枕席耳。"女俯首思良久，曰："我不惯与生人睡。"语未已，婢潜至，生惶恐遁去。少时会母所，母问："何往？"女答以园中共话。媪曰："饭熟已久，有何长言，周遮[13]乃尔。"女曰："大哥欲我共寝。"言未已，生大窘，急目瞪之。女微笑而止。幸媪不闻，犹絮絮究诘。生急以他词掩之，因小语责女。女曰："适此语不应说耶？"生曰："此背人语。"女曰："背他人，岂得背老母？且寝处亦常事，何讳之？"生恨其痴，无术可悟之。

食方竟，家人捉双卫[14]来寻生。先是，母待生久不归，始疑。村中搜觅已遍，竟无踪兆，因往寻吴。吴忆曩[15]言，因教于西南山村寻觅。凡历数村，始至于此。生出门，适相值，便入告媪，且请偕女同归。媪喜曰："我有志，匪伊朝夕[16]。但残躯不能远涉，得甥携妹子去,识认阿姨,大好!”呼婴宁,宁笑至。媪曰:“大哥欲同汝去,可装束。”又饷家人酒食,始送之出,曰:“姨家田产丰裕,能养冗人。到彼且勿归,小学诗礼,亦好事翁姑。即烦阿姨择一良匹与汝。”二人遂发。至山坳回顾,犹依稀见媪倚门北望也。

抵家,母睹姝丽,惊问为谁。生以姨妹对。母曰:“前吴郎与儿言者,诈也。我未有姊,何以得甥?”问女,女曰:“我非母出。父为秦氏,没时儿在褓中,不能记忆。”母曰:“我一姊适秦氏良确。然殂谢已久,那得复存?”因审诘面庞、志赘,一一符合。又疑曰:“是矣!然亡已多年,何得复存?”疑虑间,吴生至,女避入室。吴询得故,惘然久之,忽曰:“此女名婴宁耶?”生然之。吴极称怪事。问所自知,吴曰:“秦家姑去世后,姑丈鳏居,祟于狐,病瘠死。狐生女名婴宁,绷卧床上,家人皆见之。姑丈没,狐犹时来。后求天师符粘壁上,狐遂携女去。将勿此耶?”彼此疑参,但闻室中嗤嗤,皆婴宁笑声。母曰:“此女亦太憨。”吴生请面之。母入室,女犹浓笑不顾。母促令出,始极力忍笑,又面壁移时方出。才一展拜。翻然遽入,放声大笑。满室妇女,为之粲然。

吴请往觇其异,就便执柯[17]。寻至村所,庐舍全无,山花零落而已。吴忆葬处仿佛不远,然坟垅湮没,莫可辨识,诧叹而返。母疑其为鬼,入告吴言,女略无骇意。又吊其无家,亦殊无悲意,孜孜憨笑而已。众莫之测,母令与少女同寝止,昧爽[18]即来省问,操女红,精巧绝伦。但善笑,禁之亦不可止。然笑处嫣然,狂而不损其媚,人皆乐之。邻女少妇,争承迎之。母择吉为之合卺,而终恐为鬼物,窃于日中窥之,形影殊无少异。

至日,使华装行新妇礼,女笑极不能俯仰,遂罢。生以憨痴,恐泄漏房中隐事,而女殊秘密,不肯道一语。每值母忧怒,女至一笑即解。奴婢小过,恐遭鞭楚,辄求诣母共话,罪婢投见恒得免。而爱花成癖,物色遍戚党;窃典金钗,购佳种,数月,阶砌藩溷无非花者。庭后有木香一架,故邻西家,女每攀登其上,摘供簪玩。母时遇见辄诃之,女卒不改。一日西人子见之,凝注倾倒。女不避而笑。西人子谓女意属己,心益荡。女指墙底笑而下,西人子谓示约处,大悦。及昏而往,女果在焉,就而淫之,则阴如锥刺,痛彻于心,大号而踣。细视非女,则一枯木卧墙边,所接乃水淋窍也。邻父闻声,急奔研问,呻而不言;妻来,始以实告。爇火烛窥,见中有巨蝎如小蟹然,翁碎木,捉杀之。负子至家,半夜寻卒。邻人讼生,讦发婴宁妖异。邑宰素仰生才,稔知[19]其笃行士,谓邻翁讼诬,将杖责之,生为乞免,遂释而出。母谓女曰:“憨狂尔尔,早知过喜而伏忧也。邑令神明,幸不牵累。设鹘突[20]官宰,必逮妇女质公堂,我儿何颜见戚里?”女正色,矢不复笑。母曰:“人罔不笑,但须有时。”而女由是竟不复笑,虽故逗之亦终不笑,然竟日未尝有戚容。

一夕,对生零涕。异之。女哽咽曰:“曩以相从日浅,言之恐致骇怪。今日察姑及郎,皆过爱无有异心,直告或无妨乎?妾本狐产。母临去,以妾托鬼母,相依十余年,始有今日。妾又无兄弟,所恃者惟君。老母岑寂山阿,无人怜而合厝[21]之,九泉辄为悼恨。君倘不惜烦费,使地下人消此怨恫,庶养女者不忍溺弃。”生诺之,然虑坟冢迷于荒草。女言无虑。刻日夫妇舆榇[22]而往。女于荒烟错楚中,指示墓处,果得媪尸,肤革犹存。女抚哭哀痛。舁归,寻秦氏墓合葬焉。是夜生梦媪来称谢,寤而述之。女曰:“妾夜见之,嘱勿惊郎君耳。”生恨不邀留。女曰:“彼鬼也。生人多,阳气胜,何能久居?”生问小荣,曰:“是亦狐,最黠。狐母留以视妾，每摄饵相哺，故德之常不去心；昨问母，云已嫁之。"由是岁值寒食，夫妇登秦墓，拜扫无缺。女逾年生一子，在怀抱中，不畏生人，见人辄笑，亦大有母风云。

异史氏曰："观其孜孜憨笑，似全无心肝[23]者。而墙下恶作剧，其黠孰甚焉！至凄恋鬼母，反笑为哭，我婴宁殆隐于笑者矣。窃闻山中有草，名'笑矣乎[24]'，嗅之，则笑不可止。房中植此一种，则合欢、忘忧，并无颜色矣。若解语花，正嫌其作态耳。"

【注释】

[1]数武：不远处，没有多远之意。武：量词，古代六尺为步，半步为武，泛指脚步，如，行不数武。[2]醮禳(jiàoráng)：祈祷消灾。醮：祭神。禳：消除灾祸。[3]肌革锐减：消瘦得极快。肌革：犹肌肤。[4]合沓：重迭。[5]日昃：太阳偏西。[6]裀(yīn)藉：藉，指垫席，通"茵"，重席。[7]宗阀：阀，本意为封建时代有权势有地位的家庭或家族，此处指族谱。[8]弱息：专指女儿。明代陆采《明珠记·酬节》："老年无子，痛《太玄》之失传。弱息知书，幸中郎之有托。"[9]雏尾盈握：指肥嫩的雏鸡。《礼记·内则》："雏尾不盈握，弗食。"雏，此指小鸡。盈握，满一把。鸡的尾部满一把，言其肥。[10]不遑他瞬：没有闲暇时间看其他的。[11]细草铺毡，杨花糁(sǎn)径：以米和羹为糁。句意为细草铺地象毡子一样，杨花点在毡子上，犹如米和于羹里，十分鲜艳好看。[12]葭(jiā)莩(fú)之情：苇杆里的薄膜。指亲戚间的感情。[13]周遮：本作"啁嗻"，唠叨之意。唐代白居易《戒老》诗："矍铄夸身健，周遮说话长。"[14]捉双卫：牵着两头驴子。[15]曩：以往，从前。[16]匪伊朝夕：不止一个早晨一个晚上。指日子不少。《周书·文帝纪上》："今若召悦授以内官，臣列旆东辕，匪朝伊夕。"[17]柯：斧柄。[18]昧爽：黎明。[19]稔(rěn)知：熟悉，熟知；犹素知。[20]鹘突：即指糊涂。[21]厝(cuò)：安葬的意思。[22]榇(chèn)：棺材。[23]全无心肝：比喻毫无羞耻之心。[24]笑矣乎：笑菌的别名。宋陶谷《清异录·笑矣乎》："菌蕈有一种，食之令人得干笑疾，士人戏呼为'笑矣乎'。"

知识链接

蒲松龄

蒲松龄(1640—1715)，字留仙，号柳泉居士，世称聊斋先生，自称异史氏，山东淄博人。出生于一个逐渐败落的中小地主兼商人家庭。19岁应童子试，接连考取县、府、道三个第一，名震一时。补博士弟子员。以后屡试不第，直至71岁时才成岁贡生。为生活所迫，他除了应同邑人宝应县知县孙蕙之请，为其做幕宾数年之外，主要是在本县西铺村毕际友家做塾师，舌耕笔耘，近42年，直至61岁时方撤帐归家。1715年正月病逝，享年76岁。创作出著名的文言文短篇小说集《聊斋志异》。

《聊斋志异》共8卷491篇，约40余万字。作品继承和发展了我国文学中志怪传奇文学的优秀传统和表现手法，情节幻异曲折，跌宕多变，文笔简练，叙次井然，被誉为我国古代文言短篇小说中成就最高的作品集。鲁迅先生在《中国小说史略》中评论此书是"专集之最有名者”；郭沫若先生为蒲氏故居题联，赞蒲氏著作“写鬼写妖高人一等，刺贪刺虐入骨三分”。

《婴　宁》

《婴宁》是《聊斋志异》中最为优秀的篇章之一。蒲松龄在作品中塑造了许多可爱的狐女形象，最美的要数婴宁。

在《婴宁》中，蒲松龄着力刻画的是婴宁的外貌美和爱花、爱笑以及纯真得近乎痴憨的性格特点。婴宁一登场，作者就以传神的笔法勾勒出她不同凡俗的形象——她“容华绝代”，手拈梅花，姗姗行走在上元节的郊野；当她发现王子服死死盯住自己的目光后，“顾婢曰：‘个儿郎目光灼灼似贼！’遗花地上，笑语自去。”仿佛不知道王子服“目灼灼”是为己者，亦没有想到此时遗花地上对一个封建社会的少女来说是“大不检点”。开篇起势，作者就以简洁的笔触，将婴宁爱花、爱笑、美丽、纯真的特点全面写出。

后来，王子服按照吴生的诺言在西南山中找到婴宁时，作者淋漓尽致地描写了婴宁的爱笑。婴宁人未到声先闻，相见过程中，她时而“嗤嗤笑不已”，时而“笑不可遏”，受到母亲斥责后“忍笑而立”，但转瞬“复笑不可仰视”。笑的描写，声态并作，使婴宁爱笑的性格得到了最为集中的表现。作者写婴宁爱笑，并没有抛开她爱花的特点，插写了一句“（婴宁）顾婢曰：‘视碧桃开未？’”把前面对花的描写和此处相见的场面勾连起来。王子服和婴宁园中共话一段，作者在刻画婴宁爱花、爱笑的同时，还刻画了她的近乎痴憨和单纯天真。王子服拿出上元节婴宁遗落的梅花示以相爱之意，婴宁却傻乎乎地说：“等兄行时，园中花，当唤老奴来，折一巨捆负送之。”王生告诉她“我非学花，爱拈花之人耳”时，婴宁竟全然不解其中的缱绻之情，说：“葭莩之情，爱何等方？”当她得知王子服所说的是“夜共枕席”的夫妻之爱时，仍了无所悟，“俯思良久，曰：‘我不惯与生人睡。’”甚至要告诉母亲“大哥欲我共寝”。几句话，几个细节，将婴宁如痴似憨的性格特点刻画得栩栩如生。

思考与练习

一、填空

1. “写鬼写妖高人一等，刺贪刺虐入骨三分”是郭沫若先生对短篇小说集__________的评比，作者是________。

2. 被誉为我国古代文言短篇小说中成就最高的作品集是__________。

二、阅读课文第四自然段“次日至舍后，果有园半亩，细草铺毡”至段末，回答下列问题

1. 本段着力描写婴宁的笑，婴宁的笑有怎样的特点？请结合作品谈谈“婴宁的笑”在情节发展中的作用。

2. 本段中婴宁有意与王子服进行多次对话，婴宁的用意何在？

3. 结合作品，分析婴宁这一人物形象。

三、思考题

文中鲜花意象多次出现，结合作品分析鲜花意象在作品中的意义。

萧　萧

沈从文

乡下人吹唢呐接媳妇，到了十二月是成天有的事情。

唢呐后面一顶花轿，两个伕子平平稳稳的抬着，轿中人被铜锁锁在里面，虽穿了平时不上过身的体面红绿衣裳，也仍然得荷荷大哭。在这些小女人心中，做新娘子，从母亲身边离开，且准备作他人的母亲，从此必然将有许多新事情等待发生。像做梦一样，将同一个陌生男子汉在一个床上睡觉，做着承宗接祖的事情。这些事想起来，当然有些害怕，所以照例觉得要哭哭，就哭了。

也有做媳妇不哭的人。萧萧做媳妇就不哭。这女人没有母亲，从小寄养到伯父种田的庄子上，终日提个小竹兜箩，在路旁田坎捡狗屎。出嫁只是从这家转到那家。因此到那一天，这女人还只是笑。她又不害羞，又不怕。她是什么事也不知道，就做了人家的新媳妇了。

萧萧做媳妇时年纪十二岁，有一个小丈夫，年纪还不到三岁。丈夫比她年少十来岁，断奶还不多久。地方有这么一个老规矩，过了门，她喊他做弟弟。她每天应作的事是抱弟弟到村前柳树下去玩，到溪边去玩，饿了，喂东西吃，哭了，就哄他，摘南爪花或狗尾草戴到小丈夫头上，或者连连亲嘴，一面说："弟弟，哪，啵。再来，啵。"在那满是肮脏的小脸上亲了又亲，孩子于是便笑了。孩子一欢喜兴奋，行动粗野起来，会用短短的小手乱抓萧萧的头发。那是平时不大能收拾蓬蓬松松在头上的黄发。有时候，垂到脑后那条小辫儿被拉得太久，把红绒线结也弄松了，生了气，就挞那弟弟几下，弟弟自然哇的哭出声来。萧萧于是也装成要哭的样子，用手指着弟弟的哭脸，说："哪，人不讲理，可不行！"

天晴落雨日子混下去，每日抱抱丈夫，也帮同家中作点杂事，能动手的就动手。又时常到溪沟里去洗衣，搓尿片，一面还捡拾有花纹的田螺给坐在身边的小丈夫玩。到了夜里睡觉，便常常做这种年龄人所做过的梦，梦到后门角落或别的什么地方捡得大把大把铜钱，吃好东西，爬树，自己变成鱼到水中各处溜，或一时仿佛身子很小很轻，飞到天上众星中，没有一个人，只是一片白，一片金光，于是大喊"妈！"人就吓醒了。醒来心里还只是跳。吵了隔壁的人，不免骂着："疯子，你想什么！白天玩得疯，晚上就做梦！"

萧萧听着却不作声，只是咕咕的笑。也有很好很爽快的梦，为丈夫哭醒的事情。那丈夫本来晚上在自己母亲身边睡，吃奶方便，但是吃多了奶，或因另外情形，半夜大哭，起来放水拉稀是常有的事。丈夫哭到婆婆无可奈何，于是萧萧轻脚轻手爬起床来，睡眼迷蒙，走到床边，把人抱起，给他看月光，看星光；或者仍然啵啵的亲嘴，互相觑着，孩子气的"嗨嗨，看猫呵！"那样喊着哄着，于是丈夫笑了。玩一会会，困倦起来，慢慢的阖上眼。人睡定后，放上床，站在床边看着，听远处一传一递的鸡叫，知道天快到什么时候了，于是仍然蜷到小床上睡去。天亮后，虽不做梦，却可以无意中闭眼开眼，看一阵在面前空中变幻无端的黄边紫心葵花，那是一种真正的享受。

萧萧嫁过了门，做了拳头大丈夫的小媳妇，一切并不比先前受苦，这只看她一年来身体发育就可明白。风里雨里过日子，像一株长在园角落不为人注意的蓖麻，大叶大枝，日增茂盛，这小女人简直是全不为丈夫设想那么似的，一天比一天长大起来了。

夏夜光景说来如做梦。大家饭后坐到院中心歇凉，挥摇蒲扇，看天上的星同屋角的萤，听南瓜棚上纺织娘咯咯咯拖长声音纺车，远近声音繁密如落雨，禾花风翛翛吹到脸上，正是让人在各种方便中说笑话的时候。

萧萧好高，一个人常常爬到草料堆上去，抱了已经熟睡的丈夫在怀里，轻轻的轻轻的随意唱着自编的四句头山歌。唱来唱去却把自己也催眠起来，快要睡去了。

在院坝中，公公婆婆，祖父祖母，另外还有帮工汉子两个，散乱的坐在小板凳上，摆龙门阵学古，轮流下去打发上半夜。

祖父身边有个烟包，在黑暗中放光。这用艾蒿作成的烟包，是驱逐长脚蚊得力东西，蜷在祖父脚边，犹如一条乌梢蛇。间或又拿起来晃那么几下。

想起白天场上的事情，祖父开口说话："我听三金说，前天又有女学生过身。"

大家就哄然笑了起来。

这笑的意义何在？只因为在大家印象中，都知道女学生没有辫子，留下个鹌鹑尾巴，像个尼姑，又不完全像。穿的衣服像洋人，又不是洋人。吃的，用的，……总而言之，事事不同，一想起来就觉得怪可笑！

萧萧不大明白，她不笑。所以老祖父又说话了。他说："萧萧，你长大了，将来也会做女学生！"

大家于是更哄然大笑起来。

萧萧为人并不愚蠢，觉得这一定是不利于己的一件事情，所以接口便说："爷爷，我不做女学生。"

"你像个女学生，不做可不行。"

"我一定不做。"

众人有意取笑，异口同声的说："萧萧，爷爷说得对，你非做女学生不行！"

萧萧急得无可如何，"做就做，我不怕。"其实做女学生有什么不好，萧萧全不知道。

女学生这东西，在本乡的确永远是奇闻。每年一到六月天，据说放"水假"日子一到，照例便有三三五五女学生，由一个荒谬不经的热闹地方来，到另一个远地方去，取道从本地过身。从乡下人眼中看来，这些人都近于另一世界中活下的人，装扮奇奇怪怪，行为更不可思议。这种女学生过身时，使一村人都可以说一整天的笑话。

祖父是当地一个人物，因为想起所知道的女学生在大城中的生活情形，所以说笑话要萧萧也去作女学生。一面听到这话，就感觉一种打哈哈趣味，一面还有那被说的萧萧感觉一种惶恐，说这话的不为无意义了。

女学生由祖父方面所知道的是这样一种人：她们穿衣服不管天气冷暖，吃东西不问饥饱，晚上交到子时才睡觉，白天正经事全不作，只知唱歌打球，读洋书。她们都会花钱，一年用的钱可以买十六只水牛。她们在省里京里想往什么地方去时，不必走路，只要钻进一个大匣子中，那匣子就可以带她到地。城市中还有各种各样的大小不同匣子，都用机器开动。她们在学校，男女在一处上课读书，人熟了，就随意同那男子睡觉，也不要媒人，也不要财礼，名叫“自由”。她们也做做州县官，带家眷上任，男子仍然喊作“老爷”，小孩子叫“少爷”。她们自己不养牛，却吃牛奶羊奶，如小牛小羊；买那奶时是用铁罐子盛的。她们无事时到一个唱戏地方去，那地方完全像个大庙，从衣袋中取出一块洋钱来(那洋钱在乡下可买五只母鸡)，买了一小方纸片儿，拿了那纸片到里面去，就可以坐下看洋人扮演影子戏。她们被冤了，不赌咒，不哭。她们年纪有老到二十四岁还不肯嫁人的，有老到三十四十居然还好意思嫁人的。她们不怕男子，男子不能使她们受委屈，一受委屈就上衙门打官司，要官罚男子的款，这笔钱她有时独占自己花用，有时和官平分。

她们不洗衣煮饭，也不养猪喂鸡；有了小孩子，也只花五块钱或十块钱一月，雇个人专管小孩，自己仍然整天看戏打牌，或者读那些没有用处的闲书。……

总而言之，说来事事都希奇古怪，和庄稼人不同，有的简直还可说岂有此理。这时经祖父一为说明，听过这话的萧萧，心中却忽然有了一种模模糊糊的愿望，以为倘若她也是个女学生，她是不是照祖父说的女学生一个样子去做那些事情？不管好歹，女学生并不可怕，因此一来，却已为这乡下姑娘初次体念到了。

因为听祖父说起女学生是怎样的人物，到后萧萧独自笑得特别久。笑够了时，她说：“爷爷，明天有女学生过路，你喊我，我要看看。”

“你看，她们捉你去作丫头。”

“我不怕她们。”

“她们读洋书念经你也不怕?”

“念观音菩萨消灾经，念紧箍咒，我都不怕。”

“她们咬人，和做官的一样，专吃乡下人，吃人骨头渣渣也不吐，你不怕?”

萧萧肯定的回答说：“也不怕。”

可是这时节萧萧手上所抱的丈夫，不知为甚么，在睡梦中哭了，媳妇于是用作母亲的声势，半哄半吓的说：“弟弟，弟弟，不许哭，不许哭，女学生咬人来了。”

丈夫还仍然哭着，得抱起各处走走。萧萧抱着丈夫离开了祖父，祖父同人说另外一样古话去了。

萧萧从此以后心中有个“女学生”。做梦也便常常梦到女学生，且梦到同这些人并排走路。仿佛也坐过那种自己会走路的匣子，她又觉得这匣子并不比自己跑路更快。在梦中那匣子的形体同谷仓差不多，里面还有小小灰色老鼠，眼珠子红红的，各处乱跑，有时钻到门缝里去，把个小尾巴露在外边。

因为有这样一段经过，祖父从此喊萧萧不喊“小丫头”，不喊“萧萧”，却唤作“女学生”。在不经意中萧萧答应得很好。

乡下里日子也如世界上一般日子，时时不同。世界上人把日子糟蹋，和萧萧一类人家把日子吝惜是同样的，各有所得，各属分定。许多城市中文明人，把一个夏天完全消磨到软绸衣服、精美饮料以及种种好事情上面。萧萧的一家，因为一个夏天的劳作，却得了十多斤细麻，二三十担瓜。

作小媳妇的萧萧，一个夏天中，一面照料丈夫，一面还绩了细麻四斤。

到秋八月工人摘瓜，在瓜间玩，看硕大如盆、上面满是灰粉的大南瓜，成排成堆摆到地上，很有趣味。时间到摘瓜，秋天真的已来了，院子中各处有从屋后林子里树上吹来的大红大黄木叶。萧萧在瓜旁站定，手拿木叶一束，为丈夫编小小笠帽玩。

工人中有个名叫花狗，年纪二十三岁，抱了萧萧的丈夫到枣树下去打枣子。小小竹竿打在枣树上，落枣满地。

"花狗大，莫打了，太多了吃不完。"

虽这样喊，还不动身。到后，仿佛完全因为丈夫要枣子，花狗才不听话。

萧萧于是又警告她那小丈夫："弟弟，弟弟，来，不许捡了。吃多了生东西肚子痛！"

丈夫听话，兜了大堆枣子向萧萧身边走来，请萧萧吃枣子。

"姊姊吃，这是大的。"

"我不吃。"

"要吃一颗！"

她两手哪里有空！木叶帽正在制边，工夫要紧，还正要个人帮忙！

"弟弟，把枣子喂我口里。"

丈夫照她的命令作事，作完了觉得有趣，哈哈大笑。

她要他放下枣子帮忙捏紧帽边，便于添加新木叶。

丈夫照她吩咐作事，但老是顽皮的摇动，口中唱歌。这孩子原来像一只猫，欢喜时就得捣乱。

"弟弟，你唱的是什么？"

"我唱花狗大告我的山歌。"

"好好的唱一个给我听。"

丈夫于是帮忙拉着帽边，一面就唱下去，照所记到的歌唱：

天上起云云起花，
包谷林里种豆荚，
豆荚缠坏包谷树
娇妹缠坏后生家。
天上起云云重云，
地下埋坟坟重坟，
娇妹洗碗碗重碗，
娇妹床上人重人。

歌中意义丈夫全不明白，唱完了就问萧萧好不好。萧萧说好，并且问从谁学来的，她知道是花狗教他的，却故意盘问他。

"花狗大告我，他说还有好多歌，长大了再教我唱。"

听说花狗会唱歌，萧萧说："花狗大，花狗大，你唱一个正经好听的歌我听听。"

那花狗，面如其心，生长得不很正气，知道萧萧要听歌，人也快到听歌的年龄了，就给她唱“十岁娘子一岁夫”。那故事说的是妻年大，可以随便到外面作一点不规矩事情；夫年小，只知吃奶，让他吃奶。这歌丈夫完全不懂，懂到一点儿的是萧萧。把歌听过后，萧萧装成“我全明白”那种神气，她用生气的样子，对花狗说：“花狗大，这个不行，这是骂人的歌！”

花狗分辩说：“不是骂人的歌。”

“我明白，是骂人的歌。”

花狗难得说多话，歌已经唱过了，错了陪礼，只有不再唱。他看她已经有点懂事了，怕她回头告祖父，会挨顿臭骂，就把话支吾开，扯到“女学生”上头去。他问萧萧，看不看过女学生习体操唱洋歌的事情。

若不是花狗提起，萧萧几乎已忘却了这事情。这时又提到女学生，她问花狗近来有没有女学生过路，她想看看。

花狗一面把南瓜从棚架边抱到墙角去，告她女学生唱歌的事情，这些事的来源还是萧萧的那个祖父。他在萧萧面前说了点大话，说他曾经到官路上见过四个女学生，她们都拿得有旗帜，走长路流汗喘气之中仍然唱歌，同军人所唱的一模一样。不消说，这自然完全是胡诌的笑话。可是那故事把萧萧可乐坏了。因为花狗说这个就叫做“自由”。

花狗是起眼动眉毛、一打两头翘、会说会笑的一个人。听萧萧带着欲羡口气说“花狗大，你膀子真大”，他就说：“我不止膀子大。”

“你身个子也大。”

“我全身无处不大。”

萧萧还不大懂得这个话的意思，只觉得憨而好笑。

到萧萧抱了她的丈夫走去以后，同花狗在一起摘瓜，取名字叫哑巴的，开了平时不常开的口。

“花狗，你少坏点。人家是十三岁黄花女，还要等十二年后才圆房！”

花狗不做声，打了那伙计一巴掌，走到枣树下捡落地枣去了。

到摘瓜的秋天，日子计算起来，萧萧过丈夫家有一年来了。

几次降霜落雪，几次清明谷雨，一家中人都说萧萧是大人了。天保佑，喝冷水，吃粗砺饭，四季无疾病，倒发育得这样快。婆婆虽生来像一把剪子，把凡是给萧萧暴长的机会都剪去了，但乡下的日头同空气都帮助人长大，却不是折磨可以阻拦得住。

萧萧十五岁时已高如成人，心却还是一颗糊糊涂涂的心。

人大了一点，家中做的事也多了一点。绩麻、纺线、洗衣、照料丈夫以外，打猪草推磨一些事情也要作，还有浆纱织布。凡事都学，学学就会了。

乡下习惯凡是行有余力的都可从劳作中攒点本分私房，两三年来仅仅萧萧个人份上所聚集的粗细麻和纺就的棉纱，也够萧萧坐到土机上抛三个月的梭子了。

丈夫早断了奶。婆婆有了新儿子，这五岁儿子就像归萧萧独有了。不论做什么，走到什么地方去，丈夫总跟在身边。丈夫有些方面很怕她，当她如母亲，不敢多事。他们俩实在感情不坏。

地方稍稍进步，祖父的笑话转到“萧萧你也把辫子剪去好自由”那一类事上去了。听着这话的萧萧，某个夏天也看过了一次女学生，虽不把祖父笑话认真，可是每一次在祖父说过这笑话以后，她到水边去，必不自觉的用手捏着辫子末梢，设想没有辫子的人那种神气，那点趣味。

打猪草，带丈夫上螺蛳山的山阴是常有的事。

小孩子不知事故，听别人唱歌也唱歌。一开腔唱歌，就把花狗引来了。

花狗对萧萧生了另外一种心，萧萧有点明白了，常常觉得惶恐不安。但花狗是男子，凡是男子的美德恶德都不缺少，劳动力强，手脚勤快，又会玩会说，所以一面使萧萧的丈夫非常欢喜同他玩，一面一有机会即缠在萧萧身边，且总是想方设法把萧萧那点惶恐减去。

山大人小，到处是树林蒙茸，平时不知道萧萧所在，花狗就站在高处唱歌逗萧萧身边的丈夫；丈夫小口一开，花狗穿山越岭就来到萧萧面前了。

见了花狗，小孩子只有欢喜，不知其他。他原要花狗为他编草虫玩，做竹箫哨子玩，花狗想方法支使他到一个远处去找材料，便坐到萧萧身边来，要萧萧听他唱那使人开心红脸的歌。她有时觉得害怕，不许丈夫走开；有时又像有了花狗在身边，打发丈夫走去反倒好一点。终于有一天，萧萧就这样给花狗把心窍子唱开，变成个妇人了。

那时节，丈夫走到山下采刺莓去了，花狗唱了许多歌，到后却向萧萧唱：“娇家门前一重坡，别人走少郎走多，铁打草鞋穿烂了，不是为你为哪个？”

末了却向萧萧说：“我为你睡不着觉。”他又说他赌咒不把这事情告给人。听了这些话仍然不懂什么的萧萧，眼睛只注意到他那一对粗粗的手膀子，耳朵只注意到他最后一句话。末了花狗大便又唱了许多歌给她听。她心里乱了。她要他当真对天赌咒，赌过了咒，一切好像有了保障，她就一切尽他了。

到丈夫返身时，手被毛毛虫螫伤，肿了一大片，走到萧萧身边。萧萧捏紧这一只小手，且用口去呵它，吮它，想起刚才的糊涂，才仿佛明白自己作了一点不大好的糊涂事。

花狗诱她做坏事情是麦黄四月，到六月，李子熟了，她欢喜吃生李子。

她觉得身体有点特别，在山上碰到花狗，就将这事情告给他，问他怎么办。

讨论了多久，花狗全无主意。虽以前自己当天赌得有咒，也仍然无主意。

原来这家伙个子大，胆量小。个子大容易做错事，胆量小做了错事就想不出办法。

到后，萧萧捏着自己那条乌梢蛇似的大辫子，想起城里了，她说：“花狗大，我们到城里去自由，帮帮人过日子，不好么？”

“那怎么行？到城里去做什么？”

“我肚子大了，那不成。”

“我们找药去。场上有郎中卖药。”

“你赶快找药来，我想……”

“你想逃到城里去自由，不成的。人生面不熟，讨饭也有规矩，不能随便！”

“你这没有良心的，你害了我，我想死！”

“我赌咒不辜负你。”

“负不负我有什么用，帮我个忙，赶快拿去肚子里这块肉罢。我害怕！”

花狗不再做声，过了一会，便走开了。不久丈夫从他处拿了大把山里红果子回来，见萧萧一个人坐在草地上眼睛红红的，丈夫心中纳罕。看了一会，问萧萧：“姊姊，为甚么哭？”

“不为甚么，毛毛虫落到眼睛窝里，痛。”

“我吹吹罢。”

“不要吹。”

“你瞧我，得这些这些。”

他把手中拿的和从溪中捡来放在衣口袋里的小蚌、石头全部陈列到萧萧面前，萧萧泪眼婆娑看了一会，勉强笑着说：“弟弟，我们要好，我哭你莫告家中。告家中我可要生气！”到后这事情家中当真就无人知道。

过了半个月，花狗不辞而行，把自己所有的衣裤都拿去了。祖父问同住的长工哑巴，知不知道他为什么走路，走哪儿去？是上山落草，还是作薛仁贵投军？哑巴只是摇头，说花狗还欠了他两百钱，临走时话都不留一句，为人少良心。哑巴说他自己的话，并没有把花狗走的理由说明。因此这一家希奇一整天，谈论一整天。不过这工人既不偷走物件，又不拐带别的，这事情过后不久，自然也就把他忘掉了。

萧萧仍然是往日的萧萧。她能够忘记花狗就好了，但是肚子真有些不同了，肚中东西总在动，使她常常一个人干发急，尽做怪梦。

她脾气坏了一点，这坏处只有丈夫知道，因为她对丈夫似乎严厉苛刻了好些。

仍然每天同丈夫在一处，她的心，想到的事自己也不十分明白。她常想，我现在死了，什么都好了。可是为什么要死？她还很高兴活下去，愿意活下去。

家中人不拘谁在无意中提起关于丈夫弟弟的话，提起小孩子，提起花狗，都像使这话如拳头，在萧萧胸口上重重一击。

到九月，她担心人知道更多了，引丈夫庙里去玩，就私自许愿，吃了一大把香灰。吃香灰被她丈夫看见了，丈夫问这是做甚么，萧萧就说肚痛，应当吃这个。萧萧自然说谎。虽说求菩萨保佑，菩萨当然没有如她的希望，肚子中长大的东西依旧在慢慢的长大。

她又常常往溪里去喝冷水，给丈夫看见时，丈夫问她，她就说口渴。

一切她所想到的方法都没有能够使她与自己不欢喜的东西分开。大肚子只有丈夫一人知道，他却不敢告这件事给父母晓得。因为时间长久，年龄不同，丈夫有些时候对于萧萧的怕同爱，比对于父母还深切。

她还记得那花狗赌咒那一天里的事情，如同记着其他事情一样。到秋天，屋前屋后毛毛虫都结茧，成了各种好看蝶蛾，丈夫像故意折磨她一样，常常提起几个月前被毛毛虫螫手的旧话，使萧萧心里难过。她因此极恨毛毛虫，见了那小虫就想用脚去踹。

有一天，又听人说有好些女学生过路，听过这话的萧萧，睁了眼做过一阵梦，愣愣的对日头出处痴了半天。

萧萧步花狗后尘，也想逃走，收拾一点东西预备跟了女学生走的那条路上城去自由。

但没有动身，就被家里人发觉了。这种打算照乡下人说来是一件大事，于是把她两手捆了起来，丢在灶屋边，饿了一天。

家中追究这逃走的根源，才明白这个十年后预备给小丈夫生儿子继香火的萧萧肚子已被另一个人抢先下了种。这在一家人生活中真是了不得的一件大事！一家人的平静生活，为这件新事全弄乱了。生气的生气，流泪的流泪，骂人的骂人，各按本分乱下去。悬梁，投水，吃毒药，被禁困着的萧萧，诸事漫无边际的全想到了，究竟是年纪太小，舍不得死，却不曾做。于是祖父从现实出发，想出个聪明主意，把萧萧关在房里，派两人好好看守着，请萧萧本族的人来说话，照规矩，看是“沉潭”还是“发卖”？萧萧家中人要面子，就沉潭淹死了她，舍不得死就发卖。萧萧只有一个伯父，在近处庄子里为人种田，去请他时先还以为是吃酒，到了才知是这样丢脸事情，弄得这老实忠厚的家长手足无措。

大肚子作证，什么也没有可说。照习惯，沉潭多是读过“子曰”的族长爱面子才作出的蠢事。伯父不读“子曰”，不忍把萧萧当牺牲，萧萧当然应当嫁人作“二路亲”了。

这也是一种处罚，好像极其自然，照习惯受损失的是丈夫家里，然而却可以在改嫁上收回一笔钱，当作赔偿损失的数目。那伯父把这事情告给了萧萧，就要走路。萧萧拉着伯父衣角不放，只是幽幽的哭。伯父摇了一会头，一句话不说，仍然走了。

一时没有相当的人家来要萧萧，送到远处去也得有人，因此暂时就仍然在丈夫家中住下。这件事情既经说明白，照乡下规矩，倒又像不甚么要紧，只等待处分，大家反而释然了。先是小丈夫不能再同萧萧在一处，到后又仍然如月前情形，姊弟一般有说有笑的过日子了。

丈夫知道了萧萧肚子中有儿子的事情，又知道因为这样萧萧才应当嫁到远处去。但是丈夫并不愿意萧萧去，萧萧自己也不愿意去。大家全莫名其妙，只是照规矩像逼到要这样做，不得不做。究竟是谁定的规矩，是周公还是周婆，也没有人说得清楚。

在等候主顾来看人，等到十二月，还没有人来，萧萧只好在这人家过年。

萧萧次年二月间，十月满足，坐草生了一个儿子，团头大眼，声响宏壮。

大家把母子二人照料得好好的，照规矩吃蒸鸡同江米酒补血，烧纸谢神。一家人都欢喜那儿子。

生下的既是儿子，萧萧不嫁别处了。

到萧萧正式同丈夫拜堂圆房时，儿子已经年纪十岁，有了半劳动力，能看牛割草，成为家中生产者一员了。平时喊萧萧丈夫做大叔，大叔也答应，从不生气。

这儿子名叫牛儿。牛儿十二岁时也接了亲，媳妇年长六岁。媳妇年纪大，方能诸事作帮手，对家中有帮助。唢呐到门前时，新娘在轿中呜呜的哭着，忙坏了那个祖父，曾祖父。

这一天，萧萧，抱了自己新生的毛毛，在屋前榆蜡树篱笆间看热闹，同十年前抱丈夫一个样子。

小毛毛哭了，唱歌一般地哄着他：

“哪，毛毛，看，花轿来了。看，新娘子穿花衣，好体面！不许闹，不讲道理不成的！不讲理我要生气的！看看，女学生也来了！明天长大了，我们讨个女学生媳妇！”

知识链接

沈　从　文

沈从文(1902—1988),原名沈岳焕,字崇文,湖南凤凰县人,苗族。沈从文是现代著名作家、历史文物研究家、京派小说代表人物。14岁时,他投身行伍,浪迹湘川黔边境地区,1924年开始文学创作,抗战爆发后到西南联大任教,1931年至1933年在山东大学任教。1946年回到北京大学任教,新中国成立后在中国历史博物馆和中国社会科学院历史研究所工作,主要从事中国古代历史的研究。沈从文1988年病逝于北京。

沈从文一生共出版了《石子船》《从文子集》等30多种短集小说集和《边城》《长河》等6部中长篇小说。沈从文是具有特殊意义的乡村世界的主要表现者和反思者,他认为"美在生命"虽身处于虚伪、自私和冷漠的都市,却醉心于人性之美,他说:"这世界或有在沙基或水面上建造崇楼杰阁的人,那可不是我,我只想造希腊小庙。选小地作基础,用坚硬石头堆砌它。精致,结实、对称,形体虽小而不纤巧,是我理想的建筑,这庙供奉的是"人性"。

沈从文创作的小说主要有两类:一种是以湘西生活为题材,一种是以都市生活为题材。前者通过描写湘西人原始、自然的生命形式,赞美人性美;后者通过都市生活的腐化堕落,揭示都市自然人性的丧失。其笔下的乡村世界是在与都市社会对立互参的总体格局中获得表现的,而都市题材下的上流社会"人性的扭曲"是在"人与自然契合"的人生理想的烛照下获得显现,正是沈从文这种独特的价值尺度和内涵的哲学思辨,构起了他笔下的都市人生与乡村世界的桥梁,也正由于这种对以金钱为核心的"现代文学"的批判,以及对理想浪漫主义的追求,使得沈从文写出了《边城》这样的理想生命之歌。

《萧　萧》

《萧萧》篇幅不是很长,但它却在有限的空间里讲述了童养媳萧萧从懵懂女孩到过着麻木生活的女子的人生哀歌。萧萧命苦,没有双亲,从小寄养人篱下,然而这个惨淡命运的女孩在沈从文的笔下却是如此的清落,她和普通少女一样天真烂漫;然而她仿佛又与其他女孩不一样:别的女孩做媳妇会哭,然而萧萧是不哭的,"她是什么事也不知道",到了出嫁那天"她还只是笑"。萧萧做媳妇时只有12岁,而她的丈夫不到3岁。善良纯洁的萧萧待丈夫犹如待弟弟般疼爱有加,然而对于未来,她一无所知。在别人眼里童养媳的生活犹如炼狱,然而萧萧却不,她仍然做着同龄人的梦,她会梦见自己"变成鱼到水中各处溜",当然她的好梦也会被丈夫的哭声弄醒。

萧萧慢慢长大了,然而在那样一个纯朴又封闭的环境里,萧萧对于外界的认知,依凭的仅仅是周围人的言谈。她并不知道什么是女学生,当祖父说"萧萧,你长大了,也要做女学生"时,萧萧面对大伙的戏弄她却很有担当:"做就做,我不怕。"然而这种未被现代文明点亮的懵懂也害了萧萧:当长工花狗心怀不轨、不断地向她暗送爱意的时候,"她心里乱了";当被花狗引诱怀孕后,她还幻想与花狗一起逃到城里,但花狗却不辞而别,萧萧只能独自面对或者沉潭或者发卖的悲惨命运,好在上苍眷顾她:不读子曰的伯父只同意发卖,最终萧萧因没有买家而且产下儿子故而得以存活。

对于婚姻，萧萧以天然的人性来对抗；以于礼法，家人以农人纯朴的天性来对抗。然而这样的对抗都不是自觉的，对抗的力量看上去弱小而偶然，因此尽管沈从文将矛盾都尽量淡化，在冲突的弱化中进展情节，但他还是不得不写进了残酷的现实与制度。——萧萧的命运带有这样大的偶然性，她仿佛是幸运的，可她的一生却只能服从于外在力量的摆布，从来没有过对于自己的命运的自主的权力。她的快乐里头，潜伏着无知与麻木。人性的力量是天然的，却带着蒙昧的面目。应当说，乡村的环境纯净而美丽。乡人们也是淳朴的，不懂子曰诗云，不会欺诈杀戮，但这一切都无法改变乡村人悲剧性命运的轮回。与其说他们过的是一种充满诗意的田园牧歌生活，不如说是一种苍凉的悲剧性生活。更有悲剧意味的是，萧萧和乡民们处于这种悲剧性命运的轮回中浑然不觉。就如沈从文先生在其散文集《湘行散记》中感慨的："历史对于他们俨然毫无意义，然而提到他们的这点千年不变无可记载的历史，却使人引起无言的哀戚。"

思考与练习

一、阅读本文自"祖父是当地一个人物，因为想起所知道的女学生在大城中的生活情形，所以说笑话要萧萧也去作女学生"至"因为有这样一段经过，祖父从此喊萧萧不喊'小丫头'，不喊'萧萧'，却唤作'女学生'。在不经意中萧萧答应得很好"，回答问题

1. 乡下人如何看待"女学生"？萧萧对"女学生"称谓的情感如何？

2. 写"女学生"的意义何在？

二、仔细阅读从"家中追究这逃走的根源"至文末，回答问题

1. 婆家与大伯父对于失身的萧萧是如何处置的？这说明了什么？

2. 萧萧这样的命运是偶然的还是必然的？你如何看待萧萧的命运？

断魂枪

老　舍

"生命是闹着玩，事事显出如此；从前我这么想过，现在我懂得了。"

沙子龙的镖局已改成客栈。

东方的大梦没法子不醒了。炮声压下去马来与印度野林中的虎啸。半醒的人们，揉着眼，祷告着祖先与神灵；不大会儿，失去了国土、自由与权利。门外立着不同面色的人，枪口还热着。他们的长矛毒弩，花蛇斑彩的厚盾，都有什么用呢；连祖先与祖先所信的神明全不灵了啊！龙旗的中国也不再神秘，有了火车呀，穿坟过墓的破坏着风水。枣红色多穗的镖旗，绿鲨皮鞘的钢刀，响着串铃的口马，江湖上的智慧与黑话，义气与声名，连沙子龙，他的武艺，事业，都梦似的变成昨夜的。今天是火车，快枪，通商与恐怖。听说，有人还要杀下皇帝的头呢！

这是走镖已没有饭吃，而国术还没被革命党与教育家提倡起来的时候。

谁不晓得沙子龙是利落，短瘦，硬棒，两眼明得象霜夜的大星？可是，现在他身上放了肉。镖局改了客栈，他自己在后小院占着三间北房，大枪立在墙角，院子里有几只楼鸽。只是在夜间，他把小院的门关好，熟习熟习他的“五虎断魂枪”。这条枪与这套枪，二十年的工夫，在西北一带，给他创出来：“神枪沙子龙”五个字，没遇见过敌手。现在，这条枪与这套枪不会再替他增光显胜了；只是摸摸这凉，滑，硬而发颤的杆子，使他心中少难过一些而已。只有在夜间独自拿起枪来，才能相信自己还是“神枪沙”。在白天，他不大谈武艺与往事；他的世界已被狂风吹了走。

在他手下创练起来的少年们还时常来找他。他们大多数是没落子弟，都有点武艺，可是没地方去用。有的在庙会上去卖艺：踢两趟腿，练套家伙，翻几个跟头，附带着卖点大力丸，混个三吊两吊的。有的实在闲不起了，去弄筐果子，或挑些毛豆角，赶早儿在街上论斤吆喝出去。那时候米贱肉贱，肯卖膀子力气本来可以混个肚儿圆；他们可是不成：肚量既大，而且得吃口管事儿的；干饽饽、辣饼子咽不下去。况且他们还时常去走会：五虎棍，开路，太狮少狮……虽然算不了什么——比起走镖来——可是到底有个机会活动活动，露露脸。是的，走会捧场是买脸的事，他们打扮的得像个样儿，至少得有条青洋绉裤子，新漂白细市布的小褂，和一双鱼鳞洒鞋——顶好是青缎子抓地虎靴子。他们是神枪沙子龙的徒弟——虽然沙子龙并不承认——得到处露脸，走会得赔上俩钱，说不定还得打场架。没钱，上沙老师那里去求。沙老师不含糊，多少不拘，不让他们空着手儿走。可是，为打架或献技去讨教一个招数，或是请给说个对子——什么空手夺刀，或虎头钩进枪——沙老师有时说句笑话，马虎过去：“教什么？拿开水浇吧！”有时直接把他们逐出去。他们不大明白沙老师是怎么了，心中也有点不乐意。

可是，他们到处为沙老师吹腾，一来是愿意使人知道他们的武艺有真传授，受过高人的指教；二来是为激动沙老师：万一有人不服气而找上老师来，老师难道还不露一两手真的么？所以：沙老师一拳就砸倒了个牛！沙老师一脚把人踢到房上去，并没使多大的劲！他们谁也没见过这种事，但是说着说着，他们相信这是真的了，有年月，有地方，千真万确，敢起誓！

王三胜——沙子龙的大伙计——在土地庙拉开了场子，摆好了家伙。抹了一鼻子茶叶末色的鼻烟，他抡了几下竹节钢鞭，把场子打大一些。放下鞭，没向四围作揖，叉着腰念了两句：“脚踢天下好汉，拳打五路英雄！”向四围扫了一眼：“乡亲们，王三胜不是卖艺的；玩艺儿会几套，西北路上走过镳，会过绿林中的朋友。现在闲着没事，拉个场子陪诸位玩玩。有爱练的尽管下来，王三胜以武会友，有赏脸的，我陪着。神枪沙子龙是我的师傅；玩艺地道！诸位，有愿下来的没有？”他看着，准知道没人敢下来，他的话硬，可是那条钢鞭更硬，十八斤重。

王三胜，大个子，一脸横肉，努着对大黑眼珠，看着四围。大家不出声。他脱了小褂，紧了紧深月白色的腰里硬，把肚子杀进去。给手心一口吐沫，抄起大刀来：

“诸位，王三胜先练趟瞧瞧。不白练，练完了，带着的扔几个；没钱，给喊个好，助助威。

这儿没生意口。好，上眼！”

大刀靠了身，眼珠努出多高，脸上绷紧，胸脯子鼓出，像两块老桦木根子。一跺脚，刀横起，大红缨子在肩前摆动。削砍劈拨，蹲越闪转，手起风生，忽忽直响。忽然刀在右手心上旋转，身弯下去，四围鸦雀无声，只有缨铃轻叫。刀顺过来，猛的一个踩泥，身子直挺，比众人高着一头，黑塔似的。收了势：“诸位！”一手持刀，一手叉腰，看着四围。稀稀的扔了几个铜钱，他点点头。“诸位！”他等着，等着，地上依旧是那几个亮而削薄的铜钱，外层的人偷偷散去。他咽了口气：“没人懂！”他低声的说，可是大家全听见了。

“有功夫！”西北角上一个黄胡子老头儿答了话。

“啊？”王三胜好似没听明白。

“我说：你——有——功——夫！”老头子的语气很不得人心。

放下大刀，王三胜随着大家的头往西北看。谁也没看起这个老人：小干巴个儿，披着件粗蓝布大衫，脸上窝窝瘪瘪，眼陷进去很深，嘴上几根细黄胡，肩上扛着条小黄草辫子，有筷子那么细，而绝对不像筷子那么直顺。王三胜可是看出这老家伙有功夫，脑门亮，眼睛亮——眼眶虽深，眼珠可黑得像两口小井，深深的闪着黑光。王三胜不怕：他看得出别人有功夫没有，可更相信自己的本事，他是沙子龙手下的大将。

“下来玩玩，大叔！”王三胜说得很得体。

点点头，老头儿往里走。这一走，四外全笑了。他的胳臂不大动；左脚往前迈，右脚随着拉上来，一步步的向前拉扯，身子整着，像是患过瘫痪病。蹭到场中，把大衫扔在地上，一点没理会四围怎样笑他。

“神枪沙子龙的徒弟，你说？好，让你使枪吧，我呢？”老头子非常的干脆，很像久想动手。

人们全回来了，邻场耍狗熊的无论怎么敲锣也不中用了。

“三截棍进枪吧？”王三胜要看老头子一手，三截棍不是随便就拿得起来的家伙。

老头子又点点头，拾起家伙来。

王三胜努着眼，抖着枪，脸上十分难看。

老头子的黑眼珠更深更小了，像两个香火头，随着面前的枪尖儿转，王三胜忽然觉得不舒服，那俩黑眼珠似乎要把枪尖吸进去！四外已围得风雨不透，大家都觉出老头子确是有威。为躲那对眼睛，王三胜耍了个枪花。老头子的黄胡子一动：“请！”王三胜一扣枪，向前躬步，枪尖奔了老头子的喉头去，枪缨打了一个红旋。老人的身子忽然活展了，将身微偏，让过枪尖，前把一挂，后把撩王三胜的手。拍，拍，两响，王三胜的枪撒了手。场外叫了好。王三胜连脸带胸口全紫了，抄起枪来；一个花子，连枪带人滚了过来，枪尖奔了老人的中部。老头子的眼亮得发着黑光；腿轻轻一屈，下把掩裆，上把打着刚要抽回的枪杆；拍，枪又落在地上。

场外又是一片彩声。王三胜流了汗，不再去拾枪，努着眼，木在那里。老头子扔下家伙，拾起大衫，还是拉拉着腿，可是走得很快了。大衫搭在臂上，他过来拍了王三胜一下：

“还得练哪，伙计！”

“别走!”王三胜擦着汗,“你不离,姓王的服了! 可有一样,你敢会会沙老师?”

“就是为会他才来的!”老头子的干巴脸上皱起点来,似乎是笑呢。“走,收了吧,晚饭我请!”

王三胜把兵器拢在一处,寄放在变戏法二麻子那里,陪着老头子往庙外走。后面跟着不少人,他把他们骂散。

“你老贵姓?”他问。

“姓孙哪,”老头子的话与人一样,都那么干巴。“爱练,久想会会沙子龙。”

沙子龙不把你打扁了! 王三胜心里说。他脚底下加了劲,可是没把孙老头落下。他看出来,老头子的腿是老走着查拳门中的连跳步;交起手来,必定很快。但是,无论他怎么快,沙子龙是没对手的。准知道孙老头要吃亏,他心中痛快了些,放慢了些脚步。

“孙大叔贵处?”

“河间的,小地方。”孙老者也和气了些,“月棍年刀一辈子枪,不容易见功夫! 说真的,你那两手就不坏!”

王三胜头上的汗又回来了,没言语。

到了客栈,他心中直跳,唯恐沙老师不在家,他急于报仇。他知道老师不爱管这种事,师弟们已碰过不少回钉子,可是他相信这回必定行,他是大伙计,不比那些毛孩子;再说,人家在庙会上点名叫阵,沙老师还能丢这个脸么?

“三胜,”沙子龙正在床上看着本《封神榜》,“有事吗?”

三胜的脸又紫了,嘴唇动着,说不出话来。

沙子龙坐起来,“怎么了,三胜?”

“栽了跟头!”

只打了个不甚长的哈欠,沙老师没别的表示。

王三胜心中不平,但是不敢发作;他得激动老师:“姓孙的一个老头儿,门外等着老师呢;把我的枪,枪,打掉了两次!”他知道“枪”字在老师心中有多大分量。没等吩咐,他慌忙跑出去。

客人进来,沙子龙在外间屋等着呢。彼此拱手坐下,他叫三胜去泡茶。三胜希望两个老人立刻交了手,可是不能不沏茶去。孙老者没话讲,用深藏着的眼睛打量沙子龙。沙很客气:

“要是三胜得罪了你,不用理他,年纪还轻。”

孙老者有些失望,可是看出沙子龙的精明。他不知怎样好了,不能拿一个人的精明断定他的武艺。“我来领教领教枪法!”他不由的说出来。

沙子龙没接碴儿。王三胜提着茶壶走进来——急于看二人动手,他没管水开了没有,就沏在壶中。

“三胜,”沙子龙拿起个茶碗来,“去找小顺们去,天汇见,陪孙老者吃饭。”

“什么?”王三胜的眼珠几乎掉出来。看了看沙老师的脸,他敢怒而不敢言的说了声“是啦!”走出去,撅着大嘴。

“教徒弟不易!”孙老者说。

“我没收过徒弟。走吧,这个水不开! 茶馆去喝,喝饿了就吃。”沙子龙从桌子上拿起缎子褡裢,一头装着鼻烟壶,一头装着点钱,挂在腰带上。

“不,我还不饿!”孙老者很坚决,两个“不”字把小辫从肩上抡到后边去。

“说会子话儿。”

“我来为领教领教枪法。”

“功夫早搁下了,”沙子龙指着身上,“已经放了肉!”

“这么办也行,”孙老者深深的看了沙老师一眼,“不比武,教给我那趟五虎断魂枪。”

“五虎断魂枪?”沙子龙笑了,“早忘净了! 早忘净了! 告诉你,在我这儿住几天,咱们逛逛各处,临走,多少送点盘缠。”

“我不逛,也用不着钱,我来学艺!”孙老者立起来,“我练趟给你看看,看够得上学艺不够!”一屈腰已到了院中,把楼鸽都吓飞起去。拉开架子,他打了趟查拳:腿快,手飘洒,一个飞脚起去,小辫儿飘在空中,像从天上落下来一个风筝;快之中,每个架子都摆得稳,准,利落;来回六趟,把院子满都打到,走得圆,接得紧,身子在一处,而精神贯串到四面八方。抱拳收势,身儿缩紧,好似满院乱飞的燕子忽然归了巢。

“好! 好!”沙子龙在台阶上点着头喊。

“教给我那趟枪!”孙老者抱了抱拳。

沙子龙下了台阶,也抱着拳:“孙老者,说真的吧,那条枪和那套枪都跟我入棺材,一齐入棺材!”

“不传?”

“不传!”

孙老者的胡子嘴动了半天,没说出什么来。到屋里抄起蓝布大衫,拉拉着腿:“打搅了,再会!”

“吃过饭走!”沙子龙说。

孙老者没言语。

沙子龙把客人送到小门,然后回到屋中,对着墙角立着的大枪点了点头。

他独自上了天汇,怕是王三胜们在那里等着。他们都没有去。

王三胜和小顺们都不敢再到土地庙去卖艺,大家谁也不再为沙子龙吹腾;反之,他们说沙子龙栽了跟头,不敢和个老头儿动手;那个老头子一脚能踢死个牛。不要说王三胜输给他,沙子龙也不是“个儿”。不过呢,王三胜到底和老头子见了个高低,而沙子龙连句硬话也没敢说。“神枪沙子龙”慢慢似乎被人们忘了。

夜静人稀,沙子龙关好了小门,一气把六十四枪刺下来;而后,拄着枪,望着天上的群星,想起当年在野店荒林的威风。叹一口气,用手指慢慢摸着凉滑的枪身,又微微一笑:“不传! 不传!”

老 舍

老舍(1899—1966),现代著名小说家、戏剧家。原名舒庆春,字舍予。满族,北京人。幼年丧父,家境贫寒。1918年北京师范学校毕业后任小学校长和中学教员。1924年赴英国任伦敦大学东方学院汉语讲师,阅读了大量英文作品,并从事小说创作,1926年加入文学研究会。1930年回国后任济南齐鲁大学、青岛山东大学教授。1938年中华全国文艺界抗敌协会成立,他被选为理事兼总务部主任,主持文协日常工作。中华人民共和国成立后不久应召回国,曾任中国文联副主席、中国作家协会副主席、中国民间文艺研究会副主席等职。曾因创作优秀话剧《龙须沟》而被授予"人民艺术家"称号。"文革"初期因受迫害而弃世。

老舍一生写了约计800万字的作品。主要著作有:长篇小说《老张的哲学》《赵子曰》《二马》《猫城记》《离婚》《牛天赐传》《文博士》《骆驼祥子》《火葬》《四世同堂》《鼓书艺人》《正红旗下》(未完),中篇小说《月牙儿》《我这一辈子》,短篇小说集《赶集》《樱海集》《蛤藻集》《火车集》《贫血集》,剧本《龙须沟》《茶馆》等。老舍以长篇小说和剧作著称于世。他的作品大都取材于市民生活,为中国现代文学开拓了重要的题材领域。他所描写的自然风光、世态人情、习俗时尚,运用的群众口语,都呈现出浓郁的"京味"。优秀长篇小说《骆驼祥子》《四世同堂》便是描写北京市民生活的代表作。他的短篇小说构思精致,取材较为宽广,其中的《柳家大院》《上任》《断魂枪》等篇各具特色,耐人咀嚼。

《断魂枪》

老舍的短篇小说《断魂抢》发表于1935年。小说主要刻画了拳师沙子龙在近代急剧变化的社会中的复杂心态。小说的背景是半殖民地半封建社会的近代中国:一方面,古老的传统文明正在被西方现代物质文明所替代;另一方面,两种文明的冲突又是以民族压迫的方式进行的,被压迫民族的愚昧麻木和帝国主义的强悍凶残形成了尖锐的矛盾对立。小说反映了在这种复杂的时代背景下,沙子龙等人对待武艺的不同心态,分别折射出当时剧烈变革中人们的不同心态,反映了作者对现代文明冲击下的现实命运与出路的思考和关注。

这是一个船坚利炮轰醒东方大梦,走镖已没有饭吃,而国术还没有被提倡的时代。在这样的大背景下,如果让沙子龙"传",又能"传"给谁?如果传给王三胜,不过是给他土地庙前的场子添一个让人叫好的节目而已。威慑西北的五虎断魂枪从此变成花拳绣腿的卖艺行当,岂不是白白糟蹋?若传给孙老者,他虽是真心学艺,也无非是一个爱好者,武术迷,学去了也没什么实际价值,不过是带到棺材里的东西。

五虎断魂枪的生命之花只能开在野店长河大漠荒林马队驼铃的世界当中,它的神奇是不能描写的,他的精髓也不是常人能学到的。由此可见,小说主旨并非批评沙子龙"不传"的保守,而是可惜他生不逢时,表现生命个体对人类现代历史进程的无可奈何和对已逝历史记忆无尽叹惋。正是有了这种感慨，才构成了扑面而来的苍凉悲壮的气氛，“东方的大梦没法子不醒了”，沙子龙，他的武艺，事业，都梦似的变成昨夜的，“他的世界已被狂风吹走了”……这些如梦般的人生，瞬即变成过眼云烟，岂不刚好印证了“生命是闹着玩，事事显出如此”的偈语？但不知这两句话仅仅是对沙子龙命运的概括，还是更真切的是老舍的内心独白。

在《断魂枪》中，武侠的浪漫光环消失了，随传统意识的落潮，沙子龙这样的人物一下子水落石出，被晾在了严峻的现实土地上：一个外表超脱的大侠，内心痛苦空虚，生命价值无所寄托，全盘展示在我们面前。这是残酷的，但确是真实的，因为随着交通发达与武器进步，沙子龙必然要经受它的价值失落，而妙就妙在沙子龙以清醒的难得的坦然态度，任一江春水向东流去，一切由大势所趋，听其自然，不争不怨。老舍剥夺了武侠题材的伪饰，却又富裕了沙子龙最为丰富的精神生活，他有着强烈的爱国心和敏锐的洞察力，他超出了武侠行当的意义，成为人类历史上一切悲壮离开历史舞台的英雄们的一个象征。

思考与练习

一、填空题

1.《断魂枪》的主人公是__________。

2. 因创作优秀话剧《龙须沟》而被授予“人民艺术家”称号的作家是__________。

3. 新中国成立后老舍先生创作的最有影响力的话剧作品是__________。

二、阅读下面段落，回答问题

“生命是闹着玩，事事显出如此；从前我这么想过，现在我懂得了。”

沙子龙的镖局已改成客栈。

东方的大梦没法子不醒了。炮声压下去马来与印度野林中的虎啸。半醒的人们，揉着眼，祷告着祖先与神灵；不大会儿，失去了国土、自由与主权。……

1.“生命是闹着玩，事事显出如此；从前我这么想过，现在我懂得了。”对此句应该怎样理解？

2. 沙子龙的镖局为何改成了客栈？

3. 小说写到王三胜和孙老头向沙子龙学枪法，沙子龙不传，他为什么不传？

4. 结合作品简析沙子龙这一人物形象。

清水洗尘

迟子建

天灶觉得人在年关洗澡跟给死猪煺毛一样没什么区别。猪被刮下粗粝的毛后显露出又白又嫩的皮，而人搓下满身的尘垢后也显得又白又嫩。不同的是猪被分割后成为了人口中的美餐。

礼镇的人把腊月二十七定为放水的日子。所谓“放水”，就是洗澡。而郑家则把放水时烧水和倒水的活儿分配给了天灶。天灶从八岁起就开始承担这个义务，一做就是五年了。

这里的人们每年只洗一回澡,就是在腊月二十七的这天。虽然平时妇女和爱洁的小女孩也断不了洗洗刷刷,但只不过是小打小闹地洗。譬如妇女在夏季从田间归来路过水泡子时洗洗脚和腿,而小女孩在洗头发后就着水洗洗脖子和腋窝。所以盛夏时许多光着脊梁的小男孩的脖子和肚皮都黑黢黢的,好像那上面匍匐着黑蝙蝠。

天灶住的屋子被当成了浴室。火墙烧得很热,屋子里的窗帘早早就拉上了。天灶家洗澡的次序是由长至幼,老人、父母、最后才是孩子。爷爷未过世时,他是第一个洗澡的人。他洗得飞快,一刻钟就完了,澡盆里的水也不脏,于是天灶便就着那水草草地洗一通。每个人洗澡时都把门关紧,门帘也落下来。天灶洗澡时母亲总要在外面敲着门说:"天灶,妈帮你搓搓背吧?"

"不用!"天灶像条鱼一样蜷在水里说。

"你一个人洗不干净!"母亲又说。

"怎么洗不干净。"天灶便用手指撩水,使之发出哗啦哗啦的声响,仿佛在告诉母亲他洗得很卖力。

"你不用害臊。"母亲在门外笑着说,"你就是妈妈生出来的,还怕妈妈看吗?"

天灶便在澡盆中下意识地夹紧了双腿,他红头涨脸地嚷,"你老说什么?不用你洗就是不用你洗!"

天灶从未拥有过一盆真正的清水来洗澡。因为他要蹲在灶台前烧水,每个人洗完后的脏水还要由他一桶桶地提出去倒掉,所以他只能见缝插针地就着家人用过的水洗。那种感觉一点也不舒服,纯粹是在应付。而且不管别人洗过的水有多干净,他总是觉得很浊,进了澡盆泡上个十几分钟,随便搓搓就出来了。他也不喜欢父母把他的住屋当成浴室,弄得屋子里空气湿浊,电灯泡上爬满了水珠,他晚上睡觉时感觉是睡在猪圈里。所以今年一过完小年,他就对母亲说:"今年洗澡该在天云的屋子里了。"

天云当时正在叠纸花,她气得一梗脖子说,"为什么要在我的屋子?"

"那为什么年年都非要在我的屋子?"天灶同样气得一梗脖子说。

"你是男孩子!"天云说,"不能弄脏女孩子的屋子!"天云振振有词地说,"而且你比我大好几岁,是哥哥,你还不让着我!"

天灶便不再理论,不过兀自嘟囔了一句,"我讨厌过年!年有个什么过头!"

家人便纷纷笑起来。自从爷爷过世后,奶奶在家中很少笑过,哪怕有些话使全家人笑得像开了的水直沸腾,她也无动于衷,大家都以为她耳朵背了。岂料她听了天灶的话后也使劲地笑了起来,笑得痰直上涌,一阵咳嗽,把假牙都喷出口来了。

天灶确实不喜欢过年。首先不喜欢过年的那些规矩,焚纸祭祖,磕头拜年,十字路口的白雪被烧纸的人家弄得像一摊摊狗屎一样脏,年仿佛被鬼气笼罩了。其次他不喜欢忙年的过程,人人都累得腰酸背痛,怨声连天。拆被、刷墙、糊灯笼、做新衣、蒸年糕等等,种种的活儿把大人孩子都牵制得像刺猬一样团团转。而且不光要给屋子扫尘,人最后还得为自己洗尘,一家老少在腊月二十七的这天因为卖力地搓洗掉一年的风尘而个个都显得面目浮肿，总是使他联想到屠夫用铁刷嚓嚓地给死猪煺毛的情景，内心有种隐隐的恶心。最后，他不喜欢过年时所有人都穿扮一新，新衣裳使人们显得古板可笑、拘谨做作。如果穿新衣服的人站成了一排，就很容易使天灶联想起城里布店里竖着的一匹匹僵直的布。而且天灶不能容忍过年非要在半夜过，那时他又困又乏，毫无食欲，可却要强打精神起来吃团圆饺子，他烦透了。他不止一次地想若是他手中有了至高无上的权力，第一项就要修改过年的时间。

奶奶第一个洗完了澡。天灶的母亲扶着颤颤巍巍的她出来了。天灶看见奶奶稀疏的白发湿漉漉地垂在肩头，下垂的眼袋使突兀的颧骨有一种要脱落的感觉。而且她脸上的褐色老年斑被热气熏炙得愈发浓重，仿佛雷雨前天空中沉浮的乌云。天灶觉得洗澡后的奶奶显得格外臃肿，像只烂蘑菇一样让人看不得。他不知道人老后是否都是这副样子。奶奶嘘嘘地喘着粗气经过灶房回她的屋子，她见了天灶就说："你烧的水真热乎，洗得奶奶这个舒服，一年的乏算是全解了。你就着奶奶的水洗洗吧。"

母亲也说："奶奶一年也不出门，身上灰不大，那水还干净着呢。"

天灶并未搭话，他只是把柴禾续了续，然后提着脏水桶进了自己的屋子。湿浊的热气在屋子里像癞皮狗一样东游西蹿着，电灯泡上果然浮着一层鱼卵般的水珠。天灶吃力地搬起大澡盆，把水倒进脏水桶里，然后抹了抹额上的汗，提起桶出去倒水。路过灶房的时候，他发现奶奶还没有回屋，她见天灶提着满桶的水出来了，就张大了嘴，眼睛里现出格外凄凉的表情。

"你嫌奶奶——"她失神地说。

天灶什么也没说，他拉开门出去了。外面又黑又冷，他摇摇晃晃地提着水来到大门外的排水沟前。冬季时那里隆起了一个肮脏的大冰湖，许多男孩子都喜欢在冰湖下抽陀螺玩，他们叫它"冰嘎"。他们抽得很卖力，常常是把鼻涕都抽出来了。他们不仅白天玩，晚上有时月亮明得让人在屋子里呆不住，他们便穿上厚棉袄出来抽陀螺，深冬的夜晚就不时传来"啪——啪——"的声音。

天灶看见冰湖下的雪地里有个矮矮的人影，他躬着身，似乎在寻找什么，手中夹着的烟头一明一灭的。

"天灶——"那人直起身说，"出来倒水啦？"

天灶听出是前趟房的同班同学肖大伟，便一边吃力地将脏水桶往冰湖上提，一边问："你在这干什么？"

"天快黑时我抽冰嘎，把它抽飞了，怎么也找不到。"肖大伟说。

"你不打个手电，怎么能找着？"天灶说着，把脏水"哗——"地从冰湖的尖顶当头浇下。

"这股洗澡水的味儿真难闻。"肖大伟大声说，"肯定是你奶奶洗的！"

"是又怎么样？"天灶说，"你爷爷洗出的味儿可能还不如这好闻呢！"

肖大伟的爷爷瘫痪多年，屎尿都得要人来把，肖大伟的妈妈已经把一头乌发侍候成了白发，声言不想再当孝顺儿媳了，要离开肖家，肖大伟的爸爸就用肖大伟抽陀螺的皮鞭把老婆打得身上血痕纵横，弄得全礼镇的人都知道了。

"你今年就着谁的水洗澡?"肖大伟果然被激怒了,他挑衅地说,"我家年年都是我头一个洗,每回都是自己用一盆清水!"

"我自己也用一盆清水!"天灶理直气壮地说。

"别吹牛了!"肖大伟说,"你家年年放水时都得你烧水,你总是就着别人的脏水洗,谁不知道呢?"

"我告诉你爸爸你抽烟了!"天灶不知该如何还击了。

"我用烟头的亮儿找冰嘎,又不是学坏,你就是告诉他也没用!"

天灶只有万分恼火地提着脏水桶往回走,走了很远的时候,他又回头冲肖大伟喊道:"今年我用清水洗!"

天灶说完抬头望了一下天,觉得那道通的银河"刷"地亮了一层,仿佛是清冽的河水要倾盆而下,为他除去积郁在心头的怨愤。

奶奶的屋子传来了哭声,那苍老的哭声就像山洞的滴水声一样滞浊。

天灶拉开锅盖,一舀舀地把热水往大澡盆里倾倒。这时天灶的父亲过来了,他说:"看你,把奶奶惹伤心了。"

天灶没说什么,他往热水里又对了一些凉水。他用手指试了试水温,觉得若是父亲洗恰到好处,他喜欢凉一些的;若是天云或者母亲洗就得再加些热水。

"该谁了?"天灶问。

"我去洗吧。"父亲说,"你妈妈得陪奶奶一会儿。"

这时天云忽然从她的房间冲了出来,她只穿件蓝花背心,露出两条浑圆的胳膊,披散着头发,像个小海妖。她眼睛亮亮地说:"我去洗!"父亲说:"我洗得快。"

"我把辫子都解开了。"天云左右摇晃着脑袋,那发丝就像鸽子的翅膀一样起伏着,她颇为认真地对父亲说,"以后我得在你前面洗,你要是先洗了,我再用你用过的澡盆,万一怀上个孩子怎么办?算谁的?"

父亲笑得把一口痰给喷了出来,而天灶则笑得撇下了水瓢。天云嘟着丰满的小嘴,脸红得像炉膛里的火。

"谁告诉你用了爸爸洗过澡的盆,就会怀小孩子?"父亲依然"嗬嗬"地笑着问。

"别人告诉我的,你就别问了。"

天云开始指手画脚地吩咐天灶,"我要先洗头,给我舀上一脸盆的温水,我还要用妈妈使的那种带香味的蓝色洗头膏!"

天云无忌的话已使天灶先前沉闷的心情为之一朗,因而他很乐意地为妹妹服务。他拿来脸盆,刚要往里舀水,天云跺了一下脚一迭声地说:"不行不行!这么埋汰的盆,要给我刷干净了才能洗头!"

"挺干净的嘛。"父亲打趣天云。

"你们看看呀?盆沿儿那一圈油泥,跟蛇寡妇的大黑眼圈一样明显,还说干净呢!"天云梗着脖子一脸不屑地说。

蛇寡妇姓程,只因她喜欢跟镇子里的男人眉来眼去的,女人背地说她是毒蛇变的,久而久之就把她叫成了蛇寡妇。蛇寡妇没有子嗣，自在得很，每日都起得很迟，眼圈总是青着，让人不明白她把觉都睡到哪里了。她走路时习惯用手捶着腰。她喜欢镇子里的小女孩，女孩们常到蛇寡妇家翻腾她的箱底，把她年轻时用过的一些头饰都用甜言蜜语泡走了。

“我明白了——”天云的父亲说，“是蛇寡妇跟你说怀小孩子的事，这个骚婆子！”

“你怎么张口就骂人呢？”天云说，“真是！”

天灶打算用肥皂除掉污垢，可天云说用碱面更合适，天灶只好去碗柜中取碱面。他不由对妹妹说：“洗个头还这么罗嗦，不就几根黄毛吗？”

天云顺手抓起几粒黄豆朝天灶撇去，说：“你才是黄毛呢。”又说：“每年只过一回年，我不把头洗得清清亮亮的，怎么扎新的头绫子？”

他们在灶房逗嘴嘻笑的时候，哭声仍然微风般地从奶奶的屋里传出。

天云说：“奶奶哭什么？”

父亲看了一眼天灶，说：“都是你哥哥，不用奶奶的洗澡水，惹她伤心了。这个年她恐怕不会有好心情了。”

“那她还会给我压岁钱么？”天云说，“要是没有了压岁钱，我就把天灶的课本全撕了，让他做不成寒假作业，开学时老师训他！”

天云与天灶一团和气时称他为“哥哥”，而天灶稍有一点使她不开心了，她就直呼其名。

天灶刷干净了脸盆，他说：“你敢把我的课本撕了，我就敢把你的新头绫子铰碎了，让你没法扎黄毛小辫！”

天云咬牙切齿地说：“你敢！”

天灶一边往脸盆哗哗地舀水，一边说：“你看我敢不敢？”

天云只能半是撒娇半是委屈地噙着泪花对父亲说：“爸爸呀，你看看天灶——”

“他敢！”父亲举起了一只巴掌，在天灶面前比划了一下，说：“到时我揍出他的屁来！”

天灶把脸盆和澡盆一一搬进自己的小屋。天云又声称自己要冲两遍头，让天灶再准备两盆清水。她又嫌窗帘拉得不严实，别人要是看见了怎么办？天灶只好把窗帘拉得更加密不透光，又像仆人一样卑躬屈膝地为她送上毛巾、木梳、拖鞋、洗头膏和香皂。天云这才像个女皇一样款款走进浴室，她闩上了门。隔了大约三分钟，从里面便传出了撩水的声音。

父亲到仓棚里去找那对塑料红色宫灯去了，它们被闲置了一年，肯定灰尘累累，家人都喜欢用天云洗过澡的水来擦拭宫灯，好像天云与鲜艳和光明有着密不可分的联系似的。

天灶把锅里的水填满，然后又续了一捧柴禾，就悄悄离开灶台去奶奶的屋门前偷听她絮叨些什么。

奶奶边哭边说：“当年全村的人数我最干净，谁不知道哇？我要是进了河里洗澡，鱼都躲得远远的，鱼天天呆在水里，它们都知道身上没有我白，没有我干净……”

天灶忍不住捂着嘴偷偷乐了。

母亲顺水推舟地说："天灶这孩子不懂事，妈别跟他一般见识。妈的干净咱礼镇的人谁不知道？妈下的大酱左邻右舍的人都爱来要着吃，除了味儿跟别人家的不一样外，还不是因为干净？"

奶奶微妙地笑了一声，然后依然带着哭腔说："我的头发从来没有生过虱子，胳肢窝也没有臭味。我的脚趾盖里也不藏泥，我洗过澡的水，都能用来养牡丹花！"

奶奶的这个推理未免太大胆了些，所以母亲也忍不住"扑哧"一声乐了。天灶更是忍俊不禁，连忙疾步跑回灶台前，蹲下来对着熊熊的火焰哈哈地笑起来。这时父亲带着一身寒气提着两盏陈旧的宫灯进来了，他弄得满面灰尘，而且冻出了两截与年龄不相称的清鼻涕，这使他看上去像个捡破烂儿的。他见天灶笑，就问："你偷着乐什么？"

天灶便把听到的话小声地学给父亲。

父亲放下宫灯笑了，"这个老小孩！"

锅里的水被火焰煎熬得吱吱直响，好像锅灶是炎夏，而锅里闷着一群知了，它们在不停地叫嚷"热死了，热死了"。火焰把天灶烤得脸颊发烫，他就跑到灶房的窗前，将脸颊贴在蒙有白霜的玻璃上。天灶先是觉得一股寒冷像针一样深深地刺痛了他，接着就觉得半面脸发麻，当他挪开脸颊时，一块半月形的玻璃本色就赫然显露出来。天灶擦了擦湿漉漉的脸颊，透过那块霜雪消尽的玻璃朝外面望去。院子里黑黢黢的，什么都无法看清，只有天上的星星才现出微弱的光芒。天灶叹了一口气，很失落地收回目光，转身去看灶坑里的火。他刚蹲下身，灶房的门突然开了，一股寒气背后站着一个穿绿色软缎棉袄的女人，她黑着眼圈大声地问天灶：

"放水哪？"

天灶见是蛇寡妇，就有些爱理不睬地"哼"了一声。

"你爸呢？"蛇寡妇把双手从袄袖中抽出来，顺手把一缕鼻涕擤下来抹在自己的鞋帮上，这让天灶很作呕。

天灶的爸爸已经闻声过来了。

蛇寡妇说："大哥，帮我个忙吧。你看我把洗澡水都烧好了，可是澡盆坏了，倒上水哗哗直漏。"

"澡盆怎么漏了？"父亲问。

"还不是秋天时收饭豆，把豆子晒干了放在大澡盆里去皮，那皮又干又脆，把手都扒出血痕了，我就用一根松木棒去捶豆子，没成想把盆给捶漏了，当时也不知道。"

天灶的妈妈也过来了，她见了蛇寡妇很意外地"哦"了一声，然后淡淡打声招呼："来了啊？"

蛇寡妇也淡淡地应了一声，然后从袖口抽出一根桃红色的缎子头绳："给天云的！"

天灶见父母都不接那头绳，自己也不好去接。蛇寡妇就把头绳放在水缸盖上，使那口水缸看上去就像是陪嫁，喜气洋洋的。

"天云呢？"蛇寡妇问。

"正洗着呢。"母亲说。

“你家有没有锡?”父亲问。

未等蛇寡妇作答,天灶的母亲警觉地问:“要锡干什么?”

“我家的澡盆漏了,求天灶他爸给补补。”蛇寡妇先回答女主人的话,然后才对男主人说:“没锡。”

“那就没法补了。”父亲顺水推舟地说。

“随便用脸盆洗洗吧。”天灶的母亲说。

蛇寡妇睁大了眼睛,一抖肩膀说:“那可不行,一年才过一回年,不能将就。”她的话与天云的如出一辙。

“没锡我也没办法。”天云的父亲皱了皱眉头,然后说:“要不用油毡纸试试吧。你回家撕一块油毡纸,把它用火点着,将滴下来的油弄在漏水的地方,抹均匀了,凉透后也许就能把漏的地方弥住。”

“还是你帮我弄吧。”蛇寡妇在男人面前永远是一副天真表情,“我听都听不明白。”

天灶的父亲看了一眼自己的女人,其实他也用不着看,因为不管她脸上是赞同还是反对,她的心里肯定是一万个不乐意。但当大家把目光集中到她身上,需要她做出决断时,她还是故作大度地说:“那你就去吧。”

蛇寡妇说了声“谢了”,然后就抄起袖子,走在头里。天灶的父亲只能紧随其后,他关上家门前回头看了一眼老婆,得到的是一个不折不扣的白眼和她随之吐出的一口痰,那道白眼和痰组成了一个醒目的惊叹号,使天灶的父亲在迈出门槛后战战兢兢的,他在寒风中行走的时候一再提醒自己要快去快回,绝不能喝蛇寡妇的茶,也不能抽她的烟,他要在唇间指畔纯洁地葆有他离开家门时的气息。

“天云真够讨厌的。”蛇寡妇一走,母亲就开始心烦意乱了,她拿着面盆去发面,却忘了放酵母,“都是她把蛇寡妇招来的。”

“谁叫你让爸爸去的。”天灶故意刺激母亲,“没准她会炒俩菜和爸爸喝一盅!”

“他敢!”母亲厉声说,“那样他回来我就不帮他搓背了!”

“他自己也能搓,他都这么大的人了,你还年年帮他搓背。”天灶“咦”了一声,母亲的脸便刷地红了,她抢白了天灶一句:“好好烧你的水吧,大人的事不要多嘴。”

天灶便不多嘴了,但灶坑里的炉火是多嘴的,它们用金黄色的小舌头贪馋地舔着乌黑的锅底,把锅里的水吵得嗞嗞直叫。炉火的映照和水蒸气的熏炙使天灶有种昏昏欲睡的感觉。他不由蹲在锅灶前打起了盹。然而没有多一会儿,天云便用一只湿手把他搡醒了。天灶睁眼一看,天云已经洗完了澡,她脸蛋通红,头发湿漉漉地披散着,穿上了新的线衣线裤,一股香气从她身上横溢而出,她叫道:“我洗完了!”

天灶揉了一下眼睛,恹恹无力地说:“洗完了就完了呗,神气什么。”

“你就着我的水洗吧。”天云说。

“我才不呢。”天灶说,“你跟条大臭鱼一样,你用过的水有邪味儿!”

天灶的母亲刚好把发好的面团放到热炕上转身出来,天云就带着哭腔对母亲说,“妈妈呀,你看天灶呀,他说我是条大臭鱼!”

“他再敢说我就缝他的嘴！”母亲说着，示威性地做了个挑针的动作。

天灶知道父母在他与天云斗嘴时，永远会偏袒天云，他已习以为常，所以并不气恼，而是提着两盏灯笼进“浴室”除灰，这时他听见天云在灶房惊喜地叫道：“水缸盖上的头绫子是给我的吧？真漂亮呀！”

那对灯笼是硬塑的，由于用了好些年，塑料有些老化萎缩，使它们看上去并不圆圆满满。而且它的红颜色显旧，中圈被光密集照射的地方已经泛白，看不出任何喜气了。所以点灯笼时要在里面安上两个红灯泡，否则它们可能泛出的是与除夕气氛相悖的青白的光。天灶一边刷灯笼一边想着有关过年的繁文缛节，便不免有些气恼，他不由大声对自己说：“过年有个什么意思！”回答他的是扑面而来的洋溢在屋里的湿浊的气息，于是他恼上加恼，又大声对自己说：“我要把年挪到六月份，人人都可以去河里洗澡！”

天灶刷完了灯笼，然后把脏水一桶桶地提到外面倒掉。冰湖那儿已经没有肖大伟的影子了，不知他的“冰嘎”是否找到了。夜色已深，星星因黑暗的加剧而显得气息奄奄，微弱的光芒宛如一个人在弥留之际细若游丝的气息。天灶望了一眼天，便不想再看了。因为他觉得这些星星被强大的黑暗给欺负得噤若寒蝉，一派凄凉，无边的寒冷也催促他尽快走回户内。

父亲还没有回来，母亲脸上的神色就有些焦虑。该轮到她洗澡了，天灶为她冲洗干净了澡盆，然后将热水倾倒进去。母亲木讷地看着澡盆上的微微旋起的热气，好像在无奈地等待一条美人鱼突然从中跳出来。

天灶提醒她：“妈妈，水都好了！”

母亲“哦”了一声，叹了口气说，“你爸爸怎么还不回来？要不你去蛇寡妇家看看？”

天灶故作糊涂地说：“我不去，爸爸是个大人又丢不了，再说我还得烧水呢，要去你去。”

“我才不去呢。”母亲说，“蛇寡妇没什么了不起。”说完，她仿佛陡然恢复了自信。提高声调说：“当初我跟你爸爸好的时候，有个老师追我，我都没答应，就一门心思地看上你爸爸了，他不就是个泥瓦匠嘛。”

“谁让你不跟那个老师呢？”天灶激将母亲，“那样的话我在家里上学就行了。”

“要是我跟了那老师，就不会有你了！”母亲终于抑制不住地笑了，“我得洗澡了，一会儿水该凉了。”

天云在自己的小屋里一身清爽地摆弄新衣裳，天灶听见她在唱：“小狗狗伸出小舌头，够我手里的小画书。小画书上也有个小狗狗，它趴在太阳底下睡觉觉。”

天云喜欢自己编儿歌，高兴时那儿歌的内容一派温情，生气时则充满火药味。比如有一回她用鸡毛掸子拂掉了一只花瓶，把它摔碎了，母亲说了她，她不服气，回到自己的屋子就编儿歌：“鸡毛掸是个大灰狼，花瓶是个小羊羔。我饿了三天三夜没吃饭，见了你怎么能放过！”言下之意，花瓶这个小羊羔是该吃的，谁让它自己不会长脚跑掉呢。家人听了都笑，觉得真不该用一只花瓶来让她受委屈。于是就说：“那花瓶也是该打，都旧成那样了，留着也没人看！”天云便破涕为笑了。

天灶又往锅里填满了水，他将火炭拨了拨，拨起一片金黄色的火星像蒲公英一样地飞，然后他放进两块比较粗的松木杆。这时奶奶蹒跚地从屋里出来了，她的湿头发已经干了，但仍然是垂在肩头，没有盘起来，这使她看上去很难看。奶奶体态臃肿，眼袋松松垂着，平日它们像两颗青葡萄，而今日因为哭过的缘故，眼袋就像一对红色的灯笼花，那些老年斑则像陈年落叶一样匍匐在脸上。天灶想告诉奶奶，只有又黑又密的头发才适合披着，斑白稀少的头发若是长短不一地披下来，就会给人一种白痴的感觉。可他不想再惹奶奶伤心了，所以马上垂下头来烧水。

"天灶——"奶奶带着悲愤的腔调说，"你就那么嫌弃我？我用过的水你把它泼了，我站在你跟前你都不多看一眼？"

天灶没有搭腔，也没有抬头。

"你是不想让奶奶过这个年了？"奶奶的声音越来越悲凉了。

"没有。"天灶说，"我只想用清水洗澡，不用别人用过的水。天云的我也没用。"天灶垂头说着。

"天云的水是用来刷灯笼的！"奶奶很孩子气地分辩说。

"一会儿妈妈用过的水我也不用。"天灶强调说。

"那你爸爸的呢？"奶奶不依不饶地问。

"不用！"天灶斩钉截铁地说。

奶奶这才有些和颜悦色地说："天灶啊，人都有老的时候，别看你现在是个孩子，细皮嫩肉的，早晚有一天会跟奶奶一样皮松肉散，你说是不是？"

天灶为了让奶奶快些离开，所以抬头看了一眼她，干脆地答道："是！"

"我像你这么大时，比你水灵着呢。"奶奶说，"就跟开春时最早从地里冒出的羊角葱一样嫩！"

"我相信！"天灶说，"我年纪大时肯定还不如奶奶呢，我不得腰弯得头都快着地，满脸长着癞？"

奶奶先是笑了两声，后来大约意识到孙子为自己规划的远景太黯淡了，所以就说："癞是狗长的，人怎么能长癞呢？就是长癞，也是那些丧良心的人才会长。你知道人总有老的时候就行了，不许胡咒自己。"

天灶说："嗳——！"

奶奶又絮絮叨叨地询问灯笼刷得干不干净，该炒的黄豆泡上了没有。然后她用手抚了一下水缸盖，嫌那上面的油泥还呆在原处，便责备家里人的好吃懒做，哪有点过年的气氛。随之她又唠叨她青春时代的年如何过的，总之是既洁净又富贵。最后说得嘴干了，这才唉声叹气地回屋了。天灶听见奶奶在屋子里不断咳嗽着，便知她要睡觉了。她每晚临睡前总要清理一下肺脏，透彻地咳嗽一番，这才会平心静气地睡去。果然，咳嗽声一止息，奶奶屋子的灯光随之消失了。

天灶便长长地吁了口气。

母亲历年洗澡都洗得很漫长，起码要一个钟头。说是要泡透了，才能把身上的灰全部搓掉。然而今年她只洗了半个小时就出来了。她见到天灶急切地问:"你爸还没回来?"

"没。"天灶说。

"去了这么长时间,"母亲忧戚地说,"十个澡盆都补好了。"

天灶提起脏水桶正打算把母亲用过的水倒掉,母亲说:"你爸还没回来,我今年洗的时间又短,你就着妈妈的水洗吧。"

天灶坚决地说:"不!"

母亲有些意外地看了眼天灶,然后说:"那我就着水先洗两件衣裳,这么好的水倒掉可惜了。"

母亲就提着两件脏衣服去洗了。天灶听见衣服在洗衣板上被激烈地揉搓的声音,就像饿极了的猪饮食一样。天灶想,如果父亲不及时赶回家中,这两件衣服非要被洗碎不可。

然而这两件衣服并不红颜薄命,就在洗衣声变得有些凄厉的时候,父亲一身寒气地推门而至了。他神色慌张,脸上印满黑灰,像是京剧中老生的脸谱。

"该到我了吧?"他问天灶。

天灶"嗯"了一声。这时母亲手上沾满肥皂泡从里面出来,她看了一眼自己的男人,眼眉一挑,说:"哟,修了这么长时间,还修了一脸的灰,那漏儿堵上了吧?"

"堵上了。"父亲张口结舌地说。

"堵得好?"母亲从牙缝中迸出三个字。

"好。"父亲茫然答道。

母亲"哼"了一声,父亲便连忙红着脸补充说:"是澡盆的漏儿堵得好。"

"她没赏你一盆水洗洗脸?"母亲依然冷嘲热讽着。

父亲用手抹了一下脸,岂料手上的黑灰比脸上的还多,这一抹使脸更加花哨了。他十分委屈地说:"我只帮她干活,没喝她一口水,没抽她一根烟,连脸都没敢在她家洗。"

"哟,够顾家的。"母亲说,"你这一脸的灰怎么弄的?钻她家的炕洞了吧?"

父亲就像一个做错了事的孩子似地仍然站在原处,他毕恭毕敬的,好像面对的不是妻子,而是长辈。他说:"我一进她家,就被烟呛得直淌眼泪。她也够可怜的了,都三年了没打过火墙。火是得天天烧,你想那灰还不全挂在烟洞里?一烧火炉子就往出燎烟,什么人受得了?难怪她天天黑着眼圈。我帮她补好澡盆,想着她一个寡妇这么过年太可怜,就帮她掏了掏火墙。"

"火墙热着你就敢掏?"母亲不信地问。

"所以说只打了三块砖,只掏一点灰,烟道就畅了。先让她将就过个年,等开春时再帮她彻底掏一回。"父亲傻里傻气地如实相告。

"她可真有福。"母亲故作笑容说,"不花钱就能请小工。"

母亲说完就唤天灶把水倒了,她的衣裳洗完了。天灶便提着脏水桶,绕过仍然惶惶不安的父亲去倒脏水。等他回来时,父亲已经把脸上的黑灰洗掉了。脸盆里的水仿佛被乌贼鱼给搅扰了个尽兴,一派墨色。母亲觑了一眼,说:"这水让天灶带到学校刷黑板吧。"

父亲说:“看你,别这么说不行么？我不过是帮她干了点活。”

“我又没说你不能帮她干活。”母亲显然是醋意大发了,“你就是住过去我也没意见。”

父亲不再说什么,因为说什么也无济于事了。天灶连忙为他准备洗澡水。天灶想父亲一旦进屋洗澡了,母亲的牢骚就会止息,父亲的尴尬才能解除。果然,当一盆温热而清爽的洗澡水摆在天灶的屋子里,母亲提着两件洗好的衣裳抽身而出。父亲在关上门的一瞬小声问自己女人:“一会地帮我搓搓背吧?”

“自己凑合着搓吧。”母亲仍然怨气冲天地说。

天灶不由暗自笑了,他想父亲真是可怜,不过帮蛇寡妇多干了一样活,回来就一副低眉顺眼的样子。往年母亲都要在父亲洗澡时进去一刻,帮他搓搓背,看来今年这个享受要像艳阳天一样离父亲而去了。

天灶把锅里的水再次添满,然后又饶有兴致地往灶炕里添柴。这时母亲走过来问他:“还烧水做什么?”

“给我自己用。”

“你不用你爸爸的水?”

“我要用清水。”天灶强调说。

母亲没再说什么,她进了天云的屋子了。天灶没有听见天云的声音,以往母亲一进她的屋子,她就像盛夏水边的青蛙一样叫个不休。天云屋子的灯突然被关掉了,天灶正诧异着,母亲出来了,她说:“天云真是的,手中拿着头绫子就睡着了。被子只盖在腿上,肚脐都露着,要是夜里着凉拉肚子怎么办？灯也忘了闭,要过年把她给兴过头了,兴得都乏了。”

天灶笑了,他拨了拨柴禾,再次重温金色的火星飞舞的辉煌情景。在他看来,灶炕就是一个永无白昼的夜空,而火星则是满天的繁星。这个星空带给人的永远是温暖的感觉。

锅里的水开始热情洋溢地唱歌了。柴禾也烧得毕剥有声。母亲回到她与天灶父亲所住的屋子,她在餐前日洗好晾干的衣服。然而她显得心神不定,每隔几分钟就要从屋门探出头来问天灶:“什么响?”

“没什么响。”天灶说。

“可我听见动静了。”母亲说,“不是你爸爸在叫我吧?”

“不是。”天灶如实说。

母亲便有些泄气地收回头。然而没过多久她又深出头问:“什么响?”而且手里提着她上次探头时叠着的衣裳。

天灶明白母亲的心思了,他说:“是爸爸在叫你。”

“他叫我?”母亲的眼睛亮了一下,继而又摇了一下头说,“我才不去呢。”

“他一个人没法搓背。”天灶知道母亲等待他的鼓励,“到时他会一天就把新背心穿脏了。”

母亲嘟囔了一句“真是前世欠他的”,然后甜蜜地叹口气,丢下衣服进了“浴室”。天灶先是听见母亲的一阵埋怨声,接着便是由冷转暖的嗔怪,最后则是低低的软语了。后来软语也消去,只有清脆的撩水声传来,这种声音非常动听,使天灶的内心有一种发痒的感觉,他就势把一块木板垫在屁股底下，抱着头打起盹来。他在要进入梦乡的时候听见自己的清水在锅里引吭高歌，而他的脑海中则浮现着粉红色的云霓。天灶不知不觉睡着了。他在梦中看见了一条金光灿灿的龙，它在银河畔洗浴。这条龙很调皮，它常常用尾去拍银河的水，溅起一阵灿烂的水花。后来这龙大约把尾拍在了天灶的头上，他觉得头疼，当他睁开眼睛时，发觉自己磕在了灶台上。锅里的水早已沸了，水蒸气袅袅弥漫着。父母还没有出来，天灶不明白搓个背怎么会花这么长时间。他刚要起身去催促一下，突然发现一股极细的水流悄无声息地朝他蛇形游来。他寻着它逆流而上，发现它的源头在“浴室”。有一种温柔的呢喃声细雨一样隐约传来。父母一定是同在澡盆中，才会使水膨胀而外溢。水依然汩汩顺着门缝宁静地流着，天灶听见了搅水的声音，同时也听到了铁质澡盆被碰撞后间或发出的震颤声，天灶便红了脸，连忙穿上棉袄推开门到户外去望天。

夜深深的了。头顶的星星离他仿佛越来越远了。天灶大口大口地呼吸着寒冷的空气，因为他怕体内不断升腾的热气会把他烧焦。他很想哼一首儿歌，可他一首歌词也回忆不起来，又没有天云那样的禀赋可以随意编词。天灶便哼儿歌的旋律，一边哼一边在院子中旋转着，寂静的夜使旋律变得格外动人，真仿佛是天籁之音环绕着他。天灶突然间被自己感动了，他从来没有体会过自己的声音是如此美妙。他为此几乎要落泪了。这时屋门“吱扭”一声响了，跟着响起的是母亲喜悦的声音：“天灶，该你洗了！”

天灶发现父母面色红润，他们的眼神既幸福又羞怯，好像猫刚刚偷吃了美食，有些愧对主人一样。他们不敢看天灶，只是很殷勤地帮助天灶把脏水倒了，然后又清洗干净了澡盆，把清水一瓢瓢地倾倒在澡盆中。

天灶关上屋门，他脱光了衣服之后，把灯关掉了。他蹑手蹑脚地赤脚走到窗前，轻轻拉开窗帘，然后返身慢慢地进入澡盆。他先进入双足，热水使他激灵了一下，但他很快适应了，他随之慢慢地屈腿坐下，感受着清水在他的胸腹间柔曼地滑过的温存滋味。天灶的头搭在澡盆上方，他能看见窗外的隆隆夜色，能看见这夜色中经久不息的星星。他感觉那星星已经穿过茫茫黑暗飞进他的窗口，落入澡盆中，就像课文中所学过的淡黄色的皂角花一样散发着清香气息，预备着为他除去一年的风尘。天灶觉得这盆清水真是好极了，他从未有过的舒展和畅快。他不再讨厌即将朝他走来的年了，他想除夕夜的时候，他一定要穿着崭新的衣裳，亲手点亮那对红灯笼。还有，再见到肖大伟的时候，他要告诉他，我天灶是用清水洗的澡，而且，星光还特意化成皂角花撒落在了我的那盆清水中了呢。

知识链接

迟子建

迟子建，女，祖籍山东，生于黑龙江漠河。1984 年毕业于大兴安岭师范学校，1987 年入北京师范大学与鲁迅文学院联办的研究生班学习。1983 年开始文学创作。1990 年加入中国作家协会。著有长篇小说《树下》《晨钟响彻黄昏》《满洲国》《越过云层的晴朗》，小说集《北极村童话》《白雪的墓园》《向着白夜旅行》《逝川》《白银那》《朋友们来看雪吧》《清水洗尘》《雾月牛栏》《当代作家选集丛书·迟子建卷》《踏着月光的行板》，散文随笔集《伤怀之美》《听时光飞舞》等，作品获鲁迅文学奖等多种奖项。《额尔古纳河右岸》获第七届茅盾文学奖。部分作品在英、法、日、意等国出版。

从《亲亲土豆》《清水洗尘》《雾月牛栏》到近年来的《一匹马两个人》，她在创造中以一种超常的执著关注着人性温暖或者说湿润的那一部分，从各个不同的方向和角度进入，多重声部，反复吟唱一个主题，这个主题因而显得强大，直至成为一种叙述的信仰。迟子建对一切美好、易逝的东西抱有伤怀之美的爱怜，但她的小说从来不回避"人之恶"，趋善向美却不隐恶遮丑。迟子建小说中的"人之恶"往往在迷离的梦幻和柔软的善良中浮现出来，尖锐地刺痛我们。然而她总能沉入到世道人心的最幽深细弱之处，寻找痛惜与爱怜、温暖与爱意。

《清水洗尘》

《清水洗尘》是第二届鲁迅文学奖获奖作品。作品截取洗澡这样一生活横断面，以天灶的心路历程为主线，将一些生活碎片连缀起来。文章的选材与立意都是围绕天灶的性格塑造来进行，使得天灶在青春期的心理成长变化得到鲜明的展现，也可以说是一篇成长小说。

文章成功在于通过一件小事，细腻地写出了天灶的青春期心理变化，或者说是心理叛逆。家庭多年来对天灶与天云的差别对待，长辈对天灶心理感受的漠视，使天灶心中积压了诸多的压抑与不满，这种不满体现在他对过年的厌倦与对洗澡的毫无感知上。当人们都十分重视每年一次的洗澡并因此而感到神清气爽的时候，他却生活在无比的愤懑之中。回想起每年他一次又一次默默的劳动，换来的竟然是一盆家人洗过的浊水供自己洗澡，以及卧室的潮湿弥漫。他的默默忍受终于随着年龄的增长开始发生动摇与逆转，这种心理暗示随着肖大伟的出现而得以强化，以至于奶奶的哭声，父母的叹息，以及父母的小矛盾，都没有能改变他要独自洗一盆清水的决心。随着一个个家人洗澡的进程的推进，天灶也完成了从一个稚气懦弱的小孩到一个性格独立的小男子汉的转变。在自己的人生路上，他终于战胜了自我，赢得了自我把握自我选择的权利。

本义的人物描写细致生动，人物个性鲜明。恭顺而带着一丝倔强的天灶、自尊而又有些孩子气的奶奶、忠厚善良的父亲、喜怒于色的母亲、粗俗而带着一丝妖媚的蛇寡妇以及娇惯而乖戾的天云等，都通过作者选取的最具有表现力的三言两语的外貌、语言、动作的描述体现了出来。文章想象独特，语言中流露出一种清丽脱俗的美感，而星空的描写更增添了文章的诗意美。在开头与结尾对年的态度的照应与反差，结尾写天灶对洁净与美好的渴求的满足感，尤其令人动容。

思考与练习

一、阅读片段从“奶奶第一个洗完了澡。天灶的母亲扶着颤颤巍巍的她出来了”至“天灶只有万分恼火地提着脏水桶往回走，走了很远的时候，他又回头冲肖大伟喊道：‘今年我用清水洗！’”回答问题

1. 奶奶为什么会伤心？天灶为什么坚持自己“今年要用清水洗”？

2. 肖大伟这一个人物形象在小说中的作用是什么？

二、思考题

说到本文的艺术魅力，不能不说到小说叙事视角的巧妙选择。请你谈一谈作品是怎样通过天灶这一儿童视角叙事传达出纯净、温馨的人性美？

罗　生　门

芥川龙之介

某日傍晚，有一家将，在罗生门下避雨。

宽广的门下，除他以外，没有别人，只在朱漆斑驳的大圆柱上，蹲着一只蟋蟀。罗生门正当朱雀大路，本该有不少戴女笠和乌软帽的男女行人，到这儿来避雨，可是现在却只有他一个。

这是为什么呢，因为这数年来，接连遭了地震、台风、大火、饥馑等几次灾难，京城已格外荒凉了。照那时留下来的记载，还有把佛像、供具打碎，将带有朱漆和飞金的木头堆在路边当柴卖的。京城里的情况如此，像修理罗生门那样的事，当然也无人来管了。在这种荒凉景象中，便有狐狸和强盗来乘机作窝。甚至最后变成了一种习惯，把无主的尸体，扔到门里来了。所以一到夕阳西下，气象阴森，谁也不上这里来了。

倒是不知从哪里飞来了许多乌鸦。白昼，这些乌鸦成群地在高高的门楼顶空飞翔啼叫，特别到夕阳通红时，黑魆魆的好似在天空撒了黑芝麻，看得分外清楚。当然，它们是到门楼上来啄死人肉的——今天因为时间已晚，一只也见不到，但在倒塌了砖石缝里长着长草的台阶上，还可以看到点点白色的鸟粪。这家将穿着洗旧了的宝蓝袄，一屁股坐在共有七级的最高一层的台阶上，手护着右颊上一个大肿疮，茫然地等雨停下来。

说是这家将在避雨，可是雨停之后，他也想不出要上哪里去。照说应当回主人家去，可是主人在四五天前已把他辞退了。上边提到，当时京城市面正是一片萧条，现在这家将被多年老主人辞退出来，也不外是这萧条的一个小小的余波。所以家将的避雨，说正确一点，便是“被雨淋湿的家将，正在无路可走”。而且今天的天气也影响了这位平安朝家将的忧郁的心情。从申末下起的雨，到酉时还没停下来。家将一边不断地在想明天的日子怎样过——也就是从无办法中求办法，一边耳朵里似听非听的听着朱雀大路上的雨声。

而包围着罗生门从远处飒飒地打过来，黄昏渐渐压到头顶，抬头望望门楼顶上斜出的飞檐上正挑起一朵沉重的暗云。

要从无办法中找办法，便只好不择手段。要择手段便只有饿死在街头的垃圾堆里，然后像狗一样，被人拖到这门上扔掉。倘若不择手段哩——家将反复想了多次，最后便跑到这儿来了。可是这“倘若”，想来想去结果还是一个“倘若”。原来家将既决定不择手段，又加上了一个“倘若”，对于以后要去干的“走当强盗的路”，当然是提不起积极肯定的勇气了。

家将打了一个大喷嚏，又大模大样地站起来，夜间的京城已冷得需要烤火了，风同夜暗毫不客气地吹进门柱间。蹲在朱漆圆柱上的蟋蟀已经不见了。

家将缩着脖子，耸起里面衬黄小衫的宝蓝袄子的肩头，向门内四处张望，如有一个地方，既可以避风雨，又可以不给人看到能安安静静睡觉，就想在这儿过夜了。这时候，他发现了通门楼的宽大的、也漆朱漆的楼梯。楼上即使有人，也不过是些死人。他便留意着腰间的刀，别让脱出鞘来，举起穿草鞋的脚，跨上楼梯最下面的一级。

过了一会，在罗生门门楼宽广的楼梯中段，便有一个人，像猫儿似的缩着身体，憋着呼吸在窥探上面的光景。楼上漏下火光，隐约照见这人的右脸，短胡子中长着一个红肿化脓的面疱。当初，他估量这上头只有死人，可是上了几级楼梯，看见还有人点着火。这火光又这儿那儿地在移动，模糊的黄色的火光，在屋顶挂满蛛网的天花板下摇晃。他心里明白，在这儿点着火的，决不是一个寻常的人。

家将壁虎似的忍着脚声，好不容易才爬到这险陡的楼梯上最高的一级，尽量伏倒身体，伸长脖子，小心翼翼地向楼房望去。

果然，正如传闻所说，楼里胡乱扔着几具尸体。火光照到的地方挺小，看不出到底有多少具。能见到的，有光腚的，也有穿着衣服的，当然，有男也有女。这些尸体全不像曾经活过的人，而像泥塑的，张着嘴，摊开胳臂，横七竖八躺在楼板上。只有肩膀胸口略高的部分，照在朦胧的火光里；低的部分，黑漆漆地看不分明，只是哑巴似的沉默着。

一股腐烂的尸臭，家将连忙掩住鼻子，可是一刹间，他忘记掩鼻子了，有一种强烈的感情，夺去了他的嗅觉。

这时家将发现尸首堆里蹲着一个人，是穿棕色衣服、又矮又瘦像只猴子似的老婆子。这老婆子右手擎着一片点燃的松明，正在窥探一具尸体的脸，那尸体头发秀长，量情是一个女人。

家将带着六分恐怖四分好奇的心理，一阵激动，连呼吸也忘了。照旧记的作者的说法，就是“毛骨悚然”了。老婆子把松明插在楼板上，两手在那尸体的脑袋上，跟母猴替小猴捉虱子一般，一根一根地拔着头发，头发似乎也随手拔下来了。

看着头发一根根拔下来，家将的恐怖也一点点消失了，同时对这老婆子的怒气，却一点点升上来了——不，对这老婆子，也许有语病，应该说是对一切罪恶引起的反感，愈来愈强烈了。此时如有人向这家将重提刚才他在门下想的是饿死还是当强盗的那个问题，大概他将毫不犹豫地选择饿死。他的恶恶之心，正如老婆子插在楼板上的松明，烘烘地冒出火来。

他当然还不明白老婆子为什么要拔死人头发，不能公平判断这是好事还是坏事，不过他觉得在雨夜罗生门上拔死人头发，单单这一点，已是不可饶恕的罪恶。当然他已忘记刚才自己还打算当强盗呢。

于是，家将两腿一蹬，一个箭步跳上了楼板，一手抓住刀柄，大步走到老婆子跟前。不消说，老婆子大吃一惊，并像弹弓似的跳了起来。

“呔，哪里走!”

家将挡住了在尸体中跌跌撞撞地跑着、慌忙逃走的老婆子，大声吆喝。老婆子还想把他推开，赶快逃跑，家将不让她逃，一把拉了回来，俩人便在尸堆里扭结起来。胜败当然早已注定，家将终于揪住老婆子的胳臂，把她按倒在地。那胳臂瘦嶙嶙地皮包骨头，同鸡脚骨一样。

“你在干么，老实说，不说就宰了你!”

家将摔开老婆子，拔刀出鞘，举起来晃了一晃。可是老婆子不做声，两手发着抖，气喘吁吁地耸动着双肩，睁圆大眼，眼珠子几乎从眼眶里蹦出来，像哑巴似的顽固地沉默着。家将意识到老婆子的死活已全操在自己手上，刚才火似的怒气，便渐渐冷却了，只想搞明白究竟是怎么一回事，便低头看着老婆子放缓了口气说：

“我不是巡捕厅的差人，是经过这门下的行路人，不会拿绳子捆你的。只消告诉我，你为什么在这个时候在门楼上，到底干什么?”

于是，老婆子眼睛睁得更大，用眼眶红烂的肉食鸟一般矍铄的眼光盯住家将的脸，然后把发皱的同鼻子挤在一起的嘴，像吃食似的动着，牵动了细脖子的喉尖，从喉头发出乌鸦似的嗓音，一边喘气，一边传到家将的耳朵里。

“拔了这头发，拔了这头发，是做假发的。”

一听老婆子的回答，竟是意外的平凡，一阵失望，刚才那怒气又同冷酷的轻蔑一起兜上了心头。老婆子看出他的神气，一手还捏着一把刚拔下的死人头发，又像蛤蟆似的动着嘴巴，作了这样的说明。

“拔死人头发，是不对，不过这儿这些死人，活着时也都是干这类营生的。这位我拔了她头发的女人，活着时就是把蛇肉切成一段段，晒干了当干鱼到兵营去卖的。要不是害瘟病死了，这会还在卖呢。她卖的干鱼味道很鲜，兵营的人买去做菜还缺少不得呢。她干那营生也不坏，要不干就得饿死，反正是没有法子嘛。你当我干这坏事，我不干就得饿死，也是没有法子呀！我跟她一样都没法子，大概她也会原谅我的。”

老婆子大致讲了这些话。

家将把刀插进鞘里，左手按着刀柄，冷淡地听着，右手又去摸摸脸上的肿疮，听着听着，他的勇气就鼓起来了。这是他刚在门下所缺乏的勇气，而且同刚上楼来逮老婆子的是另外的一种勇气。他不但不再为着饿死还是当强盗的问题烦恼，现在他已把饿死的念头完全逐到意识之外去了。

“确实是这样吗?”

老婆子的话刚说完，他讥笑地说了一声，便下定了决心，立刻跨前一步，右手离开肿疱，抓住老婆子的大襟，狠狠地说：

“那末，我剥你的衣服，你也不要怪我，我不这样，我也得饿死嘛。”

家将一下子把老婆子剥光，把缠住他大腿的老婆子一脚踢到尸体上，只跨了五大步便到了楼梯口，腋下夹着剥下的棕色衣服，一溜烟走下楼梯，消失在夜暗中了。

没多一会儿，死去似的老婆子从尸堆里爬起光赤的身子，嘴里哼哼哈哈地、借着还在燃烧的松明的光，爬到楼梯口，然后披散着短短的白发，向门下张望。外边是一片沉沉的黑夜。

谁也不知这家将到哪里去了。

芥川龙之介

芥川龙之介(1892—1927)，日本小说家。生于东京。出生后9个月，母亲精神失常，被送到舅父芥川家为养子。芥川家为旧式封建家族。1913年进入东京帝国大学英文科。学习期间与久米正雄、菊池宽等先后两次复刊《新思潮》，使文学新潮流进入文坛。其间，芥川发表短篇小说《罗生门》(1915)、《鼻子》(1916)等，确立起作家新星的地位。1916年大学毕业后，曾在横须贺海军机关学校任教，旋辞职。1919年在大阪每日新闻社任职，但并不上班。1921年以大阪每日新闻视察员身份来中国旅行。回国后发表《上海游记》(1921)和《江南游记》(1922)等。自1917年至1923年，芥川龙之介所写短篇小说先后六次结集出版，分别以《罗生门》《烟草与魔鬼》《傀儡师》《影灯笼》《夜来花》和《春服》六个短篇为书名。

芥川龙之介的小说始于历史题材，如《罗生门》《鼻子》《偷盗》等；继而转向明治文明开化题材，如《舞会》《阿富的贞操》《偶人》等；后写作现实题材，如《桔子》《一块地》以及《秋》等。在创作中注重技巧，风格纤细华丽，形式、结构完美，关心社会问题与人生问题。1925年发表自传性质小说《大岛寺信辅的半生》。1927年发表短篇《河童》，对资本主义社会及其制度作了尖锐的嘲讽。同年7月由于健康和思想情绪上的原因，服毒自杀，享年35岁。

芥川的每一篇小说，题材内容和艺术构思都各有特点，他集新现实主义、新理智派和新技巧派文学特征于一身，代表了当时日本文学的最高成就。芥川亦将日本短篇小说的文学类型发展到极致，同时借鉴、吸纳了西方现代小说的结构样式，强化了日本现代小说的虚构性，打破了“私小说”单一、消极的写实性创作模式，在现代日本文学中确立了独特的创作方法和文学地位。他的文笔典雅俏丽，技巧纯熟，精深洗练，意趣盎然，别具一格。在日本大正时期的作家中占有重要地位。为了纪念芥川在文学上的成就，从1935年起设立以他命名的“芥川文学奖”，它一直是日本奖励优秀青年作家的最高文学奖。

《罗生门》

《罗生门》是芥川的成名作，于1915年发表在杂志《帝国文学》上。在日本文学史上占据着重要地位。《罗生门》的故事原本取材于日本的《今昔物语集》，讲述的是一个“在兵荒马乱、灾难频发的年代，一个被主人辞退、走投无路的家将”，在干“恶事”的丑陋老妇影响下，逐步由一个有正义感的人变为强盗的故事。芥川的重新讲述赋予了故事更深刻的内涵，露骨地展现人性的弱点之利己主义思想。

芥川龙之介描写的罗生门就是动荡社会的缩影，阴森、潮湿、凋零充斥了京都的败落景象。在如此恶劣的社会环境下。人们的心灵无法找到栖息之所。小说中的家将在遇到被主人辞退，无家可归、流离失所的境遇下，他的内心里回荡着两种声音"是饿死还是当强盗"。这是每个人内心深处向善的良知的呼唤，芥川龙之介赋予家将身上的人性在最初还是有良知的，他曾经犹豫过自身当下的处境。当他发现了城楼上老太婆在拔死人头发的时候，也激起了他的正义感。家将对罪恶有一种本能的反感，他持刃抓住了老婆子。人的生命既有向善的潜质，也有趋恶的因子，在善与恶的天平上，环境纷扰了人性，良知的声音被生存的需要压抑住了。面临生存的压迫时，家将来自内心良知的呼唤终究还是敌不过要活下去的"不择手段"，也就是去做强盗。当良知泯灭后，人们就不再有耻辱感、羞耻感，人性"恶"的一面凸显出来了。正如小说中，家将听完老妇"行恶"理论后，故事情节发生了戏剧性的瞬间变化，家将灵魂深处的"恶"被宣泄出来，剥下老妇的衣服逃遁而去。

思考与练习

一、思考题

故事发生在怎样的环境中？作品的环境描写对于小说的主题有着怎样的意义？

二、阅读作品片段"拔死人头发，是不对，不过这儿这些死人，……我跟她一样都没法子，大概她也会原谅我的"，回答问题

1. 作品中的老婆子讲这一段话的用意何在？老婆子的讲述对"家将"产生了怎样的影响？

2. 联系作品谈谈你如何理解"老婆子拔死人头发"和"家将抢老婆子衣服"的事情？

第四章　戏剧

牡丹亭·游园

汤显祖

〔绕地游〕(旦上)梦回莺啭,乱煞年光遍[1]。人立小庭深院。(贴)炷尽沉烟[2],抛残绣线,恁今春关情似去年?

〔乌夜啼〕(旦)晓来望断梅关[3],宿妆残[4]。(贴)你侧着宜春髻子[5]恰凭阑。(旦)剪不断,理还乱[6],闷无端。(贴)已分付催花莺燕借春看。(旦)春香,可曾叫人扫除花径?(贴)分付了。(旦)取镜台、衣服来。(贴取镜台衣服上)"云髻罢梳还对镜,罗衣欲换更添香。"[7]镜台、衣服在此。

〔步步娇〕(旦)袅晴丝[8]吹来闲庭院,摇漾春如线。停半晌、整花钿。没揣菱花[9],偷人半面,迤逗的彩云偏[10]。(行介)步香闺怎便把全身现!(贴)今日穿插的好!

〔醉扶归〕(旦)你道翠生生出落的裙衫儿茜[11],艳晶晶花簪八宝填[12],可知我常一生儿爱好是天然[13]。恰三春好处[14]无人见。不提防沉鱼落雁鸟惊喧[15],则怕的羞花闭月花愁颤。(贴)早茶时了,请行。(行介)你看:"画廊金粉半零星,池馆苍苔一片青。踏草怕泥[16]新绣袜,惜花疼煞小金铃[17]。"(旦)不到园林,怎知春色如许!

〔皂罗袍〕原来姹紫嫣红[18]开遍,似这般都付与断井颓垣。良辰美景奈何天,赏心乐事谁家[19]院!恁般景致,我老爷和奶奶再不提起。(合)朝飞暮卷[20],云霞翠轩;雨丝风片,烟波画船。锦屏人[21]忒看的这韶光贱!(贴)是[22]花都放了,那牡丹还早。

〔好姐姐〕(旦)遍青山啼红了杜鹃[23],荼蘼[24]外烟丝醉软。春香呵,牡丹虽好,他春归怎占的先[25]?(贴)成对儿莺燕呵。(合)闲凝眄,生生燕语明如剪,呖呖莺歌溜的圆。(旦)去罢。(贴)这园子委是观之不足[26]也。(旦)提他怎的!(行介)

〔隔尾〕观之不足由他缱[27],便赏遍了十二亭台是枉然。到不如兴尽回家闲过遣。(作到介)(贴)"开我西阁门,展我东阁床[28]。瓶插映山紫[29],炉添沉水香。"小姐,你歇息片时,俺瞧老夫人去也。(下)(旦叹介)默地游春转,小试宜春面[30]。春呵,得和你两留连,春去如何遣!咳,恁般天气,好困人也。春香那里?(作左右瞧介,又低首沉吟介)天呵,春色恼人,信有之乎!常观诗词乐府,古之女子,因春感情,遇秋成恨,诚不谬矣。吾今年已二八,未逢折桂之夫;忽慕春情,怎得蟾宫之客?昔日韩夫人得遇于郎[31],张生偶逢崔氏[32],曾有《题红记》、《崔徽传》二书。此佳人才子,前以密约偷期[33],后皆得成秦晋[34]。(长叹介)吾生于宦族,长在名门。年已及笄[35],不得早成佳配,诚为虚度青春,光阴如过隙耳。(泪介)可惜妾身颜色如花,岂料命如一叶乎[36]!

〔山坡羊〕(旦)没乱里[37]春情难遣，蓦地里怀人幽怨。则为俺生小婵娟，拣名门一例、一例里神仙眷。甚良缘，把青春抛的远！俺的睡情谁见，则索因循腼腆[38]，想幽梦谁边，和春光暗流转迁延，这衷怀那处言？淹煎，泼残生[39]，除问天！身子困乏了，且自隐几[40]而眠。(睡介)(梦生介。生持柳枝上)"莺逢日暖歌声滑，人遇风情笑口开。一径落花随水入，今朝阮肇到天台[41]。"小生顺路儿跟着杜小姐回来，怎生不见？(回看介)呀，小姐，小姐！(旦作惊起介，相见介。生)小生那一处不寻访小姐来，却在这里！(旦作斜视不语介。生)恰好花园内，折取垂柳半枝。姐姐，你既淹通书史，可作诗以赏此柳枝乎？(旦作惊喜，欲言又止介，背想)这生素昧平生，何因到此？(生笑介)小姐，咱爱杀你哩！

【注释】

[1]乱煞年光遍：缭乱的春光到处都是。[2]沉烟：沉水香，薰用的香料。[3]梅关：即大庾岭，宋代在这里设有梅关。在本剧故事发生地点江西省南安府(大庾)的南面。[4]宿妆：隔夜的残妆。[5]宜春髻子：相传立春那天，妇女剪采作燕子状，戴在髻上，上贴"宜春"二字。见《荆楚岁时记》。[6]剪不断，理还乱：南唐后主李煜词《相见欢》中的两句。[7]"云髻罢梳还对镜"两句：薛逢诗《宫词》中的两句，见《全唐诗》卷二十。[8]晴丝：游丝、飞丝，也即后文所说的烟丝，虫类所吐的丝缕，常在空中飘游。在春天晴朗的日子最易看见。[9]没揣：不意，蓦然。菱花：镜子。古时用铜镜，背面所铸花纹一般为菱花，因此称菱花镜，或用菱花作镜子的代称。[10]迤逗的彩云偏：迤逗，引惹，挑逗；彩云，美丽的发卷的代称。全句，想不到镜子(拟人化)偷偷地照见了她。害得(迤逗的)她羞答答地把发卷也弄歪了。这几句写出一个少女的含情脉脉的微妙心理，她是连看见镜子里的自己的影子也有些不好意思的。迤逗：元曲中或作拖逗。[11]翠生生出落的裙衫儿茜：翠生生，极言彩色鲜艳。苏轼诗："一朵妖红翠欲流。"用法正同。见《苏诗编注集成》卷十一《和述古冬日牡丹》四首。《老学庵笔记》卷八："鲜翠，犹言鲜明也。"出落的，显出，衬托出。茜，茜红色。[12]艳晶晶花簪八宝填：镶嵌着多种宝石的簪子。[13]天然：天性使然。上文爱好，犹言爱美。《紫箫记》十一出《懒画眉》："道你绿鬓乌纱映画罗。"系丫环赞李十郎词，下接十郎云，"小生从来带一种爱好的性子"用法正同。现在浙江还有这样的方言。[14]三春好处：比喻自己的青春美貌。[15]沉鱼落雁：小说戏曲中用来形容女人的美貌。意思说，鱼见她的美色，自愧不如而下沉；雁则为了看她的美色而停落下来。下文"羞花闭月"，同。[16]泥：玷污，这里作动词用。[17]惜花疼煞小金铃：《开元天宝遗事》："天宝初，宁王……于后园中纫红丝为绳，密缀金铃，掣于花梢之上。每有鸟鹊翔集，则令园吏置铃索以掣之。盖惜花之故也。"疼，为惜花常常掣铃，连小金铃都被拉得疼煞了。这是夸大的描写。[18]姹紫嫣红：花色鲜艳的样子。[19]谁家：哪一家。一说作"甚么"解，见张相《诗词曲语辞汇释·谁家条》。全句本谢灵运《拟魏太子邺中集诗序》："天下良辰美景赏心乐事，四者难并。"[20]朝飞暮卷：唐王勃《滕王阁诗》："画栋朝飞南浦云，朱帘暮卷西山雨。"[21]锦屏人：深闺中人，包括自己在游园前。[22]是：凡是、所有的。[23]啼红了杜鹃：开遍了红色的杜鹃花。从杜鹃(鸟)泣血联想起来的。[24]荼蘼：花名，晚春时开放。[25]牡丹虽好，他春归怎占的先：《诚齐乐府·牡丹品》三折《喜莺》："花索让牡丹先。"[26]观之不足：看不

厌。[27]缱：留恋、牵绾。[28]开我西阁门，展我东阁床：《木兰诗》："开我东阁门，坐我西阁床。"[29]映山紫：映山红(杜鹃红)的一种。[30]宜春面：指新妆。参看注[5]。[31]韩夫人得遇于郎：唐人传奇故事——唐僖宗时，宫女韩氏以红叶题诗，从御沟中流出，被于佑拾到。于佑也以红叶题诗，投入上流，寄给韩氏。后来两人结为夫妇。见《青琐高议》前集卷五《流红记》。汤显祖的同时代人王骥德曾以这个故事写成戏曲《题红记》，见王骥德《曲律·杂论》第三十九下。[32]张生偶逢崔氏：即张生和崔莺莺的爱情故事，见唐元稹《会真记》。后来《西厢记》演的就是这个故事。下文说的《崔徽传》是另外一个故事，见《丽情集》：妓女崔徽和裴敬中相爱，分别之后不再相见。崔徽请画工画了一幅像，托人带给敬中说："崔徽一旦不及卷中人，徽且为郎死矣！"这里《崔徽传》疑是《莺莺传》或《西厢记》的笔误。[33]偷期：幽会。[34]得成秦晋：得成夫妇。春秋时代，秦、晋两国世代联姻，后世称联姻为秦晋。[35]及笄(jī)：古代女子十五岁开始以笄(簪)束发，叫及笄。见《礼记·内训》。及笄，意指女子已成年，到了婚配的年龄。[36]"岂料命如一叶"句：元好问《鹧鸪天·薄命妾》词："颜色如花画不成，命如叶薄可怜生。"[37]没乱里：形容心绪很乱。[38]腼腆：害羞。上文只索，只得。索，要，须。[39]淹煎，泼残生：淹煎，受熬煎，遭磨折；泼残生，苦命儿。泼，表示厌恶，原来是骂人的话。[40]隐几：靠着几案。[41]阮肇到天台：见到爱人。用刘晨和阮肇在天台山桃源洞遇到仙女的故事。

知识链接

汤显祖

汤显祖(1550—1616)，中国明代末期戏曲剧作家、文学家。字义仍，号海若、清远道人，晚年号若士、茧翁，汉族，江西临川人。万历十一年(1583)进士，历任南京太常博士、詹事府主簿、礼部祠祭司主事，与顾宪成等东林党人过往甚密。十九年因抨击朝政，被贬为广东徐闻县典史。二十一年被任命为浙江遂昌知县，任职 5 年。二十六年眼看横行不法的税监到来，他在北京述职后径直返回故里。晚年以茧翁为号。汤显祖的思想比较复杂矛盾，他视科举为唯一出路，同时又对科举、八股文字表示厌弃，00 岁时潜心佛学，企图在宗教中寻求人生的意义，同时又讥笑服食丹药的迷信者和嘲讽佛学的轮回说教。他思想中不同的侧面，都在他的戏曲创作中得到反映。但是，汤显祖以思想家李贽为友，强烈的反封建思想占据主导地位。汤显祖作有传奇《牡丹亭》《邯郸记》《南柯记》《紫钗记》，合称"玉茗堂四梦"或"临川四梦"。《牡丹亭》是他的代表作。

汤显祖以他的《牡丹亭》等剧作，成为中国文学史上和关汉卿、王实甫齐名的戏曲家。在明代近 300 年的剧坛上，没有一个戏曲家像他那样受到后人的敬仰。

《牡丹亭》

《牡丹亭》是我国戏曲史上浪漫主义的杰作。作品通过杜丽娘和柳梦梅生死离合的爱情故事，洋溢着追求个人幸福、呼唤个性解放、反对封建制度的浪漫主义理想，感人至深。

杜丽娘是我国古典文学里继崔莺莺之后出现的最动人的女性形象之一，通过杜丽娘与柳梦梅的爱情婚姻，喊出了要求个性解放、爱情自由、婚姻自主的呼声，并且暴露了封建礼教对人们幸福生活和美好理想的摧残。《牡丹亭》以文词典丽著称，宾白饶有机趣，曲词兼用北曲泼辣动荡及南词宛转精丽的长处。明吕天成称之为“惊心动魄，且巧妙迭出，无境不新，真堪千古矣！”

汤显祖在该剧《题词》中有言：“如杜丽娘者，乃可谓之有情人耳。情不知所起，一往而深。生者可以死，死可以生。生而不可与死，死而不可复生者，皆非情之至也。”

《牡丹亭》全剧共五十五出，课文所选是第十出《惊梦》的前半部分。游园部分共六支曲子，写的是杜丽娘游园时的心境，表达的是她触景生情的怅惘，暗自叹惜的忧愁和无可奈何的自慰。这是伤春的情怀，从反面表达了她的热望和追求。这是一种可意会不可言传，可神通难以语达的心灵波动。其主要写作特点是即景生情，而且采用了两种方法：一是调和法，即情与景在情调上一致；二是反衬法，即情与景在情调上相反，以乐景写哀情。前三支曲子中的即景生情，采用的是调和法，春景和春情在情调上是一致的，其中虽有感慨，也是一种热切希望的感慨。后三支曲子中的即景生情，采用的是反衬法，在明媚的春景中，生出的却是忧愁与感伤。两种方法的采用，从正反两个方面表现杜丽娘想冲破封建牢笼，对自由爱情、幸福生活的热烈追求，是相得益彰的。而以乐景写哀情的处理，更显得动人心魂。

关于传奇知识

传奇是明清以唱南曲为主的长篇戏曲形式，是宋元南戏的进一步发展。结构大致与南戏相同，比南戏更完善，曲调更丰富，兼用一些北曲，角色分得更细，每本一般四十出。南戏，是宋元时期南方兴起的戏曲，亦称“戏文”，和北方杂剧相对称。它以高明的《琵琶记》和施惠的《拜月亭》为代表。一般先由副末登场，报告剧情，从第二出起生旦等重要角色相继出场，演唱不限，可一人独唱到底，可二人互唱、多人合唱；称一场为一出，一本无定出，可长可短；一出中不限于通押一韵，不限用一个宫调的曲牌。这种传奇戏的形式是和杂剧不相同的。汤显祖的“临川四梦”等都是传奇剧本。

思考与练习

一、填空题

汤显祖的代表作，被称为“临川四梦”的是________、________、________和________。

二、阅读思考题

1. 大声诵读“皂罗袍”，尝试跟录像学唱，以这一首曲子谈谈你所感受到的本文的思想内容和艺术特色。

2. 朗读全文，谈一谈杜丽娘的宾白和唱词中，表现了她的什么情感？作为一个现代人，你该如何评价她的爱情观？

三、讨论题

1. 汤显祖是明代主情文学思潮的代表作家，结合同时期其他文学样式的代表作品，谈一谈明代产生这种思潮的原因。

2. 汤显祖和莎士比亚同期，课外查阅两位伟大作家的相关资料，阅读此二人代表作。思考并讨论他们作品的思想内容有没有相同之处。

日 出（节选）

（第二幕）节选

曹 禺

…………

［忽然电话铃响。］

李石清 （拿起耳机）喂，你哪儿，哦！你是报馆张先生。你找潘四爷，他不在这儿……我是石清。跟我说，一样的。是什么？金八也买了这门公债了，多少！三百万！奇怪，哦……哦，怪不得我们经理也买了呢！……是，是，本来公债等于金八自己家里的东西，操纵完全在他手里……是，是，那么要看涨了……好……我就告诉经理去，再见，张先生！再见！

［放下耳机。沉吟一下，正预备向左门走。］

［黄省三由中门进。］

黄省三 （胆小地）李……李先生。

李石清 怎么？（吃了一惊）是你！

黄省三 是，是，李先生。

李石清 又是你，谁叫你到这儿来找我的？

黄省三 （无力地）饿，家里的孩子大人没有饭吃。

李石清 （冷冷地）你到这儿就有饭吃么？这是旅馆，不是粥厂。

黄省三 李，李先生，可当的都当干净了。我实在没有法子，不然，我绝不敢再找到这儿来麻烦您。

李石清 （烦恶地）吓，我跟你是亲戚？是老朋友？或者我欠你的，我从前占过你的便宜？你这一趟一趟地，我走哪儿你跟哪儿，你这算怎么回事？

黄省三 （苦笑，很凄凉地）您说哪儿的话，我都配不上。李先生，我在银行里一个月才用您十三块来钱，我这儿实在是无亲无故，您辞了我之后，我在哪儿找事去？银行现在不要我，等于不叫我活着。

李石清 （厌厌地）照你这么说，银行就不能辞人啦。银行用了你，就算跟你保了险，你一辈子就可以吃上银行啦，嗯？

黄省三 （又卷弄他的围巾）不，不，不是，李先生，我……我，我知道银行待我不错。我不是不领情。可是……您是没有瞅见我家里那一堆孩子，活蹦乱跳的孩子，我得每天找东西给他们吃。银行辞了我，没有进款，没有米，他们都饿得直叫。并且房钱有一个半月没有付，眼看着就没有房子住。（嗫嚅地）李先生，您没有瞅见我那一堆孩子，我实在没有路走，我只好对他们——哭。

李石清 可是谁叫你们一大堆一大堆养呢？

黄省三 李先生，我在银行没做过一件错事。我总天亮就去上班，夜晚才回来，我一天干到晚，李先生——

李石清　(不耐烦)得了,得了,我知道你是个好人,你是安分守己的。可是难道不知道现在市面萧条,经济恐慌?我跟你说过多少遍,银行要裁员减薪,我并不是没有预先警告你!

黄省三　(踌躇地)李先生,银行现在不是还盖着大楼,银行里面还添人,添了新人。

李石清　那你管不着!那是银行的政策,要繁荣市面。至于裁了你,又添了新人,我想你做了这些年的事,你难道这点世故还不明白?

黄省三　我……我明白,李先生。(很凄楚地)我知道我身后面没有人挺住腰。

李石清　那就得了。

黄省三　不过我当初想,上天不负苦心人,苦干也许能补救我这个缺点。

李石清　所以银行才留你四五年,不然你会等到现在?

黄省三　(乞求)可是,李先生,我求求您,您行行好。我求您跟潘经理说说,只要他老人家再让我回去。就是再累一点,再加点工作,就是累死我,我也心甘情愿的。

李石清　你这个人真麻烦。经理会管你这样的事?你们这样的人,就是这点毛病。总把自己看得太重,换句话,就是太自私。你想潘经理这样忙,会管你这样小的事,不过,奇怪,你干了三四年,就一点存蓄也没有?

黄省三　(苦笑)存蓄?一个月十三块来钱,养一大家子人?存蓄?

李石清　我不是说你的薪水。从薪水里,自然是挤不出油水来。可是——在别的地方,你难道没有得到一点的好处?

黄省三　没有,什么也没有,我做事凭心,我总得有良心。

李石清　哼,你这个傻子,这时候你还讲良心!怪不得你现在这么可怜了。好吧,你走吧。

黄省三　(着慌)可是,李先生——

李石清　有机会,再说吧。(挥挥手)现在是毫无办法。你走吧。

黄省三　李先生,您不能——

李石清　并且,我告诉你,你以后再要狗似地老跟着我,我到哪儿,你到哪儿,我就不跟你这么客气了。

黄省三　李先生,那么,事还是一点办法也没有?

李石清　快走吧!回头,一大堆太太小姐们进来,看到你跑到这儿找我,这算是怎么回事?

黄省三　好啦!(泪汪汪的,低下头)李先生,真对不起您老人家。(苦笑)一趟一趟地来麻烦您,我走啦。

李石清　你看你这个麻烦劲儿,走就走得啦。

黄省三　(长长地叹一口气,走了两步,忽然跑回来,沉痛地)可是,您叫我到哪儿去?您叫我到哪儿去?我没有家,我拉下脸跟你说吧,我的女人都跟我散了,没有饭吃,她一个人受不了这样的苦,她跟人跑了。家里有三个孩子,等着我要饭吃。我现在口袋里只有两毛钱,我身上又有病,(咳嗽)我整天地咳嗽!李先生,您叫我回到哪儿去?您叫我回到哪儿去?

李石清 (可怜他,但又厌恶他的软弱)你愿意上哪儿去,就上哪儿去吧。我跟你讲,我不是不想周济你,但是这个善门不能开,我不能为你先开了例。

黄省三 我没有求您周济我,我只求您赏给我点事情做。我为着我这群孩子,我得活着!

李石清 (想了想,翻着白眼)其实,事情很多,就看你愿意不愿意做。

黄省三 (燃着了一线希望)真的?

李石清 第一,你可以出去拉洋车去。

黄省三 (失望)我……我拉不动(咳嗽),您知道我有病。医生说我这边的肺已经(咳)——靠不住了。

李石清 哦,那你还可以到街上要——

黄省三 (脸红,不安)李先生,我也是个念过书的人,我实在有点——

李石清 你还有点叫不出口,是么?那么你还有一条路走,这条路最容易,最痛快,——你可以到人家家里去(看见黄的嘴喃喃着)——对,你猜的对。

黄省三 哦,您说,(嘴唇颤动)您说,要我去——(只见唇动,听不见声音)

李石清 你大声说出来,这怕什么,"偷!""偷!"这有什么做不得,有钱的人的钱可以从人家手里大把地抢,你没有胆子,你怎么不能偷?

黄省三 李先生,真地我急的时候也这么想过。

李石清 哦,你也想过去偷?

黄省三 (惧怕地)可是,我怕,我怕,我下不了手。

李石清 (愤慨地)怎么你连偷的胆量都没有,那你叫我怎么办?你既没有好亲戚,又没有好朋友,又没有了不得的本领。好啦,叫你要饭,你要顾脸,你不肯做;叫你拉洋车,你没有力气,你不能做;叫你偷,你又胆小,你不敢做。你满肚子的天地良心,仁义道德,你只想凭着老实安分,养活你的妻儿老小,可是你连自己一个老婆都养不住,你简直就是个大废物,你还配养一大堆孩子!我告诉你,这个世界不是替你这样的人预备的。(指窗外)你看见窗户外面那所高楼么?那是新华百货公司,十三层高楼,我看你走这一条路是最稳当的。

黄省三 (不明白)怎么走,李先生?

李石清 (走到黄面前)怎么走?(魔鬼般地狞笑着)我告诉你,你一层一层地爬上去。到了顶高的一层,你可以迈过栏杆,站在边上。你只再向空向外多走一步,那时候你也许有点心跳,但是你只要过一秒钟,就一秒钟,你就再也不可怜了,你再也不愁吃,不愁穿了——

黄省三 (呆若木鸡,低得几乎听不见的声音)李先生,您说顶好,我"自——"(忽然爆发地悲声)不,不,我不能死,李先生,我要活着!我为着我的孩子们,为我那没了妈的孩子们我得活着!我的望望,我的小云,我的——哦,这些事,我想过。可是,李先生,您得叫我活着!(拉着李的手)您得帮帮我,帮我一下!我不能死,活着再苦我也死不得,拼命我也得活下去啊!(咳嗽)

[左门大开。里面有顾八奶奶、胡四、张乔治等的笑声。]

潘月亭　(露出半身,面向里面)你们先打着。我就来。

李石清　(甩开黄的手)你放开我。有人进来,不要这样没规矩。

[黄只得立起,倚着墙,潘月亭进。]

潘月亭　啊?

黄省三　经理!

潘月亭　石清,这是谁?他是干什么的?

黄省三　经理,我姓黄,我是大丰的书记。

李石清　他是这次被裁的书记。

潘月亭　你怎么跑到这里来,(对李)谁叫他进来的?

李石清　不知道他怎么找进来的。

黄省三　(走到潘面前,哀痛地)经理,您行行好,您要裁人也不能裁我,我有三个小孩子,我不能没有事。经理,我跟您跪下,您得叫我活下去。

潘月亭　岂有此理!这个家伙,怎么能跑到这儿来找我求事。(厉声)滚开!

黄省三　可是,经理,……

李石清　起来!起来!走!走!走!(把他一推倒在地上)你要再这样麻烦,我就叫人把你打出去。

[黄望望李,又望望潘。]

潘月亭　滚,滚,快滚!真岂有此理!

黄省三　好,我起来,我起来,你们不用打我!(慢慢立起来)那么,你们不让我再活下去了!你!(指潘)你!(指李)你们两个说什么也不叫我再活下去了。(疯狂似地又哭又笑地抽咽起来)哦,我太冤了。你们好狠的心哪!你们给我一个月不过十三块来钱,可是你们左扣右扣的,一个月我实在领下的才十块二毛五。我为着这辛辛苦苦的十块二毛五,我整天地写,整天给你们伏在书桌上写;我抬不起头,喘不出一口气地写;我从早到晚地写;我背上出着冷汗,眼睛发着花,还在写;刮风下雨,我跑到银行也来写!(做势)五年哪!我的潘经理!五年的工夫,你看看,这是我!(两手捶着胸)几根骨头,一个快死的人!我告诉你们,我的左肺已经坏了,哦,医生说都烂了!(尖锐的声音,不顾一切地)我跟你说,我是快死的人,我为着我的可怜的孩子,跪着来求你们。叫我还能够跟你们写,写,写,——再给我一碗饭吃。把我这个不值钱的命再换几个十块二毛五。可是你们不答应我!你们不答应我!你们自己要弄钱,你们要裁员,你们一定要裁我!(更沉痛地)可是你们要这十块二毛五干什么呀!我不是白拿你们的钱,我是拿命跟你们换哪!(苦笑)并且我也拿不了你们几个十块二毛五,我就会死的。(愤恨地)你们真是没有良心哪,你们这样对待我,——是贼,是强盗,是鬼呀!你们的心简直比禽兽还不如——

潘月亭　你这个混蛋,还不跟我滚出去!

黄省三　(哭着)我现在不怕你们啦!我不怕你们啦!(抓着潘经理的衣服)我太冤了,我非要杀了——

潘月亭　(很敏捷地对着黄的胸口一拳)什么!(黄立刻倒在地下)

［半晌。］

李石清 经理，他是说他要杀他自己——他这样的人是不会动手害人的。

潘月亭 （擦擦手）没有关系，他这是晕过去了。福升！福升！

［福升上。］

潘月亭 把他拉下去。放在别的屋子里面，叫金八爷的人跟他拍拍捏捏，等他缓过来，拿三块钱给他，叫他滚蛋！

王福升 是！

［福升把黄省三拖下去。］

知识链接

曹禺

曹禺（1910－1996），中国现当代剧作家，被称为“中国的莎士比亚”。原名万家宝，字小石，祖籍湖北潜江。1910 年 9 月 24 日生于天津一个封建官僚家庭，青少年时代在天津度过。1922 年入南开中学，加入南开新剧团，成为重要骨干。1928 年升入南开大学政治系，后转入清华大学西洋文学系。1936 年 8 月，他在国立戏剧专科学校教授剧作和西洋戏剧。抗日战争开始后，他随戏校迁至四川。1946 年返回上海，后应美国国务院邀请赴美讲学。1947 年 1 月回国，曾任职于上海文华影业公司、上海实验戏剧学校。中华人民共和国成立后，曾担任北京人民艺术剧院院长、中国作家协会书记处书记、中央戏剧学院名誉院长、中国戏剧家协会主席等职。

曹禺在中国话剧史上是继往开来的重要作家。他继承了先驱们反帝反封建的民主精神和为人生的艺术主张，同时广泛借鉴和吸收了中国古典戏曲和欧洲近代戏剧的表现方法，把中国的话剧艺术提到了一个新的高度。他 1933 年创作的《雷雨》成为中国话剧艺术成熟的标志。其后的《日出》《北京人》《家》也都是公认的杰作。曹禺的作品，不但提高了戏剧文学的水平，对导演、表演艺术和舞台美术也发生了深刻的影响，使话剧成为真正的综合性艺术，为话剧争取了更多的观众，并使职业剧团得以存在，从而发展提高了剧场艺术。他的作品，特别是《雷雨》和《日出》，常列多年来演出场次最多的剧目之中，也是各剧团的保留剧目和院校的实验演出剧目，同时被译成多种文字在国外上演。

曹禺的话剧作品，除《雷雨》、《日出》、《北京人》、《家》（根据巴金同名小说改编 ）以外，还有《原野》、《蜕变》、《艳阳天》（电影剧本）、《明朗的天》、《胆剑篇》（与梅阡等合作）、《王昭君》。他的一些剧作已被译成日、俄、英等国文字出版。此外，曹禺还翻译有莎士比亚的《柔密欧与幽丽叶》（现多译为《罗密欧和茱丽叶》）等作品。

《日 出》

四幕话剧《日出》作于 1935 年，以 30 年代初期半殖民地半封建社会中国大都市生活为背景，是曹禺先生的代表作。《日出》在中国话剧史上有着重要的地位。《雷雨》和《日出》的发表，是中国话剧创作艺术成熟的标志。剧作戏剧冲突尖锐复杂，结构严谨；人物性格鲜明独特，富有典型意义；戏剧语言个性化且具动作性和抒情性。剧作的这些特点，是话剧创作成熟的标志。这两部作品也促进了话剧从"案头剧"向"剧场剧"的发展，促进了大型多幕戏剧的发展。《日出》以鲜明的时代性和深广的历史内容在曹禺剧作中居于领衔地位。剧本用人像展览式结构，以陈白露和方达生为中心，以陈的客厅和三等妓院为活动场所，把社会各阶层各色人等的生活展现在观众面前，揭露剥削制度"损不足以奉有余"的本质。

在艺术创作上，作者采用横断面的描写，力求写出社会生活的真实面貌。交际花陈白露受银行家潘月亭供养，整日与一群游手好闲的寄生虫相周旋，虽厌恶和鄙视周围的一切，但只能抱玩世不恭的生活态度。昔日的恋人方达生试图拯救她，但她无力自拔。潘月亭投机股票失败，陈白露债台高筑，深感前途渺茫，终于服毒自杀。故事中还描写了一个小人物黄省三，在被无辜辞退，向李石清索取工作不成，又被突如其来的潘月亭打晕，然后被扔出去。本文正是节选了这一部分。

剧本通过对半殖民地都市群丑的出色描绘暴露社会的黑暗糜烂。有工于心计的银行家潘月亭、卑躬屈膝的李石清、俗不可耐的顾八奶奶、洋奴张乔治等。这些都市群丑聚在陈白露的寓所里寻欢作乐，而又尔虞我诈，充分暴露了被金钱扭曲了的畸形人性。"不足"者备受欺凌。"小东西"被卖进妓院；小职员黄省三走投无路毒死自己的孩子后自尽被救发了疯。剧本描写了他们的悲惨命运，也描写了他们善良、忠厚和倔强的品性。剧本正是通过对都市群丑和下层被侮辱、被剥夺者的描写，反映了20世纪30年代半殖民地中国大都市光怪陆离的社会生活图景：一方面是剥削者、"有余者"贪得无厌，醉生梦死；另一方面是被损害者、"不足者"备受侮辱。"有余者"和"不足者"形成强烈对比，表达了控诉"损不足以奉有余"的黑暗社会的主题。

思考与练习

一、阅读《日出》中的片断，完成题目

黄省三　……五年的功夫，你看看，这是我！（两手捶着胸）几根骨头，一个快死的人！我告诉你们，我的左肺已经坏了，哦，医生说都烂了！（尖锐的声音，不顾一切地）我跟你说，我是快死的人，我为着我可怜的孩子，跪着求你们。叫我还能够给你们写、写、写——再给我一碗饭吃。把我这个不值钱的命再换几个十块二毛五。可是你们不答应我！你们不答应我！你们自己要弄钱，你们要裁员，你们一定要裁我！（更沉痛地）可是你们要这十块二毛五干什么呀！我不是白拿你们的钱，我是拿命跟你们换哪！（苦笑）并且我也拿不了你们几个十块二毛五，我就会死的。（愤恨地）你们是没有良心哪，你们这样对待我，——是贼，是强盗，是鬼呀！你们的心简直比禽兽还不如。

潘月亭　这个混蛋，还不给我滚出去！

黄省三　（哭着）我现在不怕你们啦！我不怕你们啦！（抓住潘经理的衣服）我太冤了我非要杀了——

潘月亭　（很敏捷地对着黄的胸口一拳）什么！（黄立刻倒在地下）

[半晌。]

李石清　经理,他是说他要杀他自己——他这样的人是不会动手害人的。

1. 大声朗读黄省三第一段的大段台词,体会他说话时的三层意义,试用自己的话概括出来。

2. 文段中表现出来的潘月亭性格的突出特点是什么?

3. 段中破折号的使用很有艺术匠心,试选择你感受最深的一例分析。

二、分角色朗读表演本文并讨论

1. 文中这出戏的主要矛盾冲突是什么?

2. 黄省三、李石清的人物形象各有何特点?

3. 黄省三被解雇的真正原因是什么?其悲剧命运的根源是什么?

玩偶之家(节选)

第三幕(节选)

易卜生

…………

阮克向他们点点头,走出去。

海尔茂　(低声)他喝得太多了。

娜拉　(心不在焉)大概是吧。(海尔茂从衣袋里掏出一串钥匙来走进门厅)托伐,你出去干什么?

海尔茂　我把信箱倒一倒,里头东西都满了,明天早上报纸装不下了。

娜拉　今晚你工作不工作?

海尔茂　你不是知道我今晚不工作吗?唔,这是怎么回事?有人弄过锁。

娜拉　弄过锁?

海尔茂　一定是。这是怎么回事?我想佣人不会——?这儿有只撅折的头发夹子。娜拉,这是你常用的。

娜拉　(急忙接嘴)一定是孩子们——

海尔茂　你得管教他们别这么胡闹。好!好容易开开了。(把信箱里的信件拿出来,朝着厨房喊道)爱伦,爱伦,把门厅的灯吹灭了。(拿着信件回到屋里,关上门)你瞧,攒了这么一大堆。(把整打信件翻过来)哦,这是什么?

娜拉　(在窗口)那封信!喔,托伐,别看!

海尔茂　有张名片,是阮克大夫的。

娜拉　阮克大夫的?

海尔茂　(瞧名片)阮克大夫,这两张名片在上头,一定是他刚扔进去的。

娜拉　名片上写着什么没有?

海尔茂　他的名字上头有个黑十字。你瞧,多么不吉利!好像想象他给自己报死信。

娜拉　他是这意思。

海尔茂　什么!你知道这件事?他跟你说过什么没有?

娜拉　他说了。他说给咱们这两张名片的意思就是跟咱们告别。他以后就在家里关着门等死。

海尔茂 真可怜！我早知道他活不长，可是没想到这么快！像一只受伤的野兽爬到窝里藏起来！

娜拉 一个人到了非死不可的时候最好还是静悄悄地死。托伐，你说对不对？

海尔茂 （走来走去）这些年他跟咱们的生活已经结合成一片，我不能想象他会离开咱们。他的痛苦和寂寞比起咱们的幸福好像乌云衬托着太阳，苦乐格外分明。这样也许倒好——至少对他很好。（站住）娜拉，对于咱们也未必不好。现在只剩下咱们俩，靠得更紧了。（搂着她）亲爱的宝贝！我总是觉得把你搂得不够紧。娜拉、你知道不知道，我常常盼望有桩事情感动你，好让我拼着命，牺牲一切去救你。

娜拉 （从他怀里挣出来，斩钉截铁的口气）托伐，现在你可以看信了。

海尔茂 不，不，今晚我不看信。今晚我要陪着你，我的好宝贝。

娜拉 想着快死的朋友你还有心肠陪我？

海尔茂 你说的不错。想起这件事咱们心里都很难受。丑恶的事情把咱们分开了，想起死人真扫兴。咱们得想法子撇开这些念头。咱们暂且各自回到屋里去吧。

娜拉 （搂着他脖子）托伐！明天见！明天见！

海尔茂 （亲她的前额）明天见，我的小鸟儿。好好儿睡觉，娜拉，我去看信了。

［他拿了那些信走进自己的书房，随手关上门。］

娜拉 （瞪着眼瞎摸，抓起海尔茂的舞衣披在自己身上，急急忙忙，断断续续，哑着嗓子，低声自言自语）从今以后再也见不着他了！永远见不着了、永远见不着了。（把披肩蒙在头上）也见不着孩子们了！永远见不着了！喔，漆黑冰凉的水！没底的海！快点完事多好啊！现在他已经拿着信了，正在看！喔，还没看。再见，托伐！再见，孩子们！

［她正朝着门厅跑出去，海尔茂推开门，手里拿着一封拆开的信，站在门口。］

海尔茂 娜拉！

娜拉 （叫起来）啊！

海尔茂 这是谁的信？你知道信里说的什么事？

娜拉 我知道。快让我走！让我出去！

海尔茂 （拉住她）你上哪儿去！

娜拉 （竭力想脱身）别拉着我，托伐。

海尔茂 （惊慌倒退）真有这件事？他信里的话难道是真的？不会，不会，不会是真的。

娜拉 全是真的。我只知道爱你，别的什么都不管。

海尔茂 哼，别这么花言巧语的！

娜拉 （走近他一步）托伐！

海尔茂 你这坏东西——干得好事情！

娜拉 让我走——你别拦着我！我做的坏事不用你担当！

海尔茂 不用装腔作势给我看。（把出去的门锁上）我要你老老实实把事情招出来，不许走。你知道不知道自己干的什么事？快说！你知道吗？

娜拉 （眼睛盯着他，态度越来越冷静）现在我才完全明白了。

海尔茂 （走来走去）嘿！好像做了一场噩梦醒过来！这八年工夫——我最得意、最喜欢的女人——没想到是个伪君子，是个撒谎的人——比这还坏——是个犯罪的人。真是可恶极了！哼！哼！（娜拉不做声，只用眼睛盯着他）其实我早就该知道。我早该料到这一步。你父亲的坏德性——（娜拉正要说话）少说话！你父亲的坏德性你全都沾上了——不信宗教，不讲道德，没有责任心。当初我给他遮盖，如今遭了这么个报应！我帮你父亲都是为了你，没想到现在你这么报答我！

娜拉 不错，这么报答你。

海尔茂 你把我一生幸福全都葬送了。我的前途也让你断送了。喔，想起来真可怕！现在我让一个坏蛋抓在手心里。他要我怎么样我就得怎么样，他要我干什么我就得干什么。他用可以随便摆布我，我不能不依他。我这场大祸都是一个下贱女人惹出来！

娜拉 我死了你就没事了。

海尔茂 哼，少说骗人的话。你父亲以前也老有那么一大套。照你说，就是你死了，我有什么好处？一点儿好处都没有。他还是可以把事情宣布出去，人家甚至还会疑惑我是跟你串通一气的，疑惑是我出主意撺掇你干的。这些事情我都得谢谢你——结婚以来我疼了你这些年，想不到你这么报答我。现在你明白你给我惹的是什么祸吗？

娜拉 （冷静安详）我明白。

海尔茂 这件事真是想不到，我简直摸不着头脑。可是咱们好歹得商量个办法。把披肩摘下来。摘下来，听见没有！我先得想个办法稳住他，这件事无论如何不能让人家知道。咱们俩表面上照样过日子——不要改样子，你明白不明白我的话？当然你还得在这儿住下去。可是孩子不能再交在你手里。我不敢再把他们交给你——唉，我对你说这么一句话心里真难受，因为你是我最心爱并且现在还——可是现在情形已经改变了。从今以后再说不上什么幸福不幸福，只有想法去怎么挽救、怎么遮盖、怎么维持这个残破的局面——（门铃响起来，海尔茂吓了一跳）什么事？三更半夜的！难道事情发作了？难道他——娜拉，你快藏起来，只推托有病。（娜拉站着不动。海尔茂走过去开门。）

爱伦 （披着衣服在门厅里）太太，您有封信。

海尔茂 给我。（把信抢过来，关上门）果然是他的。你别看。我念给你听。

娜拉 快念！

海尔茂 （凑着灯看）我几乎不敢看这封信。说不定咱们俩都会完蛋。也罢，反正总得看。（慌忙拆信，看了几行之后发现信里夹着一张纸，马上快活得叫起来）娜拉！

（娜拉莫名其妙地看着他。）

海尔茂 娜拉！喔，别忙！让我再看一遍！不错，不错！我没事了！娜拉，我没事了！

娜拉 我呢？

海尔茂 自然你也没事了，咱们俩都没事了。你看，他把借据还你了。他在信里说，这件事非常抱歉，要请你原谅，他又说他现在交了运——喔，管他还写些什么。娜拉，咱们没事了！现在没人能害你了。喔，娜拉，娜拉咱们先把这害人的东西消灭了再说。让我再看看(朝着借据瞟了一眼)喔，我不想再看它，只当是做了一场梦。(把借据和柯洛克斯泰的两封信一起都撕掉，扔在火炉里，看它们烧)好！烧掉了！他说自从二十四号起——喔，娜拉，这三天你一定很难过。

娜拉　这三天我真不好过。

海尔茂　你心里难过，想不出好办法，只能——喔，现在别再想那可怕的事情了。我们只应该高高兴兴多说几遍“现在没事了，现在没事了！”听见没有，娜拉！你好像不明白。我告诉你，现在没事了。你为什么绷着脸不说话？喔，我的可怜的娜拉，我明白了，你以为我还没饶恕你。娜拉，我赌咒，我已经饶恕你了，我知道你干那件事都是因为爱我。

娜拉　这倒是实话。

海尔茂　你正像做老婆的应该爱丈夫那样地爱我。只是你没有经验，用错了方法。可是难道因为你自己没主意，我就不爱你吗？我决不。你只要一心一意依赖我，我会指点你，教导你。正因为你自己没办法，所以我格外爱你，要不然我还算什么男子汉大丈夫？刚才我觉得好像天要塌下来，心里一害怕，就说了几句不好听的话，你千万别放在心上。娜拉，我已经饶恕你了。我赌咒不再埋怨你。

娜拉　谢谢你宽恕我。(从右边走出去)

海尔茂　别走！(向门洞里张望)你要干什么？

娜拉　(在里屋)我去脱掉跳舞的服装。

海尔茂　(在门洞里)好，去吧。受惊的小鸟儿，别害怕，定定神，把心静下来。你放心，一切事情都有我。我的翅膀宽，可以保护你。(在门口走来走去)喔，娜拉，咱们的家多可爱，多舒服！你在这儿很安全，我可以保护你，像保护一只儿鹰爪子底下救出来的小鸽子一样。我不久就能让你那颗扑扑跳的心定下来，娜拉，你放心，到了明天，事情就不一样了，一切都会恢复老样子。我不用再说我已经饶恕你了，你心里自然会明白我不是说假话。难道我舍得把你撵出去？别说撵出去，就说是责备，难道我舍得责备你？娜拉，你不懂得男人的好心肠。要是男人饶恕了他老婆——真正饶恕了她，从心坎儿里饶恕了她——他心里会有一股没法子形容的好滋味。从此以后他老婆越发是他私有的财产。做老婆的就像重新投了胎，不但是她丈夫的老婆，并且还是她丈夫的孩子。从今以后，你就是我的孩子，我的吓坏了的可怜的小宝贝。别着急，娜拉，只要你老老实实对待我，你的事情都有我做主，都有我指点，(娜拉换了家常衣服走进来)怎么，你还不睡觉？又换衣服干什么？

娜拉　不错，我把衣服换掉了。

海尔茂　这么晚换衣服干什么？

娜拉　今晚我不睡觉。

海尔茂　可是，娜拉——

娜拉　(看自己的表)时候还不算晚。托伐，坐下，咱们有好些话要谈一谈。(她在桌子一头坐下)

海尔茂　娜拉，这是什么意思？你的脸色冰冷铁板似的——

娜拉　坐下。一下子说不完。我有好些话跟你谈。

海尔茂　(在桌子那一头坐下)娜拉，你把我吓了一大跳。我不了解你。

娜拉　这话说得对，你不了解我，我也到今天晚上才了解你。别打岔。听我说下去。托伐，咱们必须把总账算一算。

海尔茂　这话怎么讲？

娜拉　(顿了一顿)现在咱们面对面坐着，你心里有什么感想？

海尔茂　我有什么感想？

娜拉　咱们结婚已经八年了，你觉得不觉得，这是头一次咱们夫妻正正经经谈谈话？

海尔茂　正正经经！这四个字怎么讲？

娜拉　这整整的八年——要是从咱们认识的时候算起，其实还不止八年，咱们从来没在正经事情上谈过一句正经话。

海尔茂　难道要我经常把你不能帮我解决的事情麻烦你？

娜拉　我不是指着你的业务说。我说的是，咱们从来没坐下来正正经经细细地谈谈过一件事。

海尔茂　我的好娜拉，正经事跟你有什么相干？

娜拉　咱们的问题就在这儿！你从来就没了解过我。我受足了委屈，先在我父亲手里，后来又在你手里。

海尔茂　这是什么话！你父亲和我这么爱你，你还说受了我们的委屈！

娜拉　(摇头)你们何尝真爱过我，你们爱我只是拿我当消遣。

海尔茂　娜拉，这是什么话！

娜拉　托伐，这是老实话。我在家跟父亲过日子的时候，他把他的意见告诉我，我就跟着他的意见走，要是我的意见跟他不一样，我也不让他知道，因的他知道了会不高兴。他叫我"泥娃娃孩子"，把我当作一件玩意儿，就像我小时候玩儿我的泥娃娃一样。后来我到你家来住着——

海尔茂　用这种字眼形容咱们的夫妻生活简直不像话！

娜拉　(满不在乎)我是说，我从父亲手里转移到了你手里。跟你在一块儿，事情都由你安排。你爱什么我也爱什么，或者假装爱什么——我不知道是真还是假——也许有时候真，有时候假。现在我回头想一想，这些年我在这儿简直像个要饭的叫花子，要一日，吃一日。托伐，我靠着给你耍把戏过日子。可是你喜欢我这么做。你和我父亲把我害苦了。我现在这么没出息都要怪你们。

海尔茂　娜拉，你真不讲理，真不知好歹！你在这儿过的日子难道不快活？

娜拉　不快活。过去我以为快活，其实不快活。

海尔茂　什么！不快活！

娜拉　说不上快活，不过说说笑笑凑小热闹罢了。你一向待我很好。可是咱们的家只是一个玩儿的地方，从来不谈正经事。在这儿我是你的"泥娃娃老婆"，正像我在家里是我父亲的"泥娃娃女儿"一样。我的孩子又是我的泥娃娃。你逗着我玩儿，我觉得有意思，正像我逗孩子们，孩子们也觉得有意思。托伐，这就是咱们的夫妻生活。

海尔茂　你这段话虽然说得太过火，倒也有点儿道理。可是以后的情形就不一样了。玩儿的时候过去了，现在是受教育的时候了。

娜拉　谁的教育？我的教育还是孩子们的教育？

海尔茂　两方面的，我的好娜拉。

娜拉　托伐，你不配教育我怎样做个好老婆。

海尔茂　你怎么说这句话？

娜拉　我配教育我的孩子吗？

海尔茂　娜拉！

娜拉　刚才你不是说不敢再把孩子交给我吗？

海尔茂　那是气头儿上的话，你老提它干什么！

娜拉　其实你的话没说错。我不配教育孩子。要想教育孩子，先得教育我自己。你没资格帮我的忙。我一定得自己干。所以现在我要离开你。

海尔茂　(跳起来)你说什么？

娜拉　要想了解我自己和我的环境，我得一个人过日子，所以我不能再跟你待下去。

海尔茂　娜拉！娜拉！

娜拉　我马上就走。克立斯替纳一定会留我过夜。

海尔茂　你疯了！我不让你走！你不许走！

娜拉　你不许我走也没用。我只带自己的东西。你的东西我一件都不要，现在不要，以后也不要。

海尔茂　你怎么疯到这步田地！

娜拉　明天我要回家去——回到从前的老家去。在那儿找点事情做也许不大难。

海尔茂　喔，像你这么没经验——

娜拉　我会努力去吸取。

海尔茂　丢了你的家，丢了你丈夫，丢了你儿女！不怕人家说什么话！

娜拉　人家说什么不在我心上。我只知道我应该这么做。

海尔茂　这话真荒唐！你就这么把你最神圣的责任扔下不管了？

娜拉　你说什么是我最神圣的责任？

海尔茂　那还用我说？你最神圣的责任是你对丈夫和儿女的责任。

娜拉　我还有别的同样神圣的责任。

海尔茂　没有的事！你说的是什么责任？

娜拉　我说的是我对自己的责任。

海尔茂　别的不用说，首先你是一个老婆，一个母亲。

娜拉　这些话现在我都不信了。现在我只信，首先我是一个人，跟你一样的一个人——至少我要学做一个人；托伐，我知道大多数人赞成你的话，并且书本里也是这么说。可是从今以后我不能一味相信大多数人说的话，也不能一味相信书本里说的话。什么事情我都要用自己脑子想一想，把事情的道理弄明白。

海尔茂　难道你不明白你在自己家庭的地位？难道在这些问题上没有颠扑不破的道理指导你？难道你不信仰宗教？

娜拉　托伐，不瞒你说，我真不知道宗教是什么。

海尔茂　你这话怎么讲？

娜拉　除了行坚信礼的时候牧师对我说的那套话，我什么都不知道。牧师告诉过我，宗教是这个，宗教是那个。等我离开这儿一个人过日子的时候我也要把宗教问题仔细想一想。我要仔细想一想牧师告诉我的话究竟对不对，对我合用不合用。

海尔茂　喔，从来没听说过这种话！并且还是从这么个年轻女人嘴里说出来的！要是宗教不能带你走正路，让我唤醒你的良心来帮助你——你大概还有点道德观念吧？要是没有，你就干脆说没有。

娜拉　托伐，这小问题不容易回答。我实在不明白。这些事情我摸不清。我只知道我的想法跟你的想法完全不一样。我也听说，国家的法律跟我心里想的不一样，可是我不信那些法律是正确的。父亲病得快死了，法律不许女儿给他省烦恼，丈夫病得快死了，法律不许老婆想法子救他的性命！我不信世界上有这种不讲理的法律。

海尔茂　你说这些话像个小孩子。你不了解咱们的社会。

娜拉　我真不了解。现在我要去学习。我一定要弄清楚，究竟是社会正确，还是我正确。

海尔茂　娜拉，你病了，你在发烧说胡话。我看你像精神错乱了。

娜拉　我的脑子从来没像今天晚上这么清醒、这么有把握。

海尔茂　你清醒得有把握得要丢掉丈夫和儿女？

娜拉　一点不错。

海尔茂　这么说，只有一句话讲得通。

娜拉　什么话？

海尔茂　那就是你不爱我了。

娜拉　不错，我不爱你了。

海尔茂　娜拉！你忍心说这话！

娜拉　托伐，我说这话心里也难受，因为你一向待我很不错。可是我不能不说这句话。现在我不爱你了。

海尔茂　（勉强管住自己）这也是你清醒的有把握的话？

娜拉　一点不错。所以我不能再在这儿待下去。

海尔茂　你能不能说明白我究竟做了什么事使你不爱我？

娜拉　能，就因为今天晚上奇迹没出现，我才知道你不是我理想中的那种人。

海尔茂　这话我不懂，你再说清楚点。

娜拉　我耐着性子整整等了八年，我当然知道奇迹不会天天有，后来大祸临头的时候，我曾经满怀信心地跟自己说："奇迹来了！"柯洛克斯泰把信扔在信箱里以后，我决没想到你会接受他的条件。我满心以为你一定会对他说:"尽管宣布吧",而且你说了这句话之后,还一定会——

海尔茂　一定会怎么样?叫我自己的老婆出丑丢脸,让人家笑骂?

娜拉　我满心以为你说了那句话之后,还一定会挺身出来,把全部责任担在自己肩膀上,对大家说,"事情都是我干的。"

海尔茂　娜拉——

娜拉　你以为我会让你替我担当罪名吗?不,当然不会。可是我的话怎么比得上你的话那么容易叫人家信?这正是我盼望它发生又怕它发生的奇迹。为了不让奇迹发生,我已经准备自杀。

海尔茂　娜拉,我愿意为你日夜工作,我愿意为你受穷受苦。可是男人不能为他爱的女人牺牲自己的名誉。

娜拉　千千万万的女人都为男人牺牲过名誉。

海尔茂　喔,你心里想的嘴里说的都像个傻孩子。

娜拉　也许是吧。可是你想和说的也不像我可以跟他过日子的男人。后来危险过去了—— 你不是怕我有危险,是怕你自己有危险——不用害怕了,你又装作没事人儿了。你又叫我跟从前一样乖乖地做你的小鸟儿,做你的泥娃娃,说什么以后要格外小心保护我,因为我那么脆弱不中用。(站起来)托伐,就在那当口我好像忽然从梦中醒过来,我简直跟一个生人同居了八年,给他生了三个孩子。喔,想起来真难受!我恨透了自己没出息!

海尔茂　(伤心)我明白了,我明白了,在咱们中间出现了一道深沟。可是,娜拉,难道咱们不能把它填平吗?

娜拉　照我现在这样子,我不能跟你做夫妻。

海尔茂　我有勇气重新再做人。

娜拉　在你的泥娃娃离开你之后——也许有。

海尔茂　要我跟你分手!不,娜拉,不行!这是不能设想的事情。

娜拉　(走进右边屋子)要是你不能设想,咱们更应该分开。(拿着外套、帽子和旅行小提包又走出来,把东西搁在桌子旁边椅子上。)

海尔茂　娜拉,娜拉,现在别走。明天再走。

娜拉　(穿外套)我不能在生人家里过夜。

海尔茂　难道咱们不能像哥哥妹妹那么过日子?

娜拉　(戴帽子)你知道那种日子长不了。(围披肩)托伐,再见。我不去看孩子了。我知道现在照管他们的人比我强得多。照我现在这样子,我对他们一点儿用处都没有。

海尔茂　可是,娜拉,将来总有一天——

娜拉　那就难说了。我不知道我以后会怎么样。

海尔茂　无论怎么样。你还是我的老婆。

娜拉　托伐,我告诉你。我听人说,要是一个女人像我这样从她丈夫家里走出去,按法律说,她就解除了丈夫对她的一切义务。不管法律是不是这样,我现在把你对我的义务全部解除。你不受我拘束，我也不受你拘束。双方都有绝对的自由。拿去，这是你的戒指。把我的也还我。

海尔茂 连戒指也要还？

娜拉 要还。

海尔茂 拿去。

娜拉 好。现在事情完了。我把钥匙都搁这儿。家里的事佣人都知道——她们比我更熟悉。明天我动身之后，克立斯替纳会来给我收拾我从家里带来的东西。我会叫她把东西寄给我。

海尔茂 完了！完了！娜拉，你永远不会再想我了吧？

娜拉 喔，我会时常想到你，想到孩子们，想到这个家。

海尔茂 我可以给你写信吗？

娜拉 不，千万别写信。

海尔茂 可是我总得给你寄点儿——

娜拉 什么都不用寄。

海尔茂 你手头不方便的时候我得帮点忙。

娜拉 不必，我不接受生人的帮助。

海尔茂 娜拉，难道我永远只是个生人？

娜拉 （拿起手提包）托伐，那就要等奇迹中的奇迹发生了。

海尔茂 什么叫奇迹中的奇迹？

娜拉 那就是说，咱们俩都得改变到——喔，托伐，我现在不信世界上有奇迹了。

海尔茂 可是我信。你说下去！咱们俩都得改变到什么样子——？

娜拉 改变到咱们在一块儿过日子真正像夫妻。再见。（她从门厅走出去。）

海尔茂 （倒在靠门的一张椅子里，双手蒙着脸）娜拉！娜拉！（四面望望，站起身来）屋子空了，她走了。（心里闪出一个新希望）啊！奇迹中的奇迹——

［楼下砰的一响传来关大门的声音。］

［全剧完］

——节选于《玩偶之家》第三幕，潘家洵译，人民文学出版社1978年版。

知识链接

易卜生

亨利克·易卜生（1828—1906），挪威戏剧家、诗人。1828年3月20日出生于挪威南部希恩镇的一个木材商人家庭。父亲破产后，在药材店当学徒。在席卷欧洲各国的资产阶级革命洪流的激荡下，易卜生结交了文艺界的一些有进步思想倾向的朋友，积极地为刊物撰稿，参加了工人运动，并和两位朋友合作，出版讽刺周刊《安德里妈纳》。他在第一部历史剧《卡提利那》（1850）中，一翻旧案，把罗马历史上的“叛徒”写成一个为维护公民自由而斗争的优秀人物，剧本既反映了1848年的革命，也表现了他个人的反抗精神。1851年秋被聘为剧院寄宿剧作家，兼任编导。1852年，他奉派去丹麦和德国各地剧院参观。这期间易卜生参加编导的剧本不少于145部。他在戏剧创作方面的实践经验，可以和莎士比亚、莫里哀媲美。其提倡自由恋爱、反对旧式婚姻的《爱的喜剧》(1862)，遭到社会上保守势力的恶毒攻击，他为此感到痛心。同时，1864年丹麦和普鲁士之间的战争，引起他对整个半岛的独立前途的忧虑，于是他离开挪威飘泊意大利，生活的窘迫使他怀着绝望的心情写了一部诗剧《布朗德》(1866)。以后又写了《彼尔·金特》(1867)。这两部剧本都表现了"个人精神反叛"的主题。1864年以后的27年间，易卜生一直侨居在罗马、德累斯顿、慕尼黑等地。1877年以后，易卜生开始写作一系列"社会问题剧"，陆续发表了《社会栋梁》《玩偶之家》《群鬼》《人民公敌》等。这些剧本尖锐地提出了关于妇女地位、道德、法律和市政等社会问题。

《玩偶之家》

《玩偶之家》(1879)，又译《娜拉》或《傀儡家庭》。女主人公娜拉伪造父亲的签字向人借钱，为丈夫海尔茂治病。丈夫了解原委后，生怕因此影响自己的名誉地位，怒斥妻子下贱无耻。当债主在娜拉的女友感化下主动退回借据时，海尔茂又对妻子装出一副笑脸。娜拉看透了丈夫的自私和夫妻间的不平等，不甘心做丈夫的玩偶，愤然出走。

恩格斯曾指出，娜拉是有自由意志与独立精神的"挪威的小资产阶级妇女"的代表。剧本虽然提出了资本主义社会的伦理道德、法律宗教和妇女解放等问题，但没有也不可能作出解决。《玩偶之家》演出后，引起了激烈的反响。娜拉要求个性解放、不做"贤妻良母"的坚决态度，遭到上流社会的责难和非议。但易卜生并没有在责难面前退却，他继续创作问题剧，揭露社会问题。被人们誉为"现代戏剧之父"。这位北欧文化巨人，以社会化的哲学思想、丰富的人生观，反映了挪威那个特定的时代。易卜生作品中的"娜拉"，就是马克思主义或社会主义女权运动影响的产物，再或者说起码反映出那个时代的妇女从经济方面要求解放、在受教育和立法上争取权利、博得与男性平等地位的愿望。无疑，易卜生的作品有女权主义运动的影子。新文化运动之时，胡适就文学革命发表理论文章，在《新青年》辟"易卜生专号"提倡妇女解放，为那场思想解放运动提供了锐利的思想武器。易卜生曾说："艺术家用生命铸造生命，用灵魂锻造灵魂，当他完成一件作品后，便把一部分生命留在原作里，成为可以感知的活体。"面对人骨子里屈从群体倾向的本能，作家的笔必须违背多数人的意愿，不是人云亦云，而是突出个人争取自由的天性，从这一层面上来说，易卜生不愧为震撼世界的伟大戏剧家。

社会问题剧

社会问题剧往往针对现存的社会问题，抓住典型人物和事件加以解剖，从而推翻公认的道德准则。它最初是指挪威戏剧家易卜生响应丹麦评论家勃兰兑斯"文学要有生气，就必须提出问题来"的号召，用现实主义方法描写现实生活的一系列戏剧。易卜生创作的著名的四大社会问题剧有《社会支柱》《玩偶之家》《群鬼》《人民公敌》等。他用犀利的笔锋饱含着激愤的热情，戳穿了资产阶级在道德、法律、宗教、教育以及家庭关系多方面的假面具，揭露了当时整个社会的虚伪和荒谬。易卜生的社会问题剧立足生活实际,反映挪威社会的家庭、婚姻和民主政治等重大问题,关注人的精神和心灵。对传统戏剧既继承又革新。他把“讨论”带入戏剧,“讨论”与剧情和人物形象塑造紧密联系;调动多种舞台元素细腻刻画人物心理,并使多种表现手法互相作用,既增强了戏剧的思想性,又强化了戏剧效果。

现在,社会问题剧也泛指反映现实社会问题,揭示社会矛盾的戏剧形式。它的特征一般为:提出某个社会问题,剖析某个社会问题,最后是批判或谴责某个社会问题。在社会问题剧中,人物并不具有独立的审美价值,而只是代表某个问题或某种思想的符号。剧作家正是通过这些符号和问题来表现其作品的主题和战斗性。而作品主题的深浅和战斗性的强弱又仅仅决定于作品提出的社会问题的重大与否。这样的“社会问题剧”是一种模式化的戏剧,而不是真正现实主义的审美戏剧,它必然导致戏剧创作的公式化和概念化。新中国成立初三十年的话剧绝大部分是这一类“社会问题剧”,而新时期最初几年的话剧力争复归的也正是这一类话剧,尽管突破了一系列“禁区”,但并没有突破“社会问题剧”的传统模式,没能真正把握住现实主义的本质特征和审美精神。这样,在它对人们普遍关心的社会问题逐一加以揭露、剖析、谴责,使人们的政治宣泄心理得到满足之后就被人们冷落了。这就是新时期最初几年的话剧从令人眩目的高潮中跌落下来的根源。

《玩偶之家》揭示的是当时女性在社会、家庭中的地位,拉开了女性解放运动的序幕。故事最后娜拉离开了丈夫,离开了她的家,重重地摔了身后的门,有人曾这样形象地形容——“娜拉身后的关门声比滑铁卢大战的大炮还要响”。

思考与练习

一、思考题

1. “玩偶之家”这个标题有何含义?

2. 娜拉说“我不能在生人家里过夜”,“我不接受生人的帮助”有何含义?

二、分角色朗读本文片段并讨论

1. 娜拉与海尔茂之间为什么不能有效沟通?

2. 你认为娜拉是否应该出走?如果是你该如何处理?

3. 娜拉出走以后可能会怎样?“奇迹中的奇迹”暗指了什么,你认为它会出现吗?

三、拓展阅读并思考

1. 课外拓展阅读《安娜·卡列尼娜》,试分析比较安娜与娜拉形象的异同。

2. 课外拓展阅读《群鬼》《人民公敌》剧本,体会易卜生“社会问题剧”的特色。

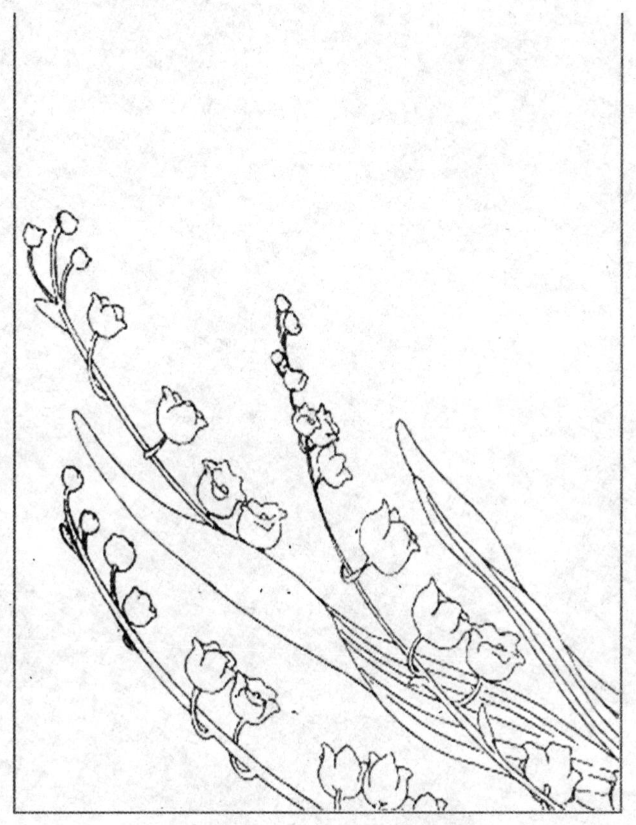

写作篇

第一章　党政公文

第一节　党政公文概述

一、公文的概念

2012 年 4 月 16 日，中共中央办公厅、国务院办公厅联合发布的新的《党政机关公文处理工作条例》规定："党政机关公文是党政机关实施领导、履行职能、处理公务的具有特定效力和规范体式的文书，是传达贯彻党和国家方针政策，公布法规和规章，指导、布置和商洽工作，请示和答复问题，报告、通报和交流情况等的重要工具。"并规定了决议、决定、命令（令）、公报、公告、通告、意见、通知、通报、报告、请示、批复、议案、函、纪要 15 种文种。

公文是党政机关、社会团体、企事业单位处理公共事务中使用最为广泛、最为规范的文体。

二、公文的特点

（一）法定的作者

法定的作者是指依据法规或有关规定成立的、并能以自己的名义行使法定的职能权利和担负一定的任务、义务的机关、组织或代表机关组织的领导人。在我国，各级党政机关、社会团体、企事业单位，凡是依据法律、章程、条例等规定建立和存在的，它们都是法定的作者。撰写和制发公文不是一个人的行为，而是机关组织的行为，因此它的内容受法律规定、工作需要及领导指示的制约，其法定作者制发公文的权利和名义受法律的保护，任何单位和个人都不能假冒机关或组织擅自制发公文。对于伪造公文者，不但该公文无效，而且有关部门或组织还会依法追究其法律责任。机关的领导人有时也作为公文的作者，但他们绝不是以个人身份行使职权，而是代表其所在单位行使职权，这是领导人行使自己法定职权的一种表现。

（二）法定的效力

公文是依法成立并能以自己名义行使职权和承担义务的党政机构与其他社会组织（以下统称"机关"）依据自己的职责或权力撰写的，代表着法定机关或组织的意图，在法定机关或组织的权限范围内，具有法定的权威性和行政的约束力。公文一旦发布生效，有关单位和个人都不得擅自改变或曲解，更不能抵制，只能不折不扣地遵守执行，否则，将追究有关人员的法律责任或行政责任。

（三）规范的体式

公文是国家发挥管理职能的书面工具，制发公文是严肃的工作。《党政机关公文处理工作条例》对公文从种类、格式、行文规则到公文办理以及如何立卷、销毁等都作出了统一、具体、详细的规定，每个制发单位都必须严格遵守。公文按照规定的体式和处理程序去制作和处理，有助于维护公文的权威性和法定效力，有利于机关工作的科学化、规范化、制度化，提高机关的工作效率。

（四）明确的时效

公文的写作是为了解决工作中的问题，为此，公文要求成文快、办文时限严。同时，在文章内容中，也必须严格体现执行或生效的时间。公文是针对现实工作中某一特定问题制作的，这项工作一旦结束，为之而形成的公文的作用也随之结束。在公务活动中，有些公文将随着社会的发展、形势的变化、制发者的更替等原因而被新的公文所替代。因此，凡是过期的公文就失去了法定权威性，有关单位或组织只能根据新的公文要求处理公务。

三、公文的作用

（一）领导和指导作用

在我国，党政机关领导和指导工作的一个重要途径就是通过制发各种公文来实现的。上级机关下达的以传达方针、政策以及各项具体决策为内容的决议、决定、命令（令）、纪要等公文，下级机关必须遵照执行，这就是公文的领导作用。上级机关的批复、批转、转发等公文，对下级机关的工作起依据和指导作用，这就是公文的指导作用。

（二）法规和准绳作用

公文的法规和准绳作用是由公文鲜明的政策性和法定的权威性等特点赋予的。国家的各种法规都是以公文的形式制定和发布的，这些法规性文件一经颁布生效，便成为全社会的行为规范，成为约束行为的准绳。而且这些法规性文件的规范作用与社会道德、舆论监督是不同的，法规性文件的规范作用带有强制性，国家以强制手段保证它的权威，谁违反了法令或法规，就要受到经济处罚、行政处分和法律的制裁。因此，公文的法规和准绳作用说明公文在其有效的范围内，必须成为人们的行为规范，而且强制执行。

（三）沟通和联系作用

公文是传递信息的重要渠道，作为一种文字工具，起着不可替代的沟通和联系作用。下级机关呈送给上级机关的请示、报告等，上级机关发往下级机关的决定、批复等，平行机关联系工作、互通往来的信函等，都是通过公文实现的。这种信息传递作用，使各级机关组成了一个四通八达的信息网络，公文的沟通联系作用，能够使各级各类机关组织的工作正常、有序地运转。

（四）依据和凭证作用

一般地说，绝大多数文件在传达意图、联系公务的同时，也具有一定意义上的凭据作用。公文是机关公务活动的文字记录，是有关公务活动开展的依据，也是社会、公务活动的真实记录和凭证。各级机关的意图一般是通过公文传达给对方的，各种公文都是制发机关真实意图的直接反映，收文机关以此来开展工作。上级机关制发的公文是下级机关进行工作的依据，是解决问题的凭证；下级机关制发的公文是上级机关作出决策、检查和指导工作的依据。此外，有很多公文在失去其现实效用之后，可立卷归档，成为历史活动的真实依据和凭证。

四、公文的种类

由于公文的行文关系、内容性质、使用范围等因素的不同，其分类的标准也各有区别，从而形成不同的分类方法。

(一)按行文关系划分

1. 上行文

上行文是指下级机关用于向上级机关的行文，如报告、请示等。

2. 下行文

下行文是指上级机关用于向下级机关的行文，如决定、命令(令)等。

3. 平行文

平行文是指平级机关或不相隶属机关之间的往来公文，如函以及周知性的通知等。

(二)按性质作用划分

1. 命令性公文

命令性公文是党政机关发布强制性、领导性、指挥性规定使用的公文，主要用于发布法律、法规，规定重大的行政措施，任免、奖惩有关的工作人员等。公文内容明确，约束力强，下级机关受文后必须严格贯彻执行。主要文种有命令(令)和一些带有命令性质的通知等。

2. 指导性公文

指导性公文是上级机关对下级机关进行工作指导使用的公文，主要用于阐明工作原则、方法和措施，提出具体的工作目标等。下级机关受文之后可以作为开展工作、安排计划的依据，主要文种有意见、批复等；在不相隶属机关之间，还包括一些带有指示性的通知、函等。

3. 决定性公文

决定性公文是上级机关对重大事项、重要问题作出决策或安排使用的公文。下级机关受文后必须严格遵守和实行，主要文种有决定。

4. 知照性公文

知照性公文是上级机关向下级机关或者广大群众、有关人员告知某些事项，传递某种信息或者应当遵守的事项使用的公文。主要文种有通知、通报和某些带有通知性质的函等。有些文种还可以登报、广播和张贴，如公告、通告等。

5. 呈请性公文

呈请性公文是下级机关向上级机关汇报工作，反映情况，提出意见或建议，答复询问，请求指示或批准时使用的公文。主要文种有报告、请示，以及一些带有请求批准事项的函、议案等。

6. 商洽性公文

商洽性公文是平级机关或不相隶属机关之间相互商洽工作、询问或答复问题使用的公文，主要文种有函。

7. 记录性公文

记录性公文是机关内用于记录、归纳、传达会议议定事项和主要精神使用的公文，主要文种有纪要。

（三）按阅知范围划分

1. 保密公文

保密公文是涉及党和国家机密、企事业单位业务秘密，严格限定发送与阅读范围的公文。

保密公文按保密级别划分，有秘密件、机密件、绝密件。根据国家保密局发布的《国家秘密保密期限的规定》：秘密一般不超过 10 年；机密一般不超过 20 年；绝密一般不超过 30 年，特殊情况为长期。

2. 内部公文

内部公文是在机关、团体、企事业单位内部使用的公文。内部公文只在内部阅读，仍需注意保管。

3. 周知性公文

周知性公文是需要向国内外宣布或在一定范围内公布应当普遍遵守事项的公文。如公告、通告等。主要以登报、广播和张贴等形式发布，以便做到家喻户晓。

此外，还可以按公文办理的缓急程度来划分，公文可以分为紧急公文和常规公文。如需要紧急办理的公文，一般需标明紧急程度。紧急程度分为“特急”与“加急”。

五、公文的行文规则

为了确保公文迅速而准确地传递，避免行文紊乱，《党政机关公文处理工作条例》第 13 条、第 14 条指出：“行文应当确有必要，讲求实效，注重针对性和可操作性。行文关系根据隶属关系和职权范围确定。”具体的行文规则有以下三种。

（一）下行文规则

(1)主送受理机关，根据需要抄送相关机关。重要行文应当同时抄送发文机关的直接上级机关。

(2)党委、政府的办公厅(室)根据本级党委、政府授权，可以向下级党委、政府行文，其他部门和单位不得向下级党委、政府发布指令性公文或者在公文中向下级党委、政府提出指令性要求。需经政府审批的具体事项，经政府同意后可以由政府职能部门行文，文中须注明已经政府同意。

(3)党委、政府的部门在各自职权范围内可以向下级党委、政府的相关部门行文。

(4)涉及多个部门职权范围内的事务，部门之间未协商一致的，不得向下行文；擅自行文的，上级机关应当责令其纠正或者撤销。

(5)上级机关向受双重领导的下级机关行文，必要时抄送该下级机关的另一个上级机关。

(二)上行文规则

(1)原则上主送一个上级机关，根据需要同时抄送相关上级机关和同级机关，不抄送下级机关。

(2)党委、政府的部门向上级主管部门请示、报告重大事项，应当经本级党委、政府同意或者授权；属于部门职权范围内的事项应当直接报送上级主管部门。

(3)下级机关的请示事项，如需以本机关名义向上级机关请示，应当提出倾向性意见后上报，不得原文转报上级机关。

(4)请示应当一文一事。不得在报告等非请示性公文中夹带请示事项。

(5)除上级机关负责人直接交办事项外，不得以本机关名义向上级机关负责人报送公文，不得以本机关负责人名义向上级机关报送公文。

(6)受双重领导的机关向一个上级机关行文，必要时抄送另一个上级机关。

(三)联合行文规则

(1)同级党政机关、党政机关与其他同级机关必要时可以联合行文。

(2)属于党委、政府各自职权范围内的工作，不得联合行文。

(3)党委、政府的部门依据职权可以相互行文。

(4)部门内设机构除办公厅(室)外不得对外正式行文。

六、公文的格式

公文的格式是指公文规范化的外部形式，包括公文的组成部分和项目、排列的顺序和位置、书写和打印的要求以及用纸和装订的规格。

一份完整的公文一般应当具有规范的格式，以体现公文的完整性、规范性和权威性。有了规范的格式，也便于各级机关撰制、办理和存档备查。

(一)公文的书面格式

根据《党政机关公文处理工作条例》和《党政公文格式》(GB/T9704—2012)规定，版心内的公文格式各要素分为版头、主体、版记三个部分，页码位于版心外。

1. 版头

版头，位于公文首页的上端，由份号、密级和保密期限、紧急程度、发文机关标志、发文字号、签发人等项组成，并用红色分隔线把版头其他部分与下面的主体部分分开。

(1)份号。如需标注份号，一般用 6 位 3 号阿拉伯数字，顶格编排在版心左上角第一行。

(2)密级和保密期限。如需标注密级和保密期限，一般用 3 号黑体字，顶格编排在版心左上角第二行；保密期限中的数字用阿拉伯数字标注。

(3)紧急程度。如需标注紧急程度，一般用 3 号黑体字，顶格编排在版心左上角；如需同时标注份号、密级和保密期限、紧急程度，按照份号、密级和保密期限、紧急程度的顺序自上而下分行排列。

(4)发文机关标志。由发文机关全称或者规范化简称加“文件”二字组成，也可以使用发文机关全称或者规范化简称。

发文机关标志居中排布，上边缘至版心上边缘为35mm，推荐使用小标宋体字，颜色为红色，以醒目、美观、庄重为原则。

联合行文时，如需同时标注联署发文机关名称，一般应当将主办机关名称排列在前；如有“文件”二字，应当置于发文机关名称右侧，以联署发文机关名称为准上下居中排布。

(5)发文字号。编排在发文机关标志下空二行位置，居中排布。年份、发文顺序号用阿拉伯数字标注；年份应标全称，用六角括号“〔　〕”括入；发文顺序号不加“第”字，不编虚位(即1不编为01)，在阿拉伯数字后加“号”字。

上行文的发文字号居左空一字编排，与最后一个签发人姓名处在同一行。

(6)签发人。由“签发人”三字加全角冒号和签发人姓名组成，居右空一字，编排在发文机关标志下空二行位置。“签发人”三字用3号仿宋体字，签发人姓名用3号楷体字。

如有多个签发人，签发人姓名按照发文机关的排列顺序从左到右、自上而下依次均匀编排，一般每行排两个姓名，回行时与上一行第一个签发人姓名对齐。

(7)版头中的分隔线。发文字号之下4mm处居中印一条与版心等宽的红色分隔线。

2. 主体

主体部分是每一份公文的主要内容所在部位，由公文标题、主送机关、正文、附件说明、发文机关署名、成文日期和印章、附注和附件等项组成。

(1)标题。一般用2号小标宋体字，编排于红色分隔线下空二行位置，分一行或多行居中排布；回行时，要做到词意完整，排列对称，长短适宜，间距恰当，标题排列应当使用梯形或菱形。

(2)主送机关。编排于标题下空一行位置，居左顶格，回行时仍顶格，最后一个机关名称后标全角冒号。如主送机关名称过多导致公文首页不能显示正文时，应当将主送机关名称移至版记，标注方法见7.4.2。

(3)正文。公文首页必须显示正文。一般用3号仿宋体字，编排于主送机关名称下一行，每个自然段左空二字，回行顶格。文中结构层次序数依次可以用“一、”“(一)”“1.”“(1)”标注；一般第一层用黑体字、第二层用楷体字、第三层和第四层用仿宋体字标注。

(4)附件说明。如有附件，在正文下空一行左空二字编排“附件”二字，后标全角冒号和附件名称。如有多个附件，使用阿拉伯数字标注附件顺序号(如“附件：1. XXXXX”)；附件名称后不加标点符号。附件名称较长需回行时，应当与上一行附件名称的首字对齐。

(5)发文机关署名、成文日期和印章。

①加盖印章的公文。成文日期一般右空四字编排，印章用红色，不得出现空白印章。单一机关行文时，一般在成文日期之上、以成文日期为准居中编排发文机关署名，印章端正、居中下压发文机关署名和成文日期，使发文机关署名和成文日期居印章中心偏下位置，印章顶端应当上距正文(或附件说明)一行之内。

联合行文时，一般将各发文机关署名按照发文机关顺序整齐排列在相应位置，并将印章一一对应、端正、居中下压发文机关署名，最后一个印章端正、居中下压发文机关署名和成文日期，印章之间排列整齐、互不相交或相切，每排印章两端不得超出版心，首排印章顶端应当上距正文(或附件说明)一行之内。

②不加盖印章的公文。单一机关行文时，在正文(或附件说明)下空一行右空二字编排发文机关署名，在发文机关署名下一行编排成文日期，首字比发文机关署名首字右移二字，如成文日期长于发文机关署名，应当使成文日期右空二字编排，并相应增加发文机关署名右空字数。

联合行文时，应当先编排主办机关署名，其余发文机关署名依次向下编排。

③加盖签发人签名章的公文。单一机关制发的公文加盖签发人签名章时，在正文(或附件说明)下空二行右空四字加盖签发人签名章，签名章左空二字标注签发人职务，以签名章为准上下居中排布。在签发人签名章下空一行右空四字编排成文日期。

联合行文时，应当先编排主办机关签发人职务、签名章，其余机关签发人职务、签名章依次向下编排，与主办机关签发人职务、签名章上下对齐；每行只编排一个机关的签发人职务、签名章；签发人职务应当标注全称。签名章一般用红色。

④成文日期中的数字。用阿拉伯数字将年、月、日标全，年份应标全称，月、日不编虚位(即 1 不编为 01)。

⑤特殊情况说明。当公文排版后所剩空白处不能容下印章或签发人签名章、成文日期时，可以采取调整行距、字距的措施解决。

(6)附注。如有附注，居左空二字加圆括号编排在成文日期下一行。

(7)附件。附件应当另面编排，并在版记之前，与公文正文一起装订。“附件”二字及附件顺序号用 3 号黑体字顶格编排在版心左上角第一行。附件标题居中编排在版心第三行。附件顺序号和附件标题应当与附件说明的表述一致。附件格式要求同正文。

如附件与正文不能一起装订，应当在附件左上角第一行顶格编排公文的发文字号并在其后标注“附件”二字及附件顺序号。

3. 版记

版记也称文尾，在公文末页下部，由版记中的分隔线、抄送机关、印发机关和印发日期等项组成。

(1)版记中的分隔线。版记中的分隔线与版心等宽，首条分隔线和末条分隔线用粗线(推荐高度为 0. 35 mm)，中间的分隔线用细线(推荐高度为 0. 25 mm)。首条分隔线位于版记中第一个要素之上，末条分隔线与公文最后一面的版心下边缘重合。

(2)抄送机关。如有抄送机关，一般用 4 号仿宋体字，在印发机关和印发日期之上一行、左右各空一字编排。“抄送”二字后加全角冒号和抄送机关名称，回行时与冒号后的首字对齐，最后一个抄送机关名称后标句号。如需把主送机关移至版记，除将“抄送”二字改为“主送”外，编排方法同抄送机关。既有主送机关又有抄送机关时，应当将主送机关置于抄送机关之上一行，之间不加分隔线。

(3)印发机关和印发日期。印发机关和印发日期一般用 4 号仿宋体字，编排在末条分隔线之上,印发机关左空一字,印发日期右空一字,用阿拉伯数字将年、月、日标全,年份应标全称,月、日不编虚位(即1不编为01),后加“印发”二字。版记中如有其他要素,应当将其与印发机关和印发日期用一条细分隔线隔开。

4. 页码

一般用4号半角宋体阿拉伯数字,编排在公文版心下边缘之下,数字左右各放一条一字线;一字线上距版心下边缘7 mm。单页码居右空一字,双页码居左空一字。公文的版记页前有空白页的,空白页和版记页均不编排页码。公文的附件与正文一起装订时,页码应当连续编排。

(二)公文的拟制过程

公文拟制包括起草、审核、签发等程序。

1. 起草

(1)符合党的理论路线方针政策和国家法律法规,完整准确体现发文机关意图,并同现行有关公文相衔接。

(2)一切从实际出发,分析问题实事求是,所提政策措施和办法切实可行。

(3)内容简洁,主题突出,观点鲜明,结构严谨,表述准确,文字精练。

(4)文种正确,格式规范。

(5)深入调查研究,充分进行论证,广泛听取意见。

(6)公文涉及其他地区或者部门职权范围内的事项,起草单位必须征求相关地区或者部门意见,力求达成一致。

(7)机关负责人应当主持、指导重要公文起草工作。

2. 审核

公文文稿签发前,应当由发文机关办公厅(室)进行审核。审核的重点是:

(1)行文理由是否充分,行文依据是否准确。

(2)内容是否符合党的理论路线方针政策和国家法律法规;是否完整准确体现发文机关意图;是否同现行有关公文相衔接;所提政策措施和办法是否切实可行。

(3)涉及有关地区或者部门职权范围内的事项是否经过充分协商并达成一致意见。

(4)文种是否正确,格式是否规范;人名、地名、时间、数字、段落顺序、引文等是否准确;文字、数字、计量单位和标点符号等用法是否规范。

(5)其他内容是否符合公文起草的有关要求。

需要发文机关审议的重要公文文稿,审议前由发文机关办公厅(室)进行初核。

经审核不宜发文的公文文稿,应当退回起草单位并说明理由;符合发文条件但内容需作进一步研究和修改的,由起草单位修改后重新报送。

3. 签发

公文应当经本机关负责人审批签发。重要公文和上行文由机关主要负责人签发。党委、政府的办公厅(室)根据党委、政府授权制发的公文,由受权机关主要负责人签发或者按照有关规定签发。签发人签发公文,应当签署意见、姓名和完整日期;圈阅或者签名的,视为同意。联合发文由所有联署机关的负责人会签。

（三）部分公文的式样

A4 型公文用纸页边及版心尺寸见图 1；公文首页版式见图 2；联合行文公文首页版式 1 见图 3；联合行文公文首页版式 2 见图 4；公文末页版式 1 见图 5；公文末页版式 2 见图 6。

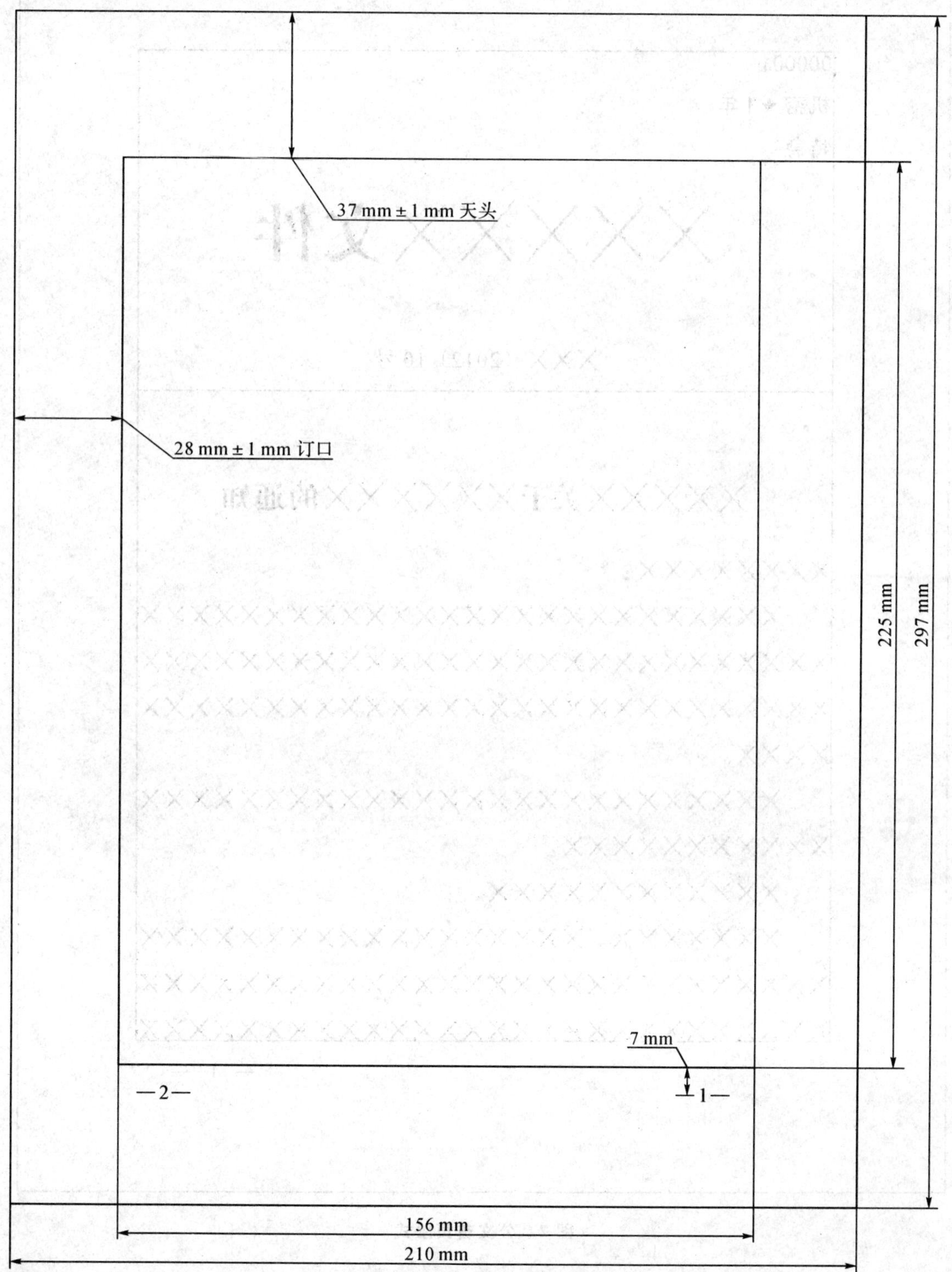

图 1　A4 型公文用纸页边及版心尺寸

000001
机密★1年
特急

×××〔2012〕10号

××××××关于××××××的通知

×××××××××：

××××××××××××××××××××××××××
×××××××××××××××××××××××××××
×××××××××××××××××××××××××××
××××。

××××××××××××××××××××××××××
×××××××××××。

×××××××××××××。

×××××××。×××××××××××××××××××
×××××××××××××××××××××××××××
×××××××××××××××××××××××××××

— 1 —

图2 公文首页版式

000001
机密★1年
特急

××××××
×××文件
××××××

×××〔2012〕10号

××××××关于××××××的通知

×××××××××：

×××××××××××××××××××××××××××。

××。

××××××××××××××××××××××××××××××

— 1 —

图3 联合行文公文首页版式1

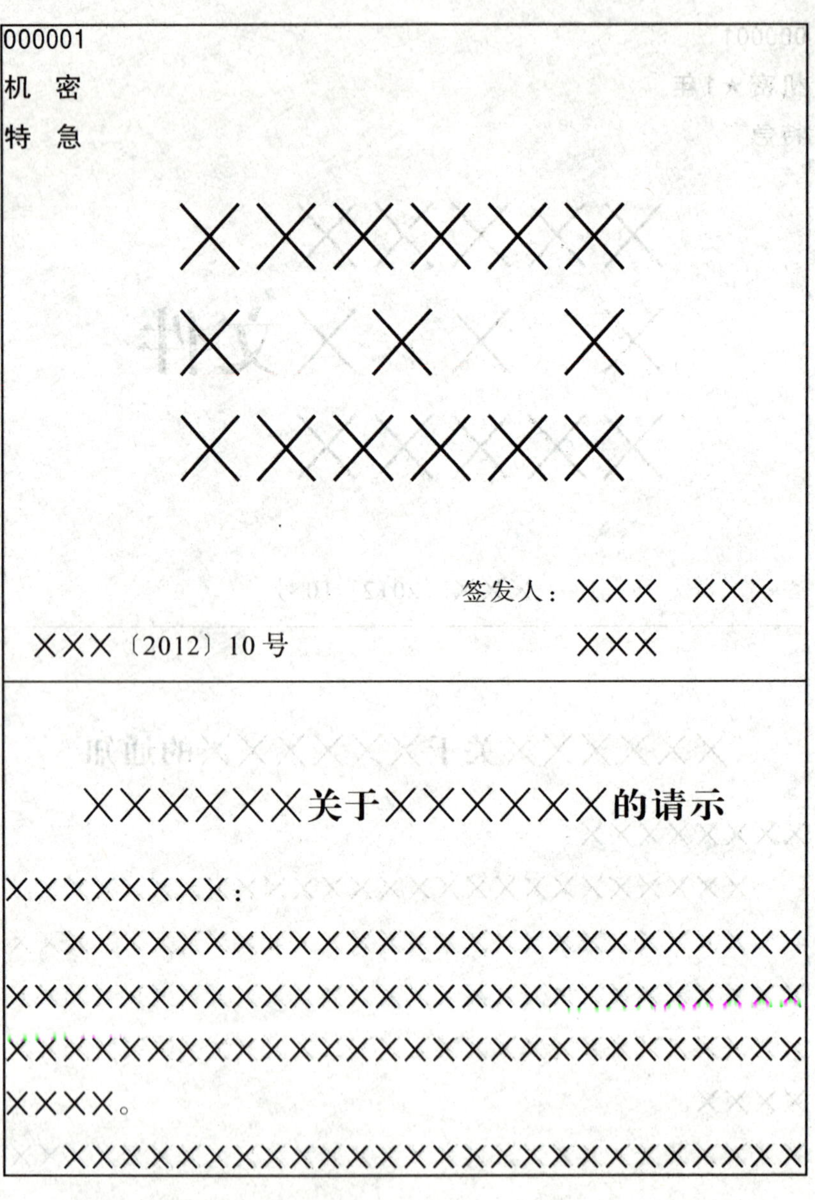
000001

机 密

特 急

××××××

×　　×　　×

××××××

签发人：×××　×××

×××〔2012〕10号　　　　×××

××××××关于××××××的请示

××××××××：

××。

××××××××××××××××××××××××××

— 1 —

图4　联合行文公文首页版式2

XXXXXXXXXXXXXXX。

　　XXXXXXXXXXXXXXXXXXXXXXXXXX

XXXXXXXXXXXXXXXXXXXXXXXXXXXX

XXXXXXXXXXX。

2012年7月1日

（XXXXX）

抄送：XXXXXXXX，XXXXXX，XXXXX，XXXXX，
XXXXX。

XXXXXXXXX　　2012年7月1日印发

— 2 —

图5　公文末页版式1

××××××××××××××××。

××××××××××××××××××××××××××
××。

××××××××××××

2012年7月1日

（×××××）

抄送：×××××××××，××××××，×××××，×××××，×××××。

××××××××× 2012年7月1日印发

— 2 —

图6　公文末页版式2

第二节 通 知

一、通知的适用范围

《党政机关公文处理工作条例》规定：通知“适用于发布、传达要求下级机关执行和有关单位周知或者执行的事项，批转、转发公文”。

通知一般为下行文或平行文。在公文中，通知的适用范围最广、使用频率最高。

二、通知的特点

(一)适用的广泛性

它不受机关级别限制，大到全国范围内的重大工作部署，小到一个单位内部告知一般性事项。任何党政机关、社会团体、企事业单位都能使用，特别是能够向平行或不相隶属机关行文。有时由于工作需要，两个以上机关还可以联合向各自的下属单位发“联合通知”；有些事项紧急而重大，还可以经过批准，在报纸、电视、广播、互联网上发布。

(二)种类的多样性

由于通知的使用范围广，可以从不同的角度来划分它的种类。如按形式分，有联合通知、紧急通知、预备通知、补充通知等。

(三)时间的有效性

通知的事项都是要求在一定时期内应知或应办的，具有较强的时效性，告知工作事项或要求办理的事情，必须迅速及时地通过行文下达，不允许拖延。

三、通知的类型

通知的类型较多，按其使用性质划分，大体上有以下几类。

(一)转发性通知

转发性通知主要用于转发上级机关、同级机关和不相隶属机关的公文。如《国务院办公厅转发国家旅游局等部门关于进一步发展假日旅游若干意见的通知》。

(二)发布性通知

发布性通知主要用于向所属下级机关发布有关行政法规、制度、办法、措施。如《中共中央办公厅、国务院办公厅关于发布〈党政机关公文处理工作条例〉的通知》。

(三)指示性通知

指示性通知主要用于对下级机关布置工作，要求贯彻执行。如《关于做好××××年春节期间有关工作的通知》。

（四）会议性通知

会议性通知主要用于上级机关或有关部门为保证会议如期召开就有关事项提出具体要求，使与会人员按规定出席会议。如《××省教育厅关于召开大学生就业工作会议的通知》。

（五）任免性通知

任免性通知主要用于任命或免去有关人员职务。如《××省人民政府关于××同志职务任免的通知》。

四、通知的写作

（一）标题

(1) 由发文机关、事由和文种组成。如《国务院办公厅关于严禁滥发钱和物品的通知》。

(2) 由发文机关和文种组成。如《国务院办公厅通知》。

(3) 由事由和文种组成。如《关于做好防范应对强降温降雪天气的通知》。

应注意的是：转发性通知也是由三部分组成的，其事由就是所批转和转发公文的名称。发文事由用“转发”带出转出的公文标题。“转发”字样前不加“关于”，如《国务院批转财政部关于开展企业财务检查情况和今后意见的报告的通知》这个标题的事由部分为“财政部关于开展企业财务检查情况和今后意见的报告”，即所转发的公文的名称。

如果转发通知的文种本身为一个“通知”时，标题就会出现“通知的通知”这样重复的句式。遇到这样的标题，应只留下转发文件中与“关于”相关联的“通知”，去掉被转发通知的书名号。如原题为《广东省人民政府关于转发国务院〈关于调整机关、事业单位工作人员工龄津贴的通知〉的通知》，应改为《广东省人民政府转发国务院关于调整机关、事业单位工作人员工龄津贴的通知》。如果被转发的公文是法规性文件，其通知标题须在法规性文件名称上加书名号。

（二）主送机关

通知必须要有主送机关，是发文机关的下属单位，可以是一个，也可以是几个，也可以是所有下属单位。其名称要写全称或规范性简称、统称，在标题下、正文前顶格书写。有些通知是给某些领导人或个人的，可写上领导职务或个人姓名。

（三）正文

通知的正文一般由通知缘由、通知事项、通知要求三部分组成。缘由后面一般用过渡语“特通知如下”等引起下文通知的主要事项。由于通知种类的不同，写法也有所不同。

1. 发布性通知

一般由文件的由来、文件的名称、发布文件的作用和意义、提出执行要求等部分组成。

2. 转发性通知

转发性通知写法与批转性通知基本相同。但转发机关有时还在转发通知中表明本机关的意见，提出执行要求，便于下级机关贯彻执行。转发性通知通常根据不同情况用“现将《××××》转发给你们，请遵照办理（希研究执行、请认真贯彻执行、望参照执行、供参阅）”等语句。

如被转发的公文是所发公文的一部分，则不能作为附件。

3. 指示性通知

正文写作时一般包括通知缘由、通知事项和执行要求三部分，有的只有前两部分。通知缘由一般写明发文的的原因、依据；通知事项包括部署工作任务、规定政策界限等，要求写得具体明确。写作时，可采用分条列项法，用序号标出；执行要求则是对如何执行本通知提出希望和要求，有的通知也可以没有这部分内容。结尾可写可不写，有的用“特此通知”这样的惯用语作结尾。

4. 会议性通知

会议通知的正文主要写清楚会议名称、主持单位、会议内容、参加人员、会议要求、报到时间和地点、会议时间和地点、携带材料、会议费用、行车路线、联系方法、注意事项等其他有关事宜。结尾可以用“特此通知”作结，也可自然收尾。

为了安排会务工作，有的会议通知还附有“回执”，要求与会单位或个人提前报告参加会议人员的名单（包括姓名、职务、性别、乘坐的交通工具、到达时间及是否要预订回程票等情况）。

5. 任免性通知

任免性通知正文包括任免依据和任免名单两个部分。任免依据要写明做出决定的机关或会议名称和时间，任免名单中如有多人，则分段或分条列出。

（四）落款

在正文右下方写上发文机关全称，加盖公章。有的通知标题中已经写出发文机关的全称，可以不再写。

（五）日期

在落款下方写上年、月、日，右空四字。

五、通知的写作要求

（一）选准文种，行文规范

注意区分通知与通告、指示、函以及其他文种的区别。要根据本机关的职权以及通知的内容，正确选择通知的种类，掌握不同类型通知的写法，做到行文规范。要注意发通知的必要性，严格控制发文数量，切忌滥发通知。

（二）内容具体，表述明确

要根据不同种类通知的写作要求，将通知的内容写得明确具体、便于理解和实施。譬如，指示性通知，要求下级机关做什么，怎么做，应当交代清楚；批转、转发性通知，批准、转发机关的态度、意见和要求要明确；会议性通知，有关会议的具体事项要考虑周全，表述要具体。表述力求清楚明白，切忌含糊不清、模棱两可。

例文1　转发性通知

×××市人民政府办公室转发××市人民政府办公室
关于做好雨雪冰冻天气应对工作的通知

×政办〔××××〕7号

各乡(镇)人民政府、街道办、农茶场，市直各有关单位：

经市政府同意，现将××市人民政府办公室《关于做好雨雪冰冻天气应对工作的通知》(×政办发明电〔××××〕10号)转发给你们，请认真遵照执行，抓好贯彻落实。

×××市人民政府办公室
××××年×月××日

××市人民政府办公室关于做好雨雪冰冻天气应对工作的通知

×政办发明电〔××××〕××号

各县(市、区)人民政府，市政府各部门、各直属机构：

近期，我市多次出现雨雪冰冻天气，北部山区受灾较为严重。据市气象部门预测，未来几天大部分县市有霜冻，中北部部分县市有结冰，春运期间可能出现阶段性低温雨雪。市委、市政府对此高度重视，要求市气象部门加强会商，精确预报，做好灾害趋势研判和预警信息发布。各地各有关部门要立即采取针对性防范应对措施，防止出现电力、交通、供气中断，保证市场供应，切实减轻灾害对交通运输、电力通信、群众生活的影响，最大程度减少灾害造成的影响和损失。

一、切实加强监测预警和信息发布。(略)

二、强化交通运输安全及应急防范措施。(略)

三、保障城乡正常生产生活秩序。(略)

四、切实做好电网防范雨雪冰冻灾害工作。(略)

五、妥善做好灾害救助和农牧业生产。(略)

六、加强值守应急。(略)

××市人民政府办公室
××××年×月××日

简析：全文由标题、主送机关、批转的态度和要求、落款构成。用通知转发的文件，内容十分重要，是正文的组成部分，不视为附件。

例文2　发布性通知

教育部卫生部关于批准第一批卓越医生
教育培养计划项目试点高校的通知

教高函〔2012〕20号

各省、自治区、直辖市教育厅(教委)、卫生厅(局)，各计划单列市教育局、卫生局，新疆生产建设兵团教育局、卫生局，有关高等学校：

为贯彻落实《国家中长期教育改革和发展规划纲要(2010—2020 年)》、《中共中央 国务院关于深化医药卫生体制改革的意见》，加快推进临床医学教育综合改革，经研究，教育部、卫生部共同组织实施“卓越医生教育培养计划”。

有关高校根据《教育部 卫生部关于实施卓越医生教育培养计划的意见》(教高〔2012〕7 号)和《教育部办公厅 卫生部办公厅关于申报第一批卓越医生教育培养计划高校的通知》(教高厅〔2012〕1 号)的要求提出了改革试点申请，并递交了项目申报书。根据地方教育、卫生行政部门的初审意见，教育部、卫生部共同组织专家对提交的项目实施方案进行审核，确定了第一批卓越医生教育培养计划项目试点高校 125 所，改革试点项目 178 项，其中拔尖创新医学人才培养模式改革试点项目 26 项，五年制临床医学人才培养模式改革试点项目 72 项，农村订单定向免费医学教育人才培养模式改革试点项目 39 项，“3+2”三年制专科临床医学教育人才培养模式改革试点项目 41 项(具体名单见附件)。

请有关高校按照相关政策要求和本校方案，精心筹划，周密安排，做好计划的实施工作，确保人才教育培养质量。教育部、卫生部将适时组织改革试点的交流和总结工作。

附件：第一批卓越医生教育培养计划项目试点高校名单

教育部　卫生部

2012 年 11 月 9 日

简析：全文格式规范、内容明确、语言简洁。通知缘由交代了依据，通知事项用附件列出，一目了然。

例文3　指示性通知

环境保护部办公厅

关于加强不合格奶制品销毁环境监管工作的通知

环办〔××××〕××号

各省、自治区、直辖市环境保护局(厅)：

根据《固体废物污染环境防治法》及《固体废物鉴别导则》(试行)(原国家环境保护总局公告××××年第××号)，含三聚氰胺的婴幼儿奶粉、液态奶、普通奶粉和其他配方奶粉(以下简称不合格奶制品)属于固体废物。为做好不合格奶制品的销毁工作，现就有关问题通知如下：

一、各级环境保护部门要高度重视不合格奶制品的销毁工作，加强对不合格奶制品处理和处置的监管，防止形成二次污染。

二、销毁不合格奶制品应首选高温焚烧的处置方式。对不具备焚烧条件，且需销毁的数量少时，经征得所在地环境卫生行政主管部门同意，可采取送生活垃圾填埋场以填埋等方式处置。

三、高温焚烧设施包括生活垃圾焚烧炉、危险废物焚烧炉、医疗废物焚烧炉、水泥窑等。水泥窑应为稳定运行的且单条生产线每天处理能力为2 000吨的新型干法回转窑，并有填充口（窑尾入料）和相应的产品质量控制措施。

四、承担销毁不合格奶制品任务的单位，应具备相关环境监测和管理条件，并在处置过程中如实记载销毁不合格奶制品的种类、来源、数量；同时加强对销毁过程的监测，确保污染物排放符合国家和地方相关环境污染控制标准。有关污染排放监测数据及处置情况记录应及时上报所在地环保部门。

五、各级环保部门要在当地人民政府的领导下，制定切实可行的工作方案，按照职能分工，积极配合相关部门加强对承担销毁任务单位的指导和监督，认真做好对不合格奶制品销毁过程的环境监督管理工作。

环境保护部办公厅

××××年××月××日

简析：标题三要素齐全，合乎规范，文件内容明确。先交代文件内容的依据，用“现就有关问题通知如下”引出对不合格奶制品销毁监管工作的要求。结尾无结语，自然结束。

例文4　会议性通知

××省教育厅办公室

关于召开××××年全省高等教育事业统计报表汇总会的通知

各高等学校、研究生培养机构：

为了准确、及时、全面地完成××××年高等教育统计报表汇总任务，经研究，决定召开全省高等教育统计报表汇总会。现将有关事项通知如下：

一、会议内容：汇总××××年高等教育统计报表；开展省教育统计学会高校组活动（高校组活动内容学会另行通知）。

二、参加人员：各单位负责统计工作的统计人员1名。请各单位根据报表布置会的要求，认真做好数据核查工作。会上随带打印的统计报表（一式两份）及在高等教育统计软件里校验通过并上报的数据盘（注意数据备份并请携带手提电脑）。

三、会议时间：10月30～31日，10月29日报到，会期2天。

四、会议地点：××市××大酒店。（地址：××市人民西路701号，火车西站旁，电话：××××-××××××××。联系人：××××大学××，电话：××××-××××××××，××××××××××××）

与会代表食宿自理。

××省教育厅办公室

××××年××月××日

简析：此会议通知的写作分为两部分，前言简要说明了召开此次会议的目的及意义，用“现将有关事项通知如下”过渡到主体部分。主体部分具体说明参加会议的须知事项，包括会议时间、会议地点、参加会议人员、会议内容以及参加会议所需准备的材料。交代清楚，内容全面。

例文5　任免性通知

××市人民政府
关于聘任××市文史研究馆馆员的通知

×政任〔××××〕×××号

××市文史研究馆：

经市政府同意，聘任：×××、×××、××、×××、×××、×××、×××、×××、×××、×××、×××、×××、×××、×××、×××、××、×××、××、××、×××、×××为××市文史研究馆馆员。

××市人民政府
××××年××月××日

简析：这是一份任职通知，正文说明依据后即列出任职人员名单，直截了当，简洁明了。

第三节　报　告

一、报告的适用范围

《党政机关公文处理工作条例》规定：报告“适用于向上级机关汇报工作，反映情况，答复上级机关的询问”。

报告还可用来向上级机关报送文件和物件。报告是陈述性公文，属上行文，在下级机关中普遍使用。

二、报告的特点

（一）内容的真实性

写报告要以实事求是的态度向上级机关反映和提供真实情况，不能任意夸大或缩小，更不能弄虚作假。对于涉及的时间、地点、人物、事件、情况、数据等，都要经过仔细核实，确保准确无误。

（二）意见的可行性

报告中提出的意见或建议，一是要符合党和国家的有关方针、政策、法规、条例和上级的指示精神，二是要符合本机关、本单位、本部门的实际情况，具有可行性。

（三）表达的陈述性

报告在写作上以陈述事实为主，需要选取典型事例，分清主次进行概括性的陈述。表达方式上，多以叙述和说明为主，适当运用议论，表达报告单位的意见。

三、报告的类型

按内容的不同，可将报告分为如下几种。

(一)工作报告

工作报告主要是用于向上级机关汇报本单位开展某项工作的情况,或汇报上级交办的某项任务完成情况。如《××省经济贸易委员会关于××××年经费工作情况和××××年工作安排的报告》。这类报告一般由下级机关主动作出。

(二)情况报告

情况报告主要用来向上级机关反映工作中的重大情况、特殊情况和新动态,如本单位的先进人物和先进事迹、群众意见和思想动态、意外事故和突发事件等,以使上级机关及时了解情况,及时作出决策。如《国家发展计划委员会关于农村中小学教育收费专项检查情况的报告》。这类报告一般也是由下级机关主动作出。

(三)答复报告

答复报告主要用来答复上级机关的询问,以使上级机关了解有关信息。如《××省人民政府办公厅关于我省清理整顿统一着装工作情况的报告》。这类报告是由上级机关要求下级机关作出。

(四)呈送报告

呈送报告主要用来向上级报送文件、物件。被呈送的文件和物件则作为该报告的附件。如《关于发布政府规章的备案报告》。

四、报告的写作

(一)文头部分

报告属上行公文,在文头部分的发文字号右侧应标明签发人,即发文机关领导人应签字。其他类型的报告和请示都应有此项内容,不再重复说明。

(二)标题

一般采用三项式;也可省略发文机关,采用两项式。

(1) 由发文机关、事由和文种组成。如《铁道部关于193次旅客快车发生重大颠覆事故的报告》。

(2) 由事由和文种组成。如《政府工作报告》。

(三)主送机关

上行公文一般只有一个主送机关,即直接的上级机关。如果此报告需几个上级机关知道,可用抄送形式。

(四)正文

工作汇报性报告的正文一般包括以下几部分内容:

1. 开头

主要简要交待写作报告的缘由、依据和目的,然后用常用过渡语“现将……情况报告如下”“现将……处理情况汇报如下”等引起下文。

2. 主体

主体是报告的具体内容，用来陈述报告的事项，可因报告类型的不同有所侧重。

工作报告要先概述工作的基本情况，再介绍主要经验或教训，一般采用分条开列的方法，将工作中行之有效的做法、措施加以归纳提高，总结出带有规律性的经验，以对其他单位的工作具有指导意义或参考价值，或是对教训的深刻认识。然后以“一分为二”的态度找出工作中存在的问题和不足，以便于在今后的工作中加以防范和改进。针对存在的问题和不足提出今后工作的意见或打算，一般情况下可以简单提出，不必展开叙述。

情况报告一般先重点写所反映的情况和问题，再分析情况发生的原因，最后写处理结果或处理打算。

答复报告先简要说明上级机关询问的事项或交办的任务，然后按上级要求陈述本单位所采取的做法及其结果，同时征求上级机关对结果的意见。

呈送报告只需写明报送的文件、物品的名称和数量即可。

3. 结尾

报告的结尾一般在正文末尾用程式化用语作结。因报告种类的不同，结尾用语也有所不同。工作报告和情况报告的结语常用“特此报告”“以上报告，请审阅”或“以上报告如有不当，请予指正”。答复报告多用“专此报告”；呈送报告则用“请审阅”“请收阅”等。结尾用语也可省略。

工作汇报性报告的结尾常用“特此报告”作结束语，也可不用结尾。

（五）落款

在正文右下方写上发文机关名称，加盖印章。标题中已写明发文机关名称的，可略去不写。

（六）日期

在落款下方写上成文日期，右边空 4 字。

五、报告的写作要求

（一）内容要真实

撰写报告，要遵循实事求是的原则，如实反映事情的原貌，对有关事实和数据都要认真核对，做到不夸大，不回避。否则，给上级汇报虚假信息会造成误导，影响上级决策的正确性。

（二）重点要突出

报告的内容一般涉及的面宽且复杂，这就要求作者对材料进行认真梳理，注意反映本质问题，明确重点，不能简单地罗列情况和问题。

（三）结构要合理

报告以陈述为主，在结构上可按时间顺序、工作进展或内在逻辑分设几个小标题，有层次地进行概括叙述。

（四）行文要规范

弄清报告和请示的区别，不能将请示事项写入报告。如“请示报告”这样的杂糅等。

例文1　工作报告

××县建设局关于贯彻落实科学发展观工作的报告

县委学习实践活动领导小组：

根据县委统一安排部署，按照“重在分析问题、重在总结经验、重在制定整改措施”的要求，县建设局领导班子树立理念、创新机制、解决难题，深入开展调研，广泛征求意见，认真查摆问题，制定了多项整改措施，努力改进自身工作。现报告如下：

一、贯彻落实科学发展观的主要成效

自今年2月份以来，在县委、县政府的正确领导下，建设局领导班子带领广大干部职工牢固树立和落实科学发展观，围绕“党员群众受教育，人民群众得实惠”的总要求，坚持以人为本、统筹兼顾、协调推进，精心组织各项城建重点工程，扎实搞好行业监管工作，推动了城建事业又好又快发展。

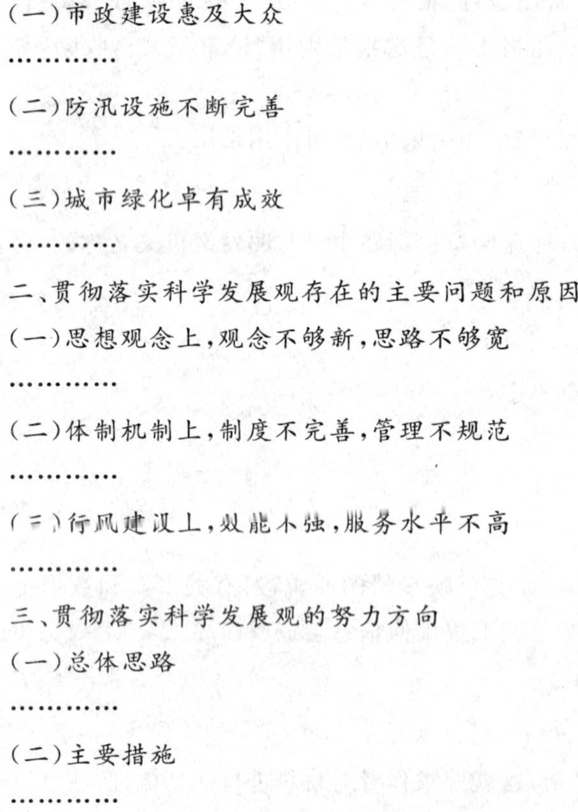

（一）市政建设惠及大众

…………

（二）防汛设施不断完善

…………

（三）城市绿化卓有成效

…………

二、贯彻落实科学发展观存在的主要问题和原因

（一）思想观念上，观念不够新，思路不够宽

…………

（二）体制机制上，制度不完善，管理不规范

…………

（三）行风建设上，效能不强，服务水平不高

…………

三、贯彻落实科学发展观的努力方向

（一）总体思路

…………

（二）主要措施

…………

××县建设局

××××年××月×日

简析：这一工作报告格式规范，内容全面清楚。正文引言部分交代依据和概况，主体

部分从三个方面叙述工作情况，采用条目式列出，清晰醒目。

例文 2　情况报告

××省人民政府
关于××市第三棉花加工厂特大火灾事故检查处理情况的报告

国务院：

××××年 4 月 21 日，我省××市第三棉花加工厂发生一起特大火灾事故，烧毁皮棉 101 980 担，污染 1 396 担；烧毁籽棉 5 535 担，污染 72 600 担；烧毁部分棉短绒、房屋、机器等。造成直接经济损失 20 129 000 余元，加上付给农民的棉花加价款 3 669 000 余元，共损失 23 799 000 余元。

火灾发生后，虽然调集了本省和邻省部分地区的消防人员和车辆参加灭火，保住了主要的生产厂房、设备，抢救出部分棉花，但由于该厂领导组织指挥不力，加上风大、垛密，缺乏消防水源，致使火灾蔓延，给国家造成了巨大损失。事故发生后，省委、省政府立即采取紧急措施，派有关部门负责人赶赴现场，协助调查处理这一事故，做好善后工作。经过上下通力合作，该厂于 4 月 30 日正式恢复生产。

从调查核实的情况看，这次火灾是一起重大责任事故，其直接原因是该厂临时工李××违反劳动纪律，擅自扭动籽棉上垛机上的倒顺开关，放出电火花引燃落地棉所致。但这次火灾的发生，领导负有重大责任。一是长期以来，厂领导无人过问安全工作。从去年棉花收购以来，该厂有记录的火情就有十二次，并因仓储安全搞得不好、消防组织不健全、消防设施失灵等，多次受到通报批评。厂长段××严重丧失事业心和责任感，对火险隐患听之任之，对上级部门的批评置若罔闻，直至得知发生火灾消息后，也没有及时赶到现场组织抢救。因此，段××对这次火灾应负主要责任。分管安全生产工作的副厂长张××，工作不负责任，该厂发生的多次火情，从未研究、采取措施，对造成这次火灾负有重大责任。二是××市委、市政府对该厂的领导班子建设抓得不紧。19××年建厂以来，一直没有成立党的组织，班子涣散，管理混乱。这次火灾发生后，分管财贸工作的副市长××同志，忙于参加商品展销招待会，直至招待会结束才到火灾现场，严重失职，对火灾蔓延、扩大损失负有重要领导责任。三是这次事故虽然发生在基层，但也反映出省政府、××行署的领导，在经济体制改革的新形势下，对安全生产工作中出现的新情况、新问题认识不足，抓得不力。

另外，近几年来，××市棉花生产发展较快，收购量大幅度增加，储存现场、垛距、货位都不符合防火安全规定的要求。再加资金缺乏，编制不足，消防队伍的建设跟不上，消防设施不配套，也给及时扑救、控制火灾带来了困难。

为了认真吸取这次特大火灾的沉痛教训，我们采取了以下措施：

一、认真学习国务院关于搞好安全生产的有关规定，提高对新形势下搞好安全工作的认识。省政府于五月上旬发出了《关于加强安全生产工作的紧急通知》，要求各级政府、各部门认真学习有关安全工作的规定，牢固树立“安全第一，预防为主”的思想，迅速制定安全措施，建立健全安全生产、安全管理、安全监察等各项制度。××市第三棉花加工厂发生的火灾事故已通报全省。

二、在全省开展安全生产大检查,及时消除事故隐患。从五月中旬开始,省政府确定由一名副省长负责,组织了四个检查组,到有关地市,对矿山、交通、棉储、化工、食品卫生等行业进行重点检查。各地市也分别组成检查组,进行安全检查。

三、对××市第三棉花加工厂发生的这起特大火灾事故,省政府责成省供销社、省劳动局、省公安厅会同××地委、行署核实案情,抓紧做好善后工作。××地委、行署几次向省委、省政府写了检查报告,请示处分并已整顿了企业领导班子,决心接受这次事故的教训。事故的性质和责任已经查明,对肇事者李××已依法逮捕,对负有直接责任的厂长段××、副厂长张××依法处理。对××市政府分管财贸工作的副市长××同志,给予行政撤职处分。

我们一定要在现有人力、物力、技术条件下,尽最大努力做好安全工作,防止此类事故的发生。

以上报告,如有不当,请指正。

××省人民政府
××××年×月×日

简析:这篇报告首先对发生特大火灾事故的情况作了详细的汇报,然后从诸多方面分析了火灾发生的原因,最后写吸取教训,采取的具体措施。用"以上报告,如有不当,请指正"作结语收尾。

例文3 答复报告

关于市人大×××号提案答复的报告

市政园林局:

根据承办的市人大×××号提案《关于要求将××区自来水纳入市区统一管理的建议》的内容要求,经讨论,现答复如下:

×××代表提出的《关于要求将××区自来水纳入市区统一管理的建议》十分具有可鉴性,在全国供水推行"一城一网",提高城市郊区、郊县用水安全以及××现代化城市发展目标的确定等政策下,都指明了实现城市供水"一城一网"的必然性。市政府从提高当地居民的生活水平,保障居民的身体健康的角度出发,已经明确指出要把××区域的自来水纳入市区供水范围。近年来,我集团公司也投入大量的资金完成对××镇、×××镇、××经济开发区等区域的管网改造,完善了当地的供水条件。同时,××××中心区、××××片等已纳入我集团供水的整体规划。但由于受乡镇部门的行政束缚,××区域上的一些原有的水厂,很难归入我集团公司统一管理范畴,最近××等地又在新扩建水厂,因此,在目前情况下,将××区自来水纳入市区统一管理的建议,在大体方针已确定的情况下,只能逐步予以解决,需要政府做好城市供水发展的协调与规划工作。

特此报告。

×××××××××
××××年×月××日

简析：先交代答复原因，在答复内容中首先肯定了《关于要求将××区自来水纳入市区统一管理的建议》的可鉴性，然后介绍了集团公司对管网进行改造的情况以及进行统一管理规划的难度，表明解决问题的态度与可行性。

例文4 呈送报告

关于报送××××年工作计划的报告

市政府：

根据市政府《××××年工作要点》精神，结合我局实际情况，我们拟定了《××××年工作计划》，业经局××会议讨论通过。现随文呈报，请审阅。

附件：××××八年工作计划

××市财政局
××××年×月××日

简析：先写报送原因，再写报送的文件名称，后用结语作结，简洁明了。

第四节 请 示

一、请示的适用范围

《党政机关公文处理工作条例》规定：请示"适用于向上级机关请求指示、批准"。

请示属于上行文，上级机关必须予以回复。下级机关在职权范围内的工作一般不需要请示，只有在工作中遇到新情况、新问题而又权限不够、能力不足、认识不清等情况下才需要请示。

二、请示的特点

（一）内容的单一性

请示要严格按照"一文一事"的原则撰写，不能在一篇请示中提出几个互不相干的问题。

（二）要求的可行性

在请示中向上级机关提出的要求，应是切实可行的，不能超出上级机关的权限或者提出不切实际、无法实行的要求。

（三）语气的祈请性

向上级机关提出请求批准事项，理由应充分，语气应诚恳。

三、请示的类型

请示按其性质划分，主要有以下两种类型。

(一)求准性请示

批准性请示是下级机关无力解决的事项,要求上级给予支持性批准,或是超出请示机关自身职权范围的工作,要求上级给予政策性批准。

(二)求转性请示

批转性请示是下级机关就某一方面的工作制定出新的办法或措施以后,但因职权范围所限,无权要求有关单位贯彻落实,于是向上级机关行文请示,不仅需请求上级批准,还应要求上级把"请示"批转给有关部门办理。

四、请示的写作

(一)标题

请示的标题一般由以下两种形式组成。

(1) 由发文机关名称、事由和文种组成。如《国家税务总局关于成立中国共产党国家税务总局党校的请示》。

(2) 由事由和文种构成。如《关于宁波港与日本清水港建立友好关系的请示》。

事由要概括准确,标题中不可出现"申请""请求"之类的词语。

(二)主送机关

请示的主送机关只能写直属的上级机关,只能写一个主送机关,不能多头请示。如果需要报送其他上级机关,可用"抄送"的形式。

(三)正文

请示的正文,一般由请示的缘由、请示的具体事项和结语三部分组成。

(1) 请示缘由。即在开头说明请示的起因、缘由和依据,让上级机关了解情况。说明缘由后可用"特请示如下""请示事项如下"等过渡语句,引出下文的请示事项。请示写作重在缘由的陈述上,因为它是请示事项成立的前提和根据,因此,要充分地强调请示事项的重要性、迫切性,力求说服受文者,达到请示的目的。

(2) 请示事项。即向上级机关提出的具体请求。为得到上级机关的及时批复,有些请示事项中应提出切合实际的解决问题的意见和办法,这部分内容要写得具体明确,便于上级机关研究和批准。如内容较多,可采用分条列项的方法。如果是请求指示的,应写明在哪些事项或问题上需要上级机关解释或作指示;如果是请求批准的请示,要在请示事项中提出本机关对问题处理的方案或建议供上级机关参考。

(3) 结语。要根据不同的请示使用不同的结语。请求批准的请示,一般用"妥否(当否),请批复""以上请示妥否(当否),请批复""当否,请审批"等习惯用语。请求批转的请示,一般用"以上请示如无不妥,请批转有关单位执行"等习惯用语。

(四)落款

在正文右下方写上发文机关名称,加盖印章。标题中已写明发文机关名称的,可略去不写。

（五）日期

在落款下方写上成文日期，右边空 4 字。

五、请示的写作要求

（一）一文一事

不能在一篇请示中提出几个互不相关的问题，否则上级机关无法及时批复，以致贻误解决问题的时机。

（二）一般不能越级

因情况特殊，必须越级时，对越过的机关要以抄送的形式呈送。

（三）要求切实可行

请示事项应根据本地区、本机关的实际情况，对请示的事项或有关问题提出解决的意见和方案，要考虑到意见和方案的合理性，做到理由充分、切实可行。

（四）请示不能与报告混用

不能将请示写成报告，也不能写成“请示报告”。主送机关只能是一个上级领导机关或上级主管部门，不能送给两个以上机关，更不能送给领导人。行文语气要谦恭，带有诚恳的祈请性。

六、请示与报告的区别

报告与请示都属于上行文，稍有不慎，容易混淆。可从以下三个方面加以区别。

（一）行文重心不同

请示是请批性公文，侧重说明理由和要求；报告是陈述性公文，侧重陈述情况与意见。

（二）行文目的不同

请示是为了得到上级机关的审核、批准，上级机关无论同意与否，都必须及时给予批复。报告只是为了让上级机关了解掌握情况，或者提出意见、建议，不需要上级机关回复。报告一般只作为“阅件”在一定范围内传阅，然后立卷归档。

（三）行文时间不同

请示中的工作或事项，必须经过上级机关审核、批准后方能实施、办理。因此，请示在工作之前行文，不能先斩后奏，未经批准擅自决定。报告是为了让上级机关了解和掌握情况，它所涉及的工作或事项可能尚未进行或办理，可能正在进行或办理，也可能已经完成或办毕。因此，报告可以在事前、事中或事后行文。

（四）内容含量不同

请示的撰写强调一文一事，内容单一，篇幅较短，便于上级机关及时审批。报告往往要涉及多个事项或一个事项的几个方面，内容含量大，篇幅较长。

例文1　求准性请示

中国共产党××镇委员会关于召开第×次党员代表大会的请示

中共××县委：

我镇第×次党员代表大会是××××年×月召开的。按照党章规定，经镇党委会议研究，拟定于××××年×月×日在××(召开地点)召开中国共产党××镇第×次党员代表大会。现将召开这次会议的有关事项请示如下：

一、指导思想

这次党员代表大会的指导思想是：高举邓小平理论和“三个代表”重要思想伟大旗帜，加强党的执政能力建设和先进性建设，坚持和落实科学发展观，实事求是地总结第×次党员代表大会以来的工作，提出今后五年全镇经济社会发展的总体思路和工作目标，切实加强党的建设，进一步动员和凝聚全镇各级党组织和广大共产党员的智慧和力量，团结带领全镇人民，振奋精神，同心同德，开拓进取，扎实工作，全面推进改革开放和社会主义现代化建设的伟大事业，为实现我镇“十二五”规划和“加快发展，富民强镇”的宏伟目标而努力奋斗。

二、主要议程

1. 听取和审查中共××镇第×届委员会的工作报告；

2. 听取和审查中共××镇纪律检查委员会的工作报告；

3. 选举中共××镇第×届委员会；

4. 选举中共××镇纪律检查委员会。

三、代表名额、构成比例及分配原则

我镇第×次党员代表大会代表名额拟定为××名。其中，镇机关、企事业单位和村级组织的党员干部不超过55%，年龄45岁以下的代表不少于50%，妇女代表不少于×%，少数民族代表在×%左右。上述比例除妇女、少数民族代表比例和45岁以下的代表比例外，其他均为指导性比例。代表名额的分配，拟参照上述各方面的比例要求，按照各选举单位所辖党组织的数量、党员人数等情况以及工作需要确定。

四、镇党委、镇纪委组成人员名额及候选人名额

第×届镇党委拟设委员×名，提名候选人×名；党委书记1名，党委副书记2名。纪委拟设委员×名，提名候选人××名；纪委书记1名，副书记1名。

五、选举办法

1. 镇第×次党员代表大会代表由各选举单位实行差额选举产生。候选人的差额比例不低于应选人数的30%。

2. 第×届镇党委委员、镇纪委委员，由镇党员代表大会实行差额直接选举的办法选举产生。候选人的差额比例高于应选人数的20%，

3. 镇党委书记、副书记，镇纪委书记、副书记均实行等额选举，分别由第×届镇党委

第一次全体会议和镇纪委第一次全体会议选举产生。

以上选举均采用无记名投票方式。

当否，请审示。

中共××镇委员会
××××年×月×日

简析：本请示标题之要素齐全，请文缘由明了简洁，请求批复的事项因内容较多，采用小标题一一列出，十分清晰。

例文2　求转性请示

××省民政厅
关于进一步规范使用汉语拼音拼写地名问题的请示

省人民政府：

随着我省社会经济的发展，对外交往越来越频繁，地名作为传递信息的基本载体，使用频率越来越高，不规范使用汉语拼音拼写地名的现象在对外交往中已造成不同程度的影响。根据联合国第三届地名标准化会议通过的我国采用汉语拼音方案作为中国地名罗马字母拼写法的国际标准和国务院批转《关于改用汉语拼音方案作为我国人名地名罗马字母拼写法的统一规范的报告》（国发〔1978〕192号）要求，现就进一步规范使用汉语拼音拼写地名的有关问题提出如下意见：

一、标准地名界定范围

（一）省、市、县、区、乡、镇等行政区划名称；村民委员会、自然村、街道办事处、居民委员会等名称。

（二）街、路、巷、胡同、里等名称。

（三）开发区、工业区、居民区、建筑物、楼盘、楼牌、门牌等名称。

（四）山、河、湖、海、海湾、滩涂、岛礁等自然地理实体名称。

（五）具有地名意义的台、站、港、场、铁路、公路、桥梁、涵洞、闸口、水库、渠道、风景区、名胜古迹、纪念地、游览地、体育场、企事业单位等名称。

二、标准地名拼写要求

（一）汉字书写地名，应使用国家确定的规范汉字。

（二）用汉语拼音字母拼写汉语地名，必须按照《中国地名汉语拼音字母拼写规则（汉语地名部分）》的规定拼写。

（三）少数民族语地名汉字译写，按照有关规定执行；其拼写方法按照《少数民族语地名汉语拼音字母音译转写法》执行。

（四）不得使用英文及其他外文拼写地名。

三、标准地名使用范围

（一）对外签定的协议和涉外文件。

（二）机关、部队、社会团体、企事业单位的文件、公告、证件等。

（三）制作各类商标、牌照、广告、印信等。

（四）出版各类报纸杂志、书籍、地图及广播、电影、电视。

（五）路、街、巷、楼、门牌；交通标志牌、公共交通标志牌、景点指示标志。

（六）办理邮政、通信、户籍、有效证件、营业执照、房地产证等有关事宜。

以上意见，如无不妥，请批转各地、各有关部门执行。

××省民政厅

××××年×月×日

简析：本请示在一开头就交代请示的缘由，理由十分充分，句与句之间的因果关系非常明确，作为求转性请示对“规范使用汉语拼音拼写地名”问题提出了具体明确的意见，条理清晰。最后用批转性结语“以上意见，如无不妥，请批转各地、各有关部门执行”作结。

综合练习

一、填空题

1. 党政机关的公文，是具有________和________的文书，是依法行政和进行公务活动的重要工具。

2. 公文的法定作者指______成立并能以自己的名义行使____和担负____的机关或组织。

3. 下行文指具有隶属关系的______机关发给________机关的公文。

4. 请示适用于向上级机关请求______、________。

5. 请示应当________。一般只写一个______，需要同时送其他机关的，应用________形式，但不得抄送其______机关。

6. 报告不得夹带__________。

7. 一般不得越级________和________。

8. 平行文有________、________以及某些________等。

二、选择题（每个选择题有 4 个待选答案，其中至少有 1 个是正确的）

1. 几个机关联合发文，只能标明________。

A. 主办机关的发文字号　　B. 所有机关的发文字号

C. 至少两个机关的发文字号　　D. 根据情况临时规定的发文字号

2. 向上级机关汇报工作，反映情况，答复上级机关询问时用________。

A. 报告　　B. 决定　　C. 总结　　D. 请示

3. 不相隶属机关之间请求批准，用________。

A. 请示　　B. 报告　　C. 函　　D. 批复

4. 受双重领导的机关向上级机关行文，应当这样处理________。

A. 写明主送机关和抄送机关　　B. 主送一个上级机关

C. 报送两个上级机关　　D. 主送并抄送两个上级机关

5. 联合行文的机关应该是________。

A. 两个以上的机关　　B. 两个以上的同级机关

C. 上下级机关　　D. 不相隶属的两个机关

6. 公文标题中除法规、________名称加书名号外，一般不用标点符号。

A. 规章　　B. 指令　　C. 公布　　D. 决定

7. 公文的紧急程度分为________。

A. 特急　　B. 急件　　C. 火急　　D. 加急

8. 发文字号应当包括机关代字和________。

A. 年份　　B. 序号　　C. 简称　　D. 全称

9. 公文在以下情况________可以联合行文。

A. 同级政府　　B. 同级政府各部门　　C. 各级政府　　D. 政府与同级党委

10. "请示"的结束语中得体的是________。

A. 以上事项，请尽快批准

B. 以上所请，如有不同意，请来函商量

C. 所请事关重大，不可延误，务必于本月10日前答复

D. 以上所请，妥否，请批复

11. 一般应标识签发负责人姓名的文件是________。

A. 上行文　　B. 平行文　　C. 下行文　　D. 越级行文

三、分析下列事例有无错误，并说明原因

1. 某县人事局向县直属各单位下发年终考核工作通知，抄送于该县政府办公室。

2. ×市×区区属图书馆为办好图书事业，满足该区群众读书的要求，特向区政府请示增加经费，并将该请示抄送该区人事局、劳动局、物价局、财政局。

3. 某县农林局写例行报告，一向县政府汇报2001年全年工作，二在报告中请示了2002年增建农机站的事项，三建议对困难地区减免乡政府提留费用。

4. ×市×工业总公司市属重点企业×××电器厂因领导班子个别人贪污犯罪，准备调整该厂领导班子，特向市政府请示。并将该请示抄送于该厂办公室。

5. ×市×区职工大学是受区政府和市成人教育局双重领导的单位。该职工大学就2004年需增加教育经费一事，特向两个上级机关请示。

6. 中共××市委与市委宣传部就学习贯彻中共第十八次代表大会精神，建设有特色的社会主义联合向下发出通知。

四、修改题

（一）分析并修改下面的公文标题

1. ××市关于查禁黄赌毒工作的意见报告

2. 关于召开全区中小学书记、校长会议的《通知》

3. ××处妥善处理毕业生遗留问题的报告

4. ××食品厂关于提高产品质量，造福人类，加强成品检验工作的通知

5. ××省××厅严格控制会议费规定的通知

6. ××关于固定资产折旧出售的请示报告

7. ××局关于申请拨放二〇〇×年差旅费的请示

8. ××市××局关于不准用更新改造基金和大修理基金建造工房的通知

（二）按公文格式与写作要求分析下列公文的错误并修改

1. **建设银行××支行**

关于拨给蛋品冷库贷款指标的请示

市分行：

××商业局所属蛋品冷库，需要扩建，申请贷款××万元。根据银行等有关部门调查，近年来党对农村实行一系列的正确政策，调动了广大农民的积极性，他们向国家交鲜蛋数量逐渐增加，蛋品冷库面临着鲜蛋无处存放的危险。因为，随着人民生活的改善，吃鲜蛋的数量日益加大，为适应四化的要求，满足人民的需要，在农村有许多地方办起了种鸡厂，实行了科学养鸡，这样，鲜蛋数量大增，急需存放之处。为此，我们希望市分行下达××万元贷款指标，给予解决。特此请示。

建设银行××支行
××××年×月××日

2. **请示报告**

省人民政府、李副省长、省人事厅：

为加强全市高新技术工作的推广活动的领导，我市决定成立高新技术企业引进领导小组，由副市长杨宇峰担任组长，人事局局长李练担任副组长。

另：请批准调拨经费××××万元。详细预算附后。

上述意见与要求妥否，请即批复。

此致

敬礼！

××市人民政府，××市人事局
××××年×月××日

五、写作训练

1. 给下面标题填写文种

(1) 中共中央办公厅、国务院办公厅关于发布《党政机关公文处理工作条例》的________。

(2) ××××大学关于报送××省教育厅今年招生工作情况的________。

(3) ××省财政厅关于要求解决××县广播、电视设备问题的________。

(4) ××省财政厅关于同意××大学新建教学楼的________。

(5) ××研究所关于要求改变拨款待遇的________。

2. 根据以下内容提示，拟写公文标题

(1) ××省人民政府发文要求所属单位认真贯彻执行国务院关于调整纺织品价格的规定，以便保持市场的稳定。

(2) ××县工业局为请求购置防暑设备的经费，特向该县财政局制发文件。

(3) ××省财政厅对本省农业厅申请批准拨款购置办公设备的来文制发复文，批准对方的请求。

(4) 国家××局就当前农村基层土地管理人员队伍的现状和存在的问题向国务院行文汇报，并对如何进一步加强这支队伍的建设提出了具体的建议。

(5) ××省农业厅就1997年春季抗旱救灾问题，向省政府请求急拨救灾款5 000万元。

(6) ××市劳动局为了解决下岗职工再就业问题，经研究决定对下岗职工进行义务培训，以利他们再就业，特向市、县有关单位发文。

(7) ××大学为了整顿学校的教学秩序特发文作出具体规定，要求全校师生周知并遵守。

3. 根据指定材料按规范格式撰写公文

××大学拟于2009年7月18日召开招生工作会议，会议将介绍和分析近年来学校的招生情况，着重讨论和分析今年的招生情况和招生工作安排等事宜。会议请各系部主管学生工作的负责人及学生工作办公室的全体人员参加会议。会议将在学校三楼会议室召开，议程一天。

请根据上述材料拟写一则会议通知。

六、思考题

1. 上行文、下行文、联合行文各有哪些规则?

2. 党政公文有何特点和作用?

3. 公文的版头、主体、版记各由哪几项组成?

4. 通知、报告、请示的适用范围各是什么?

5. 撰写通知、报告、请示应注意哪些事项?

第二章 会议文书

会议文书是关于会议、会务工作的文书。会议是有组织、有目的地召集人们聚在一起，就某个或某些议题进行讨论或解决的活动方式，在会议召开之前、之中和之后，都会产生文字材料，这种文字材料统称为会议文书。会议文书包括会议方案、主持词、会议议程和日程等。

第一节 会议方案

一、会议方案的含义

会议方案是指国家机关、社会团体和企事业单位在大型或者重要会议召开前，根据构成会议的各个要素，为会议顺利进行并取得预期效果而制定系统而周密的书面安排的会议文书。

二、会议方案的特点

(一)预设性

会议方案是在会议召开之前，对整个会议作出的筹备和安排，具有预设性。

(二)具体性

会议方案应明确会议的目的和任务，确定会议的名称、出席会议的对象、主持人、规模、召开时间、地点、议程、人员分工等都要作出明确具体的安排，才具有可操作性。

三、会议方案的结构和写法

会议方案一般由标题、正文和领导签署三部分组成。

(一)标题

一般由召开会议的单位名称、会议内容和文种三部分组成，如“江苏省××集团第六届经销商年会方案”；也可由会议内容和文种两部分组成，如“2013 年度职工代表大会方案”；也可直接用文种作标题，如“会议方案”。

(二)主体

(1) 前言。会议方案的前言一般包括：会议召开的缘由、目的，会议名称，参加会议的人员，召开的时间、会期和地点，在前言结束后，用“特制定以下方案”引出下文。

(2) 主体。主体部分一般要写明会议的宗旨、会议的内容和议题、会议的规模、会议议程和日程、会务筹备机构的组织和分工、会议文字材料、会议经费、保障措施、筹备情况等事项,一般需分条列项写出。

(三)落款

写明制定会议方案的单位的全称或规范化的简称并加盖公章,单位名称下另起一行签署成文时间。

四、会议方案写作的注意事项

(一)科学安排,全面统筹

制定会议方案要根据构成会议的所有要素全面统筹,对举行会议的内容、议程、事项安排等各方面可能遇到的情况都要考虑到,把握全局。

(二)层次分明,安排细致

大型会议涉及人员多,头绪繁,内容杂,在设计会议筹备方案时应周密考虑,妥善安排有关事项。对会议各项议程的时间安排计算准确,周密计划,精心安排。

(三)留有余地,灵活机动

既要把任务、时间尽可能计算准确,同时,又要为各个活动留有余地,防止节奏安排太紧促,不因为安排太多而造成被动。

例文

×××有限公司新品介绍和订货会议方案

今年我公司根据市场需要,开发了"清凉一夏"系列的化妆新品。为使这系列化妆品更好地走向市场,我公司决定于2012年5月10日和11日召开短期的新品介绍和订货会议。能否开好此次会议关系到新产品的销售以及公司今后的发展情况,为此我们应以热情、负责的态度做好接待筹备工作。经公司高层研究,现将会议筹备方案事项做如下安排:

一、会议名称

×××有限公司新品介绍和订货会。

二、会议时间

2012年5月10日至11日。

三、会议地点

××白云宾馆。

四、会议议题

介绍公司新开发的"清凉一夏"系列的化妆品,并与客户签订合作协议,打开新品市场。

五、会议规模

中级规模会议。参会人数共130人,本公司分别是××总经理、××秘书、生产部××经理、采购部××经理、销售部××经理、市场部××经理。

六、会议议程安排

×××有限公司新品介绍和订货会议议程

(一)公司××总经理致欢迎辞;

(二)××总经理介绍2012年新品“清凉一夏”系列化妆品的特点,以及新的配方和制造工艺;

(三)揭牌仪式;

(四)××总经理宣读合作倡议书;

(五)客户交流讨论;

(六)签约与订购促销产品;

(七)散会。

七、会议日程安排

见附件一

八、会议筹备分工

(一)秘书组

组长:××(秘书)

副组长:××(市场部经理)

成员:××、××、××

具体职责分工:××做好会议筹备方案,会议议程安排,拟写领导演讲稿,做会议记录;××准备会议需要的相关文件并打印,做会议简报;××设计海报宣传并打印。

(二)总务组

1. 接待组

组长:××(市场部经理)

副组长:××(秘书)

成员:××、××、××(总经理)、××(生产部经理)、××(采购部经理)、××(销售部经理)

具体职责分工:××负责会议前一天客人的入住接待,会议当天提前在白云宾馆迎接各位被邀请人;其余的都负责会议主要参与人员的出席接待。

2. 后勤组

组长:××(秘书)

副组长:××(采购部经理)

成员:××、××、××

具体职责分工:××预订会议场地——白云宾馆,并布置好会场,安排椭圆型会议桌,备好“清凉一夏”系列的化妆品及会议所需文件,将会议海报贴在会场;××检查会场设施、安排好座次、检查会场工作的落实;××预订客户回程车票、游玩车辆、旺兴酒楼。

3. 财务组

组长:××

副组长:××(秘书)

成员:××、××

具体职责分工:××负责拟定此次会议的经费预算,并上报财务组;××负责结算此次会议的实际支出，并上报财务部。

（三）宣传组

组长：××（市场部经理）

副组长：××（销售部经理）

成员：××（生产部经理）、××（销售部经理）、××

具体职责分工：××负责制订会议公关计划，组织、安排记者采访，提供新闻稿；××、××承办记者招待会；××录制会议音像资料。

（四）保卫组

组长：××（销售部经理）

副组长：××

成员：××、××、××

具体职责分工：负责大会的安全保卫工作

九、会议经费预算

见附件二

×××有限公司（公章）

2012年4月1日

附件一：

×××有限公司新品介绍和订货会议日程安排表

日期	时间	地点	活动内容	参与人员
五月十日	8:30	白云宾馆	接待工作	张总经理、李秘书、生产部经理、采购部经理、销售部经理、市场部经理
	9:00	白云宾馆	新品介绍、揭牌仪式	张总经理、李秘书、生产部经理、采购部经理、销售部经理、市场部经理
	10:00	白云宾馆	客户交流讨论	张总经理、李秘书、生产部经理、采购部经理、销售部经理、市场部经理
	10:40	白云宾馆	张总提出2012年企业工作目标	张总经理、李秘书、生产部经理、采购部经理、销售部经理、市场部经理
	11:40	白云宾馆	中餐	李秘书、采购部经理
	14:00	公司会议室	订购签约	李秘书、采购部经理
	19:00	旺兴酒楼	晚宴	张总经理、李秘书
五月十一日	9:00	江南水乡同里	旅游观光	李秘书、采购部经理
	下午	自由活动		

××× 有限公司新品介绍和订货会议经费预算表

项目	分类	数量	单价(元)	总计(元)
会议室及停车场的租用	会议室	1	500	500
	停车场	1	100	100
餐费	10 日中午	130 人	50	6 500
	10 日晚上	13 桌	1 000	13 000
	11 日中午	130 人	800	10 400
	11 日晚上	大型酒会及新闻发布会		60 000
车旅费	根据发票最后集中报销			
公关宣传	宣传费	联系媒体及相关事宜		2 000
海报的制作与打印	横幅加海报	3	200	600
邀请函的印制	邀请函	90	5	450
会议室的布置	一个大横幅,其他以整洁大方为主			400
化妆品	按照最后使用情况进行汇总			
总计	预算拾万元(10 万元)			

第二节　主持词

一、主持词的含义

主持词是各类会议的主持人在会议期间使用的说明性、引导性的讲话稿,对会议内容起着穿针引线的作用。主要是根据会议方案,对会议的重要内容和事项做出说明,对重要问题加以强调,对发言人的报告或讲话给予评价,对会后的贯彻落实提出要求等。

二、主持词的特点

(一)简短性

为避免喧宾夺主,主持词的篇幅不能太长。主持词一般都是使用简洁精练的语言、短小精悍的句式,突出会议重点,提纲挈领。

(二)依附性

一是主持词的结构依附于会议的内容,不能任意改动;二是主持词的内容应根据会议方案的安排,撰写主持词时,结构、内容、遣词造句等,都要服务于整个会议。

三、主持词的写法

主持词一般由标题、正文两部分组成。

（一）标题

标题通常由会议名称加文种组成，如“××××年教职工代表大会主持词”，也可直接写成“主持词”。

（二）正文

首先介绍本次会议的背景、召开的缘由、任务和目的，然后向与会者介绍出席本次会议的领导，一般情况下，先上级后下级，先介绍来宾，后介绍参加活动的领导人，最后全面介绍整个活动的主要程序。如“这次会议是为了……，由……提议，经……批准，在……的情况下召开的。出席会议的有……（领导）和……（职工）。召开本次会议的任务是……，目的是……。今天上午的会议有以下几项内容：……”。

当主要领导人或重要人物讲话之后，主持人要加几句简短、恰如其分的评价，以加深与会人员的印象。

四、主持词的写作要求

主持词在实施过程中，文字表述要紧密结合会议议程，必要的时候，在不违背原意的情况下，可以增加或减少某些内容。

会议程序是预先设定好的，如遇有特殊情况需要调整时，主持词要作相应的变动。

例文

主持词

各位领导、同志们：

今天，我们在这里召开××公司××××年年中工作会议。

本次大会的主要任务是：总结上半年工作，分析当前面临的形势，找准工作中存在的困难和问题，安排部署下一步重点工作，这次会议还将传达董事会年中工作会议精神。希望各位代表集中精力，共同完成好本次大会的各项议程。

下面进行第一项：

请综合办公室主任××同志传达市公司年中工作会议精神。（鼓掌）

下面进行第二项：

请公司总经理××同志作年中工作报告，大家欢迎。（鼓掌）

（报告结束后，鼓掌）

下面进行第三项：

请公司领导作分管工作讲话

请公司副总经理××同志讲话（鼓掌）

（发言完毕，鼓掌）

请公司副总经理××同志讲话（鼓掌）

（发言完毕，鼓掌）

请公司工会主席××同志讲话(鼓掌)

(发言完毕,鼓掌)

各位代表:刚才公司总经理××同志对今年以来的工作进行了全面的总结和回顾,并对当前公司面临的形势进行了深刻的分析,从九个方面指出了公司当前工作中存在的问题和困难,对下半年的工作从七个方面进行了具体的部署,×总、×总、×主席也分别就营销管理、安全生产等工作做了具体的要求,希望与会代表认真学习领会,在今后的工作中认真贯彻落实。

下面进行第四项:

请基层单位天津分公司、成都分公司作表态发言。

首先请天津分公司××同志上台作表态发言,大家欢迎。(鼓掌)

(发言完毕,鼓掌)

请成都分公司××同志上台作表态发言,大家欢迎。(鼓掌)

(发言完毕,鼓掌)

刚才两个公司分别就各自工作作了表态发言,希望各分公司要从自身角度,认真查找工作中存在的缺陷和问题,学习他们工作中好的经验和做法,进一步做好下半年的各项工作。

下面进行第六项,请公司总经理××作总结讲话。(鼓掌)

(讲话后,鼓掌)

各位代表、同志们,××公司××××年年中工作会议,经过全体与会代表的共同努力,圆满地完成了各项议程,即将闭幕。本次大会时间不长,但是内容十分丰富,公司各位领导对重点工作分别作了强调,各分公司会后要及时认真贯彻这次会议精神,结合各自的实际,制定切实可行的工作措施,全面落实会议提出的各项工作要求,力争全面超额完成年度工作目标任务。

现在散会。

第三节　会议议程　日程

一、会议议程

(一)会议议程的含义

会议议程是指会议议事的程序,是指会议所要讨论、解决、处理议题的程序安排。无论会议大小,都需制定议程。

(二)议程的特点

1. 程序性

会议议程是在会议召开之前,按照会议的议题和内容,由会议的承办机构拟定后,经过集体讨论通过后生效，才成为议事程序和制定会议日程的依据。

2. 概括性

会议议程要高度概括，简洁明了，使与会人员一看就能了解会议的主题。

(三)议程的写法

会议议程一般由标题和正文两部分组成。

(1) 标题。由会议名称加文种组成，如“××学校第一次职工代表大会议程”；也可由会议主办单位、会议名称加文种组成，如“××市第八届人大常委会第九次会议议程”。如果有的重要会议议程需要经过指定会议审议讨论通过才能生效，这时需要写明题注。如：

中国共产党××大学委员会第一次代表大会会议议程

(××××年×月××日中国共产党××大学委员会第一次代表大会预备会议通过)

(2) 正文。会议议程的正文比较简单，按照先后顺序写明召开会议所审议、讨论、通过的各项报告、议案及解决问题，用汉字大写顺序书写，要求简明概括。

例文1

××公司年会议程

公司将于2月5日举行年度会议，会议主要议程如下：

一、上一年度年会回顾

二、上一年度公司目标达成情况总结

三、下一年度经济与行业形势分析

四、下一年度公司主要工作目标

五、各部门工作总结

六、人事任命

七、优秀员工表彰

八、年终奖发放

九、各部门节目比赛

二、会议日程

(一)会议日程的概念

会议日程是指把会议的全部活动内容以上午、下午为单位时间作出的具体安排。

(二)会议日程的作用

(1) 方便与会人员掌握会议的具体安排。会议日程能详细地反映会议各项活动的时间、地点、内容等信息，与会人员一目了然，能够使与会人员掌握会议的具体安排。

(2) 保证会议议程的准确实施。会议议程比较概括，会议日程可以使会议议程的各项活动落实到具体的时间节点，保证能圆满完成会议议程制定的各项活动。

（三）会议议程和会议日程的区别

（1）会议议程是对会议所要审议、讨论、通过的文件和所要解决的问题的概略安排，并用序号将其清晰地表达出来。会前发给与会者。会议日程是指会议在单位时间内的具体安排。一般采用简短文字或表格形式，使人一目了然，如有说明可附于表后，会前发给与会者。

（2）会议议程和日程的功能不同，议程的编制应在前，议程一旦确定，没有重要的特殊情况不会再作改动。会议日程在时间、地点、人员等安排上，如遇情况变化，可作相应调整。

（四）会议日程的结构和写法

会议日程由标题、题注、正文和落款四部分组成。

（1）标题。会议日程的标题由会议名称加文种组成。如“江苏省首届草莓大会会议日程”；也可直接以“会议日程”或“日程表”作为标题。

（2）题注。需要经过会议通过的会议日期，要在标题下方注明通过的日期、会议名称，并用圆括号括入。如：

中国共产党××大学委员会第一次代表大会会议日程

（××××年×月××日中国共产党××大学委员会第一次代表大会预备会议通过）

（3）正文。正文一般用表格式，使与会人员能清楚掌握会议各项任务的具体安排。表格的纵向一般注明会议的日期和单位时间的先后为顺序，横向则注明活动的内容、召集人（主持人）、参加对象、活动地点和活动要求（备注）等。

（4）落款。注明会议主办单位名称或规范化简称，如果已经标注题注的，可以不用再写落款。在落款下方另起一行写明制定日期。

例文 2

“全国职工基本职业素质培训”座谈会会议日程安排表

8月22日（星期六）		
时　间	地　点	内　　容
全天	酒店前台	会议代表报到，入住
7:30—8:30	酒店二楼宴会厅	早　餐（自助）
12:00—13:30	酒店二楼宴会厅	午　餐（桌餐）
17:50—19:30	酒店二楼宴会厅	晚　餐（自助）

（续表）

8月23日（星期日）		
时　间	地　点	内　　容
7:00—8:00	酒店二楼宴会厅	早　餐（自助）
8:20—11:00	一号楼五楼 第七会议室	1. 主持人介绍会议的议题、议程 2. ××领导讲话 3. ××网负责人介绍"全国职工基本职业素质培训"项目基本情况 4. "全国职工基本职业素质培训"运营中心主任介绍全国职工基本职业素质培训推广实施方案，交与会各方研究讨论 5. 各方代表对方案进行研讨 6. 主持人总结发言
11:00—11:10	酒店门口	与会代表合影
11:10—12:00	房间	休息
12:00—13:30	酒店二楼宴会厅	午　餐：×××欢迎午宴
13:30—17:50		与会人员自由安排
17:50—19:30	酒店二楼宴会厅	晚　餐：×××欢迎晚宴
8月24日（星期一）		
时　间	地　点	内　　容
7:00—8:00	酒店二楼宴会厅	早　餐（自助）
8:00—12:00	酒店大堂集合， 8:00准时出发	文化考察活动：游览漓江
12:00—13:30		午　餐：旅行社就近安排
13:30—18:00	阳朔	文化考察活动：游览阳朔
18:00—19:30		晚　餐：旅行社就近安排
20:00—21:00	阳朔	文化考察活动：观摩《印象·刘三姐》
21:20—22:30	停车场集合， 21:20准时出发	随车返回酒店
8月25日（星期二）		
时　间	地　点	内　　容
7:30—8:30	酒店二楼宴会厅	早　餐（自助）
全天	酒店前台	代表自行安排退房，返程

第四节　会议记录

一、会议记录的含义

会议记录是由会务秘书把会议的基本情况（会议名称、时间、地点、与会人员、主持人、讨论的主要问题等)、报告和发言的内容、审议的事项等如实地记录下来,成为书面材料的会议文书。

二、会议记录的作用

(一)依据作用

会议记录可以为会后分析、研究、处理有关问题提供参照依据。有了完整的会议记录,可以随时检查会议精神的贯彻情况和会议决议的执行情况。

(二)资料作用

会议记录可以在会后作为撰写会议纪要与简报时传达、执行和贯彻会议精神以及日后总结经验的重要参考资料。

(三)备查作用

会议记录如实反映了会议全貌。重要的会议记录,必须存档,使之成为档案,具体真实地反映历史问题和单位历史面貌,并作为会议内容的凭证,供日后查考。

三、会议记录的种类

根据会议的重要性,可分为以下两种:

(一)一般性会议记录

一般的会议记录,如办公会、例会、筹备会等,采用摘要式记录,只要求简单记录会议的组织情况和记录会议的主要精神,但会议如果作出决定,要求逐条详细记录。

(二)重要会议记录

一些重要的会议,一般采用详细记录。如对上级的重要文件、重要报告和重要讲话的学习、讨论和认识;对重大问题的讨论并最后形成决议或决定的会议需尽可能将发言者的原话记录下来。

四、会议记录的结构和写法

会议记录一般由标题、组织情况、内容和结尾四个部分组成。

(一)标题

会议记录的标题一般由主办单位和会议的事由加文种组成。如"××省政府第二次常务会会议记录"。

(二)组织情况

(1) 开会时间:可写起止时间,如2013年3月15日9时至11时,也可以写成2013年3月15日上午。

(2) 开会地点:如××公司第2会议室。

(3) 主持人(或会议主席):注明姓名及行政职务。如"主持人:市政府王××市长"。

（4）记录人：注明姓名及职务。如“李××，秘书”。

（5）出席人：如果出席人员数量少，可逐一注明他们的姓名和职务；如果出席人数多，可列出不同级别的不同人数。如“出席人员中有党委委员 8 人，中层干部 80 人，职工代表 300 人，计 388 人”。若人数众多，可设“签到簿”，请与会人员自行填写。

（6）列席人：记录情况同上。

（7）缺席人：要注明姓名、职务和缺席原因。

（三）内容

这是会议记录的重要写作部分，有详细记录和摘要记录之分，一般包括以下内容：

1. 详细记录

它适用于内容重要、讨论决议事项比较复杂的会议或涉及方针、政策的会议。要求记录每位与会人员的全部发言内容，要不加取舍，有言必记，尤其是要如实记录不同的观点和意见。主要包含以下内容：

（1）会议研究、讨论的问题。根据会议的议题逐题记录。

（2）领导报告（或主体报告），所有会议的议题，都分别由主管领导作情况说明，这是会议记录的重点和要点，其报告如有书面材料者，以其报告为底稿，如果没有书面材料，就必须详实记录其发言。

（3）发言、讨论情况。按发言先后顺序记录，要求全面无疏漏。

（4）决议事项、工作安排。以会议做出的安排部署为根据，逐条逐项如实记录，如果是会议的表决事项，要详细记录赞成、反对、弃权票的具体数字。

（5）遗留问题。会议讨论但没决议的议题，因故应讨论而未讨论的议题，要记录清楚。如果没有就不写。

2. 摘要记录

如果是不涉及重大决定和方针政策的会议，只要记录每个发言人的要点和会议结论、讨论决定事项即可。

（四）结尾

会议记录结束后，另起一行空两格写上“散会”，由会议主持人和记录人在本页右下方签署姓名，以示负责。

五、会议记录的写作要求

（一）记录内容要真实

要如实地记录与会人员的发言，要忠于原意，不能掺杂记录人员的主观因素，不得断章取义，要真实、客观地反映会议的基本情况和主要精神。

（二）记录要完整

严格遵守会议记录的基本形式，要准确写明会议名称、开会时间、会议地点，详细记下会议主持人、出席会议人员、缺席人员。

（三）记录速度要快

要集中注意力，认真听取和记录与会人员的发言。加强记录人员速写的训练，提高速记水平。

例文

××市管委会城管工作协调会

时间：4 月 8 日上午

地点：管委会会议室

主持人：李××（管委会主任）

出席者：杨××（管委会副主任）、周××（管委会副主任管城建）、李××（市建委副主任）、肖××（市工商局副局长）、陈××（市建委城建科科长）及建委、工商局有关科室宣传人员、街道居委会负责人。

列席者：管委会全体干部

记录：邹××（管委会办公室秘书）

讨论议题：

1. 如何整顿城市市场秩序。

2. 如何制止违章建筑、维护市容市貌。

杨主任报告城市现状：我区过去在开发区党委领导下，各职能单位同心协力、齐抓共管，在创建文明卫生城市方面取得了一定成绩，相应的城市市场秩序有一定进步，市容街道也较可观。可近几个月来，市场秩序倒退了，街道上小商贩逐渐多起来，水果摊、菜担、小百货满街乱摆……一些建筑施工单位沿街违章搭棚，乱堆放材料，搬运泥土撒落大街……这些情况严重地破坏了市容市貌，使大街变得又乱又脏；社会各界反应很强烈。因此今天请大家来研究：如何整顿市场秩序？如何治理违章建筑、违章作业、维护市容……

讨论发言（按发言顺序记录）

肖××：个体商贩不按规定到指定市场经营，管理不得力、处理不坚决，我们有责任。这件事我们坚决抓落实：重新宣传市场有关规定，坐商归店、小贩归市、农民卖蔬菜副食到专门的农贸市场……工商局全面出动抓，也希望街道居委会配合，具体行动方案我们再考虑。

罗××（工商局市管科科长）：市场是到了非整不可的地步了。我们的方针、办法都有了，过去实行过，都是行之有效的，现在的问题是要有人抓，敢于抓落到实处。只要大家齐心协力问题是能够解决的。

秦××（居委会主任）：整顿市场纪律我们居委会也有责任。我们一定发动群众配合好，制止乱摆摊，乱叫卖的现象。

李××（建委副主任）：去年上半年创建文明卫生城市时，市上出了个 7 号文件，其中规定施工单位不能乱摆战场。工棚、工场不得临街设置，更不准侵占人行道。沿街面施工要有安全防护措施……今年有的施工单位不顾市上文件，在人行道上搭工棚、堆器材。这此违章作业严重地影响了街道整齐、美观，也影响了行人安全。基建取出的泥土，拖斗车装得过多，外运时沿街散落，到处有泥沙，破坏了街道整洁。希望管委会召集施工单位开一次会，重申市府7号文件，要求他们限期改正。否则按文件规定惩处。态度要明确、坚决。

陈××：对犯规者一是教育，二是逗硬。“不教而杀谓之虐”，我们先宣传教育，如果施工单位仍我行我素不执行，那时按文件逗硬处理，他们也就无话可说。

周××：城市管理我们都有文件、有办法，现在是贵在执行，职能部门是主力军，着重抓，其他部门配合抓。居委会把居民特别是“执勤老人”（退休职工）都发动起来，按7号文件办事，我们市区就会文明、清洁，面貌改观……

与会人员经过充分讨论、协商，一致决定：

1. 由工商局牵头，居委会和其他部门配合，第一周宣传、第二周行动，监督实施，做到坐商归店，摊贩归点，农贸归市，彻底改变市场紊乱状况。

2. 由管委会牵头，城建委等单位配合对全区建筑工地进行一次检查。然后召开一次施工单位会议，对违章建筑、违章工场限期改正。一个月内改变面貌。过时不改者，坚决照章处理。

散会。

主持人（签名）

记录人（签名）

综合练习

一、简答题

1. 会议的日程和议程的区别是什么？

2. 会议方案的写作要求是什么？

3. 会议记录和会议纪要的区别是什么？

二、写作题

1. 全国商务秘书专业委员会于××××年11月3日—5日在××××职业技术学院召开文秘专业教学研讨会，主要研讨的内容：文秘专业建设；符合职业教育特点的文秘教材的编写；项目任务教学方法；秘书考证；第三届商务秘书技能大赛等。参加会议的有各高职院校文秘专业负责人、文秘教师、全国商务秘书专业委员会委员、××××大学出版社相关人员，会议还邀请了教育部文秘教学指导委员会主任委员、浙江省教育厅领导。会议要求与会人员11月3日下午4点前报到。

(1) 请认真阅读上述材料，仔细分析，撰写一份会议方案；

(2) 撰写此次会议的日程表。

2. 参加一次学院团委举行的一次会议，担当会议的记录人，然后完成下列内容：

(1) 写好会议记录开头的内容；

(2) 记录发言者讲话的主要内容；

(3) 记录发言者讲话的主要内容；

(4) 对记录稿进行整理；

(5) 总结自己的记录的质量。

第三章 事务文书

人们在从事实践活动过程中，总要事先有个打算或安排，事后进行回顾或评价。从事各种实践活动时经常运用的计划、总结、条据、启事等应用文体，统称为事务文书。

事务文书是党政机关、社会团体、企事业单位及个人在处理日常事务中，用来沟通信息、总结经验、研究问题、指导工作、规范行为的实用性文书。

事务文书是和公务文书相对而言的，尽管不是法定文种，却是在日常工作中办理具体事务时经常使用的应用文体，应用范围十分广泛，在实践过程中也发挥着不可替代的重要作用，它是指导实践、提高工作效率的重要工具。

事务文书主要有计划类文书、报告类文书、告启类文书、条据类文书和专用书信等。

第一节 计 划

一、计划的概念和种类

计划是党政机关、社会团体、企事业单位和个人，为了实现某个目标和完成某项任务而事先提出的安排和打算的一种事务文书。

计划是计划类文书的统称。因为计划涉及内容的详略、期限的长短和范围的大小，因此计划文书还有不同的叫法，如规划、纲要、方案、设想、要点、安排、打算等，在运用时，有细微的区别。

规划——具有全局性的、较长时期的长远设想，一般是 3 年、5 年甚至更长期的计划。

方案——从目的、要求、工作方式方法到工作步骤对专项工作作出全面部署与安排的计划。

安排——对短期内工作进行具体布置的计划，一般涉及的范围较小。

设想——初步的粗线条的计划。

打算——短期内工作的要点式计划。

要点——列出工作主要目标的计划。

计划按不同标准可分为不同的种类。

(1) 按性质分，有综合性计划和专题性计划。

(2) 按内容分，有工作计划、生产计划、学习计划、科研计划、军事计划等。

(3) 按时间分，有长期计划、短期计划、年度计划、季度计划、月计划等。

(4) 按范围分，有国家计划、地区计划、系统计划、单位计划、部门计划、个人计划等。

(5) 按表达形式分，有条文式计划、表格式计划和条文表格结合式计划。

二、计划的作用和特点

(一)计划的作用

古人云:"谋先,事则昌","凡事预则立,不预则废"。这里都是说,无论做什么事,只有事先做好计划才可能成功,否则就会手忙脚乱,导致失败或遭受挫折。计划对指导、推动工作的开展和保证各项任务的完成,起着重要的作用。

第一,明确目标。有了计划,工作就有了可遵循的标准和依据,就能把握工作的重点、难点,预先估计到今后工作中可能出现的困难和问题,就能克服工作中的盲目性和片面性,有条理、有步骤地开展工作。

第二,协调配合。有了计划,有利于制订者安排、落实任务,从而充分调动各种积极因素,科学合理地安排人力、物力和财力,以圆满完成各项指标。

第三,检查督促。有了计划,有利于上级和群众对工作的开展进行检查、监督,发现问题并解决问题,更好地推动工作的开展,也有利于工作完成后的总结。

(二)计划的特点

1. 目的性

计划是为完成一定时期内特定的工作任务而做出的安排。因此在制订每份计划前,必须深刻领会上级领导的指示精神,认真研究本单位的实际情况,要对工作的全过程有正确、清醒的认识,制订出切实可行的计划,为实现某个目标奠定基础。

2. 预见性

科学的预见是制订计划的前提,制订者既要深刻理解党和国家的方针政策,把握政策导向,又要深入实际,调查研究,充分掌握各种历史的、现实的和全局的、局部的各种情况和资料,认真听取群众的意见,集思广益,反复论证,从而制订出切实可行的计划。计划毕竟是对未来工作的预想性部署和安排,无论制订者多么有远见,具体安排多么周密严谨、无懈可击,它也是有待于实践检验的设想。

3. 可行性

制订计划必须切实可行,这就要求:一方面必须对本单位、个人的实际情况进行科学分析,指标是经过努力可以完成的。如果不进行科学的分析,盲目提高指标数,就会挫伤执行者的积极性,就无法完成计划指标;而如果指标数太保守,那就是不思进取,没有必要制订计划。所以以上两个偏向都应该注意克服,把握好一个"度"。另一方面,为完成目标任务而制定的方法要得当,措施要得力,步骤要具有可操作性,这样才能达到预期目的。没有可行性的计划是没有价值的。

4. 指导性

计划不属行政公文,不具有法定的权威性和行政约束力,但是它一旦被批准通过、下达,就会在特定的范围、特定的时间内产生一定的权威性和约束力,规范、指导有关部门和人员的工作全过程。因此在计划执行过程中,必须自觉维护计划的权威,不打折扣,不随意变通，保证计划的完成。当然在执行计划的过程中也会出现一些始料未及的情况，阻碍计划的顺利实施，此时，修正部分计划是允许的，这种修正应该以预定目标为依据，修正的目的是为了完成预定目标。但通常情况下，不要擅自改变。

三、计划的内容和写作格式

（一）计划的内容

由于工作性质不同，要完成的任务不同，时间期限不同，计划的写作也有所不同。但不论哪种计划，都必须具备三个基本内容：

一是计划的依据。计划的依据主要是客观形势，包括本单位的实际情况以及上级有关指示精神，用以说明“为什么要制订这样的计划”，即“为什么这样做”的问题。

二是计划的目标。它包括计划的主要目标、各项经济指标、各项具体事项和要求，用以说明“做什么”、“做到什么程度”的问题。

三是计划的措施。它包括完成计划的措施、方法和步骤，即解决“怎么做”的问题。

（二）计划的写作格式

计划的写作格式主要包括标题、正文、结尾和落款四个部分，具体写法如下：

1. 标题

标题，即计划的名称。要用醒目的大字写在首行正中，标题通常包括四个方面，即单位名称、计划期限、计划内容、计划的种类。如《××交通局××××年职工教育工作计划》。有的计划标题由于各种原因并不把这四个方面全部写在标题中。有的不写明适用期限，如《关于进一步加强城市卫生管理的几点意见》，这是一个单位的一项专门工作的计划；有的计划则在文末写明制订计划的单位，而在标题中并未点出，如果计划只限于本单位使用，标题可以不写单位名称，如果是个人计划，则不要将名字写在标题中，而须写在正文右下角日期之上。如计划是供讨论研究报批的初步方案，要在标题后面加括号，注明“草案”“初稿”“讨论稿”“征求意见稿”等字样。

2. 正文

正文，即计划的内容，是主要部分。这一部分主要包括以下几个方面：

第一，前言。简要说明制订计划的依据和指导思想，一般要说明国家方针政策；上级机关的指示；总体的经济形势；本部门的实际情况。还有的要分析上一阶段计划执行情况，取得哪些进展、存在什么问题，还可以预测本计划期内政治、经济新形势，及工作新环境、条件、特点包括其他与计划有关的情况。前言要根据具体情况，内容要简短，指导思想要明确，主要回答“为什么要做”的问题。

第二，任务要求。这一部分具体提出计划的目标，这是计划的灵魂。明确任务是制订计划的核心内容，要写清楚在本期计划内应完成的任务与达到的指标，力求明确、具体，不要笼统、含糊，明确数量、质量和时间进程等方面的具体要求。

第三，措施步骤。计划在明确提出了任务要求之后，还要制定完成任务的有效措施和办法,措施和步骤是完成计划任务的具体保证,制订计划是为了指导行动,只有把具体的实施措施和完成任务的手段和方法制定出来,才便于指导、执行、检查。这部分内容是采用什么办法,分几个阶段、步骤完成,各个阶段的时限和具体要求,有时要落实到部门或个人。这是回答"怎么做""谁做"的问题。

有些计划把"任务要求"和"方法措施"这两部分结合起来写,在每项任务中写明目的要求与实现任务的步骤、措施、办法等,这样也可以写得条理分明,重点突出。

第四,附注事项。有些与计划相关的材料,在正文里不便一一表述,可以附表、附图;一些生产计划、财务计划的指标和数字,科研计划的项目、成果类别、期限和完成者等等,常常通过列表的方式说明;也有需要解释或者说明的情况,则作为附件列于文末。这些附表、附图和解释说明,也是计划的重要组成部分。

3. 结尾

为了结构的完整,计划结尾可以简明扼要地写上一小段文字,其内容可以是概述完成计划的有利条件或完成计划的信心和决心等等,但要点到即止,不要啰嗦。如需上报或下发的,最后还应写明主送抄送单位。如是请求上级批转的计划,最后应以征询用语作结,如"以上意见如无不妥,请转各地研究贯彻""当否,请批示"等。

4. 落款

落款要写明制订计划的单位(部门)名称或个人姓名,以及订立计划的日期。

四、写作计划的要求

计划是工作的"蓝图"、行动的构想。要使计划的构想切合实际,并在实施中发挥其指导作用。拟订计划时,必须把握以下几点:

(一)要合法、合理,有针对性

既要领会贯彻上级的指示和要求,符合法律、法规和方针政策,树立全局观念,又要深入基层,系统了解本地、本单位的实际情况。这样编制的计划才能既富于开拓精神,又切实可行。切忌不分时间、地点、条件,照抄照转上级文件精神或生搬硬套外地经验。

(二)订立计划必须注意既积极可行又留有余地

任何一项工作的开展,都受许多客观条件的制约,有些因素是潜在的,很难在制订计划时都作出准确的预见。因此,订立计划既要积极可靠,经过努力能够实现;又必须留有余地,不能满打满算,盲目追求高指标。凡属质量、数量要求,完成的时限、协作的条件等项都要充分考虑现实的可能性,以利执行和达到目的。

(三)要集思广益,反复酝酿

在制订计划的过程中,要走群众路线,广泛发动群众,依靠群众,集中群众的智慧。计划草案写好后,交群众讨论,把拟订计划的过程作为发动群众的过程,统一群众的思想认识。使群众充分了解计划的要求,明确奋斗目标,齐心协力完成计划。要防止闭门造车,使计划失去群众基础。

(四)计划中的语言要准确恰当,防止歧义

写作计划一般不需议论,也不要叙述过程,只要把目标、任务、措施和要求等交待清楚就行了,用词造句无须追求华丽、时髦,忌用描写和抒情。遣词造句要仔细推敲,不能马虎,否则就会引起歧义,严重的还会贻误工作。

例文

××区统筹城乡发展改革局××××年工作计划

为认真贯彻落实区第五次党代会第四次全体会议和区五届人大三次会议精神,按照区委"深入贯彻落实科学发展观,坚定信心、抢抓机遇,止滑提速、加快发展,努力开创全区科学发展新局面"的要求,提出我局××××年工作计划:

一、指导思想

××××年,我局要以邓小平理论和"三个代表"重要思想为指导,坚持以统筹城乡发展为主线,紧紧围绕"三区"战略目标,切实抓好城乡统筹试验区牵头工作;把项目工作作为经济工作的重点和核心,强化项目带动投资,全力推动经济平稳较快发展;强化和推进投资管理,发挥参谋调控职能;抓好企业改革和管理,发挥稳定职能;抓好农业行政工作,促进涉农居民持续稳定增收,为"三区"建设作出应有贡献。

二、工作目标

1. 牵头完成地区生产总值,确保增长10%,力争实现增长13%。

2. 全社会固定资产投资计划增长28.4%,达310亿元;力争增长44.98%,达到350亿元。

3. 涉农社区居民人均纯收入增长12%。

三、工作措施

(一)以统筹城乡发展为主线,大力推进试验区相关工作

1. 构建城乡规划体系,形成统筹城乡发展格局。(略)

2. 加快"三个集中"的步伐。(略)

3. 推进农村产权制度改革

(1) 扎实推进"产改"基础工作。(略)

(2) 加快推进"产改"配套工作。(略)

(3) 创新推进"198"区域统筹运作。(略)

4. 认真做好区域合作、对口帮扶××州××县扶贫工作

(1) 坚持以产业互动为纽带,深化区域合作,积极探索优势资源互补发展的区域合作新模式。(略)

(2) 做好年度规划,加强对扶贫任务承担部门、街道的统筹协调和指导配合,切实开展好对××市经济发展缓慢村和××州××县的对口帮扶工作。

(3) 充分发挥牵头部门的作用,及时跟踪督办重点项目,定期通报目标执行情况,及时总结工作经验,对存在的问题提出解决办法和措施,确保区域互动和对口帮扶工作目标

的完成。

（二）以止滑提速、加快发展为首要任务，全力推动经济平稳较快发展

1. 认真编制实施年度计划，强化经济运行分析。（略）

2. 强化重点项目管理，创新抓好重点项目策划包装工作。（略）

3. 进一步加强固定资产投资管理。（略）

（三）加强政府投资项目监管，做好行政审批工作

1. 进一步强化政府投资项目立项、概算的管理，规范调概程序，控制投资规模。（略）

2. 依法行政，全力做好行政审批工作。（略）

（四）加强经济体制改革宏观指导，稳妥推进企业改制和管理工作

1. 强化改革力度，开创经济体制改革新局面。（略）

2. 以稳定为前提，推进条件具备的企业实施改革。（略）

3. 强化管理职能，抓好区属企业监管。（略）

4. 切实做好群众工作。按照"尊重历史，照顾现实"的原则，妥善解决企业改革中出现的信访和历史遗留问题，切实维护职工合法权益，全力维护好社会稳定。

（五）抓好农业农村重点工作

1. 抓农村产权制度改革、促集体经济合作（联）社成立

(1) 开展农村土地承包经营权的确权登记和颁证工作。（略）

(2) 抓好农村产权交易工作。（略）

(3) 推动集体经济合作（联）社的成立。完成试点社区集体经济合作（联）社筹建，做好全区涉农社区居民小组集体经济合作（联）社成立准备工作；按照《集体经济组织管理办法》和《集体经济合作（联）社备案登记指南》的要求，不断优化和改进集体经济合作社的备案登记和机构代码证、公章等的办理程序；参照行政审批的时限要求，及时发放集体经济合作（联）社证明书，并搞好资料归档存放工作。

2. 加强集体资产管理

涉农社区及所属居民小组申请成立集体经济合作（联）社前，按照集体资产管理的有关规定，与农村产权制度改革同步，指导相关涉农街道办事处组织社区对集体资产进行详细的清理登记，弄清社区（居民小组）的经营性资产、公益性资产的组成、收益等情况，进行土地等资源性资产的清理登记。

3. 抓"198"范围集体经济组织项目建设，扩大农业产业化生产规模（略）

4. 抓好农产品和农资质量安全

做好突发农产品和农资产品质量安全事件的监管；加强农贸市场蔬菜农药残留抽检；搞好农产品质量安全监管。

（六）强化自身建设，开创工作新局面

（略）

×××××××××

××××年×月××日

简析：这是一个单位的年度工作计划，属综合性计划。结构完整，目标清楚，重点突出，措施较为得力。计划首先以一个简短的前言提出制订计划的依据，然后指出指导思想和总体奋斗目标。然后从六个方面提出相应的目标和具体的安排。计划采取了交叉式的结构形式，在每一项工作的后面，提出要求和所采取的措施，条理非常清楚。整个计划目标明确，措施具体，考虑周密，重点突出。

第二节 总 结

一、总结的概念和种类

（一）总结的概念

总结是对前一阶段的实践活动进行回顾检查、分析评价，从中找出经验教训和规律性的认识的一种事务文书。

总结通过对工作过程的系统回顾，对工作得失的全面分析，将工作中感性的认识上升到理性的认识，将片断的零星的认识变成条理性的认识，也就是力求对工作实践做出本质的概括，从中找出规律性的东西，以利发扬成绩，克服缺点，把以后的工作做得更好。

常用的小结、体会，也属总结范畴，只是它反映的内容较为简单或经验不够成熟，时间较短、涉及的范围较小而已。

（二）总结的种类

总结是现实工作中应用范围很广、使用频率很高的一种事务文书，它的行文形式也多种多样，我们可以根据不同的标准，把总结划分成不同的类型：(1) 按内容划分，可以分为工作总结、学习总结、思想总结、生产总结等；(2) 按时间划分，可以分为年度总结、季度总结、月份总结、阶段总结等；(3) 按范围划分，可以分为地区总结、系统总结、单位总结、部门总结、个人总结等；(4) 按功能划分，可以分为汇报性总结和经验性总结；(5) 按性质划分，可以分为综合性总结和专题性总结。

综合性总结也叫全面总结，是对一个系统、地区、单位、部门某一阶段各个方面工作的全面总结。它内容广泛，涉及面宽，要求展现工作的全貌。主要用于对以往工作、生产或学习的全面回顾检查，既包括工作开展的基本情况、经验和体会，也包括工作中存在的问题、不足和今后的努力方向。常用于年终或某项工作告一段落时向上级汇报工作情况，向群众作出工作汇报，或交流工作经验。

专题总结是对某项工作的一个方面或就某个专门性活动做的总结，如“普法教育总结”“开展精神文明活动总结”。这类总结在实际中运用得比较普遍，针对性很强，内容单纯集中，深入而有侧重地探索规律，具有一定的指导意义，有的甚至还有一定的学术价值。它以总结典型经验、做法为主，比起综合性总结来，使用更加广泛，针对性更强，富有指导意义，在实际工作中也比较常见。

二、总结的作用和特点

(一)总结的作用

1. 对过去的工作进行全面评估

在经过一段时间的实践、完成一项具体工作任务之后，客观地评估得失、回顾过去是十分必要的。通过总结，可以对前阶段工作情况作仔细的盘点和认真的评估，并从中提取经验，吸取教训，明确方向，为领导层决策提供参考和依据；有利于以后工作中发扬成绩，纠正错误，克服盲目性，增强自觉性，进一步做好工作。

2. 交流经验，沟通信息

将本单位的总结向上级、下级以至同级加以传播，可以起到交流经验、沟通信息的作用。对内部职工而言，总结是一种激励和鼓舞，宣传和教育；对上级部门来讲，是一种工作汇报，可以引起领导的关心和重视；对同级部门来讲，可以互通信息，增强合作。

3. 提高分析能力和决策水平

在总结了成绩和问题之后，要进一步分析成功与失败的原因，找出经验与教训，从而进一步认识客观事物发展的规律，总结的主要目的就是要发掘和探究现象背后的本质和规律，提高思想认识水平，以改进以后的工作。

(二)总结的特点

1. 客观性

总结是对前段工作或具体活动的回顾和再认识，其内容首先应完全忠实于自身的客观实践，决不可歪曲甚至篡改事实，也不能东拼西凑或无中生有，而且观点要从客观实践中概括出来，不允许有任何的主观臆断。要正确对待成绩与缺点，经验和教训，防止片面性，反对绝对化。

2. 理论性

总结的目的在于指导今后的工作，所以总结的内容就不能只是对工作事实、成绩的堆砌，对有关材料、数据的简单罗列，而是要上升到一定的高度，对大量的工作材料进行分析思考，去伪存真，去粗取精，由此及彼，由表及里，从感性认识上升到理性认识，找出规律性和理论性，从而指导今后的工作。

3. 指导性

总结的目的是通过对过去工作的回顾，找出经验，发现不足，从中总结出有规律性的东西，用以指导今后的工作实践，这是总结的出发点和归宿，因此总结时要始终注意体现指导性的特点。

三、总结的内容和写作形式

总结的结构通常由标题、正文、落款三部分组成。

(一)标题

总结的标题根据内容范围、目的的不同，通常有以下两种形式：

1. 公文式标题

这类标题一般由单位名称、时限、内容和文种组成，如“××省教育厅××××年工作总结”；也可以有所删减，或由单位名称、内容和文种组成，或由内容和文种组成，如“××市社会治安综合治理工作总结”。这种标题形式庄重、醒目，适用于规范性的工作总结。

2. 文章式标题

常用的有单标题和双标题两种。单标题往往直接概括总结的内容，鲜明地表现出总结的主题，如“文明之花结硕果”“围绕产品特点搞好结构调整”。这种标题形象、扼要，适用于经验性总结。双标题由正题和副题组成，正题一般指出总结的内容，点明观点，突出主题，副题一般说明单位名称、时限、内容及文种，如“适应新形式，研究新情况，解决新问题——××市信访办公室××××年工作总结”“新的起点——下岗职工再就业工作总结”。这种标题全面、形象，适用于经验性总结和内容有特点的工作总结。

（二）正文

正文包括开头、主体、结尾三部分。

1. 开头

开头就是引言，要简明扼要，紧扣中心，吸引读者的注意力。一般是概述基本情况，交代背景、时间、地点、做的事情；揭示总结的主要精神或概括主要经验成绩；用精练的语言对工作作出评价，进而说明总结的目的；也有的采用交代形势、对比议论、作提示、下结论等方法。开头主要有以下几种方法：

（1）概述式：概括介绍基本情况，为下文做铺垫。如：

由大连、上海、青岛外贸分公司组成的赴日本化工医药贸易小组一行四人，于××××年3月5日至3月20日，在我驻日本使馆商务处的协助下，对日本市场进行了考察，现已圆满完成了预期任务。

（2）结论式：明确提出结论、抓住经验教训的核心所在，统领全文。如：

在改革开放大潮中，只有确立正确的经营发展战略，密切注视市场动向，不断开发新产品，搞活经营，企业才能在市场竞争中赢得主动。一年来，我们深深地体会到这一点。

（3）提示式开头：即开头将总结的内容范围作一个大概提示，不涉及经验教训，也不作其他基本情况介绍。例如《以“火炭”般的热心为职工解忧——××副食品公司在企业改革中为职工办了六件好事》：

××区副食品公司在企业改革中，关心职工生活，注意解决职工迫切要求解决的问题，为职工办了六件好事。他们的经验是：（略）

（4）提问式：以提出问题的方式，点明总结的重点，引起读者的注意。如：

实行厂长负责制后，职工代表大会还有没有作用？它怎样发挥作用？我厂经过一年多的实践，有以下几点体会……

2. 主体

主体是文章的核心部分。一般要包括以下几个问题：

（1）基本情况。简要介绍基本情况，即开展了哪些工作，组织了哪些活动，采取了什么措施，取得了什么成绩，具有什么特点，让读者有一个概括的全面的把握。如果开头采用概述式，则可灵活处理。

(2) 成绩经验。这是主体部分的核心内容。要写明成绩经验，以具体的生动的材料说明做法，突出成绩，特别是那些关键性的、有创造性的做法要介绍详尽，其本身既是成绩也是经验。在介绍做法和成绩的基础上，归纳提炼精要的经验体会。根据有关方针政策，提炼那些带有指导性的具有全局意义的观点。

写作时有几种主要方法：

(1) 以成绩效果为纲。首先把工作成绩分成几个方面，按主次轻重排列，然后具体介绍所采取的措施、主要做法，最后写体会。这种写法比较适合专题性总结的写作。

(2) 以工作内容为纲。首先把工作分成几个方面，然后在每项工作中，结合具体事实分析工作是如何开展的，包括曾经面临的形势、遇到的困难和采取的主要措施，写明所取得的成绩，最后再写体会。这种写法常用于综合性总结中。

(3) 以经验体会为纲。这种写法即把总结的经验或体会分条列项，把成绩、做法融入其中。常用于经验性总结的写作。

这一部分内容最为复杂，既要做到条理清楚、逻辑严密，又要实事求是、事理结合；既要立足全面、高屋建瓴，又要精微细致如解剖麻雀。

主体部分在形式上可采用序号、小标题、分阶段、贯通式等来安排结构。

(3) 问题教训。除经验性总结外，一般总结在阐述了成绩、做法、经验和体会后，还要指出工作中存在的问题和不足，或者从某些问题中引出教训，以全面地评价工作。这部分内容虽不需要十分详细，但要具体实在，切不可笼统抽象、敷衍塞责，做表面文章，并由此得出教训，引以为戒。如果是侧重反映问题的总结，这一部分便成为重点。

3. 结尾

结尾主要说明今后工作的打算和努力方向。这一部分是在总结经验教训的基础上，针对工作中的实际问题，提出改进措施和努力方向，展望前景，以鼓舞斗志，增强信心。这一部分既可以放在问题教训后面，也可以单列为结尾部分。

(三)落款

落款位于正文右下方，包括单位名称和成文日期。如果标题中已有单位名称，只写明成文日期即可。如果总结是用以发表和交流，可将单位名称置于标题之下。

四、总结的写作要求

(一)材料充实，实事求是

材料是作者分析研究问题的基础和前提。只有占有了大量的、有代表性的材料，作者才能全面、正确、深刻地揭示出经验、教训等“有规律的东西”，因此作者在撰写总结之前，一定要深入实际、调查研究，积累和占有丰富的材料。可以通过工作计划、会议记录、有关的上行和下行公文以及工作日记、大事记等途径积累材料。在积累材料的过程中，既要有文字材料，又要有数字材料；既要有概括的“面”上的材料，又要有具体的“点”上的材料；既要有实际工作的材料，又要有工作背景的材料。

收集材料必须实事求是，这是写好总结的基本态度和要求，要如实反映工作中的成绩和问题、经验和教训，杜绝一切虚假现象，不能只报喜不报忧，随心所欲地拔高，否则总结就是一纸空文。

(二)突出重点，写出特点

写总结一定要结合本单位的实际情况，总结出新鲜的、反映单位特点和个性的经验和教训。要根据工作实际和有关方针政策，抓住关键问题，突出具有指导性意义的观点，写出具有价值的总结。既要有全局性的普遍价值，又要有反映本单位工作特色的独到之处。这就要从结构的安排、材料的选择、叙述的详略、观点的提炼等方面突出重点和主要工作，切忌只是堆砌材料，记流水账，写成一般化的老一套。

(三)观点和材料有机统一

初学写总结的人往往出现这样一些情况，不善分析，只是罗列材料；在记过程、堆材料之后“栽”一个观点；或者浅尝辄止，挖掘不出有价值的经验；或者材料与观点脱节，不切实际。凡此种种，是写不出好总结的。

总结的写作，务必要做到观点和材料的有机统一，既有大量生动、具体、典型的材料，又有新颖独到的观点，材料与观点有机结合，尽量用事实说话，注重对材料的分析，在叙述事实的基础上揭示反映客观规律的经验教训，进而水到渠成地引出观点。只有这样，读者才能从中受到启发，总结才能有说服力，才能对工作有指导意义。

五、总结和计划的联系与区别

(一)总结与计划的联系

总结与计划往往互相对应、互相制约，联系相当密切。在计划的实施过程中，需要经常进行阶段总结，检查一下过去工作的开展情况，是否与原计划有偏差，正确的要加以肯定，继续充满信心地干下去；有偏差或不正确的，要找出原因，加以改进，这样才能推动计划的顺利实现。计划完成后，就应该进行全面的总结，找到有规律的东西，以便作为今后制订新计划和实践的依据或借鉴。总结根据计划来进行，也就更有针对性，更易找到值得借鉴的实际经验教训。总结结束后，就要制订下一阶段的计划，这样，计划—总结—计划，螺旋上升，不断推动工作前进。

(二)总结与计划的区别

(1)时间不同：计划制订于工作开展之前，总结是写在工作完成以后。

(2)内容不同：计划以落实具体步骤、方法、措施、完成预定目标为内容；总结重在分析、评价计划执行的情况。

(3)重点不同：计划强调做什么、怎么做、做到什么程度；总结是讲明做了什么，做得怎么样。

例文1

××省水利厅××××年财务工作总结

××××年，在厅党组的坚强领导下，财务处认真学习实践科学发展观，自觉服从并服务于水利建设和改革事业大局，紧紧围绕水利中心工作，努力解放思想，转变观念，改进作风，在推进水价改革，保障资金需求，加强资金监管等方面，取得了可喜的成绩。现将××××年财务工作总结如下。

一、稳步推进水价改革

1. 出台水利工程农业水费免征营业税政策

（略）

2. 完成工业及城镇生活用水价格调整各项准备工作

（略）

3. 明确水利船闸过闸费为经营性收费

（略）

4. 为开展减轻农民用水负担综合改革试点工作做好准备

（略）

5. 协调青弋江灌区发电用水水价标准调整问题

（略）

二、千方百计筹措水利建设和事业发展资金

1. 落实各项投入配套政策，筹集水利基本建设资金

（略）

2. 做好部门预算编制执行工作

一是做好××××年部门预算批复工作。（略）

二是预算执行中努力增加水利事业投入。（略）

三是做好预算执行工作。（略）

四是做好××××年预算编制工作。（略）

五是切实做好为厅直单位排忧解难工作。（略）

3. 全力做好规费收缴工作

（略）

三、加强资金监管，保证安全、合规、有效

1. 做好基本建设资金审计整改的落实工作。（略）

2. 检查督促各地水利建设项目资金管理工作。（略）

3. 认真开展竣工决算审计工作。（略）

4. 开展法人离任审计工作。（略）

5. 开展厅直单位专项经费和水规费使用管理情况检查。（略）

6. 加强对农业水费征收工作的监督检查。（略）

7. 积极配合各项外部审计、检查和评审工作。（略）

四、扎实开展"小金库"专项治理工作

1. 做好"小金库"治理的宣传发动工作。(略)

2. 做好"小金库"专项治理的组织领导工作。(略)

3. 认真开展自查与专项检查工作。(略)

4. 做好整改落实工作。(略)

五、加强制度建设,完善目标管理

1. 印发《关于贯彻执行水利部〈水利基本建设项目竣工财务决算编制规程〉和规范建设项目竣工决算审计工作的通知》,进一步规范了我省水利基本建设项目竣工决算审计工作,提高了水利基本建设项目管理水平。

2. 起草《××省水利厅财务管理暂行办法》。(略)

3. 印发《关于加快中央新增水利基本建设项目工程价款结算进度的紧急通知》,要求进一步加快中央新增水利基本建设项目价款结算进度,督促项目按期完成。

4. 完善三项规费目标考核制度。(略)

5. 完善厅直单位经济目标考核制度。(略)

六、加强财会人员队伍建设

1. 举办全省病险水库加固工程财务管理和《水利基本建设项目竣工财务决算编制规程》培训班。(略)

2. 举办全省水规费征管培训班。(略)

3. 组织开展了厅直单位资产管理信息系统培训,财政一体化管理信息系统培训和政府采购协议供货网上采购培训。

七、做好××××年财务决算工作

完成××××年度部门决算报表、地方水利财务报表的审核、汇总、上报工作,其中部门决算报表获财政厅表彰。同时,加强日常水利基本建设财务信息管理工作,及时汇总编报省财政厅、淮委治淮项目资金到位及完成情况报告,全面了解掌握治淮水利建设资金使用管理情况,为政府和领导科学决策以及合理、有效调度资金提供了依据。

八、其他工作

配合中国水利投资集团公司对合肥、六安等6市和淠史杭总局中央级"拨改贷"本息余额××××万元及经营性基金本息余额×××万元向国务院国资委申请豁免工作;组织农业水价综合改革暨末级渠系节水改造试点项目验收工作。

××省水利厅财务处

××××年×月××日

(节选自《安徽水利财会》2010年第1期)

简析:此文是一篇部门的综合性总结。文章总结了一年来财务处所取得的成绩,分析了取得这些成绩的原因,从八个方面展开论述,材料丰富,观点鲜明,有较强的说服力和鼓舞性。

例文 2

多措并举　节约发展

——××电网有限公司“三节约”活动经验总结××电网有限公司

刘顺平　刘永明　丁　洁

“强本而节用，则天不能贫。”当前，节约能源资源已经成为事关我国经济社会发展全局性、战略性的问题，电力行业在促进“资源节约型、环境友好型”社会建设方面承担着重要的责任和使命。××电网有限公司（以下简称“公司”）始终以对社会、对子孙后代高度负责的态度，坚持节约发展，努力降本增效，认真贯彻落实国家电网公司关于开展“三节约”活动的总体部署，在全公司范围内组织开展了以“三创、三优、三细”为主要内容的“三节约”劳动竞赛活动，节能降耗各项工作取得了明显成效。

多措并举“三节约”活动成效显著

基本建设在“创”字上下功夫

（略）

生产运行在“优”字上下功夫

（略）

经营管理在“细”字上下功夫

（略）

再接再厉　不断提升节能降耗工作水平

（略）

（节选自《中国电力企业管理》2010 年第 5 期）

简析：这是一篇专题性的经验总结，全文结构分为总结过去和展望将来两部分。重点在第一部分，主要介绍基本建设、生产运行、经营管理三个方面的成功经验和体会，而这又是在介绍工作中自然得出，少空话、套话，观点和材料有机结合。

第三节　调查报告

一、调查报告的概念和种类

（一）调查报告的概念

调查报告是对客观事物或社会问题进行调查研究，根据所获得的成果写成的反映客观实际、揭示事物本质和规律的书面报告。

调查报告的内容不限于日常工作，凡与日常工作有关的重大情况、典型事件、经验或教训等带有普遍意义的问题，都可用调查报告的形式予以反映。调查报告的范围较为广泛，内容也较复杂，可供内部参考，也可公开发表。

调查报告是机关工作中普遍使用的应用文书，但它又不同于公文中的“报告”。调查报告是“调查”与“报告”相互结合的产物。“调查”是“报告”的事实基础和理论依据,“报告”是“调查”目的的具体体现,二者相辅相成,缺一不可。

(二)调查报告的种类

调查报告可根据不同的标准分成不同的种类,主要有:

1. 根据调查报告的性质、范围,调查报告可分为综合调查报告和专题调查报告

(1) 综合调查报告。所谓综合调查报告就是围绕一个中心问题,对某一个单位、地区或系统,或某一涉及面较广的事项进行全面系统的调查研究后撰写而成的报告。这种调查报告涉及面广,内容复杂,篇幅较长,在实际工作中对上级部门制定方针政策有重要的参考作用。

(2) 专题调查报告。所谓专题调查报告就是对一项工作、一个事件或一种社会现象进行专项调查研究后写成的调查报告。这种调查报告内容具体单一,涉及范围小,往往适用于对当前迫切需要了解、解决的问题和事项的调查。

2. 根据调查报告内容的不同,调查报告可分为反映情况的调查报告、介绍经验的调查报告、揭露问题的调查报告

(1) 反映情况的调查报告。这种调查报告一是指反映工作情况的调查报告,二是指反映社会新生事物的调查报告。前者比较系统、深入地反映社会某一方面、某一地区或某一部门的情况,其内容也可以是针对群众普遍关心的热点问题、关系国计民生的重大问题进行深入调查和分析研究,提出建议,为领导机关、决策部门研究问题、制定政策提供依据,对平行单位和下级部门也可提供情况,作为工作参考。后者是对社会生活中出现的新生事物的产生背景、原因、发展过程和规律,以及它的存在意义、影响和发展前途进行调查分析后写成的,其主要意义是帮助人们提高认识,起到促进新生事物的成长和推广新生事物的作用。

(2) 介绍经验的调查报告。这种调查报告主要介绍具有普遍指导意义的典型经验,找出规律性的东西,为有关部门提供具体的经验、做法,以点带面,推动全局。

(3) 揭露问题的调查报告。这种调查报告主要内容是揭露实际工作中的缺点、失误和违背党的方针政策、违反党纪国法的行为,以及社会生活中的不良现象和倾向,弄清问题发生的原因,分析问题的实质和危害,并提出处理和解决问题的办法。其目的是通过大量的事实,归纳教训,教育人们。

二、调查报告的作用和特点

(一)调查报告的作用

1. 为制定方针政策提供依据和参考作用

调查报告真实深刻地反映了工作的基本情况,揭示了客观事物的本质规律,这对于上级领导部门制定方针政策,实现决策的科学化、民主化提供了重要的依据和参考价值,而且有关部门在制定方针政策之前,也必须对客观现实进行大量的调查。

2. 传递信息,推广经验,解决问题

调查报告可以介绍有推广意义的经验和做法,反映实际工作中普遍存在的现象和问题,促进单位间的信息交流,以利于更加有效、更加主动地开展工作,或是对不良现象和倾向采取措施,防患于未然。

3. 提高认识水平,改变工作作风

调查研究是马克思主义的工作方法,是实事求是、一切从实际出发思想路线的具体体现,也是密切联系群众的优良作风的必然要求。调查报告集中反映了某项工作、某一问题或某种社会现象的本来面目,深入揭示了事物的内在本质、发展规律,通过调查可以改变人们的工作作风,并从中提高人们的认识水平。

(二)调查报告的特点

1. 针对性

调查报告是为了解决问题的,所以一般的调查活动都是有目的、有计划地进行的,它不仅为党和政府制定方针政策及为领导者的正确决策提供依据,而且也为了回答人们普遍关心的或迫切需要解答的热点问题。因此撰写调查报告要有的放矢,针对性越强,反映的问题就越典型,内容就越符合实际工作需要,这样的调查报告价值就越大。

2. 真实性

调查报告的基础是客观事实,必须从客观实际出发,以真人实事为依托,深入调查,对材料的真实性要反复核实,要善于分析材料,尽量找出深刻而又典型的材料,通过对事实材料的分析研究,得出正确的结论。而偏离了真实性这一基础,任何貌似深刻的结论都是没有说服力的。

3. 理论性

调查报告的意义和价值不仅仅体现在它对客观事物的真实反映上,更主要的是它深刻地揭示了事物的内在本质,概括了事物的发展规律,发掘出了一些深层次的矛盾,帮助人们从个别中找出一般,从偶然中发现必然,透过现象看本质。所以,撰写调查报告一般是通过对事实的概括叙述和简要说明,由事论理,最后引出结论,在表达上多采用夹叙夹议、叙议结合的方式。

4. 时效性

调查报告要回答当前工作中人们普遍关心的和迫切需要解决的问题,具有较强的时效性。这一点类似于新闻。因此,写作者要抓紧时间调查和写作,才能起到对现实的指导作用,否则新事变成了旧事,也就失去了调查报告应有的意义。

三、调查报告的内容和写作形式

调查报告的结构大体包括这样几部分:标题、前言、正文、结语,另外要注明调查单位或调查者的名字和成文时间。

(一)标题

调查报告的标题大致有以下三种形式:

(1) 公文式标题。这类标题通常标明调查的对象、主要内容和文种名称,使人一目了然。如“湖南农民运动考察报告”“关于搞活县域经济的调查”。

(2) 文章式标题。这类标题往往直接揭示文章主题,归纳全文内容。如“城乡居民收入差距及其决定因素研究”“川北农村怎样翻身致富”。

(3) 综合式标题。即采用正题、副题相结合的双标题形式,正题一般揭示调查报告的中心和主题,副题一般指明调查对象和内容。如“同一地区的农村经济为什么发展有快有慢——廊坊市郊区二百个村的调查”“百姓与‘家轿’——关于考虑购买家庭轿车主要因素的调查”。

调查报告标题形式很灵活,不管采用何种形式,都要力求准确、简明、醒目。

(二)前言

前言的主要作用是引导或吸引读者对调查报告的全文进行阅读,所以要力求开门见山,提纲挈领,紧扣主题。前言部分的内容主要包括调查的时间、地点、目的、对象、问题、范围、方式、结论等,写作形式多样,常见的有以下几种:

(1) 说明调查的基本情况。如调查的起因和目的、时间和地点、对象和范围、经过和方法等。

(2) 简介全文的内容或揭示主旨。这样做可以使读者在导言部分对正文有一个概括的了解。

(3) 概括调查研究的结论。主要是交待主要经验或效果,提示结论性意见,以便引起关注。

(4) 介绍被调查事物的概况。如被调查对象的组织规模、背景、历史和现状、主要成绩或问题,事件形成的概貌等。

(5) 介绍背景材料。由对政策或事理的分析导入,引出调查对象。

(三)正文

正文部分是调查报告的核心,这一部分要详细阐述调查的主要内容,揭示客观事物发展的本质规律,表达作者的观点。主体部分的结构形式有以下三种:

1. 横式结构

这种结构形式是根据事物的内在联系,分成并列的几个部分或几个问题,然后把材料、分析都组织进去。这种方法常用于内容丰富、综合性较强的调查报告。采用这种方法时,可以用小标题标示各部分内容。如《关于搞活县域经济的调查》中,作者总结出了八县市搞活县域经济的五条经验,即“不断追求经济发展的新目标”,“开拓进取,实事求是”,“正确分析本地的优势和劣势,做好转化”,“善于从宏观经济环境的发展变化中把握机遇,果断决策”,“尊重人民群众的实践,千方百计调动方方面面的积极性”。这五条经验用小标题的形式表达出来,虽然有先后次序的不同,但在整体结构上呈现出横向并列的关系。

2. 纵式结构

这种结构按照事物发生、发展的时间顺序或内在逻辑来组织安排材料,通过层层递进、深入的方式来揭示事物发展的本质规律。这种结构形式脉络清晰，线索分明，符合读者认识事物、分析事理的思维习惯，常用于内容比较单纯的调查报告。如《盐湖城爆出奥运史上最大丑闻》(见《光明日报》1999 年 1 月 20 日)采用的就是这种结构方法。第一部分属于导言，然后按照盐湖城奥委会行贿部分国际奥委会成员的事实逐步展开。

3. 综合式结构

这是一种横式、纵式两种结构交错使用、相互配合的结构形式。常使用于内容繁多、头绪复杂的大型调查报告。这种结构形式或是在以时间、内在逻辑为主线安排材料的过程中，为了把问题说清楚，横向展开叙述、说明，或是在横向安排材料的过程中，对一些问题的来龙去脉加以交代，使文章纵横交错，纲目并举。

(四)结语

调查报告的结语要简明扼要，写法也灵活多样。或者深化主题，借以加深读者印象；或者指出存在的问题，提出解决问题的措施、意见和办法；或者对所调查的现状作归纳性说明，并指出其发展远景；也有的提出新问题，引人深思。有的调查报告主体部分结束了，意尽言止，就不需另写结语了。

(五)落款

调查报告的署名就是写上作者的名字或单位名称，可放在标题下一行居中位置，个人署名可署于文尾右下方，也可署于标题正下方。

写作时间一般放在结语下面，也有的放在标题下面。

四、调查报告的写作要求

(一)深入调查研究，获取大量真实、典型的材料

调查是写作报告的基础，调查的主要目的就是要获得充足的材料，有“面”和“点”的材料，有正面和反面的材料，有直接和间接的材料，这样才便于分析总结。而调查研究说起来容易，真正实施还要具备各方面的知识和能力。调查者既要有较厚实的理论修养、政治水平和多方面的知识，更要有正确的观察分析、研究解决问题的立场、观点、方法。

关于调查研究工作，这里主要介绍一下调查的态度和调查的方法。

(1) 调查的态度：首先要有正确的立场、观点，要尊重客观事实，不能带着框框去调查。其次，调查的态度要端正。要不怕艰苦，虚心求教，才能得到真实鲜活的第一手材料。

(2) 调查的方法：首先要明确目的，制订计划。调查前应该明确本次调查的目的是什么，所写文章是发表在报纸杂志上还是供领导决策参考，要达到什么要求；然后确定选题，对与选题有关的资料，如有关的党的政策、被调查地区、调查对象的大致情况等都要心中有数；最后拟定调查提纲，调查提纲包含调查项目、对象、内容、方式及调查步骤、要求、经费的安排等等。这是调查工作的行动纲领。

其次要确定调查的方法。调查的目的是要获得真实、准确的第一手材料，可以采用开调查会、现场采访、个别交谈、蹲点搜集、拟问卷表等方法。什么方法效果好，就用什么方

法，还可以多种方法并举，获取材料。

再次要对调查所得的材料分析整理。首先对材料进行分类、核实、补遗、综合等工作，然后对材料进行分析、思考，“去粗取精，去伪存真，由此及彼，由表及里”，透过现象，把握本质，揭示出规律性的东西，为解决问题、指导实践、形成决策提供依据。

调查一般分三步走：全面调查、纵深调查、补充调查。

(二)观点和材料的有机结合

观点和材料紧密结合，是一切文章的基本要求，调查报告也不例外。观点要统率材料，而材料要用来说明观点。因此，要尽量选择能反映事物本质的、有代表性的、有新意的典型材料、综合材料、数据材料、对比材料、分类材料来说明观点。单纯地罗列材料，或者喋喋不休地空谈，只能使文章材料与观点相游离，难以做到以理服人。只有观点与材料密切结合，以丰富、典型的材料，鲜明、有力地说明观点，才能真正表达出作者的观点，实现调查报告的价值。观点往往是在叙述、说明中自然引出的，或者通过材料的分析自然地确立的。

在处理观点和材料的关系时，既要提炼好反映主题的中心观点，也要提炼好小观点，用小观点更透彻、更充分地说明中心观点，使全篇文章结构更清楚、严谨。

(三)叙述与议论的有机统一

调查报告的主要内容是事实，因此主要的表现手法就是叙述。但调查报告的目的是从这些事实中概括出观点，而且观点是文章的灵魂。这就需要在对事实叙述的基础上进行恰当的议论，叙述和议论结合的方式根据不同的情况来写，或先提出观点，然后以事实材料说明论证；或先陈述事实，说明情况，再分析研究，得出结论；或边叙边议，边摆事实，边讲道理，最终得出结论。但总的来说，议论不能太多，但它却是“画龙点睛”之笔，因此，处理议论内容时，要坚持少而精的原则。

另外还要注意语言的准确朴实，明白晓畅，篇幅也尽量压缩。

例文

以特色为核心构建现代畜牧业

——对××市畜禽特色产业发展的调查与思考

××省××市畜牧局 侯双林 李松柏

近年来，我市以促进农民增收为首要任务，努力实施项目推动战略，切实转变畜牧产业发展方式，以壮大特色优势畜禽产业为核心，奋力推进现代畜牧业大发展，加快了畜牧大市向畜牧强市转变步伐，畜牧产业发展取得了显著成效。但与此同时，也凸显出了一些制约畜牧产业发展的不可忽视的问题，为此，我们对全市畜禽特色产业的发展进行了一次全面深入的调查。

1 现状及特点

(略)

1.1 特色产业成效显著

（略）

1.2 特色产业区域形成 （略）

1.3 特色品牌相继诞生 （略）

1.4 龙头企业不断涌现 （略）

1.5 规模程度不断提高 （略）

1.6 产品质量不断提高 （略）

1.7 发展机制不断创新 （略）

1.8 科技推广稳步推进 （略）

2 存在的问题

我市正处在现代畜牧业发展的初级阶段，目前还存在以下问题和矛盾，制约着现代畜牧业的发展。

2.1 市场与供给之间的矛盾

（略）

2.2 成本与效益之间的矛盾

（略）

2.3 技术与质量之间的矛盾

（略）

2.4 龙头与农民之间的矛盾

（略）

2.5 发展与环保之间的矛盾

（略）

3 对策及建议

3.1 以项目推动为抓手，招引龙头企业，实现特色产业标准化

（略）

3.2 以园区建设为重点，注重适度规模，实现农户养殖高效益

（略）

3.3 以特色畜牧为核心，规划特色区域，实现畜禽产品品牌化

（略）

3.4 以机制创新为突破，发展专合组织，实现农企利益相连接

（略）

3.5 以资金投入为保障，建立担保基金，实现农企发展更平稳

（略）

3.6 以畜牧科技为支撑，培养职业农民，实现养殖水平大提高

（略）

（节选自《四川畜牧兽医》2010 年第 6 期）

简析:这是一篇反映情况的调查报告。报告的开头部分说明此次调查的背景情况和调查目的,然后分“现状及特点”、“存在的问题”、“对策及建议”三方面具体展开,材料翔实,目的明确,为领导机关制定政策提供依据,有较强的指导性作用。

第四节　告启类文书

告启类文书是指需要公开或希望群众协助办理事项时,在公共场所张贴或通过媒介公开播放、刊登的广而告之类的事务性应用文。本节就告启类文书中常用的“启事”“海报”“倡议书”作详细介绍。

一、启事

启事是机关、团体、个人有事需要向大家解释、说明、告知,或者希望大家协助解决的一种公开文告。“启”是陈述的意思,“事”指事情。启事一般张贴在公共场所或刊登在报刊上,也有的在广播、电视中播出,具有通知、请求、招徕作用。

(一)启事的种类

根据内容的不同,启事通常分为三大类:一是寻找类启事,如寻人、寻物等;二是声明类启事,如作废、辨伪、迁移、更名、更期、更正、开业、停业等;三是征召类启事,如招领、招聘、招标、招生、招工、招领、招租、征稿、征订、征集、征婚、换房等。

(二)启事的写法

启事的种类不同,写法也不完全一样,但大体上要具备以下几项:

1. 标题

写于第一行正中,要用醒目大字写出,一般写清楚启事的名称,如招聘启事、寻物启事、征文启事等。有时只写“启事”或省略“启事”,直接写“寻人”“招聘”“诚聘”等。也有的启事标题标明性质,如“紧急启事”“重要启事”。

2. 正文

另起一行空两格写,内容一般包括发启事的目的、意义、原因、要求、条件、特征等,不同种类的启事,侧重点也有所不同。写法形式也有多样,可以分段写,内容多的应逐条分项写清楚,力求通俗易懂,不能模棱两可。

3. 落款

在正文右下方写明发启事者的单位或姓名,署名下面写上发启事的年、月、日。以单位名义发的重要启事,需要加盖公章。

(三)注意事项

(1) 语言要简洁扼要。

(2) 内容要真实、具体、明确。要求、条件、特征要写清楚。但有的启事,如“招领启事”中的有些内容如数量、特征等就不应该写得具体明确,要在认领时当面核对,以防冒领。

（3）内容较多时，条理要清楚，可用序号标出顺序或用分条撰写。

（4）如果是希望人们协助解决某事时，语言要恳切有礼，可用“请”“欢迎”“诚聘”等词语。

（5）写清楚联系方式，根据需要写清楚通讯地址、邮政编码、电话号码等。

例文1

寻　人　启　事

刘锐，男，××××年×月出生，8周岁，小学二年级学生。身高1.20米，长型脸、单眼皮，眼较小，偏瘦，客家口音，会说普通话，身穿一套深蓝色运动衣，××××年×月×日上学后至今未归。有知其下落者，请联系××市解放路10号刘××，电话：×××××××××，当面酬谢。

××××年×月×日

写作要求：寻人启事要写清楚被寻找人的姓名、性别、年龄、身高、体貌特征、口音、衣着、走失时间、地点等。寻人启事最好附上被寻人的照片，还应写清楚联系单位或个人的姓名、地址、电话等。寻人启事求人帮忙寻找，要在结尾应写上一些感谢、酬谢之类的话。

例文2

寻　物　启　事

本人于×月××日在学校饭堂丢失白色运动上衣一件，长袖，拉链，90厘米。有拾到者请与教学楼305室99机械班张建联系，不胜感激。

12机械班　张建
××××年×月××日

写作要求：寻物启事要写清楚丢失物品的名称、数量、特征、丢失的时间及地点、联系方式或送还的地点等。由于要请别人帮忙寻找，结尾应写上感谢、酬谢之类的话。

例文3

招　领　启　事

本站职工于×月×日拾到旅行袋一个，内有衣、书若干，请失主前来我站认领。

×××汽车站
××××年×月×日

写作要求：为了防止别人冒领，一般只写明失物的名称、失物的时间及地点、认领的地点，失物的特征和数量等具体情况不写，让失主认领的时候自己说明，核对属实，才可认领。

例文 4

招聘启事

本公司属私营企业，专业生产木制、金属、玻璃三合一组装餐台、餐椅、茶几等家具，已自设连锁门市一百多家。因业务发展需要，现诚聘下列人员：

一、生产办主任：1 名，男性，35—45 岁，本科以上文化程度，熟悉家具生产、开发、供应，具备管理 800 人企业能力，年薪约 15 万元。

二、车间调度：1 名，男性，30—40 岁，能协调 150—300 人生产，年薪约 6 万—9 万元。

三、现场管理：4 名，男性，30—40 岁，大专以上学历，年薪约 6 万元。

1. 木工主管：能现场指挥 80—120 人，精通木工设备及从开料到组装的全过程。

2. 灰磨、喷油主管：能现场指挥 80—120 人，精通批灰、粗磨、细磨、喷底油全过程。

3. 喷油、包装主管：能现场指挥 60—80 人，精通喷油工艺、包装过程。

4. 玻璃加工主管：能现场指挥 80—120 人，精通玻璃加工设备及从开料到斜边、直边、异形边、雕花、打砂、包装全过程。

四、开发科长、供应科长、质检科长：各 1 名，男性，30—40 岁，大专以上文化程度，在制造业从事相关工作三年以上经验，年薪为 6 万—9 万元。

五、电工：2 名，男性，熟悉木工、玻璃、金属加工设备的电器维修、安装，懂空调保养优先，月薪为 1 700 元。

六、维修钳工：4 名，男性，28—35 岁，熟悉生产家具的木工、玻璃、金属加工设备，能车、铣、镗、刨及电焊，月薪 2 500 元。

七、修色喷油枪手：10 名，男性，25—35 岁，家具修色、喷油三年以上工作经验，计件工资，多劳多得。

八、文秘、销售助理：各 1 名，女性，22—30 岁，普通话、粤语流利，大专以上文化程度，文笔流畅，制造业任职三年以上(具会计基础优先)，年薪约 2.5 万—4 万元。

九、培训文员：1 名，女性，25—35 岁，有教书经验，大专以上文化程度，普通话、粤语流利，月薪 1 500 元。

应聘者请将个人学历、简历、身份证复印件和近照一张，寄往××市××路××号家具厂人事部，张小姐收(合适则约见)。邮政编码：510610　咨询电话：××××××××

××××××公司

××××年×月×日

写作要求：应写明招聘目的、招聘对象、数量、职务(工种)、具体要求(包括性别、年龄、文化程度、工作能力、技术等)、条件、待遇、应聘方式等，应聘者可从中知道自己是否合乎要求。

例文 5

招租启事

我局校办企业现有一间餐厅(含厨房，使用面积约 220.42 平方米)，一间歌舞厅(使用面积约302平方米)，其水电及设施、设备、器材等齐备。地处××××大学B区，××××立交桥附近，交通方便，欢迎单位及个人承租，来电、来函、面谈均可。

联系地址：××市××路××号
联系电话：×××××××××
联系人：郑××　陈××
××××年×月×日

写作要求：要写清楚地点、面积、结构、用途、装修情况、交通条件等。

二、海报

(一)海报的概念

海报是向公众报道或介绍有关电影、戏曲、杂技、体育、学术报告会等消息时所使用的一种应用文体。

海报通常张贴在有关演出的场所或较为醒目的地方，用以告知有关活动的事项。有的海报还可以在媒体上刊登、播放。海报还具有广告宣传和商业性的特点。

(二)海报的种类

根据不同的标准，有不同的种类。如按海报的表现形式，可以分为文字海报和图文海报。按海报的内容，可以分为以下几类：

(1) 戏剧、电影类海报。这是影剧院公布演出电影的名称、时间、地点及内容介绍的一种海报。这类海报有的还会配上简单的宣传画，将戏剧、电影中的主要人物画面形象地绘出来，以扩大宣传的力度。

(2) 文体活动类海报。这类海报同电影海报基本相似，主要介绍说明文艺演出、体育比赛、娱乐活动的时间、地点和内容等。设计往往要新颖别致，引人注目。

(3) 学术报告类海报。这是一种专门为举办学术性活动而发布的海报。主要介绍学术活动的内容、时间、地点、演讲人等信息，一般张贴在学校或相关的单位。此类海报具有较强的针对性。

(三)海报的写作格式和内容

海报一般由标题、正文和落款三部分组成。

(1) 标题。海报的标题写法较多，大体可以有以下一些形式：

一是单独由文种名构成，即在第一行中间写上“海报”字样。二是直接写明活动的内容，如“舞讯”“影讯”“球讯”等。三是使用一些描述性的文字，如“×××再显风采”“××来宁显艺”。

(2) 正文。海报的正文要求写清楚以下内容：①活动的缘由、目的和意义；②活动的主要项目、参与者、时间、地点等；③参加活动的具体方法及一些必要的注意事项等；④表示欢迎公众参加或光临。

(3) 落款。署上主办单位的名称及海报的发文日期。

以上的格式要求是就海报的整体而讲的，实际使用中，有些内容可以少写或省略。

（四）海报的写作要求

(1) 真实具体。海报一定要具体真实地写明活动的时间、地点及主要内容。文中可以用些鼓动性的词语，但不可夸大其实。

(2) 简短醒目。海报文字要求简洁明了，篇幅要短小精悍。

(3) 要有鼓动性。色彩要讲究，可以加上些象征性内容，或与内容有关的图案，但必须与海报内容相一致，色彩和构图都要给人以美感，以吸引观众。

例文 6

特邀深圳市秘书学会会长×××教授主讲

“创建秘书就业通道　走上秘书成功之路”公益讲座

讲座形式：讲解为主，辅以视频

讲座时间：××××年 12 月 14 日 19:00

讲座地点：深圳大学文科楼 H－3·104

欢迎积极参与！

评析：本文言简意赅，一目了然。

三、倡议书

倡议书是个人或集体提出建议并公开发起，希望共同完成某项任务或开展某项公益活动所运用的通告类应用文，属专用书信。其主要用途是针对社会生活中的实际问题，或是为了完成某些重大的任务由个人或集体带头提出些合理化建议，向公众发出一些公开性的号召，引导大家积极参与。

（一）倡议书的作用

第一，倡议书具有广泛的群众性。能在较大范围内调动群众的积极性，使大家心往一处想，劲往一处使，齐心协力共同做好一些有益于社会的事务和开展某些公益活动。

第二，写倡议书是开展精神文明建设的一个有效方法。倡议书的内容一般是和人们的日常生活紧密相关的一些事项，如倡议爱护花草树木，保护生态环境；倡议众志成城，同心协力，实现祖国的尽快复兴等。

倡议书是一种建议、倡导，它不给人一种强制的感觉，所以在这种轻松的氛围之中，宣传了真善美，使人们无形之中就受到深刻的教育。

（二）倡议书的特点

1. 群众性

倡议书不是对某个人、某一集体或某一单位而言的，它往往面向广大群众，或对一个部门的所有人发出，或对一个地区的所有单位发出，甚至向全国发出，因此，具有广泛的群众性。

2. 公开性

倡议书就是一种广而告之的书信，它就是要让广大的人民群众知道和了解，从而使更多的人响应，以期在最大范围内发挥作用。

3. 对象的不确定性

倡议书是要求广大群众响应的，然而其对象范围往往是不定的。即便是在文中明确了具体对象，但实际上有关人员可以表示响应，也可以不响应，而其中没有明确的别的群众团体也可以有所响应。倡议书本身不具有约束力。

(三)倡议书的格式与写作要点

倡议书一般由标题、称呼、正文、结尾、落款五部分组成。

1. 标题

标题标明倡议的事由和文种名称，如“救助失学儿童倡议书”“关于向灾区捐款的倡议”，也可只标明文种。

2. 称呼

倡议书可根据受倡议的对象而选用适当的称呼。如“广大的青少年朋友们”“广大的妇女同胞们”等。有的倡议书也可不用称呼，而在正文中提出。

3. 正文

倡议书正文的内容包括以下几个方面：

(1) 倡议书发出的背景、原因和目的。发出倡议书重在引起广泛的响应，只有交代清楚倡议活动的原因，倡议提出的背景，并申明发出倡议的目的，人们才会自觉地响应。

(2) 倡议书的具体内容和要求。这是正文的重点部分。开展什么活动，做哪些事情，具体要求是什么，它的价值和意义都有哪些均需具体写明。倡议书的具体内容一般是分条开列的，这样写往往清晰明确，一目了然。

正文部分，必须写清楚三点：一是倡议做什么事；二是为什么要做这些事；三是怎么去做，提出初步设想。倡议书有无效果首先要看倡议的事情有无价值，这部分是否写得能服人、能感人了。

4. 结尾

结尾要表示倡议者的决心和希望，或者写出某种建议。倡议书一般不在结尾写表示敬意或祝愿的话。

5. 落款

落款即在右下方写明倡议者单位、集体或个人的名称或姓名，署上发倡议的日期。

(四)倡议书写作的注意事项

写倡议书，所提的倡议必须是对国家、对社会、对人民有利的好事，这样才会有广泛的群众基础；所提的倡议又必须是简便易行的，这样才能吸引更多的人响应。与此同时，应注意以下几点：

(1) 发倡议的背景、目的要写清楚，理由要充分。

(2) 倡议书的措辞要恳切,情感要真挚,同时要富于鼓动性。一份好的倡议书应晓之以理,动之以情,使人读后能被你的理由说服,能被你的真情打动。

(3) 倡议书篇幅不宜太长。事项要清晰,要求需明确。

例文 7

捐资助学倡议书

尊敬的各位老师、同学:

您知道吗?并不是每个学生或同学都能像我们一样轻松享受灿烂的阳光,畅想一个个美丽的梦想。在我们的身边还有不少渴望上学而忧郁无助的同龄人。他们有的是出身于单亲家庭,有的父母病魔缠身,债台高筑,有的家庭收入微薄难以支付他们的书费……这些因种种原因失学的同学,是社会上的弱势群体。这并不是电视里才有的镜头,这是真正发生在我们身边的人与事。

同学们,当你快乐地踏入大学的校门时,你是否知道在我们身边有许多不能正常就学的同学,他们和大家一样,都是映着十月金秋的朝霞,踏着青春朝气的步伐,他们是多么渴望和我们一样步入这美丽的殿堂。

"寒门学子苦,求学路上难",是他们生活的真实写照;"我们要读书,我们要成才",是他们心灵的真诚呐喊!为此,我真诚地希望您伸出温暖的双手,用真情去点亮这些贫寒学子的求学之路,为创建全国文明城市,共同建设和谐家园而积极奉献您无私的爱!

我们从天南地北来到这里——××职业技术学院,组成了一个温暖的大家庭。因此,我们是一家人,相亲相爱的一家人,这些因种种缘故而就学艰难的同学对自己的学业与未来充满了希望。面对这些充满希望的笑脸,我们忍心让之黯然失色吗?加入爱心捐助行列吧,以自己的微薄之力来帮助需要捐助的同学,为社会尽一份力,伸出你们的援助之手,献出一片爱心。老师们、同学们,再寒冷的冰遇到你们火一般的热情也会化为乌有,我相信:有爱的天空将永远明媚。

大学生活是人生一段美好的时光,是学习知识、增强素质、提高为社会服务能力的重要阶段。但是,在这些踌躇满志的青年学子中,我们也看到了来自贫困家庭学生那无助的眼神。因为贫困,他们的生活有一道难以逾越的障碍,因为贫困,他们难以展开理想的翅膀。他们在负重前行,他们在艰难跋涉。他们多么渴望有人伸出温暖的手、奉献关爱的心,他们多么期盼有人帮助他们走出生活困境,走向美好明天。

人生因奉献而美丽,人生因奉献而精彩!赠人玫瑰,手留余香;捐资助学,功德无量。您的一次善举,将为这个世界增添希望的色彩!您的一份关怀,将给这个城市洒下爱的阳光!让贫困青少年在您的关爱下放飞成功的希望,让社会和谐在无数爱心汇聚中得以升华!

帮助弱势群体是中华民族的传统美德,周急济困更是知识分子的道义所在,我们应肩负秉承和传播这种美德的神圣使命。也许您并不富裕,也许您一个人的力量解决不了这些贫困学生的就学问题,但聚沙成塔、集腋成裘。只要人人都献出一点爱,世界将会变成美好的家园，让我们共同伸出援助之手，以满腔爱心为这些贫困学子撑起一片晴朗的天空！

这对于我们，也许仅仅需要少喝一瓶可乐，少吃一袋零食，少玩一次游戏，就能让迷惘无助的同学见到希望，鼓起生活的勇气！那是怎样的一种幸福！

人生之善莫过于助人，助人之德莫过于助学，为此，我们向全校教职工及同学倡议：

老师们、同学们，行动起来吧！为我们身边的"希望工程"，尽一份力量，献一份爱心！圆一个学生的求学梦！一方有难，八方支援。聚你我点滴温情，燃学子希望之光！爱心无止境，助学见真情，让他们真切地感受到学院大家庭的温暖。我相信，我们学院会因您而变得更加美丽，世界也会因为您而变得更加美丽！

××职业技术学院　食品××班宣

××××年10月4日

第五节　条据类文书

条指便条，据指单据。条据是指人们在日常工作、学习、生活中，彼此之间为处理财物或事务往来，写给对方作为某种凭证或有所说明的字条。在日常生活中，人们经常会遇到收、借、领、欠钱财物品等事宜，在交接过程中依照习惯需开具各式可作凭证的字条；此外，有时为阐述某种情况，交代某种事务，也需要留下一些书面便条。这些留作依据和说明的字条和便条，都是条据。

条据的种类繁多，形式各异，总体上可分为凭证性条据和说明性条据两大类。凭证性条据是为办理涉及财物的各种手续而开具的具有契约性的字据，由出具者在事情实际发生前书写完毕，再交由接受者加以保管，作为双方的约定证据和信誉保障。主要包括借条（据）、收条（据）、欠条、发条、领条、证明条等。说明性条据主要用于说明情况、传递信息、提出请求等的一类字据，具有告知作用。此类条据讲究礼仪规范，表述时力求礼貌与谦恭。主要有请假条、留言条、意见条、托事条、邀约条等。

一、条据的结构和写法

条据的结构比较简单，包括标题、正文、署名、日期四个部分。

（一）标题

标题表示的是条据的具体类型。请假写请假条，借钱借物写借条。根据写作目的，办什么事就写什么条据。书写上要求在条据的中央上方写明条据的名称。在凭证性条据中有时可由"今借到"、"今领到"等字样来替代条据的名称。

（二）正文

正文所反映的是条据的具体内容，是条据的主体。或者说明情况、阐述理由，或陈述收、借、还、欠的关系、数量、期限等要素，做到明确完整。实际书写时还应注意以下几点：

(1) 说明性条据应在正文前顶格写上称呼并加上冒号，称呼视与立据人的具体关系而定；正文的结束部分应写上诸如“此致敬礼”“谢谢”等礼貌用语。

(2) 凭证性条据中涉及的钱物数量，应使用汉字大写，并写明货币的种类及计量单位名称，最后写上“整”字。如“人民币壹佰伍拾陆元整”“服装叁拾套整”。另外，一组完整的数字不宜分写成两行。

(3) 写错或有遗漏时，原则上应重写一张，一旦有了改动或添补，要在改动或添补处盖上印章。

(三)署名

在条据的右下方必须签上立据人的姓名，必要时还应用印章或按上手印，以示对正文所述内容的确认与负责。

(四)日期

日期指立据的具体时间，写在署名的下方，要求把年、月、日写完整。

二、条据的写作要求

尽管条据的名目繁多，作用也各自不同，但其在主要特征和结构形式上有着许多共同或相似之处，因此，我们在条据的写作上应共同遵循以下几点：

(1) 内容明确客观。条据的内容所反映的都是工作生活中严肃认真的事，牵扯到甲乙双方的关系和利益。因此务须客观确凿，不无中生有，不弄虚作假，做到一条一事，不可芜杂。

(2) 语言简洁明了。条据的语言表述不追求精彩和华丽，以将内容表达客观明确为原则，所以简洁明了是条据的语言特色，有的条据在用词造句方面还需有较为固定的格式。

(3) 书写严谨无误。立据人必须对条据中所涉及的事情缘由、钱财名称与数量、立据时间等诸多要素做到交代无误，不能有丝毫的疏漏和差错。字迹要端正、清楚，最好不要用草书，以防误认。稍有不慎，就会引起矛盾和纠纷，把事情复杂化。

例文 1

请 假 条

李老师：

昨天放学后，我突然腹痛不止，经医生检查确诊为急性肠胃炎，故不能来校上课。特请假四天(8 月 18 日—8 月 21 日)。敬请批准。

此致

敬礼！

附：医院证明单一张

请假人：王冰倩

××××年 8 月 17 日

例文 2

留　言　条

小张：

今天上午 9 点 30 分，我来你处洽谈有关工会活动事宜，恰逢你外出未归。请你于今晚 7 点打电话给我，届时再与你具体商谈。静候。

宅电：××××××××

赵志华
××××年×月××日

例文 3

借　　条

今借到杨柳同志人民币肆佰柒拾元整，拾天内归还。

此据

借款人：林立志
××××年 11 月 6 日

说明：借到个人或公家的现金、财物时写给对方的字条就是借条。钱物归还后，把字条收回作废或销毁。这是向个人借钱、借物写的借条，一般只写一张，交给被借人保存即可。

例文 4

收　条

今收到高山乡铁匠沟大队马胜田、牛兴旺二同志送来的棉花技术承包合同资金叁仟圆整。

此据

××省农业科学研究所
经手人：张玉山
××××年 10 月 9 日

说明：若是主人（被借人）收到对方归还的现金和财物时，一般不用再写收条，只要把上次对方所写的借条退给还款人即可，或当着对方的面把借条撕掉，以示还清。

归还钱物时，如主人或当事人不在场，由其他同志代为收下转交时，则要写张代收条。

例文 5

欠　条

原借学校电化室 VCD 光盘叁拾贰张，现已归还贰拾肆张，尚欠捌张，保证在一星期内归还。

××级计算机(1)班　张明
××××年 9 月 25 日

说明:借了个人或公家的钱物,归还了一部分,还有部分拖欠,应就拖欠部分重打欠条,同时收回原来欠条。

例文 6

领　条

今领到学校教材科发给××××级学生的《应用文写作》教科书壹仟本。

××级2风景园林班　李岚

××××年8月30日

说明:如果是由别人代领,可照代收条那样去写就行,不过要把“代收”字样改为“代领到”。

如果单位发给职工的用品种类较多,领取人也较多,负责发放人可在账本上分类分项登记,让领取人签字或盖章。

如果机关、团体备有印好的领单,领钱物时,按单子要求去填写就行了,不必再写领条。

第六节　专用书信

一、专用书信概念

专用书信,指在某一特定范围内、某种特定场合或情况下使用的具有专门用途的书信。

专用书信通常包括介绍信、证明信、表扬信、感谢信、祝贺信、慰问信、申请书、决心书、挑战书、应战书、倡议书、求职信、个人简历、聘书、咨询信、推荐信、公开信等,这些不同种类的书信,各有各的用途,应用于不同的场合,写给不同的对象,因此在写法上就有不同的格式和要求。

二、专用书信与一般书信区别

专用书信和一般书信有以下区别:

(1) 一般书信是个人和个人之间的书信,它用于交流个人思想感情、互通个人和家庭情况。专用书信多用于个人与单位、单位与单位之间的事务往来。

(2) 专用书信常有标明性质的标题,有的还在标题前加上标题内容的修饰语。一般书信没有标题。

(3) 专用书信的收信人的称谓可写在开头第一行,也有的写在正文之后另起一行顶格,还有的写在正文中。一般书信的收信人的称谓均写在开头第一行。

(4) 不少专用书信,为表示慎重,要在署名处加盖公章。一般书信除单位写的外,通常不必用章。

(5) 从读者对象看,大多数专用书信的读者具有不确定性的特点。而一般书信的读者是相对确定的。

(6) 从语体方面看，专用书信的语言基本上采用书面语言。一般书信则相对口语化。

掌握专用书信的写法，先要搞清楚它们各自的用途是什么，有哪些不同的特点，然后了解每一种书信在写法上的特殊格式和要求。专用书信的格式，同一般书信基本相同，大都具有称呼、正文、署名、日期几个部分。

三、专用书信种类

本节主要介绍几种常用的专用书信：求职信、个人简历、申请书。

(一)求职信

近年来，由于中国用人单位制度的改革，变过去的各级推荐为广泛从社会上招聘，使人才市场活跃起来，供方和需方直接进行沟通，求职者大多通过精心准备的求职材料来引起用人单位的注意，并通过一系列相关程序后被录用。所以它是个人就业时必须掌握的一种应用文体。

1. 求职信的概念

求职信是求职者以书面的形式，向用人单位介绍自己的情况，提出供职请求和愿望的文书。

求职信能充分表达个人意愿，向用人单位展示自己的才能和特长；用人单位可以通过求职信了解情况，决定是否给求职者一个面试的机会，进而决定是否录用。因此，可以说，求职信是求职者在求职的道路上迈出的第一步，也是关键的一步；它是求职者找到理想工作、实现人生价值的一座桥梁，也是人才市场解决人才需求问题的一种手段；它是求职者求职不可缺少的书面文字材料，也是用人单位对求职者进行考核并做出是否录用决定的重要依据。

2. 求职信的特点

(1) 目的性。求职信的目的非常明确，就是要促使用人单位对自己产生兴趣，进而争取谋求工作和职位的机会。求职信篇幅较短，所以必须要分清主次，突出重点，有的放矢，与求职无关的话一概不提。要达到这一目的，求职者在写作中必须注意以下三点：一是深入了解招聘单位和所要应聘工作的具体情况，更为重要的是要了解招聘单位对人才的要求及选择标准；二是在分析自己的基础上，找出能够吸引用人单位的条件；三是“投其所好”，把自己的优势和应聘岗位的要求和标准相结合。

(2) 自荐性。求职是自己推荐自己，是“毛遂自荐”。而中国的知识分子一贯推崇孔子所说的“人不知而不愠，不亦君子乎”，即自己说自己的好处不易启齿。实质上求职信就是要把自己的能力、条件和要求提交给对方考虑，既要展己之才，又要投其所好，以达到被对方录用的目的。因此，写作者应围绕着这个最为现实的目的，要在客观、正确地评价自己的同时，对自己的特长、优势、能力有充分具体的介绍，同时还要态度谦虚、语气委婉，做到自信而不妄自尊大，自谦而不妄自菲薄。言辞诚恳、充满热情、有人情味，切忌枯燥、呆板、教条化。否则难以给用人单位留下鲜明、深刻的印象。如该职位是属于向外打交道的工作，则应强调自己的社交能力；如该职位属内向型工作，则应强调自己沉默严谨，踏实肯干，以此来充分显示自己的个性。

（3）个体性。求职信的内容是否具有个性化特征，也是鉴别它优劣的关键。虽然在格式上求职信讲究稳定规范，但在其内容表述上却最忌讳千篇一律，人云亦云。可从强调能力、突出特长、展示文采、表现书法等几方面着手，尽可能地展示自己与众不同的、让对方欣赏的特长和优势；也可在语言表达和构思上匠心独运，巧妙运用各种修辞手法，灵活安排材料和层次结构，以求在有限的篇幅中充分体现出鲜明的个性特征、人格魅力和竞争优势，使用人单位刮目相看。

3. 求职信的写作格式

求职信的书写格式，一般由标题、称谓、正文、祝颂语、落款、附件名称几部分组成。

（1）标题。标题可直接标明文种“求职信”“自荐书”，位置居中。

（2）称谓。在标题下一行顶格书写。收信单位是单位或部门的，可直接写单位或部门的名称，如“××公司”“××工厂人事科”；收信对象是单位联系人或单位、部门负责人的，则写上姓名、尊称或职务名称，“××先生”“××小姐”“××经理”等。有时还可以在称谓前面加上表示尊敬的词语，如“尊敬的××先生”。

（3）正文。另起一行空两格写，主要内容如下：

①求职的缘由。开门见山，首先说明求职的缘起，即为什么要向该用人单位求职，是通过何种途径获得该用人单位的招聘信息的。然后，根据用人单位所需和自身所长，提出所要应聘的具体岗位名称和职务，注意不可同时应聘多种不相干的职务。

②自荐人的基本条件。其中包括姓名、性别、年龄、籍贯、政治面貌、文化程度、职业等要素，要如实写清楚。特别要着重介绍自己的知识结构、业务能力、实践经历、工作成绩、基本素质、兴趣爱好等内容。这一部分是决定求职成败的关键。因此，要写得充分又具体。对于所学课程，可以列上几门最主要的、有特色的专业课。对于大学生来说，实践经历包括勤工俭学、课外活动、义务工作、参加各种各样的社团组织、实习经历和实习单位的评价等。这部分内容要写得详细些，写明你在社团中、活动中做了哪些工作，取得了什么样的成绩。用人单位要通过求职者的这些经历考察其团队精神、组织协调能力等。兴趣爱好可以列上两三项，用人单位可就此观察求职者的工作、生活态度。

在写法上，这部分通常采用“简历”式的写法，将自己在不同时期的工作或学习情况特别是所取得的成绩反映出来，要注意对自身所具有的才能和专长的展示，即要揭示出才能、专长与所取得成绩之间的因果关系，使之紧密地结合起来。通过展示，才能充分反映出自荐人胜任某项工作的能力，从而令单位信服。

③被聘后的打算。这部分要用简明扼要的语言写明被录用以后应当如何去做。求职者应对自己所求职位有一定的了解，并可假设已被聘任，对应聘岗位提出自己的设想、目标及实现的具体措施。目标要明确，措施要有可行性。

④请求语。以诚恳的态度提出求职的愿望和要求。如希望对方给予回信的愿望以及能有一个面谈的机会等。

（4）祝颂语。在正文后写上表示敬意或祝愿的话，常用的祝颂语如“此致敬礼”，其格式一般是另起一行空两格写“此致”，再转行顶格写“敬礼”。

（5）附件名称。附上附件目录，让用人单位对所附的附件有个大概了解。

(6) 落款。在文末右下方写上姓名，可以用“敬上”或“谨上”等词以示礼貌和谦逊。姓名下面写上日期。

附件是信后附上有关资料，根据附件目录顺序装订。如简历表、学历证书、资格证书、技术等级证、获奖证书、发表的作品以及能证明自己优势的有关材料。附件要有较强的说服力和凭证性，有些材料需加盖公章。附件不必太多，但要有分量，能够证明自己的才华和能力。

有的求职信还设计专门的封面。封面是引起招聘者注意的重要元素，其要领是要体现特色和信息。有特色才能在第一时间吸引招聘者的“眼球”，为你率先赢得机会。封面信息主要是求职者的姓名、联系方式、职称、学历、毕业学校或曾工作单位等。精心设计的封面不仅能给用人单位留下初步印象，还便于招聘单位和求职者取得进一步的联系。

4. 求职信的注意事项

(1) 要有的放矢。目前，社会就业形势日益严峻，许多人求职心切，随意在招聘信息中找一些单位盲目发出求职信，这种“饥不择食”的做法，对求职者极为不利。一方面对招聘单位基本情况和应聘岗位要求缺乏了解，难有胜算把握；另一方面招聘陷阱颇多，盲目中很可能会上当受骗，造成一定的损失。应当结合自身的专业、能力、性格等情况对招聘信息有所选择，对拟定的招聘单位进行调查了解，以选择是否参与竞聘。

(2) 要实事求是，注重礼仪。求职信是给用人单位的“见面礼”，是至关重要的“第一印象”。信中既要能充分展示自己的才能和优良个性，又要使对方不反感，还要根据所求职位的情况，扬长避短。用语谦虚有礼、不卑不亢，不夸大或虚构，但也不过分谦虚而将自己各方面的能力讲得平平淡淡。最好的办法是用成绩和事实代替华而不实的修饰语，恰如其分地介绍自己。

褒扬用人单位时也要注意用语得体。一般写求职信之前，应尽量多了解一些对方的情况，对该单位的实力、经营模式或用人机制等进行褒扬，表明本人被深深地吸引，所以希望到该单位任职。但应该注意措辞，如有的人在求职信中写道：“久闻贵公司工作条件舒适，福利待遇极佳。”这样的写法使人怀疑求职者的动机和实际能力。又如“前几天，和朋友的闲聊中，得知贵公司……”这里的“闲聊”二字不妥，好像应聘人无所事事，或对所应聘单位重视不够，应改成“经朋友介绍”较好。

(3) 要简洁准确，条理清晰。单位招聘，尤其是大企业招聘时会收到很多份求职信和简历，工作人员不可能每份都仔细研读，所以必须注意言简意赅、突出重点，一般只要一页纸就够了。另外，求职信的文面要整洁，字体要工整。注意段落分明，格式讲究，用语准确，无错别字。

撰写求职信时要有提纲，有计划，有主题，有逻辑性和层次感，否则就会降低招聘单位对求职者写作能力、逻辑思维能力，甚至工作能力的认同。事实上逻辑混乱、条理不清的文字容易使人厌倦疲劳，很可能会导致阅读中止。

(4) 要设计美观。求职信的形式美也非常重要。一个人内在的素质修养、工作经验、品性习惯常在文章布局、装帧排版、语句使用、材料选择等方面可以透露出来。因此要精心设计求职信的封面包装和版面格式以及内容布局。努力做到外观精美独特，内容准确清楚，给人留下美好的第一印象。

另外，求职信的信纸应当保证清洁。使用较好的纸张，不能过轻过薄，有褶皱。复印件最好保证颜色深度适中；手写的求职信不可有手印、墨迹、擦痕。

当然也要注意避免一种倾向，即为了追求美观和独到，而过于奢华，这样势必加大求职信的制作成本，而且不一定给用人单位留下好的印象。

例文 1

与韩荆州书

李 白

白闻天下谈士相聚而言曰：生不用封万户侯，但愿一识韩荆州。何令人之景慕一至于此耶！岂不以有周公之风，躬吐握之事，使海内豪俊，奔走而归之。一登龙门，则声誉十倍。所以龙蟠凤逸之士，皆欲收名定价于君侯。愿君侯不以富贵而骄之，寒贱而忽之，则三千宾中有毛遂，使自得脱颖而出，即其人焉。

白陇西布衣，流落楚汉。十五好剑术，遍干诸侯；三十成文章，历抵卿相。虽长不满七尺，而心雄万夫。王公大人，许与气义。此畴曩心迹，安敢不尽于君侯哉！

君侯制作侔神明，德行动天地，笔参造化，学究天人。幸愿开张心颜，不以长揖见拒。必若接之以高宴，纵之以清谈，请日试万言，倚马可待。今天下以君侯为文章之司命，人物之权衡，一经品题，便作佳士；而君侯何惜阶前盈尺之地，不使白扬眉吐气，激昂青云耶？

昔王子师为豫州，未下车，即辟荀慈明；既下车，又辟孔文举。山涛作冀州，甄拔三十余人，或为侍中尚书。先代所美，而君侯亦荐一严协律入为秘书郎；中间崔宗之、房习祖、黎昕，许莹之徒，或以才名见知，或以清白见赏。白每观其衔恩抚躬，忠义奋发，以此感激。知君侯推赤心于诸贤腹中，所以不归他人而愿委身国士。傥急难有用，敢效微躯。

且人非尧舜，谁能尽善？白谟猷筹画，安能自矜？至于制作，积成卷轴，则欲尘秽视听。恐雕虫小技，不合大人。若赐观刍荛，请给纸墨，兼之书人。然后退扫闲轩，缮写呈上。庶青萍结绿，长价于薛卞之门。幸惟下流，大开奖饰。惟君侯图之。

简析：这是唐代大诗人李白向当时颇有名望的荆州刺史韩朝宗写的求职信。文中先对韩的道德学问极力称颂；对韩的恭谦待士极力赞扬并迫切希望通过韩的推荐，实现自己的抱负。接着叙写自己的才识广博，文武双全，技艺超群。整篇信清雄奔放，豪气逼人。但又有《古文名篇赏析》认为"李白为求职而夸大自己的才能，对有权势者权力予以揄扬，是不足取的"。

例文 2

求 职 信

天运集团公司经理×××先生：

您好！

我叫×××，现就读于××大学计算机信息工程学院自动控制专业，即将于××××年7月毕业，获学士学位。感谢您在百忙之中抽空阅读我的自荐材料。我希望在贵公司寻求一份工作。

素闻贵公司管理有方，选贤任能，工作效率高，气氛和谐，科研和生产更是搞得生气蓬勃，有声有色。今年上半年在贵公司实习期间，对此我深有感触。我想，在如此和谐、高效的环境里工作，不仅心情愉快，而且会早出成果。

我所修的专业是自动控制，目前全部学业已出色完成，成绩优秀。附上一份本人简历和大学期间各科成绩一览表，供您参考。

在刻苦钻研专业知识的同时，英语方面我已具有较强的口头表达与文字翻译能力。此外，我利用课余时间在几家公司兼职，从事电脑方面的管理与维护，这使我有了更多的实践经验。

我殷切希望，凭着自己的实际工作能力和务实进取精神，能在工作中施展自己的抱负。我坚信，您的知遇，定会鞭策着我为贵单位的繁荣发展和自我价值的实现奉献我的青春！

静候您的佳音！

此致

敬礼！

求职者：×××

××××年×月××日

简析：作为求职书中最为重要的部分，这篇求职信有它独有的特点。文章用简洁明快的语言介绍了自己的毕业院校、专业、实践经验等情况，并对用人单位作了简单的评价，非常难能可贵。全文层次清晰、重点突出，且富有年轻人的朝气和热情，使人能从字里行间感受到求职者的工作干劲和热情。

（二）个人简历

1. 个人简历的概念

个人简历是用以说明求职者的个人信息、工作经历等情况的一种文体，是求职信中的一个重要部分。

2. 个人简历的写作格式

个人简历的内容一般包括个人资料、学历、工作经历、特长、能力、兴趣爱好、求职意向等。

（1）个人资料。包括姓名、性别、年龄、联系电话等。

（2）学历。一般写自己的最后学历，高学历者（硕士研究生、博士研究生）可从大学写起，也可以从中专或大专写起。

（3）工作经历。根据个人工作情况不同而重点突出说明工作的具体内容与经历，尤其是与求职目标相关的工作经历；一定要展示最主要、最有说服力的工作经历和最具证明性的为原工作单位获取利润的相关成绩。一般是先写近期的，然后按照时间顺序由近及远依次写出。在每一项工作经历中先写工作期限，接着是工作单位和职务，最好还要有证明人。

如果是刚毕业的大学生，可以写勤工助学、课外活动、义务工作、参加各种各样的团体组织、实习经历和实习单位的评价等。这部分内容要写得详细些，写明你在社团、活动中做了哪些工作，取得了什么样的成绩。

(4) 特长、能力、兴趣爱好。写这部分内容时，不可泛泛而谈，而应针对求职意向有重点地介绍。

(5) 求职意向。写清楚应聘的职位和目标。

写作格式有的以文字形式分项展示，有的以表格形式呈现。

3. 个人简历的撰写要求

(1) 语言简洁精练，力求篇幅简短而富有感召力。

(2) 真实客观，不虚夸，不过谦。

(3) 针对性强，重点突出。

例文 3

个 人 简 历

个人概况

姓名：张明

出生年月：××××年×月

毕业院校：××大学经济技术学院

专业：自动化

联系电话：××××××××××××××

手机号：××××××××××××

联系地址：××省××大学东区 4 栋 203 室　　邮编：××××××

求职意向

从事生产过程自动化的控制、运行、维护、研发以及计算机网络硬、软件系统的应用、维护、开发等方面的工作。

教育背景

××××年×月—××××年×月就读于××大学经济技术学院。

专业能力

主要专业课程有自动控制原理、现代控制理论、过程控制、拖动自动控制、微机原理、单片机原理、可编程控制器、计算机仿真技术、数字通信技术、信息论基础、现代控制技术。通过专业课程的学习，积累了很高的过程控制及检测的理论基础，掌握了生产过程自动化装置和系统的运行、开发、设计技术。

英语水平

具有较高的英语会话、阅读、写作能力，通过了大学英语六级考试。

计算机水平

对计算机硬件有较高的理论基础，并积累了丰富的实践经验。能熟练运用多种基础编程语言如 C 语言、True Basic、Foxbase 语言、汇编语言。对于办公软件如 Office、WPS 能够熟练地操作。对于图像处理，可以熟练地应用 Photoshop、Cool 3D、CorelDraw。

精通 Frontpage、Dreamweaver、Fireworks、Flash 等制作网页的软件，完成了个人主页的制作并参与班级主页的建设。对网络的基础知识和应用技术有很深的掌握程度，并有一定的组网能力，特别是对 Windows NT 的网络实现有较深的了解。

实践经历

××××年×月　在××××卷烟厂实习

××××年×月　在××有限公司实践

××××年×月　在校工厂参加 9～14 伏稳压电源的电子设计

××××年×月　在校工厂参加金工实习

获奖情况

××××—××××学年获校级“优秀共青团员”。

个性特长

生活中的我待人诚恳、乐于助人、乐观、重信誉，能和周围的人融洽相处，敢于创新，不循规蹈矩，思维敏捷，头脑灵活，有一定的应变能力，能很快地适应新事物，自信，有责任心，有竞争意识，敢于向自我挑战。本人爱好广泛，喜欢踢足球、擅长吉他演奏，并有一定的文学功底，在德、智、体各方面做到均衡发展。

简析：这是一篇符合要求的个人简历。首先，个人简历的主要项目齐全而且安排得当。其次，能根据自己的求职意向，有针对性地介绍本人掌握的专业技能、现有的计算机水平、在校参加的实践活动等。

（三）申请书

申请书的内容种类较多，一般指个人或单位、集体向组织领导、上级机关或有关部门提出某种请求而撰写的一种文书。有申请参加某个组织的，有申请参加某项工作的，有请求解决某一实际问题的，等等。

申请书内容要写得简明扼要，即把申请的事情、理由与要求等写明白，便于有关领导进行研究处理和作出答复。申请书要求一事一议，内容要单纯。

申请书和其他专用书信的格式大体相同，通常包括标题、称谓、正文、祝颂语、署名和日期五部分。

(1) 标题。写在第一行正中，一般直接用“申请书”作为标题，有的还可以在前加上事由，如“入党申请书”、“调动申请书”等。

(2) 称谓。写上接受申请书的部门、组织的名称或有关负责人的姓名。要顶格写，以示尊重。

(3) 正文。内容包括提出申请的理由、申请的具体事项及要求，有时还要表明申请人的态度或提出保证。要求言简意赅，重点突出，有条有理。

(4) 祝颂语。申请书可以有祝颂语，也可以没有。祝颂语一般写表示致敬或要求的话。

(5) 署名和日期。在申请书的正文的右下方，写上申请人或申请单位的名称，在名称下面写上年、月、日。

例文 4

入党申请书

××系党支部：

我××，是××学院中文系××级学生。经过十几年的政治思想学习，尤其是进入大学以来，辅导员沈老师的言传身教深深地感染、鼓舞了我。他对工作的认真负责，对学生的真挚热爱，使我看到了一个共产党员的优秀品质，我的思想觉悟得到进一步升华，入党态度更加坚定，今天我郑重向党支部提出申请加入中国共产党的要求。

一、对党的认识

中国共产党是中国工人阶级的先锋队，是中国各族人民利益的忠实代表，是中国社会主义事业的领导核心。我从小学、初中、高中以至大学，对每次思想政治学习，始终积极认真地参与，并深刻认识到党是由工人阶级的先进分子所组成的，人民的利益就是党的利益。全心全意为人民服务是党的根本宗旨，能够光荣地投入党的怀抱，不仅是个人政治思想成熟的表现，而且给个人的成长提出了更高更严格的要求。建设有中国特色的社会主义，是我国长治久安和繁荣富强的关键，因此，每一个有责任心的中国人，都要认真学习这一理论。

二、对待入党的态度

中国共产党党员是中国工人阶级的有共产主义觉悟的先锋战士。做一名共产党员必须树立坚定的共产主义信念，并时刻准备为党和人民的利益牺牲个人的一切。通过学习，我的愿望日益迫切，那就是，我要献身于共产主义事业，更好地为人民服务。

在革命战争年代，党员意味着冲锋在前，流血、牺牲；在和平建设年代，党员意味着吃苦在前，享乐在后。共产党员称号是光荣的，因为他要用自己的才智和心血为人民服务，这同时又是个人生命意义的升华。“先天下之忧而忧，后天下之乐而乐”的崇高境界，使多少共产党员矢志不渝地追求。为树立自己正确的入党动机，我努力做到以下几点：

1. 认真学习党的知识理论。从高一开始，我就有意识地阅读《毛泽东选集》、《邓小平文选》等经典著作，并认真地做读书笔记，努力使自己从著作中体会经典文献的精髓，通过学习，把朴素直观的认识尽量上升到自觉、理性的高度，从而使自己的入党动机逐步清晰、深刻。

2. 通过实践锻炼，不断提高自己的觉悟。一滴水能够反映太阳的光辉，小事也能培养人的素质。在每次的卫生劳动中，我都认真积极参加，不怕苦，不怕累；在学习优秀党员的活动中，我努力培养自己对党的感情。

三、我的主要表现

我的家庭可以说是一个党员之家，父亲、母亲、哥哥、嫂嫂都是共产党员，在这样一个家庭氛围中，从小学开始，我就努力培养自己的政治思想觉悟。

我在××省××县××镇××小学完成小学学业，因为成绩优秀，曾经作为“优秀少先队员”出席全县优秀少先队员代表大会。从小学一直到高中，我一直是“校三好学生”、“县三好学生”、“优秀学生干部”称号的获得者。由于自己的表现突出，我参加了×市区高中第一届团校，并获“优秀团员”称号。

在学习和工作中，我逐渐树立了马克思主义的群众观点，我认为群众路线是一个根本的工作路线，无论在什么地方，我都要求自己和同学们打成一片。××××年，我们高中有一个叫彭×的女生，因患白血病急需大量的现金治病，我和同学们听说后，主动找到校领导，给彭×同学捐款，并在全县发起"献爱心"的活动，缓解了彭×同学的医疗之急。在那次活动中，我把自己仅剩的25元生活费都捐了出去。

在平凡的生活中，我总是严格地要求自己做得更好一点，我一如既往地坚定自己的理想和信念，认真做好自己的每一项工作，踏踏实实地向奋斗目标迈进。

四、奋斗目标

我知道，目前的我，与共产党员的标准还有一定的距离，在政治思想觉悟和工作表现上还有一些差距，为实现自己政治生命的升华，实现自己的夙愿，做一名真正的共产党员，我会继续努力做到以下几点：

1. 从严要求自己。共产主义理想是共产党员生活的指路明灯，我要继续坚定自己的共产主义信念，时刻以一个共产党员的标准要求自己，规范自己，立志为共产主义事业奋斗终身。

2. 自觉接受党组织的帮助。组织的帮助对一个人的成长有很大的益处。我请求组织监督我，教育我；我会积极参加党的活动，认真接受组织的培训，努力提高自己的政治素质和工作能力。

3. 重新系统学习党的建设理论，从理论上武装自己，做一个真正的马克思主义者。

敬爱的党组织，投入您的怀抱，若水之归海，只有在您的怀抱中，我才能实现自我，成为大海中永不干涸的一滴水。请允许我再一次表达我的真挚愿望，请相信，我会为共产主义事业奋斗终身，踏踏实实地做一枚螺丝钉，在平凡的位置上奉献自己的一切。

敬爱的党组织，请考验我的真诚！

我的个人履历表、家庭成员及社会关系情况附于后。

此致

敬礼！

申请人：××

××××年×月×日

简析：这是一份请求加入党组织的申请书，文中坦诚说明对党的认识和态度，交代清楚入党的动机，随后又介绍了自己的情况，最后再次表明请求和决心。行文简洁，条理清晰。

综合练习

一、填空题

1. 计划的特点是具有__________、__________、__________、__________。

2. 计划的标题包括__________、__________、__________、__________。

3. 计划的内容一般包括三部分：一是做什么，即__________、二是__________，即__________、三是什么时候做，即＿＿＿＿＿＿＿。

4. 总结主体部分写作的方法通常是＿＿＿＿＿＿、＿＿＿＿＿＿、＿＿＿＿＿＿。

5. 按性质来分，总结可分为＿＿＿＿＿＿、＿＿＿＿＿＿。

6. 调查报告具有＿＿＿＿、＿＿＿＿、＿＿＿＿、＿＿＿＿特点。

7. 启事通常分为＿＿＿＿、＿＿＿＿、＿＿＿＿三大类。

8. 海报通常张贴在＿＿＿＿或＿＿＿＿，告知有关活动的事项。

9. 条据可分为＿＿＿＿＿＿、＿＿＿＿＿＿两大类。

二、选择题（待选答案中至少有1个是正确的）

1.《××省卫生系统××××年工作总结》属于（　　）。

A. 文件式标题　B. 文章式标题　C. 双标题　D. 单标题

2. 总结的文章式标题，可以是（　　）。

A. 概括主要内容　B. 概括基本观点　C. 时限和内容　D. 单位名称

3. 计划的别称有（　　）。

A. 规划　B. 要点　C. 方案　D. 安排　E. 设想

4. 计划写法的主要形式有（　　）。

A. 条文式　B. 逻辑式　C. 表格式　D. 时空式

E. 条文表格结合式

5. 常用的调查报告有（　　）。

A. 经验调查报告　B. 情况调查报告　C. 问题调查报告　D. 专题调查报告

6. 调查报告的结尾形式有（　　）。

A. 总结全篇主要观点　B. 指出问题，提出建议

C. 指出发展远景　D. 预测未来

7. 启事的特点是（　　）。

A. 具有告启性、知照性　B. 具有鼓动性、刺激性

C. 具有公示性　D. 具有简明性，形式多样，篇幅短小精悍

8. 下列属于寻领启事的有（　　）。

A. 寻物启事　B. 招领启事　C. 迁移启事　D. 招聘启事

9. 海报的正文应用简洁的文字写清楚（　　）。

A. 活动内容　B. 活动时间　C. 活动地点　D. 参与方式

10. 海报的种类较多，从内容分，有（　　）。

A. 戏剧海报、电影海报　B. 文艺活动海报、体育比赛海报

C. 报告会海报　D. 招聘海报

11. 撰写海报的注意事项有（　　）。

A. 内容真实　B. 简明扼要　C. 图文并茂　D. 详略得当

三、思考题

1. 拟订计划为什么要充分考虑可行性？

2. 为什么要制订计划？制订计划前应做好哪些准备工作？

3. 总结的写作要求是什么？

4. 总结开头部分的写作有什么要求?

5. 简述调查报告的主体结构。

6. 调查报告的写作要求有哪些?

7. 告启类文书写作时应注意哪些问题?

8. 条据类文书写作时应注意哪些问题?

9. 撰写求职信、个人简历和申请书时的注意事项有哪些?

四、写作分析题

1. 以下是调查报告的开头部分,指出它们属于哪种开头形式,写了什么内容?

(1)为了切实掌握全疆教师工资拖欠情况,探讨建立教师工资按时足额发放的保障机制,为政府部门制定相关政策提供依据,自治区教育工会组成了 3 人调查组,于 3 月 19 日至 4 月 15 日,历时 28 天,对 7 个地区 42 所基层学校教师工资发放情况进行了实地调查。

(2)水土流失是指表层土壤及其物质在水力的作用下发生位移并使表层土壤逐渐变薄、质地变粗的过程,是当土壤在水的浸润和冲击作用下,其组织发生破碎和松散,随水流动而大量流失的现象……

我国黄土高原由于地表植被尤其是森林严重破坏……人类赖以生存的生态环境正在发生急剧变化,水土流失造成的危害极为严重。

2. 下面文段是计划的前言部分,文字上有很多毛病,请按计划前言的写作要求修改。

(1)《××县××站 2013 年工作计划》

硕果累累的 2012 年过去了,光辉灿烂的 2013 年已经来临,为了开创我站工作的新局面,更好地完成上级布置的任务,特制订我站 2013 年工作计划。

(2)《××车辆段八月份行政工作计划》

认真贯彻局党委扩大会议及安全工作电话会议精神以及分局第三季度重点工作安排,在本月份内认真贯彻执行外还须提高质量保证安全为中心,以加强政治思想工作为推动,以比学赶帮为竞赛形式,掀起一个大搞标准化作业,大练基本功的运动,把人员培训在现有的基础上提高一步,要求达到生产技术过硬职工总人数 70%,在技术业务方面出现一个新水平,以此实际行动迎接冬运前的大丰收,因此要努力地做好工作。

3. 下面是一组总结的文字,请看看它们有什么毛病,并给予改正。

(1) 要做好资料员工作是件很不容易的事

我是××××年 7 月份参加银行工作的新同志,一年多来的工作实践,我深深地体会到:要做好资料工作,除需掌握语文基础知识和本行的业务知识外,还要有一定的理论政策水平,然而更需要深入实际,调查研究。

我刚来到秘书处搞资料工作时,不要说写,连一般业务性的文章都看不懂。我每天只干一些事务的工作,看见秘书写东西那样自如,心里很焦急。记得有一次,单位组织经验介绍会;领导叫我整理一下材料,当时我的业务知识缺乏,对存款和贷款的性质分不清,把人们存进银行的款当作贷款,出了大笑话。为了尽快地提高自己的写作水平,我除虚心向老同志请教外,还充分利用空闲时间学习一些跟资料工作有关的书籍。一年多来,读了语文基础知识,各种文体写作知识,银行基础知识等书籍。通过学习,自己的业务水平和工作能力都有一定的提高。一般的调查材料、简报及日常应用文都能写了。省行要求资料员办班前要提交一篇稿件,我自己一个人去调查,自己动手去写,在质量上比以往有所提高。

(2) 来到机关工作已经一年了，下面，我谈谈做好工作的一些体会：

第一，要做好工作首先要学习好党的方针政策和国家的法律、法令，做一个遵纪守法的人，这是做好本职工作的前提，这是国家干部做好本职工作的基本点，这样思想上有了方向，有了原则，才能指导做好本职工作，事事处处按照党的基本原则去办，才能做到光明磊落，廉洁奉公，作风正派。

第二，团结同志一道工作。团结就是力量，在一个单位工作，事事处处要做到求大同存小异，原则问题要坚持，一般问题可迁就；

第三，尊重领导，爱护同志，努力完成本职工作，定期对自己的工作检查和汇报，在领导的帮助下和同志们支持下尽职尽责去完成任务。

五、病文修改

1. 指出下面说明性条据中的错误并加以改正。

> 吴××：
>
> 我今天来你家，乘了地铁换公交，车费花了不少，可惜你不在家，想跟你商量事情也商量不成了。你明天在家吗？我大约8点来。一定要等我啊！不然我又要白跑一趟了。今留言托你邻居交你，大概能收到吧，再叙了。
>
> 老同学　　　　即日

> 张老师：
>
> 昨夜雨急风骤，风云异色，天气突变。故吾尚在梦中，猝不及防，不行受凉。鸡鸣之时，吾方发现，不想为时已晚矣。病毒入肌体，吾痛苦万分，亦悔昨夜临睡之际，不听室友之劝，多加棉被一条，以致此晨之窘境。吾痛，无他，唯恸哭尔，室友无不为之动容。
>
> 吾师应懂，乃吾迫不得已。非不为也，而不能也。呜呼哀哉，哀哉痛矣。腹泻不饶人，敬请谅之。
>
> 学生××敬上

2. 指出下面凭证性条据中的错误并加以改正。

> 借　条
>
> 今收到王××借给我的人民币一佰〇三元正。
>
> 谢谢！
>
> 丁×
>
> ××年×日下午×时

> 领　条
>
> 今领到课本50本、作业本200本。

> 欠　条
>
> 原借赵小雅800元，现在还欠300元未还。此据。
>
> 张××

六、写作题

1. 按照总结的特点和写作要求，写一篇个人或班级的学习或工作总结，要求：结构完整，内容充实，观点明确，叙议结合，字数在600字以上。

2. 请你针对下学期的学习拟写一篇个人学习计划，要求：结构完整，内容切实可行，字数在600字以上。

3. ××厂为了调动职工的积极性，保证完成和超额完成生产任务，决定在全厂内推行××岗位责任制先进经验：要求开好三个会（动员会、经验交流会、总结表彰会），搞好试点工作，组织职工讨论，充分发扬民主，各方面配合，从7月上旬开始，利用一个半月至两个月，完成这项任务。请根据以上情况，为××厂制订一份工作方案。

4. 选择下列标题，作一次调查，设计好调查方案和调查问卷，按照写作要求，写一篇调查报告。

（1）××学院学生日常消费情况的调查

（2）××学院学生上网情况的调查

（3）××学校学生思想状况的调查

（4）××学校社团活动情况调查

（5）××学校学生课外兼职情况的调查

5. 元旦即将来临，××学院舞蹈协会准备在××广场举行大型的露天舞会。请你为舞蹈协会拟写一份海报。

6. 试撰写一份求购二手电脑的启事。

7. 职业技术学院学生演讲协会向该院全体师生征集该协会会徽，请你写一份会徽征集启事。

8. 学校校庆，法律系文秘1班同学排练节目需要录音机，与外语组老师商量后，外语组老师同意借给他们两台录音机。请代拟这份单据。

9. 小王日前曾借公司照相机、录音笔等器材。如今录音笔已归还，照相机还要使用到月底。请代小王写这张欠条。

10. ××省司法警官职业学院发给张震同学900元补助金，可张震因病住院，由你替他代领，请写一张代领条。

11. 假设你的同学张莉莉是你的邻居，张莉莉的父亲病了，需要她照顾两天，托你代为请假，请你写这张请假条。

12. 给陆丹校长写信，就学校的某一问题，提出建议，或就自己的困难提出要求，请领导给予帮助。

13. 马上就要实习离校了。王芳要将到期的三本图书归还图书馆，但发现其中一本被校友王元借走后一直未还。王芳带着余下的两本书到王元寝室，准备索要后一起归还。到了王元的寝室后发现王元不在，时间仓促，王芳当即把手中的两本书放在王元的桌子上，并留下便条，要求王元回来后替她将三本图书一并归还。请你代王芳写一则留言条。

14. 假设你即将毕业，请根据自己的实际情况，拟写一封求职信，并附上一份简历。

15. 王卫的父母因工作调动，举家迁入南方某市。王卫现为山西××学院××××级新生，学制三年。与父母分隔两地，有诸多不便。近日，通过家人联系，王卫新居所在城市的××学院同意接收他入学。王卫要转学，校方要求他提交转学申请。请代王卫写一份转学申请书。

第四章　科技文书

第一节　毕业论文(毕业设计)

一、毕业论文的概念

毕业论文是高等院校的应届毕业生对所学专业某个领域的问题进行深入研究、探讨、表达自己研究成果的有一定学术价值的文章。它实际上归属学术论文这个大范畴,是学术论文的“初级阶段”。它是学生在校期间学习成果的总结,初步反映学生运用所学知识,分析和解决本学科内某一问题的学术水平和能力。

毕业论文有广义和狭义的理解。狭义的理解是,毕业论文是应届毕业生在专业教师指导下,毕业之前必须完成的、以所学专业领域某一课题为研究和阐述对象,发表自己创造性的见解,能反映其综合学习成果的学术论文。广义的理解则将能全面反映学生所学水平而做的综合性作业统统称之为毕业论文。

二、毕业论文的种类

根据内容与性质的不同,毕业论文可以分为理论性毕业论文、实验性毕业论文、描述性毕业论文和设计性毕业论文。后三种主要是理工科大学生选择的论文形式,文科生写的一般为第一种。

根据学生的层次及申请学位的高低,毕业论文可分为普通毕业论文、学士论文、硕士论文和博士论文。普通毕业论文即由大专生撰写的毕业论文。由大学本科生撰写的毕业论文为学士论文。经评定论文成绩及格,答辩合格及其他成绩合格者,可授予学士学位。硕士论文即由攻读硕士学位的研究生撰写的毕业论文。其学术水平比学士论文要高,它要求对所研究的课题有较多的独创性,作者的知识积累达到一定的广度和深度,能充分反映出作者独立从事科学研究的能力。经评定论文成绩及格、答辩合格及其他成绩合格者,可授予硕士学位。博士论文即由攻读博士学位的研究生所撰写的毕业论文。它要求作者研究的课题是某一学科或专业技术方面的尖端问题,对问题的探讨有明显的启发性和引导性,在该学科领域起先导、开拓作用。经评定论文成绩及格、答辩合格及其他成绩合格者,可授予博士学位。

三、毕业论文的特点

毕业论文的写作既有学术论文必备的科学性、独创性、理论性、规范性等共性外,还具有其自身的特点。

(1)时间的限定性。毕业论文必须于在校期间的最后学习阶段，按学校规定的时间完成。

(2)作者和内容的特定性。毕业论文的作者必须是高等院校的应届毕业生；毕业论文的内容必须是在校期间所学专业课的有关内容。

(3)样式的规定性。毕业论文的样式有特殊的规定，一般由学校统一印制或规定样式模板。

(4)科研的尝试性。大学生学习的目的是为了将来能够运用所学专业知识从事科学研究或解决实际问题；这就要求学生不仅要会学习，而且要学会处理课题，具有一定的科学研究能力。毕业论文的写作就是一次最好的科学研究的尝试。

四、毕业论文的写作步骤与要求

(一)写作准备

毕业论文写作前的准备工作主要为确定选题、选定导师、搜集资料、撰写开题报告等。下面具体着重探讨确定选题和撰写开题报告。

1. 确定选题

选题即选取论文的研究方向和要论述的问题。确定毕业论文选题是完成论文的首要环节，是决定论文质量的一项关键工作。选题得当，一系列后续工作如论证角度选择、材料取舍、内容组织安排、创新点确立等，就有了遵循依据，论文成功就有了良好的基础。

毕业论文选题不能过大、涉及面过宽，要正确估量自己的综合能力、专业兴趣和客观的研究条件，选题时量力而行，应避重就轻，避难就易。须注意以下两点：

(1) 选题应以专业课的内容为主。

(2) 要充分考虑主客观条件。即：

①研究题目的大小适合。若研究题目太小，则难有展开的余地；若题目过大，而作者的研究能力及研究经验不够，则无法把问题研究得非常深入、透彻，写出的论文常会流于浮浅、空泛，给人一种“大题小作”之感。对本科生来说，以小见大，通过对课题的限定，把所要解决的问题谈清、谈透，有利于深入分析，把文章写得更有深度。

②考虑时间条件。很多学校把本科生的毕业论文安排在最后一个学期，而且仅给十周左右的时间，如果从选题到写作的全部工作都在这段时间完成，是难以保证质量的，因此要在时间上留出余地。

2. 撰写开题报告

开题报告通常要包括以下项目：作者姓名，学科门类、研究方向及年度，导师的姓名和职称，研究题目，选题的缘由、目的和意义，选题及研究背景(包括课题研究的历史和现状及相关课题的研究情况)，研究方法、措施和步骤(如需调查或实验，要写出调查或实验设计方案)，准备情况(主要为资料的准备情况)，预期目标，具体进度和完成时间。

开题报告一经通过，论文写作程序就可以正式开始了。

(二)毕业论文的撰写

实际上,毕业论文的撰写并没有什么固定的或者说一成不变的模式,但作为毕业论文的写作,首先要学习、熟悉论文的写作要求,第一步即应该从论文的基本格式开始。下面就论文的一般格式进行介绍。一般来说,一份完整、规范的毕业论文应当包括以下项目:封面、目录、标题、摘要、关键词、正文、注释、参考文献、致谢等。

1. 封面

由于毕业论文是以单行本形成递交并存档的,所以要有封面。封面能提供论文的主要信息和保护论文,它是给人的第一印象,因而设计、装帧要美观、大方,装订要牢固。封面主要包括标题、学校、专业、作者姓名、指导教师姓名、申请学位级别、论文提交日期等。

2. 目录

又称目次,一般排在扉页之后。由论文章、节、条、款、附录等的序号、题名和页码组成。有的根据需要也可在目录前或后加上序。有的是作者自序,对论文及写作过程的有关事项作必要的介绍和解释,也有的由别人写序,除了对论文的有关方面作介绍外,还可做出评价和议论,有的作者还把致谢放在序中。

3. 标题

标题是以最准确、最简明的词语反映论文中最重要的特定内容的语词组合。一般不宜超过 20 个字,而且要避免使用不常见的缩略语、字符、代号和公式等。在表现形式上,一般可有:

(1) 单行标题。此类标题在内容上,可以直接揭示论文的论点,也可以揭示论文研究的对象,还可以指明论文研究的范围。可用判断句和陈述句表示,也可用疑问句表示。如:“按质论价是改革第三产业价格的路子”“论现代统计方法在企业管理中的应用”“中国真是“第三经济强国”吗?”。

(2) 双行标题。此类标题是由正、副标题组成。正标题概括论文的论点或主要内容,副标题对论文的研究对象或论述范围做出说明。可用副标题对正标题进行说明或阐释,如“尽快使国有企业成为真正的法人企业——对国有企业改革的分析与探索”,也可用副标题说明对某人某作品某论点的反驳或商榷,如“差异、对立与系统的矛盾普遍性——对《世界的根本规律到底是什么》的质疑”等。

4. 摘要、关键词

摘要是毕业论文极为重要且不可缺少的组成部分。作为论文的窗口,它频繁地被用于国内外资料交流、情报检索、二次文献编辑等。一般地说,它是论文要点的摘录,含有整篇论文的主要信息,是论文要点不加注释和评论的一篇完整的陈述性短文,能独立于论文之外被使用和被引用。内容应包括:研究的前提、目的和任务以及所涉及的主题范围;用于研究的原理、理论、条件、对象、手段、程序等;研究的结果和对结果的分析和研究,以及虽然不属于研究的主要目的,而就结论和情报价值而言也很重要的信息。在形式上,一般不用图、表、化学结构式、计算机程序,不用非通用的符号、术语和非法定的计量单位。在篇幅上,一般不作限定,学士学位论文摘要为 800 字左右,硕士学位论文摘要为 1 500 字左右，博士学位论文摘要为5 000字左右。

关键词是论文内容、观点、涉及的问题等方面的标志和提示，作用是易于分类、存贮和检索。关键词的标注在摘要的下方，以3～7个为宜，涉及的内容领域从大到小排列，便于文献编目与查询。

此外，与中文摘要和关键词相对应的是英文摘要和关键词。英文摘要应用词准确，使用本学科通用的词汇；使用有忽略主语作用的被动语态；使用正确的时态，必要的冠词不能省略，并注意主、谓语的一致。

5. 正文

(1) 引论——文献综述。论文的引言中要作文献综述，其目的是考核学生检索、搜集文献资料后综述文献的能力，了解其研究工作的范围及质量。内容包括：选题理由、文献综述、学术地位阐述。

(2) 本论。是论文的主体部分。本论中作者要展开论题，对论点进行分析论证，阐述和公布研究成果的中心内容。具体应该包括研究对象、研究方法、实验和观测方法、实验和观测结果、计算方法和编程原理、数据资料、经过加工整理的图表、形成的论点和导出的结论等内容。写作时，各章节标题要大致对称，内容之间有严密的逻辑论证关系，各部分篇幅长短不宜相差太大，章节标题不宜太长。

本论的结构方式，主要有总分式、层递式、并列式、综合式和散论式。

①总分式是一种有总论、分论的结构方式。根据总论与分论安排上的先后不同，又可分为：先总后分式；先分后总式；先总、再分、又总的总分总式。

②层递式又称递进式或推进式，即各层次之间是逐层深入的关系。这种结构中，前一个层次是后一个层次的基础，后一个层次是前一个层次的进一步深化。

③并列式又称平列式，即各层之间为平等并列的关系，围绕中心论点从不同方面，从不同角度进行论证，各层次的分论点与中心论点是局部与主体的关系。尽管各部分事实上不可能绝对平等，但它们的轻重缓急差别不大，次序变换一下，对全文影响不大。

④综合式即是把总分式、层递式、并列式等结构方式结合起来交错运用的结构方式。这种结构的长处是可以容纳丰富复杂的内容，可使论证充分并富于变化。篇幅较长或论述的问题较为复杂则常常运用这种结构，并且常以一种形式为主，其他方式为辅。

⑤散论式是边分析论述边做结论，每个层次都有较大的独立性，层次之间的联系不十分紧密的一种较为自由开放的结构形式。这种结构也是围绕一个中心、一个范围较广的论题，但论述中可以有重点地专论几个方面自己有见解的问题。采用这种结构的文章往往以"关于某某问题的几点思考"、"关于某某的若干问题"等为题。

(3) 结论。结论部分，是作者在本论综合分析研究的基础上所归纳出的论文的中心论点。同时，也对研究成果的意义、推广应用的现实性或可能性以及进一步发展等加以探讨和论述。这部分是收束论文的结尾，遣词造句上要求准确、完整、明确、精练。

6. 注释

毕业论文中的所有引文均须标明出处。这一是为了说明有根据，二是为了便于查考。

引文部分的作者、出处、时间,原书名及文章题目、页码等,都应一一写明。注释有夹注、脚注和尾注,要求准确、完整。

7. 参考文献

参考文献是评定论文作者阅读资料的广度和研究深度的一个重要依据,也是尊重他人研究成果的表现,同时也便于研究相同课题的读者查阅资料。在尾注的下方,按文中出现顺序列出直接引用的主要参考文献,先列出中文文献,再列出外文文献。列于参考文献的文献类型,包括图书、期刊、会议论文集、专利和学位论文等。一般都有固定格式要求,写作时要注意表述的规范性。

五、毕业论文的答辩

毕业论文的答辩,是审查论文并考查论文作者对课题的把握程度及综合研究水平的重要方式。它通过答辩形式,以论文写作者提交的论文中涉及的问题为切入点,全面考核毕业论文作者相应的知识水平和技能,并对作者的知识水平做出相应评估。答辩包括“答”和“辩”两个层次,“答”是被动意义上回答提问者的问题,“辩”是对质询和诘难的主动反驳,因此也是锻炼学生的快速反映能力和独立处理问题能力的有效手段。

为顺利通过答辩,论文作者在提交论文后,必须马上开始答辩的准备工作。准备工作主要从以下几个方面进行。

1. 物质准备

答辩者在答辩前,要准备好记录用的纸和笔,毕业论文,答辩提纲,主要参考资料,需在答辩中进行具体演示的复杂的图表、模型、影音资料等,应做好幻灯片演示内容。

2. 心理准备

在答辩时,要调整好心态,以自信的态度、清醒的意识、饱满的激情、从容的心态参加答辩。

3. 内容准备

(1) 撰写答辩提纲。毕业论文答辩是围绕毕业论文而展开的,它涉及整个学科的基本知识和现状、论文写作过程、论文中运用的方法、论文的理论价值和社会价值、论文的语言表达等环节,应做精心准备。一般应围绕以下问题做准备。

①为什么选择这个选题?它在整个学科体系中处于什么地位?对这个问题所涉及的学科发展的历史和现状及论文的价值,应有清晰的认识。

②论文中一些概念和范畴的界定,必要时应作词源考证。

③论文中的资料来源和参考文献。

④论文中的理论基础和主要观点。

⑤论文的逻辑结构。

⑥简述论文的写作过程、花费的时间、修改的次数、得到的帮助。

⑦论文的价值,重要的创新及其理论意义和实践价值。

⑧论文中还有什么不足和需要解决的问题,简述论文不足和没有解决不足的主客观

原因。

⑨对论文写作中给予帮助的有关单位和个人表示感谢。

答辩者应围绕上述问题准备好论文答辩提纲，以理清思路，防止自己在答辩中跑题或谈不清问题，同时将其熟记于心，在答辩时尽量脱稿，时间控制在30分钟左右。

在论文答辩开始时，论文作者首先要简要地陈述自己的研究情况，陈述的内容主要包括：选题的缘由和动机；课题研究的意义和价值；已有的研究状况及自己的研究有所创新、有所突破的地方；比较重要或独到之处的研究方法；论文的基本观点；论文的缺陷之处或需要进一步研究的问题等等。

(2) 通读论文，认真思考：论文的薄弱环节在哪里？观点是否有值得商榷的地方？所用材料是否有可疑之处？如果提问者提出这些问题，自己应当如何应对？

(3) 重新整理一下用过的资料，以便更加清楚地掌握资料的全貌。

参加答辩时，应当携带论文底稿和主要资料，以备临时查阅。回答问题，要力求自信流畅、简洁明了。遇到自己无法回答的问题，要以坦诚的态度实事求是地说明，而不应刻意回避或极力辩解。答辩结束时，要对答辩委员会富有启发性的提问表示感谢，最后要有礼貌地退场。

六、毕业设计的概念及写法

毕业设计指毕业生在教师的指导下，综合运用所学专业的知识和技能，针对职业岗位中现实的课题(或问题)进行分析研究后写成的具有应用价值的文本。毕业设计一般由设计说明书和设计图两部分构成。设计图可以在正文中出现，也可以在附录中出现。

毕业设计一般可分为工程(工艺)设计、设备(产品)设计、活动文案设计等等。其主要分为五部分进行写作：

(1) 标题。标题应简洁、明确，通过标题能使读者大致了解毕业设计的内容、专业的特点和科学的范畴。

(2) 署名。署名是在毕业设计标题的下面署上作者的姓名。毕业设计有统一封面的，作者的姓名按照规定写在封面的指定位置上。

(3) 正文。正文一般由引言、设计任务分析、方案初选、方案的详细设计、总体评价五部分组成。

(4) 参考文献。有关的参考文献应该列举清楚。

(5) 附录。这部分主要是以收录篇幅较长、格式特殊而又具有相对独立性、确实不方便在设计说明书正文中表述的内容构成，如图纸、试验或观测的详细数据汇总等。

例文

高职文秘专业《应用文写作》教学改革的几点建议

作者：×××

摘要：在现代社会，人们在工作和生活中，无论是传递信息还是交流思想，都离不开应用文写作。对培养应用型人才的高职院校文秘专业来说，尤其应该重视《应用文写作》教学。但是在当前高职文秘专业的应用文写作教学中，存在一些错误认识，只有转变教师传统观念，改变教师老套做法，改革教师教学方法，挖掘学生学习潜力，才能改变教学现状，提高学生写作水平。

关键词：文秘；应用写作；教学；建议

步入"信息社会"，人们在工作和生活中，无论是传递信息还是交流思想，都离不开应用文写作。应用文作为记录、传递、贮存信息的手段和工具，使用的频率越来越高；只有应用文写得准确规范、通畅简洁，才能有效地发挥它的作用。据《秘书之友》杂志报道，中共辽宁省委直属机关工会举办公文评改竞赛活动，竞赛项目是评改一份仅有147个字的"通知"，参赛的有秘书、机关干部等500多人，结果及格的只有70多人，及格率仅为15%。由此看来，对于文秘专业的学生来说，提高应用文写作能力显得尤为重要。

但是，在当前高职文秘专业的应用写作教学中，存在两种错误认识：一种是应用文写作的教与学很简单，不需要专门的教与学。因为应用文与记叙文、说明文、议论文相比较，有固定的格式规范，教材上写得很清楚，学生一看就懂，不需要教，只要学生打好了记叙文、说明文、议论文的写作基础，再稍加注意或者了解一下应用文的格式、规范和写作要求，谁都能够写好应用文。专门地学习应用文，只是浪费时间，得不偿失。另一种是认为应用文写作的教与学太难，不易教与学。理由是：应用文虽然是在工作中使用频率比较高的文体，但是它既没有诗词歌赋的诗情画意，也没有小说引人入胜的情节，从内容到形式都比较单调、枯燥，教与学都并非一件易事。加之学生长期生活在学校，缺乏社会经验和实际工作经验，写作时没有写作素材，多数人感到无话可说，只能照搬书上的格式，言之无物，内容空洞，缺乏创意，写不好。这两种错误认识，都阻碍了对应用文写作教学的深入研究，影响了应用文写作教学课程改革的步伐。

诚然，由于应用文文种与文种间缺乏一定的关联性，各类教材在例文的选择上及所涉及的领域具有较大的随意性，加上训练题的设计缺少必要的背景，较具抽象性，使得学生在学习中不能闻一知十，灵活变通，其应用文写作能力往往不能尽如人意，学生在听的时候确实听懂了，可是在练的时候却出现困难，有时学生觉得不知道如何下笔，考试的时候又错误百出。因此，改革应用文写作的教学方法，使教与学成为一个双方都能积极参与的活跃而有效的过程，就成为摆在文秘专业应用文写作任课教师面前的一个亟须解决的大难题。

针对当前现状，为改革文秘专业的应用文写作教学，使之更好地为学生服务，笔者有如下几点建议：

一、转变教师传统观念，实现角色观念转型

（略）

二、改变教师老套做法，下水作文指导学生

（略）

三、改革教师教学方法，提高学生学习效率

审视目前应用写作的教学现状，总结教学经验，要想从根本上提高文秘学生的应用文写作能力，教师就必须进行教学改革，结合文秘专业的实际要求，笔者认为教学方法改革可以从以下几方面进行：

一是采用职业情景模拟的方法，可以收到事半功倍的效果。（略）

二是采用案例教学法，培养学生解决实际问题的能力。（略）

三是运用实践体验法，使学生在实践中体会成功的快乐。（略）

四、挖掘学生学习潜力，提高学生写作水平。

（略）

参考文献：

[1]杨惠敏. 对应用文写作教学改革的探讨. 广西民族学院学报，2001(2).

[2]颜素杰. 高职文秘专业学生写作能力的培养. 山东省农业管理干部学院学报，2003(6).

[3]李永宏. 浅议应用文写作中案例教学法的应用. 教育与职业，2003(15).

简析：这篇论文标题简洁明确，摘要言简意赅，引言部分阐明了应用文教学的现状及问题，本论部分提出四点建议并对其进行了充分的分析论证。文章材料丰富，分析得力，论证严密，观点鲜明。

第二节　实习报告　实验报告

一、实习报告

实习报告是指学生完成实习任务后，向相关教学管理部门提交汇报实习的过程、收获及心得体会的书面材料。实习是指学生在校学习期间，到实习单位的具体岗位上参与实践工作的过程，是让学生将所学的专业知识、专业技能实践化的必要措施。实习报告按照内容划分大体上有教学实习报告、生产实习报告、课程实习报告和毕业顶岗实习报告等。

（一）实习报告的特点

1. 总结性

对于学生个人来说，实习报告是对实习过程的总结，通过梳理收获，找出不足，以利于今后更好地适应职业生涯。

2. 档案性

对于教学部门来说，实习报告是实施专业教学的证明性资料，应当作为重要的教学档案保存好。因此，也更应认真地对待。

（二）实习报告的格式与写法

1. 标题

它主要有三种写法：

（1）只标示文种名称，即书“实习报告”四字。

（2）实习内容加文种名称，如“秘书专业顶岗实习报告”。

（3）正标题加副标题组成，正标题用一句话概括实习报告的主要观点或思想，副标题标示实习内容、文种名称等。如“走进社会大课堂，勤于实践得真知——××××公司实习报告”。

2. 署名

在标题下另起一行居中书写作者的姓名，姓名前应当标明所在系别、专业、班级等。也可将署名放在正文之后右下方的落款处。

3. 正文

正文因实习的内容和过程不同而呈现不同的面貌。论文式实习报告一般包括概述、实习项目简介、实习内容综合分析、实习总结和结束语等几部分。一般性实习报告的构成则宜略不宜繁，常包括下面几方面要素：

（1）基本情况。概要说明实习的单位、时间、任务等基本情况。

（2）实习的完成情况。一般要比较详细地交代完成了哪些具体的实习任务，取得了什么成绩，还存在什么差距等。

（3）心得体会。结合实习过程中的具体事例说明自己有何收获，学到了哪些课堂上学不到的东西。

（4）实习的意义。简洁地点出实习的积极意义和今后的努力方向。

4. 落款

如标题下无署名，则在正文的右下方署名，姓名前标明所在系别、专业、班级等。在署名的正下方写上写作实习报告的日期。如果标题之下已署名，这里则只写日期。

写作时还要注意实习报告的内容一定要客观，不能弄虚作假，不能只报喜不报忧，那样就失去了意义。还应突出重点，不要把实习报告写成流水账，要突出自己的特点，善于分析概括，侧重成绩或体会等等。

二、实验报告

实验是一种在特定条件下认识自然现象、探索自然奥秘、获取感性知识、检验和发展科学理论的活动。实验报告是对某种现象实验后，要对整个实验过程进行全面总结，提出一个客观的、概括的、能反映全过程及其结果的书面材料，即实验报告。

撰写实验报告主要有两个目的：一是科学地总结自己的实验研究工作，通过对实验内容、方法等的科学表述，阐明实验的结论和价值；二是实验的成果是否可靠，必须经过反复验证。研究者对自己的实验工作进行总结，写出实验报告，有助于提供验证材料，推动科研的发展。此外，撰写实验报告，还有利于研究者发现自己实验研究过程中的问题和漏洞，因而也有利于自己研究水平的提高和今后实验工作的改进。

（一）实验报告的特点

实验报告记录、描述了某项实验过程和结果，其主要特点如下：

1. 科学性

科学性是科学研究成果的灵魂。做实验时，要仔细观察发生的各种现象，分析各种现象发生的原因，必须从事实出发。写作报告时，要实事求是地记录，不可夸大、缩小，更不可无根据地臆断。

2. 规范性

写作实验报告时，要按照一定的格式，不能忽视最基本的规范要求。要根据事物的结构特点和逻辑顺序来考虑表达的形式和表述的方式。

3. 可读性

实验报告的语言必须精确、通俗，为了便于交流，在不损害规范性的前提下，尽可能简洁。专业术语可以使用，但不应故弄玄虚。不能为可读而可读，文字切忌带个人色彩，一般不采用比喻、拟人、夸张等修辞手法。不可把日常概念当作科学概念，不宜采用总结经验式的文字。

（二）实验报告的分类

实验报告的种类很多，各类实验都要撰写实验报告。按实验目的分，一般有定量实验、定性实验、模拟实验、结构分析实验、分析成因实验等。但总体上看，按性质分主要有两种类型：检验型实验报告和探索型实验报告。

类型不同，表达的方式也不一样。检验型实验是对已有实验进行重复实验，或对同类实验进行移植，以验证某些结论，所以报告多用决断性语句；探索型实验是科学工作者要做的实验领域尚属空白，或认识较少，或者用新的实验方法，重新验证已有的结果所进行的开发性实验。所以报告一般采用探讨性语句，同时它也是一种重要的汇报和交流的手段。

（三）实验报告的格式和写法

不同实验报告的构成部分不尽相同，但通常包括以下几个部分：

1. 实验名称

即标题，它是实验内容的集中反映。标题应该简练、概括地反映出事物的对象、领域、方法和问题，如“XCZ-101 型动圈式仪表的校验和试验”。实验报告的标题由单一式和复合式两种。单一式标题直接点题，如“中学语文比较教学实验报告”。复合式标题由正题和副题组成，如“电工电子实验报告——EWB 虚拟电子实验平台”。

2. 前言

说明实验的目的和要求、实验意义和作用等，语言要求高度概括。

实验目的即为什么要进行此项实验，要表述精短。实验要求同样要与目的一样简练、明确,也可分条列出,如“液体表面张力系数的测定”的实验要求为:“一、掌握用焦利称测微小力的原理和方法”;“二、用逆差法处理数据”。

3. 正文

包括实验的原理、实验设备、方法和步骤、实验结果和讨论等。

(1) 实验原理。简要说明进行实验的理论依据,包括涉及的重要概念、实验依据的主要定律、公理、公式等。它是进行实验的理论依据。有的实验要给出计算公式,以及公式的推导,电学实验要给出线路图,光学实验要给出光路图,化学实验常给出反应方程式。

(2) 实验设备、方法和步骤。这是实验报告的重要组成部分,应详细说明以下内容:第一,实验设备的原理、名称、性能和型号等;第二,实验所需要的原材料的名称、性质、特征和产地;第三,实验所采用的方法;第四,实验进行的步骤、程序。操作过程要简单、明了、清晰,一般要标注序号。

注意对于不常见的仪器要加以介绍。化学实验中的试剂,应标明形态、浓度、成分等。实验步骤是实现进行的程序,通常都是按操作时间先后划分成几步进行,并在前面标注上序号来对操作过程进行说明,要简单、明了、清晰。实验装置的安装过程和实验线路的联接过程,有时单纯用文字很难叙述清楚,有时就要求画出示意图,这样不仅使文字大大减少,而且使人看得更加清晰明白。

(3) 实验结果。它是实验活动价值的反映和体现,要求如实地记录实验的所有结果,包括实验中出现的各种现象和各项数据。实验结果必须真实、准确、可靠。

它是对整个实验记录的处理。实验结果中最重要的是提出数据和典型事例。数据记录要求是实验中的原始数据,必须要经过严格核实:从仪器表中读取数据时,要根据仪器表的最小刻度单位或准确度来决定实验数据的有效数字位数。

数据都要列表加以整理,如发现异常数字,则应及时复试,及时纠正。列表表示时,表格一定要精心设计,要注意图表的正确格式,用统计检验来描述实验因子与实验结果之间的关系。项目栏要列出测物理量的名称、代号及量纲单位,说明栏中的小数点要上下对齐。典型事例能使人更好地理解实验结果,使实验更有说服力。

对于非测量的实验,当然无须记录数据、分析误差、进行计算。其结果部分,主要描述和分析实验中所发生的现象,例如化学实验中反应速度的快慢,放热还是吸热,生成物的形态、颜色及气味;金相或岩相实验,拍摄的显微照片;电学实验,观察到的波形图,等等。

因实验结果部分是整个实验的核心和成果,在写作前,一般应将数据整理好,并列出表格,写作时分好类,按一定顺序安排好数字、表格及图,并做必要的说明。为了准确起见,最好采用专业术语来描写,不许任何夸张,引用的数据必须是真实的,结论必须可靠,图与表格要符合规范要求,数字的记录方法和处理方法必须符合规定,否则,将会使整个实验报告丧失价值。

(4) 误差分析。在实验中,由于实验条件、测量仪器、测量方法以及测量技术等因素的影响,测量值与客观值之间存在着差值,这个差值叫误差。因此,要对测量值与真值进行误差分析,可从两方面入手:一是系统误差。其特点是在相同实验条件下,对同一量进行反复多次测量时,误差总保持不变,或测量条件改变时,误差可按一定规律变化。它产生的原因包括仪器缺陷或没按照规定条件使用、方法误差、实验者估计不够准确等。消除系统误差,可用精度测量,或多次测量。二是随机误差。其特点是在相同条件下,对同一量进行多次测量时,在极力消除或者改正一切明显误差后,每次测量的误差以不可预知的方式变化着,这叫作随机误差。

(5) 分析和讨论。这是实验者的见解,是实验由感性认识到理性认识的反映,一般应写明影响实验的各种因素、实验中观察到的各种现象的分析和解释、实验结果与预测或已知推论的结果比较、实验中发现的规律性的东西,等等。"讨论"应紧扣结果并联系相关理论进行,切忌就事论事或离题万里。

4. 结论或讨论

根据实验过程观察到的现象和测得的数据,得出结论。结论即运用理论来讨论和分析与实验结果有关的问题。结论是对整个实验的一个总结,它直接来自实验的结果,并回答实验提出的问题。下结论语言要准确简明,推理要有严密的逻辑性,可以引用关键性数据,一般不应再列出图和表格。

讨论是对思考题的回答,对异常现象或数据的解释,对实验方法及装置提出改进建议。通常分条进行讨论,说明也比较简单,如:影响实验的根本因素是什么?提高与扩大实验结果的途径是什么?实验中发现了哪些规律?实验中观察到哪些现象?将实验结果与理论结果相对照,解释它们之间存在的差异,测量的误差分析。如果认为没有必要讨论,那么也可以不写。

5. 备注和说明

说明实验成功和失败的原因,实验后的心得体会等。

6. 参考文献

在写作实验报告时,如参考了别人的文章、论著或引用了别人的研究成果和结论等,应写出这些参考的文献资料名称。

实验报告的构成,并非千篇一律,不同学科的实验,其报告的写法也有所差异。以上几部分构成项目,只是实验报告的基本构成项目。

(四)实验报告的写作要求

一份报告实验是否有意义,取决于它的质量。为了保证实验报告的质量,必须遵循以下基本要求:

(1) 认真做好实验。写好实验报告关键是要做好实验,要认真记录各种现象和数据,这些都是写好实验报告的前提和基础。

(2) 使用说明的方式。实验报告是一种说明性文体,强调真实记录和描述性,因此要采取说明的方式,用简练、清晰、确切的文字和专业术语,客观地表述实验过程和实验结果。同时实验报告具有报道性,因而在保证技术性的基础上要尽力通俗易懂,注意可读性。要绘制好图表,并进行清楚明了的说明和解释,但不能任意编造实验现象和篡改实验数据。

(3) 格式规范，层次分明。科学实验是一个复杂的过程，因而要求抓住重点和关键，讲求结构格式的规范性，做到层次分明，要点突出，行文简洁流畅，不蔓不枝。

例文 1

工商管理实习报告

××系××级经济管理班×××

今年7月7日上午开始，我在中港××工程局附属单位××公司进行了工商管理实习工作。在实习中，我在公司指导老师的热心指导下，积极参与公司日常管理相关工作，注意把书本上学到的工商管理理论知识对照实际工作，用理论知识加深对实际工作的认识，用实践验证所学的工商管理理论，探求日常管理工作的本质与规律。简短的实习生活，既紧张，又新奇，收获也很多。通过实习，我对日常管理工作有了深层次的理性认识。

我所实习的××公司，隶属于中港××工程局。中港××工程局成立于1953年，是以水工、市政、工民建、路桥、安装工程等为主要经营项目的国有大型骨干建筑施工企业，具有航务工程总承包一级、房建二级、市政、水利水电三级、地基与基础一级、钢结构一级、机电设备安装一级、商砼与预制构件二级、勘察设计甲级、计量二级、建筑材料试验甲级等资质。公司现有正式职工3 000余名，先进的工程技术装备千余台；拥有2.6万平方米的高层办公楼和30多万平方米的生产基地；近700米的工作船码头和4万余平方米的海域，固定资产达3亿多元。公司于1998年通过了ISO 9002质量体系认证；1999年通过了ISO 10012国际标准认证，取得了“计量保证确认合格证书”；2001年通过了ISO 9001国际质量管理体系认证。

回顾实习生活，感触是很深的，收获是丰硕的。实习中，我采用了看、问等方式，对××公司的日常管理工作的开展有了进一步的了解，分析了公司业务开展的特点、方式、运作规律。同时，对公司的“浇铸明天”的服务品牌，“构筑精品，造福社会”的企业使命，“务实求新、敢争一流”的企业精神有了初步了解。该公司令我印象深刻的做法主要有以下三点：

1. 坚持以经营为龙头，不断开拓施工领域(略)

2. 强化三标一体管理体系，有效提高管理水平(略)

3. 积极实施“1433”举措，促进持续发展(略)

同时通过实习我发现××公司也存在问题：

1. 市场观念和经营体制不适应公司快速发展的要求，市场开拓的步伐与企业快速发展的要求有差距；经营体制还不完善，经营队伍、经营人员的责权意识有待进一步提高。

2. 施工组织管理观念有待进一步转变，在施工过程中按照施工合同要求进行施工组织管理的意识不强，施工管理现状与施工管理科学化、规范化存在较大差距，只是我们有的项目在开工初级阶段和施工过程中难以进入状态，不能满足业主要求。

3. 成本意识不强，成本控制水平不高，个别项目还存在管理粗放、施工大手大脚的现象，向管理要效益、向科技创新要效益的意识还没有牢固树立起来，以至于我们的成本控制与先进的施工企业还存在较大的差距，市场竞争力不强。

4. 对分包队伍的管理制度和管理程序还不完善，在分包合同管理发面存在程序不衔接、管理不闭合的现象；项目部对分包队伍达管理的重视程度不够，在管理手段和制度落实上存在薄弱环节。

5. 依法治企、依法维权和自我保护意识不强，不能充分运用法律手段维护企业利益，特别是领导干部的法律知识和依法治企的意识还不适应市场经济的要求。

对此，我提出了我的有关建议和对策：

1. 进一步强化生产是经营继续的观念(略)

2. 树立"零缺陷、低成本"向精细化管理要效益的观念(略)

3. 进一步推进和规范项目管理(略)

4. 推进依法治企，维护企业合法权益(略)

短暂的实习转眼而过，回顾实习生活，我在实习的过程中，既有收获的喜悦，也有一些遗憾。那就是对企业管理有些工作的认识仅仅停留在表面，只是在看人做，听人讲如何做，未能够亲身感受、具体处理一些工作，所以未能领会其精髓。但是实习经历无疑加深了我对工商管理基本知识的理解，丰富了我的实际管理知识，使我对日常管理工作有了深层次的理性认识，即认识到要做好日常企业管理工作，既要注重管理理论知识的学习，更重要的是要把实践与理论两者紧密相结合。

简析：这是一个专业实习报告，写作脉络比较清晰，体现出作者本人对通过实习对该公司的工商管理方面的认识达到了一定的深度。从该公司令人印象深刻的做法开始写起，又针对实习过程中发现的问题提出自己的建议，内容较充实明确，展现了较好的实习效果。

例文 2

物理实验报告

实验时间：××××.×.××　　　　试验地点：学校实验室

实验名称	影响滑动摩擦力大小的因素
实验目的	验证滑动摩擦力大小与压力大小、接触面积大小、接触面粗糙程度的关系
实验器材	弹簧测力计，长木板，棉布，毛巾，带钩长方体木块，砝码，刻度尺，秒表
实验原理	1. 二力平衡的条件：作用在同一个物体上的两个力，如果大小相等，方向相反，并且在同一直线上，这两个力就平衡。 2. 在平衡力的作用下，静止的物体保持静止状态，运动的物体保持匀速直线运动状态。 3. 两个相互接触的物体，当它们做相对运动时或有相对运动的趋势时，在接触面上会产生一种阻碍相对运动的力，这种力就叫摩擦力。 4. 弹簧测力计拉着木块在水平面上做匀速直线运动时，拉力的大小就等于摩擦力的大小，拉力的数值可从弹簧测力计上读出，这样就测出了木块与水平面之间的摩擦力。

续表

实验名称	影响滑动摩擦力大小的因素
实验装置与步骤	用弹簧测力计匀速拉动木块，使它沿长木板滑动，从而测出木块与长木板之间的摩擦力；改变放在木块上的砝码，从而改变木块与长木板之间的压力；把棉布铺在长木板上，从而改变接触面的粗糙程度；改变木块与长木板的接触面，从而改变接触面积。
实验数据	1. 用弹簧测力计匀速拉动木块，测出此时木块与长木板之间的摩擦力：0.7 N。 2. 在木块上加 50 g 的砝码，测出此时木块与长木板之间的摩擦力：0.8 N。 3. 在木块上加 200 g 的砝码，测出此时木块与长木板之间的摩擦力：1.2 N。 4. 在木板上铺上棉布，测出此时木块与长木板之间的摩擦力：1.1 N。 5. 加快匀速拉动木块的速度，测出此时木块与长木板之间的摩擦力：0.7 N。将木块翻转，使另一个面积更小的面与长木板接触，测出此时木块与长木板之间的摩擦力：0.7 N。
实验结论	1. 摩擦力的大小跟作用与物体表面受到的压力有关，表面受到的压力越大，摩擦力就越大。 2. 摩擦力的大小跟接触面粗糙程度有关，接触面越粗糙，摩擦力就越大。 3. 摩擦力的大小跟物体间接触面的面积大小无关。 4. 摩擦力的大小跟相对运动的速度无关。

简评：这是一个表格式的实验报告，一般适用于过程比较简单，或者不是特别强调实验方法与步骤的实验。它的好处是实验报告的内容简洁明快，一目了然。备注部分可根据实际情况进行取舍。

第三节 产品说明书

产品说明书是一种以说明为主要表达方式，由产品生产者对产品的名称、用途、性质、性能、原理、构造、规格、使用方法、保养维护、注意事项等内容进行书面解释、介绍的实用性文体。它是一种指导消费的科技类文书，是产品不可缺少的附带品之一。它可以帮助消费者了解产品，指导消费者做出购买决策和正确使用产品。一份成功的产品说明书不仅能提供有关产品的信息，还有助于树立企业形象和促进产品的销售，所以产品说明书的质量至关重要。

一、产品说明书的特点

（一）真实性

产品使用涉及千家万户，关系到广大消费者的切身利益，决不允许夸大其词，鼓吹操作，甚至以假冒伪劣产品来谋取自身的经济利益。

(二)科学性

产品是科学与生产实践的产物,在一定程度上体现了当代的科技水平。

(三)条理性

因文化、地理、生活、环境等的不同,人们对产品说明书的内容还存在着认识和理解上的差异,所以,产品说明书在陈述产品的各种要素时,要有一个由浅入深、循序渐进的顺序。

(四)通俗性

很多消费者没有专业知识,因此有必要用通俗浅显和大众喜闻乐见的语言,清楚明白地介绍产品,使消费者使用产品时得心应手,对注意事项做到心中有数,维护维修方便快捷。

(五)实用性

强调产品的实用性,目的在于突出"我的比你的好用"这个重要指标,利于突出产品优势,利于消费者使用产品。

二、产品说明书的类型

产品说明书应用广泛,类型多种多样,按不同的分类标准可分类如下:

(1)按对象、行业的不同分,可分为工业产品说明书、农产品说明书、金融产品说明书、保险产品说明书等。

(2)按形式的不同分,可分为条款(条文)式产品说明书、图表式产品说明书、条款(条文)和图表结合说明书、网上购物产品说明书、音像型产品说明书、口述产品说明书等。

(3)按内容分,可分为详细产品说明书、简要产品说明书等。

(4)按语种分,可分为中文产品说明书、外文产品说明书、中外文对照产品说明书等。

(5)按说明书的不同性质分,可分为特殊产品说明书、一般产品说明书等。

三、产品说明书的写作格式和要求

(一)格式

产品说明书并没有固定的格式,内容也灵活多样。其基本的格式通常由标题、正文和落款三个部分构成。其中正文是产品说明书的主体、核心部分。内容复杂的说明书,可印成手册、书本等样式,因此有封面、目录、前言、正文、封底等部分。手册、书本式在机电产品及成套设备出口中,被普遍应用。

1. 标题

说明书的标题通常由产品名称或说明对象加上文种构成,一般放在说明书第一行,要注重视觉效果,可以有不同的形体设计。如果是手册式产品说明书,标题一般印在封面上。封面一般有"说明书"字样和厂名,有的还印有商标、规格型号,商品标准名称和图样,如要增强顾客的印象，还可配有商品彩照、图样、表格。标题要求简明扼要、引人注目。它有以下几种形式：

(1)由商品名称和文种组成。如“浓维生素E胶丸说明书”“活性钙片说明书”等。

(2)直接写商品名称或“说明书”三字。如“21金维他片”“西瓜霜含片”“说明书”“使用指南”等。

(3)修饰性标题。即在商品名称前加上修饰性、限制性词语，简单揭示商品的特点、产品使用说明书写作指导。如“香雪抗病毒口服液”“止咳佳品梨糖膏”等。

2. 正文

正文是产品说明书的主体部分，是介绍产品的核心所在，而且这些内容往往按人们认识事物的先后顺序或者事物特征的内在联系来安排结构内容。常见主体有以下内容：概述、指标、结构、特点、方法、配套、事项、保养、责任等。

(1)引言概述。主要介绍生产厂家的有关情况，如厂家的历史、办厂宗旨、生产规模、技术水平、产品质量以及经营状况等，也可概述产品的名称、规格、成分、设计原理和适用范围等情况。

(2)技术指标。详细说明商品的性能、规格、成分、型号等。

(3)结构特征。借助示意图对产品做解释说明，具体说明各部分的特征。

(4)适用范围和主要功效。

(5)使用方法和注意事项。

(6)责任保证。主要说明商品的维修、退换等售后服务的具体事项。

正文的表现形式多种多样，主要应根据产品自身的特点，把握消费者心理来写作。可采用条款式、概述式、问答式、表格式等形式来写，使产品的性能和功用一目了然，简明易懂。

3. 落款

一般要在文尾写明生产者、经销单位的名称、地址、电话、邮政编码、电子信箱等内容，为消费者进行必要的联系提供方便。不同的产品说明书，落款的项目有所不同，应根据具体需要来落款。

(二)写作要求和注意事项

写作新产品说明书时，必须抓住产品的特征明白地说明介绍对象，说明和介绍时必须实事求是。文字要简练，数字要准确。以条文的方式出现较好，辅之以图解为佳。

特别要注意以下事项：

1. 忌过于笼统。好的说明书应起到指导消费的作用，但有些说明书却未能做到这一点，如介绍使用方法太简单或不得要领，有的功效写得很笼统，欠具体分明。

2. 忌泛泛而谈。说明商品应把重要的、关键的内容告诉消费者，同时也要行文简洁。不少说明书唯恐用户不明白，赘赘而谈，语句重复，亦令人生厌。

3. 忌用词失当。要注意用词的准确，不要因语义含混而影响表达效果。在语言问题上，最常见的是说明书中的用语专业性太强，不利于不同消费群体的阅读和实际操作。有的产品说明书中的技术用语过多，没有考虑到普通消费者的接受情况，这样会直接导致消费者对着产品摸不着头脑，从而无法正常使用。因此，写作时必须要注意用词的通俗化，务必保证消费者能看懂、看明白。有个别产品说明书夸大产品的实际情况或有超出该产品性能的语言暗示，使消费者不能真实掌握产品的实际水准，这种情况也是不应该出现的。有些产品说明书中对产品的质量及"三包"期有关内容介绍得含糊不清。有些说明书无"三包"期或"三包"期含糊，甚至有个别说明书中以"保修"替代"包修"，也有的说明书封面显著位置没有标明"安装使用产品前，请阅读说明书"。产品说明书这些现象都损害了消费者的合法权益。

此外，要树立环境保护意识，尤其对废弃部件如何处理要做出说明。如很多家电说明书中没有标明保质期。家电产品和人们的日常生活息息相关，而且它们也有自己的使用寿命。超过了规定的使用年限，家电产品的质量就会明显下降，而且安全性能也很难保证。但由于家电产品的生产厂商忽略了将产品的使用年限告知消费者，导致购买者在认知上留有空白，这无疑会给人们生活带来很大的安全隐患。

例文

××牌电磁炉说明书

本厂生产的电磁炉，是根据我国国情、烹调习惯、消费者的特点和消费水平，在吸收国内外的各种电磁炉优点的基础上，精心设计研制的。它具有以下特点：

1. 经济省电：热效率高于电炉、煤气、液化气，可达80%以上，烹调时炊具端离炉面，即自动停止加热，省时省力省开支。

2. 安全卫生：无火、无烟、无尘、无气味，又无中毒、起火、灼伤的危险，可防止老人、儿童的意外事故。

3. 功能齐全：集电饭煲、电热壶、电炒锅的功能于一身；烧饭蒸馍、炒菜炖肉、煮炸、保温样样都行。

4. 使用方便：操作简单、一学就会。既易移动使用，又易清洁保养，温度可随意调节控制。使用方法有：(略)

5. 使用注意事项：(略)

6. 产品保修：(略)

本厂的宗旨：三杰——杰出的设计，杰出的产品，杰出的服务！

愿您的厨房像客厅一样精美！

××市第五电子仪器厂

××电器开关厂联合生产

电话：××××××××××××

电报挂号：××××

厂址：××市××街××号

综合练习

一、填空题

1. 实验报告记录、描述了某项实验过程和结果，其主要特点为：________、________、________。

2. 按性质分主要有两种类型：________和________。

3. 实验报告的误差分析可以从两方面入手：________和________。

4. 毕业论文的特点是________、________、________和________。

二、判断题

1. 确立了毕业论文的选题，也就是确立了研究的任务和方向。（ ）

2. 论文可以各抒己见，百花齐放，毕业论文写作也就可以随心所欲。（ ）

3. 如果毕业论文的选题是现实生活中急需解决的同题，这篇论文就一定是有价值的。（ ）

4. 毕业论文的写作不过是学生习作而已，不一定要有创见。（ ）

5. 关键词就是把论文的标题拆开来，再按照有关的词或词组分开来标注。（ ）

三、简答题

1. 毕业论文应怎样选择有价值的选题目标？

2. 毕业论文的正文部分应包括哪些内容？

3. 毕业论文写作需要搜集哪些方面的材料？

4. 下列例文是一篇万字论文的缩写稿，请认真阅读并体会论文符合了哪些写作的基本要求。

历史的选择

——宋代词人历史地位的定量分析

一、数据统计

本文尝试定量分析宋代词人的历史地位和影响，主要统计六个方面的资料数据：

（一）现存词作的篇数；（二）现存宋词别集的版本种数；（三）宋代词人在历代词话中被品评的次数；（四）宋代词人在本世纪被研究、评论的论著篇（种）数；（五）历代词选中宋代词人入选的词作篇数；（六）本世纪（当代）词选中两宋词人入选的词作篇数。随后论文得出了从辛弃疾到叶梦得这前30位词人的“综合排行榜”。该表分存词、版本、品评、研究、历代词选、当代词选六个内容，分别作量化表述，最后排定平均名次和最终名次。

二、数据分析

分析一：宋代词人三百家。要言之，在宋代1 493名词作者中，能称得上是词人的只有322人，他们的词作占宋词总量的80%以上，这322人是词学研究的主要对象。

分析二：词人地位与词作数量的关系。似乎可以说，存词50首以上是成为著名词人的基本条件之一，由此可见，作品数量的多少与作家地位具有一定的正比关系，但不能因此倒过来推论。

分析三：十大词人的历史定位。两宋十大词人中辛弃疾、苏轼、周邦彦、姜夔、秦观、柳永、欧阳修、吴文英这前8位历史地位应该是“当之无愧”的；李清照、晏几道及贺铸、张炎这第9至第12位名次的确立，是受非文学因素和客观因素影响的。

分析四：词评家与词选家的异同。古今词评家、词选家对待同一词人词作的价值判断、地位认同，绝大部分是接近一致的。

分析五：古今变异与本世纪词学研究的走向。本世纪词学家对词人、流派的关注与古代词评家有变异。今后的词学研究应该注意研究对象和选题的平衡性，不要过分集中在少数几位词人身上。

最后结论：亦即统计结果，辛弃疾等10位按照传统的说法，可称为“大家”；张炎、贺铸等其他20位可称为名家。

由统计结果还可以得出如下带规律性的认识：(一)词人历史地位具承传性和延续性；(二)词人历史地位具变异性；(三)词人历史地位在不同流派和不同时代评价上的差异受客观而公正的历史的平衡，具动态平衡性。

四、修改题

1. 阅读下面《木材的干馏》实验报告的实验结论部分，分析诊断它的毛病在哪并作出修改。

实验结论：1. 木屑在加热时，变黑并逐渐碳化，先出现木材在高温时分解的气态产物，后出现液态产物和焦油。2. 气态产物燃烧时，形成无色无烟的火焰。3. 液态馏出物对石蕊显酸性，与费林试剂共热，所出为黄色及红色沉淀；滴在氧化铜膜上，可以使氧化铜还原为铜，这说明液态馏出物中有醛和醇。4. 木焦油与三氧化铁作用热时，显现酚特有的颜色反应，说明其中有酚存在。5. 试管1中呈黄色的残余物是木炭。

2. 指出下面这则说明书存在的问题并予以修改。

产品说明

我厂采用现代最先进的工艺，最科学的配方精制而成，风味独特，绝对与众不同，香酥可口，包您久吃不腻，是会亲待友、佐酒佳肴、人人皆宜之上乘食品。

3. 下文是一篇存在不足的小论文，请对照毕业论文写作理论，从内容和形式两个方面进行分析，找出其中的不足，争取在自己的论文写作中避免。

走向成熟的义乌市“中国小商品城”

义乌市中国小商品城经历了以街为市、以场为市、以城为市的发展过程，成为名副其实的“华夏第一市”，也引起了世界的注意。

一、市场规模不断扩大，并已形成网络。自清朝乾隆以来，义乌人就以“手摇拨浪鼓，敲糖换鸡毛”的货郎形象出现在人们面前；改革开放以后，不少精明的义乌农民就想方设法去省内外各大中城市找寻玩具、纽扣、尼龙袜等小商品供自己经营所需，多余的携至集市转让或出售，加上本地产的板刷、尼龙线编织物等小商品，开始出现了季节性小商品市场。以后，市场又经历两次搬迁，六度扩建。1992年8月，经国家工商行政局批准，义乌小商品市场更名为“中国小商品城”。

二、市场已形成自己的运行方式

(一)批发与零售相结合；(二)经销、代销与“产销一体”相结合；(三)灵活作价，薄利多销；(四)快进快出，以快制胜。

三、市场环境日趋完善

金融服务、运输服务、信息服务健康运行。

四、产品档次不断提高，并严把质量关

小商品市场建立之初，其商品主要是那些制造工艺比较简单的中低档产品。随着农村经济发展，农民生活提高及一批城市消费者介入，市场出现了一批中高档商品的消费者。同时，义乌小商品城由于其巨大的人流、物流、信息流，强大的市场辐射力，也吸引了国内外名牌商品前来设摊。优质商品的注入大大提高了市场的档次和品位，实现了质的飞跃；但不容忽视的是假冒伪劣产品的存在。在市场管理部门和经营者共同努力下，市场建立了监督体系，使伪劣商品出现率大大降低，提高了商品的质量，也使市场重新夺回了信誉。

五、走股份制经营的道路

义乌的小商品市场，已不是过去摊棚式的集贸市场，而是一个现代企业，是一个集团。按照市场运行的法则及国际惯例，这个集团要生存，要发展，其最终出路在于走股份制经营的道路。市场走上股份制经营的道路，是市场走向成熟的标志之一。可以预见，小商品城股份有限公司的崛起，将为市场积聚更多的能量，孕育新的市场裂变。

五、写作题

1. 论文提纲有三种写法：论点写法、标题写法、提要写法。请选择三篇合适的论文用两种写法列出其提纲。

2. 结合本专业，选择某一你感兴趣的具体对象作为论题，搜集资料，写作小论文。

3. 搜集几种日常生活中常用物品的说明书，比较和认识它们的特点和不同。

4. 选择你所熟悉的一件用品，按产品说明书的写作格式，给它写一份说明书。

5. 请为自己家乡生产的某种特产写一份说明书。

6. 根据下面的材料，试写一份实验报告。

这是一项验证欧姆定律的试验。

验证欧姆定律试验。通过实验加深对欧姆定律的理解，熟悉电流表、电压表、变阻器的使用方法。

所用器材：电流表、电压表、电池组、定值电阻、滑动变阻器、导线、开关、装置(略)。

实验步骤过程：(1)按图示连接电路。(2)保持定值电阻 R 不变，移动滑动变阻器的铜片，改变加在 R 两端的电压，将电流表、电压表所测得的电流强度、电压的数值依次填入表一。(3)改变定值电阻，同时调节变阻器，使加在 R 两端的电压保持不变，将电阻 R 的数值与电流表测得的电流强度的数值依次填入表二。(4)通过实验分析：当 R 一定时，I 和 V 的关系及 V 一定时，I 与 R 的关系。

表一：

R(欧姆)＝4 Ω			
V(伏特)	0.4 V	0.8 V	1.2 V
I(安培)	0.1 A	0.2 A	0.3 A

表二：

V(伏特)＝0.6 V			
R(欧姆)	1 Ω	2 Ω	4 Ω
I(安培)	0.6 A	0.3A	0.15 A

调节滑动变阻器，观察电压表和电流表，可以看出，电阻 R 两端的电压增大到几倍，通过它的电流强度也增大到几倍。这表明，在电阻一定时，通过导体的电流强度同这段导体上的电压成正比。

更换不同的定值电阻，调节滑动变阻器，保持 R 两段的电压不变，可以看出，定值电阻 R 的数值增大到几倍，通过它的电流强度就缩小到几分之一。这表明在电压不变时，通过导体的电流强度跟这段导体的电阻成反比。导体中的电流强度 I，跟这段导体两端电压 V 成正比，跟这段导体的电阻 R 成反比。用公式表示为：$I=V/R$。

7. 把你最近做过的本专业的实验写成一份规范的实验报告。

8. 结合最近一门课程实习，撰写一篇课程实习报告。

第五章　财经文书

第一节　招标书　投标书

招标、投标是国际上使用十分广泛的一种有组织的商业交易活动。招标是招标方对货物、工程和服务等提出公开要约，由若干投标方进行秘密报价，招标方按公开规定的程序从中择优选定中标方的一种法律行为；投标是投标方在同意招标方的招标条件下，对招标项目进行报价等具有承诺性质的法律行为。

招标与投标的程序一般分为七步：招标单位编制和报审招标文件，发布招标公告，出售标书；投标者购买或领取标书；招标单位组织投标者勘察设计现场，解答招标书中的疑点；投标者填写投标书，并向招标单位报送；招标者对投标者的资格及信誉进行审查；招标单位按时召开揭标会议，当众开标，公布标底、标价，评定中标单位，并发出书面通知书；招标和中标单位签订合同，招标工作结束。

整个招标投标过程所涉及的文书种类较多，一般主要有招标书、投标书。

一、招标书、投标书的含义

广义上的招标书，是指整个招标过程中所涉及的各种书面材料，包括在公共传媒上发布的招标公告和标价出售的招标文件等。而狭义的招标书则主要指其中的招标文件部分，又称招标说明书、招标邀请书，指招标人为征招承包者或合作者对招标项目的有关事项和要求作解释和说明、利用投标者之间的竞争优选投标人而写作的一种告知性经济文书。本节中所指皆为狭义的招标书。它是整个招标过程中首先使用的公开性文件，也是唯一的具周知性的文件。

投标书是与招标书相对应的，在投标时使用的文书，它又被称为投标说明书、投标申请书、投标答辩书，是投标人为了中标，按招标书中所提标准和要求而制作的、申请参加投标的经济文书，它也是投标单位提供给招标人的备选方案。

二、招标书、投标书的特点

（一）公开性与保密性

招标本身就是一种告知性的、公开进行的商品交易行为。发布招标公告的目的，就是要将事项告知于人，吸引人们参与投标，这就决定了招标书的公开性。

投标书的保密性表现在两个方面：一是指标底在开标之前不得泄露，要保密，如有泄露，对责任者要严肃处理，直至追究法律责任；二是指投标书开标之前也要保密，投标书必须密封后才能送招标单位,未密封的投标书无效。保密是为了实现公平。

（二）择优性与竞争性

招标投标活动的目的是为了择优。兴建工程、大宗商品交易等之所以采用招标投标方式,正是为了通过公开要约,比较多家投标书,寻求最佳方案,选择最优承包者,以实现用较少的支出获得最好的经济效益的目的。

竞争性表现在投标者之间的竞标。投标者要中标,投标书就要有极强的竞争性。投标书是战胜竞争对手的有力武器。每一份投标书说到底都是投标者技术实力的载体,凝结着投标者的参与意识和竞争意识,显示着投标者的竞争能力。因此招标书的内容和语言都表现出竞争性特点。

（三）明确性与具体性

为了吸引人们参与投标,招标书必须写明招标的内容和有关要求,因此具有明确性。招标书是涉及具体业务项目的文书,其内容须具体;人们通盘考虑是否投标竞争,不能笼统抽象、含糊不清。

而投标书也必须明确针对招标书来写,具体、真实地回应招标事项,否则投标方的特点与优势无法体现,几乎就不可能中标。

三、招标书、投标书的分类

（一）招标书的分类

1. 按范围分

招标书分为国际招标书和国内招标书。国际招标书和投标书按国际惯例分为为本国版本和英文版本,以英文版本为准。国内招标书一般是以中文版本为准。而中国国内的企业进行国际招标,一般是以英文(或当地语言)版本投标。招标文件中一般注明,当中英文版本产生差异时以中文为准。

2. 按标的物分

招标书分为货物、工程、服务、技术招标书等。根据具体标的物的不同还可以进一步细分。如工程类进一步可分施工工程、装饰工程、水利工程、道路工程、化学工程……每一种具体工程的招标书内容差异非常大。货物招标书也一样,简单货物如粮食、石油;复杂的货物如机床、计算机网络。招标书的差异也非常大。

3. 按招标方式分

招标书分为公开招标书和邀请招标书。公开招标,是指招标人以招标公告的方式邀请不特定的法人或者其他组织投标的招标方式。采用公开招标方式,招标人必须按照法定程序,在国家指定的传媒上发布招标公告,公开提供招标文件,让所有符合条件的投标人平等地参加竞争投标。邀请招标,是指招标人以投标邀请书的方式邀请特定的法人或者其他组织投标的招标方式。《中华人民共和国招标投标法》第十一条规定:“国务院发展计划部门确定的国家重点项目和省、自治区、直辖市人民政府确定的地方重点项目不适宜公开招标的，经国务院发展计划部门或者省、自治区、直辖市人民政府批准，可以进行邀请招标。”

此外，按合同期限分还可分为短期招标书和长期招标书；按性质可分为大宗商品交易招标书、选聘企业领导者招标书、企业承包招标书、劳务招标书、设计招标书、企业租赁招标书、建筑工程招标书等。

（二）投标书的分类

1. 按投标人员组成情况分

它分为个人投标书、合伙投标书、集体投标书、全员投标书、企业投标书等。

2. 按性质和内容分

它分为承包企业投标书、租赁企业投标书、工程投标书、大宗商品投标书、聘任企业投标书、技术引进或转让投标书等。

四、招标书、投标书的格式与写作

（一）招标书的行文结构

1. 标题

标题有四种写法：

(1) 三项式：由招标单位名称、事由和文种构成，如“中华人民共和国技术进出口总公司国际招标公司××铁路第二期工程招标通告”“××大学图书馆建筑工程招标书”“××钢铁公司外购大型设备招标说明书”。

(2) 两项式：由招标单位名称和文种名称构成，如“上海帆电设备公司招标通告”“××市政管理处招标书”；由标的名称或招标项目名称加文种名称构成，如“空调设备招标书”“建筑安装工程招标书”。

(3) 单项式：仅用文种名称，如“招标通告”“招标说明”，多用于内部招标。

(4) 广告式标题，如“试试看，你行不行”“谁能更快、更好、更省地承建这个项目”。这种标题往往要在下方加上项目名称和招标编号。

2. 正文

(1) 开头。要开门见山、开宗明义，简明扼要地写明招标目的依据（一般书写招标单位主管部门的审批文件及文号）、项目名称、资金来源、招标范围及招标单位的基本情况等，以便投标人从中获得必需的投标信息。

(2) 主体。主体部分是招标书的核心，通常采用横式并列结构，标明内容和要求事项。主体所包含的内容一般有下列事项：投标人需知；招标项目的性质、数量；技术规格或技术要求；投标价格的要求及其计算方式；评标的标准和方法；交货、竣工或提供服务的时间；投标人应当提供的有关资格和资信证明文件；投标保证金的数额（不超过投标总价的2%）或其他形式的担保（如抵押、保证等）；投标文件的编制要求；提供投标文件的方式、地点和截止日期；开标、评标、定标的日程安排；合同格式及主要合同条款；需要载明的其他事项。

招标文件规定的技术规格应当采用国际或者国内公认、法定的标准。招标文件中规定的各项技术规格，不得要求或者标明某一特定的专利、商标、名称、设计、型号、原产地或生产厂家，不得有倾向或排斥某一有兴趣投标的法人或者其他组织的内容。

主体的写作要求文字明确精练，数字准确无误，事项具体清楚，并且表达规范。特别是投标者的条件，中标者的权利义务，投标日期及联系方法要介绍明白。因为这些内容是投标者衡量自己的实力，判断是否投标的依据。

(3) 结尾。结尾包括招标单位信息、日期、公章。要写明招标单位的全称、详细地址、发文日期、电话、传真、邮政编码以及联系人姓名等内容，便于投标人与招标人及时取得联系。若是两个单位联合招标，应依次写明以上各项。落款的单位不一定和标题中的招标单位相一致，它可以是招标单位的上级主管部门，也可以是某一承办单位。

(二) 投标书的格式与写作

1. 标题

标题有四种写法：

(1) 三项式：由投标单位名称、事由和文种构成，如“××公司铁路第二期工程投标书”“××、××合伙承包××百货商场投标书”。

(2) 两项式：由投标单位名称和文种名称构成，如“上海××公司投标书”；由标的名称或招标项目名称加文种名称构成，如“空调设备投标书”“建筑安装工程投标书”。

(3) 单项式：仅用文种名称，如“投标书”“投标说明书”“投标申请书”。

(4) 新闻式标题，如“为振兴××××而努力拼搏——我的投标书”“有实力，讲信誉——我的投标书”等。

2. 称呼

在标题下顶格写上招标单位全称。

3. 正文

投标书的正文内容一般包括前言、主体和结尾三个部分。前言部分主要交代投标的依据和目的，介绍投标单位的基本情况以及对该投标项目的态度。主体部分则要求写清楚该项目的基本情况分析，如质量要求、竣工日期等；具体提出完成该项目所要采取的措施，如专业技术、组织管理以及安全生产措施等。有的还要附上对本单位优势的分析，阐明投标单位的指导思想和经营方针等。结尾要写明投标单位名称及法人代表名称或姓名，并加盖印章；还要写清单位地址、电话号码、传真、日期等。

如有必要，还应视情况附上相应的附件。附件的内容可以包括：资格审查文件、工程量清单、投标报价表、分项标价明细表、设备标价明细表、材料清单、技术规格、技术差异修订表、有关图纸和表格、担保单位的担保书、银行开具的投标保证金保函、银行出具的履约保证金保函等。以上内容要按招标文件的要求认真编制和如实填写。

五、招标书、投标书的写作要求

（一）符合法律法规

招标、投标既是一种贸易形式，又是一种法律手段。招标、投标过程就是贯彻实施国家和本地区有关招标、投标的法律、法规的过程。作为具体反映招标、投标活动的招标书和投标书，具有极强的政策性和严肃性。因此，在编写招标书和投标书之前一定要吃透有关政策、法令和规定，避免发生无效标的的情况，使招标、投标能达到预期的目的。

（二）重点突出，实事求是

招、投标书应主次脉络分明，如实表述。招标书中应将招标项目要求写明，投标书中将投标项目、有利条件及项目分析写清楚即可，文字不宜过多，以免喧宾夺主。

（三）具体清晰，准确严谨

事项及要求表述须具体清晰，不能模糊不清。要特别注意文字的准确性，尤其是术语（如质量标准、技术规格）必须绝对准确，单位名称和地址亦不可简写。时间应具体写到年、月、日，不可用今年、明年等语言表述。

例文1

××××大学关于台式电脑的招标通告

根据《中华人民共和国政府采购法》等有关规定，××××大学就台式电脑进行公开招标，欢迎国内合格的供应商前来投标。

一、招标项目编号：NO. ××××××××

二、招标项目概况（内容、用途、数量、简要技术要求等）：

台式电脑约280套，共四种配置，具体以标书为准。

具体内容欢迎访问××××大学采购中心网站http://××××. edu. cn

三、投标供应商资格要求：

1. 符合《中华人民共和国采购法》中规定的供应商资格要求；

2. 须在公司经营范围之内，有投标产品供应能力，能满足合同规定的配送和服务要求；

3. 具有所投品牌原厂商针对本项目的授权书原件；

4. 在最近三年内无骗取中标、严重违约违纪及重大安全和质量问题之一者。

四、招标文件的发售时间及地点等：

时间：××××年3月20日—××××年4月6日（双休日及法定假日除外）

上午：8:30—11:30

下午：14:30—16:30

地点：××××大学采购中心112室

标书售价：每本200元（售后不退）

五、投标截止时间：××××年4月10日9:00

六、投标地点：××××大学采购中心会议室(行政楼105)

七、开标时间：××××年4月10日9:00

八、开标地点：××××大学采购中心会议室(行政楼105)

九、投标保证金：

投标保证金额：10 000元

交付方式：汇票

收款单位(户名)：××××大学

开户银行：建设银行×××支行

银行账号：130 182××××××××

十、其他事项：

投标人购买标书时应提交的资料：

1. 企业营业执照副本(复印件加盖公章)；

2. 法定代表人授权委托书(原件)。

联系方式：

采购人名称：××××大学

地点：××市××大道×号

联系人：李老师

联系电话：××××-××888889

传真：××××-××888886

××××大学

××××年3月18日

简析：这是一份针对学校电脑采购的公开招标书。标题采用三项式写法，由单位名称、项目名称和文种组成，让人一目了然，非常明确。正文层次分明，要求具体明确。落款详细具体，便于联系。

例文2

投　标　书

××市××房地产公司：

根据贵方为××项目招标采购货物及服务投标文件，全权代表曾××总经理经投标方正式授权并代表依据中华人民共和国法律在××省××市注册的投标方××建筑公司提交下述文件正本一份和副本一式两份。

1. 开标一览表；

2. 投标价格表；

3. 货物简要说明一览表；

4. 按投标须知要求提供的全部文件；

5. 资格证明文件；

6. 投标保证金，金额为人民币×××××元。

投标方、全权代表宣布同意如下：

1. 按照招标文件中的一切内容，提供符合要求的设计和家具产品。所附投标报价表中规定的应提供和交付的货物投标总价为人民币××××××××元。

2. 投标方将按招标文件的规定、要求及投标方文件的每一项要求或承诺，按期、按质、按量履行合同责任和义务。

3. 投标方已详细审查全部招标文件，包括修改文件（如需要修改）及全部参考资料和有关附件，我们完全理解并同意这些内容。投标方同意提供按照贵方可能要求的与其投标有关的一切数据或资料，并保证提供的投标文件均真实、完整，不存在任何虚假事项，投标方完全理解不一定要接受最低价格的投标或受到的任何投标。并自行承担与投标及相关过程中涉及的全部费用、风险、损失。

4. 投标自开标日期有效期为60个自然日。

5. 与本投标有关的一切正式往来通讯请寄：

地址：××省××市××路××号　　邮编：545624

电话：0××-4577254×　传真：0××-45452457

投标方全权代表姓名、职务：曾××　总经理

投标方名称（公章）：

××建筑公司

法定代表人签字：××

日期：××××年×月×日

全权代表签字：曾××

简析：这是一份针对采购货物和提供服务性质的投标书。标题采用最简单的写法，简洁明了，正文行文简洁，措辞严谨，条款清晰全面，针对性强。

第二节　合　同

“契约的总和即为市场”，在市场经济社会中人们不可避免地要与各种合同打交道。而合同分歧或违约引起的诉讼或仲裁成本甚高，甚至可能吞噬交易本身为当事人双方带来的利益，因此了解并掌握合同的基本知识非常必要。

一、合同的概念

1999年3月15日，我国颁布了《中华人民共和国合同法》（以下简称《合同法》），1999年10月1日起正式实施。根据《合同法》总则第一章第二条的规定，合同是指平等主体的自然人、法人、其他社会组织之间设立、变更、终止民事权利义务关系的协议。合同可以以口头或书面形式表述，本章所说的合同专指书面形式的合同。它是一种民事法律行为，是

当事人协商一致的产物。合同是当事人之间设立、变更或者终止权利义务的协议，是交易当事人自愿达成的关于交换的合意。其订立一般包括调研了解双方情况、洽谈协商、拟定合同文书、办理生效手续四步程序。

合同并不等于经济合同，尽管合同作为应用文种在经济活动中使用得最为广泛。经济合同是法人之间为实现一定经济目的，明确相互权利义务关系的协议，它的主体是法人，也就是具有民事权利能力和行为能力，可依法享有民事权利、承担民事义务的组织。随着《中华人民共和国经济合同法》的废止，经济合同这一概念已成为历史。合同的主体包括法人、自然人和其他组织，其适用主体和使用范围较以往的经济合同要广泛得多。

二、合同的特点

（一）合法性

合同是一种民事法律行为，从本质上讲属于合法行为。所谓民事法律行为是指民事主体实施的能引起民事权利和民事义务产生、变更或终止的合法行为。任何单位和个人不得利用合同进行违法活动。另外，合同的内容、订立程序均有其符合法律规范的特征。另一点也不可忽视，即合同的主体必须具有民事权利能力和民事行为能力。

（二）合意性

合同的签订必须是当事人意思表示一致的法律行为，是一个协商一致的过程。任何单位和个人不得非法干预。合同的内容只有当事人彼此达成一致的意愿时，其条款才能成立。

（三）平等互利性

签订合同的双方或多方的法律地位是平等的，合同是自愿协商的产物。合同内容也应是等价有偿的。应当遵循平等互利、协商一致的原则。任何一方不得把自己的意志强加给对方。合同是法律面前平等的主体（包括自然人、法人、其他组织）之间的协议，必须有共同的认知、决定。

（四）语言的规范性、准确性

规范性具有两层含义：其一是依法签订的合同对当事人具有法律约束力，其二是指合同的写法和格式需要规范。合同起草不像做诗，追求唯美，它的语言讲究实用，追求严谨、准确。合同用语不妥，势必会给别有用心的人钻空子，造成极大的损失。如深圳一家公司跟澳大利亚某建筑公司签订一份合同，约好中方“按每车 12 美元出售”石头。澳方第一次用 5 吨的货车运，第二次用 7 吨的，第三次用 12 吨的……原来供方估计能获 5 万美元利润，最后算账一分钱也没赚到。供方翻开合同与需方交涉，需方说是按合同每车 12 美元结算的。中方望着“按每车 12 美元出售”石头的合同，只能有苦说不出。如果合同上规定清楚“每车”的“车”是载重量几吨的货车，也就不会造成这样的损失。再有，在处理时间条款时，要注意设定截止日期。比如“接到甲方书面通知后”与“接到甲方书面通知后 7 日内”，其差别在于前者是时间设限，具有不确定性，而后者是个时间段，具有明确性。

三、合同的类型

合同的种类较多，按照不同的标准可以有不同的类别。

(1)按一般形式分，有口头合同、书面合同和其他形式合同。

(2)按时间分，有终身合同、长期、中期(2—5 年)、短期(1 年以内)合同。

(3)按合同之间的主从关系分，可分为主合同和从合同。能独立成立的合同为主合同，以主合同的存在为前提而订立的合同为从合同。如为担保借款而订立的抵押合同，借款合同为主合同，抵押合同则为从合同。主合同无效，从合同必然无效。

(4)按合同成立是否需要具备一定的形式和手续分，有要式合同和非要式合同。要式合同指须按法律条文规定的形式和程序订立的合同，须经过三项程序：双方或多方当事人(法人代表)签字、公证机关(或证明人)证明、政府主管部门批准。非要式合同指法律没有特别规定的，当事人也没有特别约定必须采用特定形式的合同。

(5)按写法分，有条款式合同、表格式合同、条表结合式合同。表格式合同是将合同涉及的当事人、标的物、货款等几个主要内容设计在一份表格中，印制成统一固定的表格合同纸，订立合同时逐行填写，多用于购销合同、加工承揽合同，货物运输合同、财产保险合同等。条文式合同是将合同涉及的内容按双方商定的条文逐条列记，这种方式的合同主要以文字叙述、说明为主，表述比较清晰。条表结合式合同中的人、物、款等基本内容用表格，其他条款用条文式，条文有事先印制在合同纸上的，也有双方商定或补拟的。

(6)按内容分，《合同法》列有 15 大类：买卖合同、建设工程合同、承揽合同、运输合同、供用电、水、气热力合同、融资合同、仓储合同、保管合同、租赁合同、借款合同、行纪合同、居间合同、技术合同、赠予合同、委托合同。

(7)一般来说，常用合同种类有以下几种：

①购销合同。即买卖合同，指当事人为了确立相互间的商品买卖关系而签订的经济合同。购销合同种类繁多，有供应合同、采购合同、预购合同、购销结合合同、协作合同、调剂合同等形式。

②建设工程承包合同。它指建设单位与工程建筑单位为了完成商定的工程建设项目而明确双方权利义务关系的协议。

③加工承揽合同。它指承揽方按照定做方提出的要求完成一定工作，定做方接受承揽方完成的工作成果并付给约定报酬的协议。加工承揽合同包含种类较多，它广泛适用于加工、定做、修理、修缮、印刷、装订、广告、测绘测试、装配、包装、印染、化验、复制、装潢、出版、翻译等项目上。

④货物运输合同。货物运输合同是承运方按约定期限将货物运送到约定地点交给收货人托运并按规定或约定支付运输费的协议。常用的有运输合同、水路货物运输合同、管道运输合同、货物联合运输合同等。

⑤供用电合同。它指供电方与用电方之间根据国家有关规定，就供电用电而达成的明确双方相互权利义务关系的协议。按照协议，供电方根据国家电力分配计划、电力可供

量和用电方的需求，按时将电力保质保量地输送给用电方，而用电方也必须按电力部门下达的用电指标计划用电，节约用电，并按时缴纳电费。

⑥仓储保管合同。它指保管方储存保管存货方交付的货物，并在储存期限届满时原物返还，且存货方给付规定的保管费的协议。

⑦财产租赁合同。它指出租方将财产交承租方使用，承租方向出租方交付租金并在租赁关系终止时将原租赁财产还给出租方而达成的协议。

⑧借款合同。它指贷款方将货币借给借款方，借款方按合同规定的用途使用借款，并按合同规定期限向贷款方还本付息的协议。

⑨财产保险合同。它指投保人向保险人缴付保险费，在保险事故发生并造成所保财产或利益损失时，保险人在保险责任范围内承担赔偿责任的协议。

⑩合伙、联营合同。合伙、联营合同是合伙人为共同经济目的而订立的关于合伙人出资数额、盈余分配、债务承担、入伙、退伙、合伙终止等事项的书面协议。

四、合同的结构和写法

（一）标题

写在合同首页上方正中位置。要明确写出合同的性质，如“购销合同”“工程安装合同”。有的合同还在标题下方书写合同的编号。合同标题直接说明了交易的性质。尽管当事人间的权利义务关系是通过合同各个条款来确定，标题无实质影响，但为方便辨识，应据合同性质为其冠名，如《北京新保利大厦土方工程分包合同》，以保持合同标题与合同内容的一致性。

（二）合同当事人名称或者姓名和住所

合同当事人名称或者姓名是指签订合同的双方或多方的名称或者姓名。要准确写出签约单位或个人的全称、全名，并在其后注明双方约定的固定指代：“甲方”“乙方”。如有第三方，可将其称为“丙方”。在对外贸易合同中，有时可指代为“卖方”“买方”。当事人是法人的，应写明其单位全称、法定代表人姓名及其代理人姓名；当事人是其他组织的，应写明组织全称及代表人姓名。法人和其他组织的住所即指其主要办事机构所在地。

（三）引言

引言就是合同的开头部分。在合同标题之后、合同条款之前通常会先有一段引言，目的在于简略介绍合同规范内容之事、时、地、物等背景，让人在阅读合同前先有个基础认识和心理准备，同时也是介绍合同缔结的背景。主要写签订合同的目的或签订合同的依据。常用的表述句式为：“为了……”或“根据……”。若选用“表格式合同”，则依据国家工商局或有关部门制定的合同的规范文本要求，填写有关内容。

（四）主体

主体是合同的主要部分，一般多采用条文法。它是合同中最核心的部分，也是篇幅最大的部分，与当事人的权利义务关系发生最直接、最密切的牵连，比如分包合同中的价格条款、支付条款和分包工程范围等，采购合同中的标的物种类、数量和单价、交货方式和交货地点等。主体部分由多项条款组成。主要条款有：

1. 标的

标的是合同当事人权利义务所共同指向的对象，是合同的基本条款。任何合同都必须有标的，而且一定要明确。如货物、货币、工程项目、劳务、智力成果等。如果标的不明确、合同就无法执行。

2. 数量和质量要求

是指从数量和质量的角度对标的进行精确度量，它决定双方当事人承担的权利义务的大小、范围。标的数量是指标的计量，是以数字和计量单位来衡量标的的尺度。这是计算标的价款的依据。任何合同都必须明确规定标的数量，使用计量单位必须采用国家法定的公制计量单位，度量衡必须写明，做到明确、准确、确切。切忌使用任何模棱两可的抽象计量单位。质量是标的的质的规定。标的质量要规定得明确、具体，如涉及具体建筑工程或产品，对其格式、规格、结构、性能等质量诸项要有清楚的说明，甚至附图说明，并作为合同的附件。有的还要有实物样品，作为交货和验收的依据；有的还应规定验收办法和允许误差。

3. 价款或报酬

价款，是指根据合同取得标的物（产品或商品）的一方当事人向另一方当事人支付的代价。报酬，是指根据合同取得劳务（设计、加工、运输等）的一方当事人向另一方当事人支付的酬金。价款和报酬，统称价金。价金是合同中标的对应条款，是合同双方权利平等的具体表现。除了少数合同采用以物易物或劳务交换外，一般合同都必须有价款和报酬的数额。价金是以货币的数量来表示的。价金的数额是由当事人各方商议定的。在签订对外贸易合同时，特别要注意，一定要写明用何种货币支付价款或报酬。

价款或报酬是否合理，是合同能否有效、顺利履行的一个关键。合理的价款或报酬是按标的数量、质量、成本、季节的不同，运输条件、各种费用负担以及市场情况来计算和确定的，价款和报酬是有偿合同的必要条款。

4. 合同履行的期限、地点和方式

履行期限，指履行合同条款的时间界限。期限规定得越具体，越有利于当事人各方安排生产、组织收购或完成其他特定的任务。履行期限是衡量合同是否按时履行或延迟履行的标志。不能订无限期的或没有明确限期的合同，否则等于允许有义务的一方可以无限期地拖延履行合同的时间。日期用公元纪年，年、月、日书写齐全。地点是指当事人履行合同义务、完成标的任务的地点。地点一定要有明确具体的规定，因为它涉及费用负担问题。履行方式是当事人履约的具体办法，支付标的的手段（工具）。如借贷合同的出资方要以提供一定的货币来履约；再如，不论是提货还是送货，都应将运送工具写清楚。由于供方的原因，到期不能提货，供方要负迟延的责任；由于需方未能按规定日期提货，需方应承担延期造成损失的责任。如果是送货，还要对运费的承担、运价的标准以及途中产品损失等有关方面做出明确的规定。

5. 违约责任

就是合同的当事人不能履约或不能完全履约时，所要承担的经济责任和法律后果。具体包括违约金、赔偿金和其他承担责任的法律形式等。违约责任是维护合同双方合法权益的保证。根据合同法的规定，由于合同当事人一方过错，造成合同不能履行或不适当履行，应由过错一方偿付给对方一定数量的违约金。这项条款是保证合同履行的一种主要形式，是合同的法定必备条款，任何合同都必须有这项条款的规定。

6. 解决争议的方法

此条款要约定在履行合同发生争议时解决问题的方式和程序，要明确注明是通过仲裁解决、协商解决还是诉讼解决。根据中国《民事诉讼法》的规定，可供当事人选择的管辖法院包括被告住所地法院、合同履行地法院、合同签订地法院、原告住所地法院、标的物所在地法院。当事人根据需要选择其一，不可"贪得无厌"，选择两个或两个以上的管辖法院视为选择无效，协议管辖无效情形下，由被告住所地或合同履行地法院管辖。仲裁是与诉讼并列的一种争议解决方式，具有经济和快捷的特点，是一种"准司法"裁判，仲裁庭对争议享有管辖权的依据在于双方当事人的约定，如果约定不明确或不准确，则相当于当事人未达成仲裁协议，仲裁庭不享有管辖权。根据中国仲裁法的规定，一般在直辖市、省会城市都设有仲裁委员会，视需要在其他设区的市设立仲裁委员会。各仲裁委员会之间相互独立，无级别或者地域管辖。

除以上主要条款外，还有不可抗力条款，包括不可抗力事故的范围、后果等。特定性质的合同中还会出现特殊条款。它是合同的个性条款，比如合资合同中的董事会组成、出资比例等，在抵押或保证合同中就不会出现该类条款。相反，诸如抵押担保范围和抵押期限等约定则属于抵押合同的个性条款。此外，还有格式条款。它指的是不论合同性质如何，几乎所有的合同中都会记载的条款，例如不可抗力、争议解决、法律适用、合同转让、合同生效等条款。格式条款一般为预制，使用时视具体情形做相应调整。

（五）尾部

尾部是指合同的结尾和落款部分。

（1）合同的有效期限和文本保存。

（2）落款。这部分是合同特定的内容和格式。即在合同的有效期限和保管条款下方，依次写上当事人的名称、签章、法定通讯地址、法人代表、银行账号、签约日期及地点等。"合同附件、附表均为本合同的组成部分，且有同等的法律效力。"在制作签字栏时，应在合同文本中打印签字人姓名，以利于签字体潦草时对比辨认。

六、合同写作的注意事项

（1）合法。合同内容和签订的程序、方法必须合法。合同的方方面面均须在法律许可范围内，否则，不受法律保护。

（2）合理。合同必须贯彻平等互利、协商一致、等价有偿的原则。任何一方都不得把自己的意愿强加给对方。

(3) 合格。即合乎合同的一般写作格式和必备的主要条款。还要选用恰当的合同文本，经济合同示范文本有它确定的具体的内容，每一种合同示范文本样式适用于特定的对象，绝不能张冠李戴。千万记住，结构不完整的合同在法律上是无效的，或者部分无效。一份合同，其必要的构成元素尤其是主要条款一定不能遗漏。

(4) 完善、明确。不仅格式和主要条款要完善，每一条款的内容也要尽量具体、明确、周密、严谨，避免发生漏洞。如标的物不仅要写明数量和质量，而且要写明计量单位、质量的技术要求和标准等等。倘若哪一条款表达模糊，就容易产生歧义，引起纠纷。

(5) 做好调查研究。一份合同能否成立、有效，能否全面履行，必须满足基本的有效条件。这些条件包括当事人要有合法资格，订立合同必须遵守国家法律，贯彻平等互利、协商一致、等价有偿的原则，履行法定的手段。而要做到这些，必须在写作前做好充分的调查研究。首先要调查对方属于何种身份。其次要调查对方履行合同的能力。再次要核查本单位履约的能力。此外，签订合同前还要对社会、市场进行调查，多掌握一些情况，尽可能使合同订得切合实际，以确保质量。

(6) 注重细节。合同起草切忌"抓大放小"。合同起草应注意每一个细节，合同的严谨正是建立在一个个细节之上，所谓"细节决定成败"，对于合同起草尤其如此。如在书写数字时，应同时采用汉字和阿拉伯数字书写，注意二者是否等值。合同解释理论认为，人们书写阿拉伯数字要比书写汉字更容易犯错误，所以当二者不一致时，以汉字为准。保持合同用语的连贯性，要使用同一词语称谓同一概念或主体，否则可能让人不知所云。比如在分包合同中，×××公司从始至终都应是总包商，不能忽而总包，忽而总包方，忽而承包商，忽而又甲方。还要小心使用联结词，避免产生歧义。比如"甲和乙的孩子"至少有三种理解：甲的孩子、乙的孩子，抑或是甲和乙共同的孩子，或者是乙的孩子、甲。当联结词和形容词并用时，更要谨慎。

例文

住宅用房租赁合同

甲方(出租人)：

乙方(承租人)：

甲乙双方现达成以下房屋租赁协议，共同遵守：

一、甲方将其位于××市海珠区滨江东路与下渡路以西交界处的××湾××××房租给乙方作为生活居住用(不准做生产加工用和其他用)。

二、乙方每月支付给甲方每月房租为××××元。房租支付方式为现金支付。

三、租期一年，自××××年 4 月 18 日至××××年 4 月 18 日。

四、合同签订当天，乙方必须交付甲方×××元的履约保证金。保证金于甲方完全履行本协议后退回乙方，如乙方违约，甲方有权没收。

五、乙方不准将房屋转租给他人；除挂窗帘外，不准在墙上进行装钉、打洞等破坏和污染墙面现状的行为；不得装修；不准损坏厨房、厕所、房间的一切设备；否则视为违约并需赔偿损失。

六、乙方违约，甲方有权没收本协议第四条所规定×××元的履约保证金。

七、乙方必须将物业管理费交给甲方，费用按照物业管理处的规定办理，并由甲方代交给物业管理处。乙方应将物业管理费于每月的同日与房租费一并交付给甲方。如乙方拒交或延迟交物业管理费与租金，甲方有权请求物业管理处停电、停水、停气、停电话。

八、乙方不准在厨房以外的其他任何地方生火煮食物，如在厨房煮食物，应安装排风扇和抽油烟机。

九、乙方应依照本协议约定时间交付租金，否则，按照拖欠租金的总额乘以千分之一乘以延迟交租金天数的计算方式支付给甲方违约金。如果乙方延迟交租金10天，视为违约，甲方可没收履约保证金，并且，甲方有权自行解除本协议，收回房屋，勿需通知乙方。协议解除后，乙方应在3天内将放置在房间内的物品搬离开房屋和大厦，否则甲方有权处理其物品，其所造成的损失与甲方无关。

十、电话费、有线电视费、水费、电费、煤气由乙方依据规定支付，底数按照物业管理处收楼时的底数为准。前述费用必须依时交纳，否则视为违约，甲方有权通知相关机构停止使用水、电、煤气、电话、有线电视。具体支付方式为：

1. 电话费由乙方预交×××元给邮电局储蓄，电话费的实际支出以预交数额为限，超过预交费用，则甲方有权停机。

2. 有线电视费由乙方预交一年××× 元。

3. 水费、电费。

4. 煤气费。

十一、合同到期乙方应及时退房，乙方应清理并打扫干净房间。如乙方续约，则另签协议。

十二、如租赁协议需办理登记，需交的税费由甲乙双方各负担一半。

十三、甲乙双方出现不能自行解决的纠纷，应将纠纷交海珠区法院一审审理，并适用中国的实体法。

十四、本协议一式两份，各执一份，共具法律效力。

甲方，　　　　　　　　　　　　　　　　　　乙方：

签约时间：××××年4月16日

签约地点：××市海珠区××湾

附件：

1. 甲方已交乙方各房间钥匙各一条，共××条。

2. 甲方将于××××年4月18日将房屋交付给乙方使用。

乙方签收：

简析：本文标题标明了合同种类。正文部分对甲乙双方的权利义务规定得非常具体、清晰。合同条款要素齐全，整体结构完整，语言准确、简练。

第三节 经济活动分析报告

经济活动分析报告，是以党和国家的方针、政策为指导，根据计划、会计、统计工作的报表资料，以及调查研究所掌握的情况，对本部门或本单位的经济活动状况进行综合或专题分析而写出的书面报告。它是对相关经济活动进行定量与定性分析结果的总结性描述。

一、经济分析报告的特点

（一）针对性

针对性是确保经济活动分析信息价值的前提条件。经济活动分析报告是一种文字产品，要首先明确一个分析对象，确定要分析什么，怎样进行分析，然后紧紧围绕分析主题，有的放矢地从错综复杂的经济现象中抓住主要问题进行分析，不要眉毛胡子一把抓，抓不住要害，偏离分析主题，迷失分析目标。

（二）时效性

时效性是确保经济活动分析信息价值的关键所在。经济活动分析的目的是总结经验，寻找差距，改进工作。所以，在一定时期循环结束或一定分析对象活动完结后，就应及时进行分析，以便对下一期循环或一定分析对象再次活动过程进行及时有效的调整、改进和控制。否则，时过境迁，再好的信息也只能是束之高阁或降低信息的使用价值。

（三）准确性

准确性是确保经济活动分析信息价值的决定性因素。经济活动分析必须准确客观地揭示经济现象的变化过程及规律，总结经验，找出问题，提出建议。

（四）逻辑性

逻辑性是确保经济活动分析信息价值的重要方法。经济活动分析是一种从感性到理性的认识活动，即从概念形成判断，由判断进行推理，并由此得出正确结论的思维过程。

（五）建议性

经济活动报告只有提出具体的、切实可行的建议或意见，才能达到通过活动分析改善管理，挖掘潜力，提高经济效益的目的。

二、经济分析报告的作用

（1）有利于经济管理部门掌握情况，制定相应的政策或法规。

（2）有利于企业及时掌握经营情况，确保企业健康发展。

（3）有利于企业提高管理水平和经济效益。

三、经济分析报告的分类

经济活动分析报告在经济活动领域中应用十分广泛，它的种类繁多，根据不同的标准可以划分为不同的类别。

(1) 按分析的内容和范围划分，经济活动分析报告可以分为全面分析报告、简要分析报告和专题分析报告三种。

全面分析报告又称综合分析报告，是指通过对经营过程及其成果进行比较完整系统的分析而形成的报告。简要分析报告又称岗位分析报告，是指一般基层单位的各类人员按岗位职责对各分管经济责任指标的预测或完成情况进行分析而形成的报告，多采用填写表格并附以简要文字说明的形式进行。专题分析报告指针对经济活动的某个较为突出的问题或现象，进行深入具体的分析后形成的报告，这种分析报告内容集中、项目单一、一事一析、形式灵活、分析问题透彻、反映问题迅速及时。

(2) 按经济活动进行的时间划分，可以分为定期分析报告和不定期分析报告。定期分析一般分年、季、月进行，多用于综合分析。不定期分析大多是对及时发现又迫切需要解决的问题的分析，故多用于专题分析。

(3) 按不同经济部门来划分，可分为工业经济活动分析、商业经济活动分析、交通运输经济活动分析、农业经济活动分析等。

四、经济活动分析报告的格式和写法

经济活动分析报告的格式一般由标题、前言、主体和结尾四个部分组成。

(一)标题

标题要写得简要、具体、醒目。经济活动分析报告的标题有两种形式。一种是公文式。公文式标题一般由分析的对象(即被分析的单位)、分析的时限、分析的内容(即所分析的问题)和文种组成，如“××市糖业烟酒公司××××年财务分析报告”“×××电视机厂××××年销售指标完成情况分析报告”。有的可以省略单位和时间，如“家用电脑的产销分析”等。定期分析常采用这种标题。一种是论文式，即标题直接揭示分析的内容或观点。可以是单标题，也可以是双标题，如“推动技术进步，改造现有企业”“加速结构调整，实行战略转移——析××××年湖南经济形势和发展方针”等。

(二)前言

前言是分析的开头部分。它主要概述写作目的，分析对象的基本情况，提出要分析的问题以及分析所调查到的主要材料、数据等，这是进行深入分析的依据和基础。有的分析报告没有前言，而把前言部分的内容安排在主体的“情况介绍”中去反映。前言的撰写既要全面概括，又要重点突出，特别是应对主要成绩或主要问题做突出交代，以便引领下文，为主体部分展开具体分析做好铺垫，同时也能引起人们的注意，以便于决策机构发现问题。前言的表述可用叙述式或列表式。

（三）主体

主体是分析报告的核心，是对前言中提出的问题或经济指标完成情况运用资料和数据所做的具体分析。如果把前言内容看作交代“是什么”的问题，那么主体内容要解决的则是“为什么”的问题。解决为什么问题的过程，实质就是查找产生问题原因的过程，原因查明了，才能制定相应措施，解决问题。主体部分一般由情况介绍、内容分析组成。

1. 情况介绍

介绍被分析单位或者对象的基本情况，总述各项经济指标完成的实际情况。这是撰写经济活动分析报告的基础。撰写时既要有文字的概述，又要有经济数据指标的说明。

2. 内容分析

这是经济活动分析报告的关键。要运用有关方针政策，对经济活动的具体内容进行细致的分析和评价，得出科学的结论。在分析过程中，要围绕中心，运用科学的分析方法，客观地剖析经济活动取得成绩或存在问题的基本原因，从而总结经验，吸取教训，探索进一步改善经营管理的更好途径。

主体部分的重点是要对现象进行透彻的分析。分析时要避免罗列相关数据，而应透过数据资料的相互联系，看到它所揭示的问题，所预示的经济活动发展趋向与态势以及由此揭示的规律。写作主体时，一定要把本年各项经济指标完成数据与上年同期或本年计划相比或与两者同时相比，用以揭示其间的差异，然后依据调查所得资料，说明产生差异的原因。在具体表述时，可采用数据、文字交融式或数据、文字分列式两种方式进行。所谓数据、文字交融式是指在文字叙述过程中，根据分析需要，随时穿插一些数据，论述说理，这种方式使数字融于文字之中，叙述和分析紧密结合，说理自然顺畅。所谓数据、文字分列式是将数据集中罗列起来，然后集中分析，这种方式可使数据对比醒目，分析集中透彻，便于给人们以清晰的总体把握和了解。数据可采用叙述式或表格式集中罗列，然后分析说明，也可以先分析说明，然后再采用叙述或表格式集中罗列数据。

（四）结尾

经济活动分析报告的结尾要根据实际行文需要而定，如果在主体部分已经将有关问题完全讲清楚，则可不必写结尾。经济活动分析报告的结尾一般是对主体部分所分析查找出的问题提出改进意见和措施，有的还可指出目前仍存在的问题和不足。经济活动分析要提出问题、分析问题，但最终是为了解决“怎么办”的问题。如何解决问题至关重要，因而结尾所提出的改进意见或措施一定要注意实事求是，有的放矢，切实可行。在客观分析的基础上，得出正确结论，提出具体可行措施和进一步改进的建议。

此外，结尾部分的最后，要在右下方写落款。落款一般是写明撰写经济活动分析报告的单位名称或作者姓名，加盖印章并标明年、月、日等，有的还需要单位负责人签署。

五、经济活动分析报告的写作要求

（一）主题要突出

主题就是经济活动分析报告的纲，它贯穿全篇的始终，成为全文的中心。一篇经济活动分析报告只能有一个主题，不能多中心。进行经济活动分析时，要根据分析的目的，选择重点、抓住关键问题做文章。只有抓住关键，集中运用材料进行深入透彻的分析，才能做到主次分明，重点突出。切不可面面俱到、主次不分，眉毛胡子一把抓，更不能单纯罗列数据，使报告成为资料汇编。

（二）结构要明晰

结构就是经济活动分析报告的支架，是表现分析报告的手段，如果结构混杂不清，人们难以理解。所以，要求层次分明，条理清晰，前后呼应，顺理成章。各布局之间层层递进，环环紧扣，结构严密，体现出相互依存、相互制约、相互联系及影响的因果关系。

（三）分析方法要得当

经济活动分析过程复杂，内容繁多，单用一种方法很难将其分析清楚。因此在分析过程中，务必根据经济活动的不同情况，采用不同的方法进行分析，得出科学的结论。常用的经济活动分析方法有如下几种。

1. 比较分析法

它又叫对比分析法或指标对比法。这种方法就是将同一基础上的可比数据资料进行比较分析，从而研究经济活动的情况，找出两个事物间的联系和差别。在实际运用过程中，通常从以下三方面进行比较：一是比计划，即以一定经济期内的本期实际执行指标与本期计划指标作比较，得出计划执行情况；二是比历史，即把本期实际执行指标与上期、上年度同期或历史上最高水平相比较，观察其增减幅度，从而反映经济活动的发展变化及趋势；三是比先进，即以本期实际执行指标与大致相同的同类先进单位实际指标相比较，从而认清本身所处的地位。运用比较法进行经济活动分析时，必须注意经济现象或经济指标的可比性，即被比较的现象或指标，必须在性质上同类，范围上一致，时间上相同。

2. 比重分析法

它是计算每部分占总体比重的方法。分析时，可运用构成的百分比找出主要矛盾、次要矛盾，以便掌握所存在的问题的关键，分清主次，求得问题的解决方法。

3. 因素分析法

它是对经济活动中某一问题和情况进行纵向和横向的剖析思考。它重在探索和揭示影响经济活动成果的各种因素及其影响程度，以便于寻求解决的途径，从而提高经营管理水平，增加经济效益。

4. 平衡法

它是一种通过测定对应关系指标是否一致，从而来评价工作质量的方法。如根据资金占用总额等于资金来源总额的会计原理，可以分析企业在资金使用及管理上存在的问题等。平衡法的应用范围比较广。

5. 动态分析法

它是一种用发展的观点，把不同时期经济活动的同类指标与实际数值进行比较，得出比率，然后分析此项指标的增减和发展变化趋势，同时就今后的经济活动提出各种设想和措施的分析方法。动态分析法就是预测分析法。它研究的内容包括：同一时间、空间条件下企业的发展速度、发展水平、增长的绝对值等。例如，通过历年来费用的最高水平、最低水平、平均水平等，来考察影响费用水平的各种因素和主客观原因。

6. 调查分析法

它是一种通过与群众接触、了解影响经济指标完成因素的来龙去脉，找出原因的方法。这种方法是经济活动分析过程中一种必不可少的方法。运用这种方法时可以较好地结合数据分析，做到有理有据，令人信服。

（四）语言要简练

经济活动分析报告是用文字语言进行描述的，它阐明了经济现象变化过程和规律及发展趋势。所以，在描述过程中的语言要言简意赅，用少而精的文字去描述客观事物和表达作者的观点。但精练应以准确明了为前提，特别是使用专业术语要通俗易懂，不要说官话、大话、废话，实事求是、恰如其分地表现经济现象的变化过程及结果，以最精练的文字表现出最丰富的意思，以朴实自然的文笔描述出事物的本质特点，做到用语通顺简晰，生动流利，描述准确，观点鲜明。

（五）数字要准确

经济活动分析报告是用经济数据作为分析的主要依据，通过分析掌握经济现象数量变化和错综复杂的数量关系，使人们的认识进一步深化，并用数字表述事物数量的变化过程及规律。所以，采用的数据必须准确、客观、具有代表性，才能得出符合客观实际的结论。因此，我们必须认真地去审查、鉴别和筛选经济数据，及时发现有违常规的和指标口径、计算方法、时间范围不一致的以及逻辑关系异常的情况，才能做到去伪存真，去粗取精，从数据源上把好关，为再生数据的准确性奠定基础，提高分析的质量。

六、经济活动分析报告与调查报告写作上的异同

（一）相同处

经济活动分析报告和调查报告就是常常容易混淆的一对文体。经济活动分析报告与调查报告有一些相同的地方：首先，它们构思的程序相同。两种报告都是以国家有关方针政策为指导，根据某一目的对某一对象进行调查，得到丰富的材料后，做科学的研究分析，然后揭示事物本质，找出规律，做出结论的陈述性报告。它们都强调调查研究，文章中都要有事实材料、分析、结论这几个不可或缺的要素；两种报告成文的思维过程相同——运用归纳的思维方法从客观事实中得出自己的结论。其次，两种报告的写作目的也大致相同，都是试图通过对具体对象的分析，从政策、规律、得失、趋势等方面加以研究思考，总结经验，揭露矛盾，提出建议，给有关领导及部门做参考，借以改进工作，推动事业发展。

（二）不同处

尽管如此，二者属不同的文种，在许多方面都存在差异，主要表现如下：

1. 写作时间不同

除了部分专题经济分析是不定期的，随时发现问题随时分析之外，一般的经济活动分析都在年终或一个生产周期、一个经营环节告一段落之后进行的，因此经济活动分析报告常常作为年度、季度、月度报表资料的文字说明部分。或结合某一经济活动的全过程来写作。而调查报告在写作时间上则具有报道性的特点，要求及时发现和反映现实生活中的新事物、新经验、新矛盾，所以写作时间比较灵活，事情进行前、进行中、进行后，只要角度选得适当，都可对调查对象进行研究分析，写出报告。

2. 写作内容不同

经济活动分析报告只着眼于经济活动，要求根据会计、统计、计划、生产核算和调查到的其他经济资料，对企业生产或流通过程中各项指标完成情况进行计算、分析、比较，它强调的是从调查对象本身出发去分析其经济效益和社会效益。不同的经济活动有不同的技术指标的构成，有不同的分析要求和不同的计算方法，专业技术性较强。另外，经济活动分析报告虽也要收集一些活资料，如经营管理、技术改革、政治工作中动人的好事例；也要收集一些典型材料，如本单位历史最高水平、同类企业中的先进水平等。但这些活资料、典型材料只是作为分析的依据之一，不须详细介绍，即使要以之为例，也要用其经济效果的具体数据加以概括和证明，而不仅靠陈述性语言表达。而调查报告则不同，虽然它的内容与科技、经济活动联系较紧密，但所涉及的范围要比经济活动分析报告广泛得多。调查报告重在解剖麻雀，通过典型找出普遍规律，以点带面去指导全局的工作。尽管它也须收集有关数据，但更多地要收集生动、具体的正面或反面的典型事例，并要求作比较详细的叙述说明，以此来加强调查报告的说服力和感染力。即使是综合分析调查报告需要对面上有关情况作较广泛的概括分析，但仍少不了用具有代表性的典型材料来印证补充，使文章内容充实可信，也使文章的观点更能成立。

3. 写法不同

这两种报告虽同属陈述性报告，但在表达方式上却有较大的区别。经济活动分析报告中的数据分析较多，一般与表格结合，表达方式除记叙外，主要是说明，并且它的说明方法是特定的经济分析方法，即对比分析法、因素分析法、平衡法、动态分析法等。在语言表述上，经济活动分析报告中较多地运用专业术语，科学严密性和理论性要求较高。而调查报告的表达方式较灵活，它要求用事实说话，所以主要用记叙和说明；但它的目的又不仅在记叙或说明某一事物，而要通过对此事物的分析，说明一定的道理与观点，故必须要用议论，因此调查报告常以记叙为主，兼以说明和简要的议论。它虽也引用数据，但只作为事实的佐证。它的语言虽也要求朴素自然，但同时要求生动活泼，要求适当引用群众语言来点明主旨，运用比喻、排比、层递等修辞手法来引人入胜，文章的表现力较强。

4. 行文结构不同

经济活动分析报告一般采用纵式的递进结构，即大致按“概况（介绍各种数据指标、经济效果）——对各指标的完成进行量和质的分析——剖析产生现状的原因——进一步搞好工作的对策建议”等四部分顺序成文，有时也有用总分式结构的。而调查报告的结构方式较多样，它按表达的需要，可分成横式、纵式、纵横式三种。横式是指从几个方面阐述一个问题的并列形式;纵式包括按时间或方位顺序或事物发展的内部联系安排材料的联贯式,按问题的逐步深入来阐述的层递式,以及按现状、产生原因、对策建议安排的递进式(或叫因果式);纵横式指纵式和横式合用的总分(总)结构。可见调查报告的行文结构是灵活而多变的。

5. 人称不同

经济活动分析报告既可是上级机关,外单位人员来写,用第三人称。也可是本单位人员自己分析供本单位自查而写作,用第一人称。而调查报告一般是上级部门或外单位人员所写,用第三人称。

例文

××厂流动资金使用情况分析报告

××厂是生产小型交流电动机的专业厂。近几年来,该厂生产连年发展,品种不断增加,销量大幅度上升,为国家提供了大量积累和外汇收入。

同××××年相比,××××年该厂工业总产值增长2.2倍,产量增长2.3倍,质量稳步提高,已有38%的产品达到国际标准。产品不仅畅销全国,还远销欧美和东南亚。近三年,出口电机共达×万台,创汇×万美元,税利总额达×万元。

但从资金使用分析,还存在一定的差距。定额流动资金周转××××年为×天,比××××年的×天缓慢×天,相对多占用流动资金×万元。

一、流动资金周转缓慢

(一)产品降价,销售收入减少,影响流动资金周转×天。

(二)产品直接对外后,资金结算方式改变,使流动资金周转缓慢×天。

二、定额资产占用额上升

(一)由于出口产品品种增加,国外进口轴承、出口包装等储备增多,而使资金多占用××万元。

(二)库存材料结构不合理,主要材料储备偏低,辅料储备偏高,以致该厂××××年曾几度出现过停工待料现象。

(三)产品单台成本增加。××××年单台成本平均为×元,比××××年增加×元。××××年库存量×台,比××××年增加×元。××××年库存量×台,成品资金占用×万元。

(四)产销率降低,成品库存上升。其中A系列电机××××年平均产销率仅为×%,比××××年减少×%,即相对减少销售×台,平均多占用资金×万元。B系列电机××××年产销率平均为×%,相对减少销售×台,多占用资金×万元。

三、几点建议

为进一步挖掘资金潜力,减少资金占用,加速资金周转,提出如下设想:

(一)抓采购供应科计划的管理,特别是在制订一般辅料采购计划时,优先考虑现有库存,逐步使库存偏高的材料资金压下来,可压低×万元以上。

（二）抓产销率的提高。如能使产销率提高到××××年×%的水平，则成品库存量可比××××年库存量减少三分之一，即可压缩×万元资金占用。实现这项目标，应着重抓生产均衡率，同时抓产品验收、装箱、发运、托收结算各道环节的协调工作。

（三）通过外销贸易谈判，争取缩短货款回笼结算期限。以该厂与德国××公司业务为例，产品发出后，货款实际回笼期达8个月。如趁贸易谈判的机会，促使外商同意改为信用证结算方式，则可缩短结算在途期4个月；再与代理出口的外贸出口公司协商，货款当月划付，则又可平均缩短半个月的结算在途期，从而加速资金的流转。

××厂

××××年×月×日

简析：这是一篇关于流动资金使用情况的专题经济活动分析报告。文章开篇运用比较分析法，拿目前的情况和过去的情况进行对比，说明生产不断增加，质量稳步提高的有利形势，但是从资金使用这一问题看，则还存在着一些问题。报告针对流动资金周转缓慢和定额资产占用额上升两个方面的问题进行分析，通过列举具体数字，综合运用比较法和因素分析法来分析问题的内在原因，从而得出了正确的分析结果。最后，文章针对存在问题提出了合理的建议。全文数据翔实，事实清楚，既有深入分析，也有合理建议，是一篇格式规范、符合要求的经济活动分析报告。

综合练习

一、填空题

1. 合同是平等主体的________、________、________之间设立、变更、终止________________的协议。

2. 合同的主要特点是______、________、________、__________和______________。

3. 标的是指________________________________。

4. 按合同成立是否需要具备一定的形式和手续分为________和__________合同。

5. 招标是招标方提出__________，由若干投标方进行__________，招标方从中________选定中标方的一种法律行为。

6. ______年____月____日第九届全国人大常委会第十一次会议通过了《中华人民共和国招标投标法》，从____年____月____日起施行。

7. 招标书根据招标方式可分为________和________。主体部分是招标书的______，通常采用________结构详细说明招标的有关内容和要求事项。

8. 投标书又称______或______。由______、______、______和______四部分组成。

9. 经济活动分析报告的主体部分一般包括__________和__________两部分。

二、判断题

1. 合同的标的不一定是必备的。 （ ）

2. 合同签订后当事人任何一方都可以单方面修改合同内容或终止合同。 （ ）

3. 合同的签订必须遵循等价有偿、平等自愿的原则，只要双方同意，可不用考虑是否符合法律规定。（ ）

4. 在整个招标投标过程中涉及的各种文书较多，统称为招标投标文书。（ ）

5. 由于招标的特点是公开、公平和公正，将采购活动置于透明的环境之中，这就能从根本上杜绝腐败行为。（ ）

6. 标底在开标之前不得泄露，要严格保密。如有泄露，责任者要严肃处理，直至追究法律责任。（ ）

7. 投标人在招标、投标活动中享有平等的权利，有同等的机会，招标人对投标人不应当存在任何歧视行为。（ ）

8. 邀请招标指招标人以当面邀请的方式邀请特定的法人或者其他组织投标。（ ）

9. 投标人一旦中标，表示招投标工作结束。（ ）

10. 招标通告和招标书是一样的文书。（ ）

11. 落款单位不一定和标题中的招标单位相一致，它可以是招标单位的上级主管部门，也可以是某一承办单位。（ ）

三、修改题

1. 下面四则合同案例的条款中，由于关键性概念表述不明确，而引起不应有的纠纷，导致某一方造成重大经济损失。读后请找出合同中引发歧义的部分并予以改正。

(1) 某企业购买美制机器设备，见美方自愿附上一句“承诺负责机器维修”，便放心签约成交。后来机器坏了，厂方求援，美方迟迟不表态，最后表明索要修理人员的路费、修理费、零部件款等。购方问：“合同上不是明明有供方‘承诺负责机器维修’的义务吗？”对方说：“不错，我们承诺维修，但没有承诺出钱！”出于无奈，购方为了使机器运转，只得奉送 7 000 美元的修理费。

(2)三门县一家商店与内蒙古呼和浩特市一家皮货收购站签订购买一批优质羊皮合同。三门县这家商店作为购方，对羊皮的质量要求是大小在四平方尺以上，无剪刀斑(即无刀伤痕)，但在购销合同上却写成：羊皮“四平方尺以上、有剪刀斑的不要”。羊皮的大小恰恰和原意相反，结果销方引用合同上的这一漏洞卖给购方的尽是一些四平方尺以下的劣质羊皮，优劣差价 10 余万元，购方造成重大经济损失。

(3)苏南某市某家纺织集团公司与外省某企业单位签订一份销售 5 000 米粗毛呢的合同，价格在洽谈时取得一致，并言明货到购方所在地于当年四月底前结清货款。供方按期把货运给了需方，由于当时粗毛呢的市场销售起了变化，需方把未销掉的货又运回给供方。把销掉货的钱交给供方，供方拒收退回来未销掉的货。需方指着带去的合同说：“合同上明明写着‘四月底前结清货与款’。现在退回来未销掉的货和交上销掉货的款，这不是很守约吗？”供方明知当时订合同时事实并非如此，但面对具有法律效用的合同却无言以答，即使向法庭起诉，也很难胜诉。

2. 请修改下面合同中的条款，并说明修改的理由。

合 同

1. 经甲方验收，不符合质量标准，乙方应负责任。

2. 交货期限：10 月底左右。

3. 交货地点：×××市机械厂附近。

4. 每季度结算一次。

5. 甲方必须提供一定的场所和必需的营业设备。

6. 卖方承担大部分短途运费。

7. 本合同的有效期，自签订之日起，到合同执行完毕止。

8. 甲方购买乙方苹果约 10 万公斤，视质量好坏，按国家牌价结算。

3. 请根据合同的写作要求，对下面一则合同进行修改。

合　同

立合同单位：××大学基建处（甲方）

××建筑公司二分队（乙方）

甲方需建造一座教学楼，经双方讨论，共同订立本合同：

1. 甲方委托乙方建造教学楼一座，由乙方承建。

2. 建造费约人民币××万元左右。甲方先向乙方预支一部分，其余在完工后一个月左右偿还。

3. 建筑材料主要由甲方购买，部分由乙方代购。

4. 大楼从合同签订之日起，二年以内完工交货。

5. 本合同一式两份，双方各执一份作为凭证。以免发生合同纠纷。

××大学基建处（盖章）　　××建筑公司二分队（盖章）

××××年×月　　××××年×月

4. 指出下文在内容和格式上存在的问题。

曹江大桥建造工程招标通告

为了加速我市公路建设，确保公路建设质量并按期完工交付使用，特邀请符合国家桥梁施工规定的投标者前来投标。

所有参加投标的同志，请××××年 11 月 9 日、12 月 9 日到曹江大桥建造工程指挥部。

电　话：××××××

曹江市交通局计划处

××××年 10 月 5 日

5. 下面这份投标书在内容上有什么疏漏？如果在实际投标环节中使用会造成哪些后果？

投　标　书

工程名称：××××××

投标企业：××××××

一、标书综合说明

根据××市××局××建设工程招标管理处××××年×月×日发布的《××广播电视中心办公楼建设安装工程招标公告》，以及××省建筑设计院设计的图纸内容，我公司具备承包施工条件，决定对以上工程进行投标。

本公司经历了长期建筑安装工程实践，于××××年企业整顿验收合格，××××年经省建委审定为一级建筑安装施工企业。公司现有职工××人，共设有建筑安装××个分公司，并配有全钢架现浇，大弯度钢架、预应力工艺等项目的施工能力和经验，具备大型土方石工程、建筑工程和水电安装工程总承包施工能力。

我们决心在此建筑工程中以全面质量管理为核心，严格编制施工组织设计程序，发挥企业固有的优势，保证缩短工期，力争在该项目上创优良、优质工程。

二、工程标价

预算总造价为五千五百万元，标价在预算总造价的基础上降至1‰，即五万五千元（详见报价表）。

三、建设工期

在接到“中标通知书”后十五天进场，做好开工前的一切准备工作。××××年×月×日正式破土动工，××××年×月×日竣工，总工期为××个日历工作天（详见进度计划）。

四、合理的施工措施

1. 计划控制

采取总进度计划控制与土石方工程平衡配和主车间平行、主体交叉流水网络计划控制相结合。

2. 制定质量目标

坚持TQC管理方法，建立各单位工程中分部分项工程质量预控网络体系。

3. 健全技术档案

做到技术资料“十二有”，提高施工管理科学性。

4. 安全生产

搞好安全教育，加强安全检查监督，防范事故于未然。

5. 加强职工队伍思想政治教育

遵守劳动纪律，讲究职业道德。

6. 各工种工程，分部分项实行挂牌施工，落实岗位责任，推行栋号承包

五、建议

建设过程中如有设计变更、材料串换、代用等现象出现，相互间都应本着实事求是的原则处理。

××××公司
负责人：××
××××年××月××日

四、写作题

1. 根据下述内容，写一份购销合同。

大丰果品商店的代表张三先生，于××××年×月×日与光明园艺厂的代表叶四小姐订了一份合同。双方在协商中提到：大丰果品商店购买光明园艺场出产的水蜜桃8 000斤、鸭梨10 000斤和香蕉苹果15 000斤。要求每种水果在八成熟采摘后，一星期内分三批交货，由光明园艺场负责以柳条筐包装并及时运到大丰果品商店；其包装筐费和运输费均由大丰果品商店负担。各类水果的价格视质量好坏，按国家规定的当地收购牌价折算，货款在每批水果交货当日通过银行托付。如因突发的自然灾害不能如数交货，光明园艺场应及时通知大丰果品商店，并互相协商修订合同。在正常情况下，如果大丰果品商店拒绝收购，应处以拒收部分价款20%的违约金；光明园艺场交货量不足，应处以不足部分价款30%的违约金。这份合同一式四份，双方各执一份，各自送上级单位备案一份。

提示：

(1) 购买各类水果的条款，可列表表示。

(2) 本合同各条款项目顺序为：一、产品名称、品种规格、数量；二、交货日期；三、质量要求；四、验收办法；五、交货方法、包装运输方式和费用负担；六、结算方式和期限；七、违约规定；八、其他约

定事项。

2. 根据下面材料拟写一份合同。

牡丹江市综合贸易公司向湛江市家用电器厂购买三角牌WAC型电炒锅1 200个，三角牌ART型电饭煲1 800个，三角牌TBE坐电水壶2 400个。合同于2000年12月1日签订，合同有效期一年，上述产品分四批交货。

3. 针对所提供的材料，请以某煤矿名义拟写一份招标书。

某煤矿要在行政办公大楼与篮球场之间闲置的空地上修建一幢培训楼，工程总造价是500万人民币，准备用省内竞争招标的方式选择建筑公司承建，凡具有同类工程建造经验的建筑公司均可参加投标。招标文件从××××年7月17日起，每天可在某煤矿行政办公大楼101室免费索取。接受投标的最后时间为××××年8月17日中午12点。开标时间为××××年8月18日下午3点，评标结束时间为××××年8月18日下午4点，将邀请建筑主管部门、公证处和投标方参加公开开标，采取集体评议方式进行评标、定标。开标地点：某煤矿行政办公大楼4楼会议室。某煤矿基建处地址：某煤矿行政办公大楼2楼203室。电话：56722292。传真：547886227。邮编：100234。

4. 下篇例文属于招标书吗？它与招标公告有哪些区别？请以被邀标公司名义拟写一份投标书。

招标邀标书

××××××公司：

"××大厦"工程是我公司×××年重点计划安排的项目。经我公司考察，贵公司多年从事工程建设，施工质量深受业界好评。特决定邀请贵公司参加我公司开发的"××大厦"工程的投标工作，随函邮寄"××大厦工程招标书"一份。如同意，请贵公司于××××年×月×日上午九时整，带上投标文件发售费人民币××元、投标保证金××万元到××房产开发有限公司领取招标文件和投标图纸，并请按规定日期参加工程投标。

联系人：××

联系电话：××××××

传真：××××××

联系地址：××市××路××号

××房产开发有限公司

××××年×月×日

5. 放暑假了，因为表现出色，工作能力强，刘远被老师介绍到学院附近的金源公司工作。金源公司是××市一家生产饮料的大型公司，为了扩大市场销售量，公司对××市果汁饮料市场进行了一次调查，收集了许多资料，上班的第一天，由于公司秘书临时出差，就将整理资料进行写作的工作交给了刘远。根据下面的材料，请你代刘远撰写一篇经济活动分析报告。

中国饮料工业协会统计报告显示，国内果汁及果汁饮料实际产量超过百万吨，同比增长33.1%，市场渗透率达36.5%，居饮料行业第四位，但国内果汁人均年消费量仅为1公斤，为世界果汁平均消费水平的1/7，西欧国家平均消费量的1/4，市场需求潜力巨大。

我国水果资源丰富，其中，苹果产量是世界第一，柑橘产量世界第三，梨、桃等产量居世界前列。据权威机构预测，到××××年，我国预计果汁产量可达150～160万吨，人均果汁年消费量达1.2公斤左右。××××年，预计果汁产量达195～240万吨，人均年消费量达1.5公斤。

近日，我公司对××市果汁饮料市场进行了一次市场调查，根据统计数据，我们对调查结果进行了简要的分析。

追求绿色、天然、营养成为消费者和果汁饮料的主要目的。品种多、口味多是果汁饮料行业的显著特点，据××市场调查显示，每家大型超市内，果汁饮料的品种都在120种左右，厂家达十几家，竞争十分激烈，果汁的品质及创新成为果汁企业获利的关键因素，品牌果汁饮料的淡旺季销量无明显区分。

目标消费群——调查显示，在选择果汁饮料的消费群中，15—24岁年龄段的占了34.3%，25—34岁年龄段的占了28.4%，其中，又以女性消费者居多。

影响购买因素——口味：酸甜的味道销量最好，低糖营养性果汁饮品是市场需求的主流；包装：家庭消费首选750 mL和1 L装的塑料瓶大包装；260 mL的小瓶装和利乐包为即买即饮或旅游时的首选；礼品装是家庭送礼时的选择；新颖别致的杯型因喝完饮料后瓶子可当茶杯用，所以也影响了部分消费者的购买决定。

饮料种类选择习惯——71.2%的消费者表示不会仅限于一种，会喝多种饮料；有什么喝什么的占了20.5%；表示就喝一种的有8.3%。

品牌选择习惯——调查显示，习惯于多品牌选择的消费者有54.6%；习惯于单品牌选择的有13.1%；因品牌忠诚性做出单品牌选择的有14.2%；价格导向占据了2.5%；追求方便的比例为15.5%。

饮料品牌认知渠道——广告：75.4%；自己喝过才知道：58.4%；卖饮料的地方：24.5%；亲友介绍：11.1%。

购买渠道选择——在超市购买：61.3%；批发市场：2.5%；大中型商场：5.4%；酒店、随时购买：2.5%；个体商店购买：28.4%；快餐厅等餐饮场所也具有较大的购买潜力。

一次购买量——选择喝多少就买多少的有62.4%；选择一次性批发很多的有7.6%；会多买一点存着的有29.9%。

六、简答题

1. 财经文书有何特点？

2. 何谓合同？

3. 合同有何特征和作用？

4. 合同的主体部分主要包括哪些条款？

5. 签订合同须遵循哪些原则？

6. 签订合同须注意哪些事项？

7. 制作招标书要注意哪些内容？

8. 招标书的特点有哪些？

9. 投标书的注意事项有哪些？

10. 简述经济活动分析报告和调查报告在写作时有何异同。

第六章　宣传策划文书

第一节　简　报

一、简报的概念和种类

（一）简报的概念

简报是指党政机关、社会团体和企事业单位为汇报工作、反映情况、交流经验等而编写的简明新颖的情况报告或报道的一种常用文书。简单地讲，简报就是对工作情况的简要报道，又叫“动态”“简讯”“情况反映”“内部参考”“情况交流”“情况简报”等。

简报的历史可以追溯到两千年前汉代的“邸报”，也叫“邸抄”或“邸钞”，是抄发皇帝谕旨、臣僚奏议和有关政治情报的抄本。1955 年 6 月 9 日国务院颁布的《关于所属各部门工作报告制度的规定》规定：“各办、外交、计委、建委、体委、民委，每两周向总理写一次工作简报，明白扼要地报告所掌握的范围内重大问题的处理、工作中的重要情况和经验。”当时的简报是专门用来向总理汇报的。随着社会的发展，简报已成为管理活动中使用非常广泛的一种应用文书。

（二）简报的种类

简报在实际使用过程中产生了许多不同的种类。按照不同的标准可作如下划分：

按发报目的的不同：可以分为情况简报和经验简报；

按出刊时间的不同：可分为定期简报和不定期简报；

按内容的不同：可分为日常性简报、工作简报和会议简报；

按性质的不同：可分为专题性简报和综合性简报；

按用途的不同：可分为汇报性简报（主要指工作简报）、动态性简报、报道性简报（主要指会议简报）、总结性简报、介绍性简报；

按阅读范围不同：可分为机密和非机密两种，前者只供领导阅读，后者属于一般性的。

常见的有以下三种：

（1）工作简报。即反映各项工作情况的简报，包括反映工作情况和问题、经验、教训的日常工作简报，也可以是反映某项中心工作或某项专门工作的专题简报等。

（2）动态简报。动态性简报主要收集各项工作业务动向和人们对重大形势、方针政策、日常生活中各种问题的认识和反映。它能以客观准确的事实材料，为有关部门研究问题，决定方针政策和制定具体措施提供依据，具有较高的参考价值。

(3) 会议简报。这是反映会议召开情况和会议主要精神及与会人员意见与建议的临时性简报，一般由大会秘书处或主持单位编写。

二、简报的作用和特点

(一) 作用

简报的作用主要表现在向上级领导机关报告情况，平行机关、单位之间交流经验，指导下级开展工作，对社会各界的宣传教育。

(二) 特点

简报有很多特点，主要表现在"简""快""真""新""活"。

(1) 简。简报就是指情况的简明报告，"简"是它的基本属性。表现为内容简要，集中单一，一事一报；语言简洁，要开门见山，直截了当；结构简明。它要做到迅速地反映情况，用简洁明了的语言把重要的有实际意义的情况直截了当地表达出来。

(2) 快。简报比其他公文都要快，有很强的时效性。它类似于"消息"，速度一定要快，反映思想动态快，报告工作情况也要快，以便领导机关及时掌握新情况，研究新问题。编写人员要对客观事物有敏锐的反应能力，快写、快印、快发。

(3) 真。简报的内容要真实、材料要准确无误，它必须是对情况的真实报告，要反映事物的本质特征。

(4) 新。指简报的内容要新、观点要新，这是简报的价值所在。办简报的目的就是使领导及时掌握新情况，研究新问题，包括新动态、新经验、新苗头等。

(5) 活。只要有一定针对性的典型材料都可以用来编写简报。简报一般短小精悍，形式、结构灵活多样，不拘陈规。

三、简报写作的格式和内容

简报从格式上看，由报头、报体、报尾三部分构成。

(一)报头

报头一般都是事先印刷好的。在简报首页的上方位置，用一条红色粗线与报体分开。报头一般占报纸的1/3或2/5的比例。报头包括：简报名称、期数、密级、编者、时间和编号。

(1) 简报名称：即××简报，位于报头上方正中位置，用套红大字；

(2) 期数：即第×期，有的统编，有的一年一编，位于名称下面；

(3) 密级：机密等级，在报头的左上角注明"绝密""机密""秘密""内部刊物"等；

(4) 编者：一般位于期数下左侧位置，写明编发单位的名称，并在名称后加一个"编"字；

(5) 时间：指印发日期，位于期数下右侧，与编印单位成一行，写明年、月、日；

(6) 编号：按印数编号，以利于保存和查找。

(二)报体(核)

位于报头横线下面,由按语、目录、标题、正文儿部分组成。

1. 按语

简报的按语在“间隔线”的下方,也称“编者按”或“按”。按语一般由编发机关指定有关人员撰写,以引起读者注意的文字,一般用与正文不同的字体排印。

按语的写法有以下三种形式:①评介性按语,表明编者对简报的倾向性态度。②说明性按语,介绍文章材料的来源、转发目的、转发范围。③提示性按语,一般用来提示简报文章的内容,尤其是篇幅较长的文章,帮助读者加深理解文章的精神。

按语不是简报必备的结构要素,有些简报可以不写按语。

2. 目录

标注在“按语”下方,简报文章上方,居中标“目录”字样。若简报只有一篇文章,则不需标出。

3. 标题

每篇简报都必须有标题,力求确切、简洁、醒目,类似于新闻标题。例如××××年国家信访局编发了一期简报,反映一个运输专业户 ,运一趟木材受到十一道关卡敲诈的事,用了这样一个标题——“‘个体户’行路难　处处都要买路钱”,既概括了内容,又表明了作者的态度。这期简报很快得到了中央领导的重视,《人民日报》转载了全文。

4. 正文

简报正文的写法类似于新闻的写法,先在开头(导语)部分对主要内容进行概括(包括时间、地点、人物、事件等),然后具体叙述文章所反映的情况内容,常见的写法下面专门说明。

(三)报尾

报尾,在简报最后,其上也有一条粗横线与报体分开。位于简报末页下端,包括两个项目:左边写发送对象、范围,右边写印刷份数。

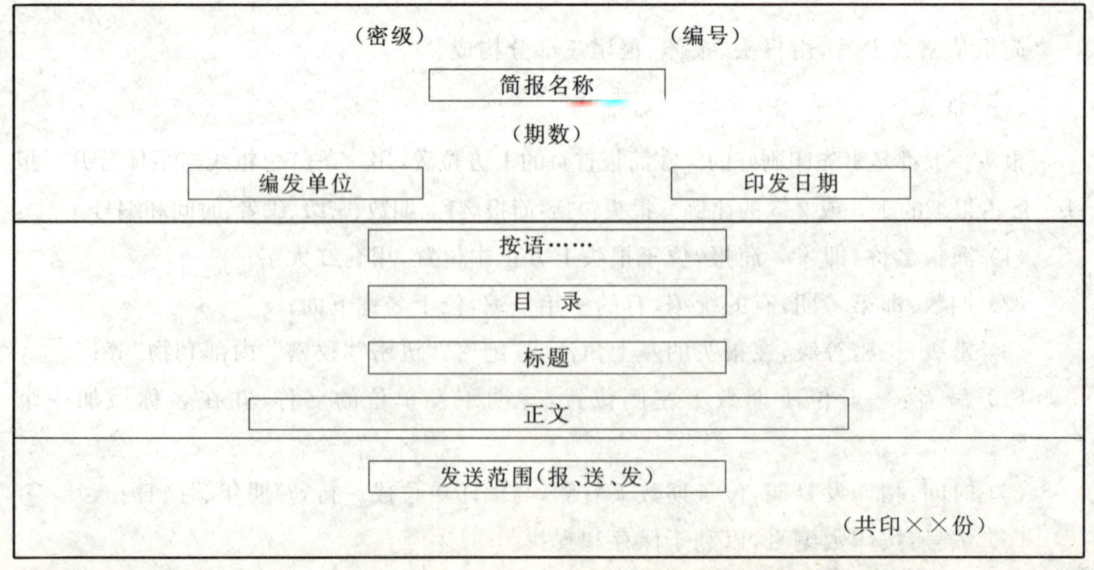

简报与编简报并非一回事,写是采写,是作者深入实际,调查采访,选择材料写成稿件,需提供给编辑人员加以编辑的。编,是编辑,是将现成的稿件编排出来,需要选择稿件,修改润色,加写按语。简报的主要内容表现在正文部分,常见的写法有:

1. 消息式写法

这种写法和新闻消息相类似,但与一般报刊上的新闻消息又有区别,相比较而言,文风较为朴素。它有导语、主体和结尾三部分。导语是简报的开头语,即用一个自然段或一两句话简明扼要地概括简报的中心思想或主要事实。主体是简报的主要部分。其写法通常有两种:一是按时间顺序,即按事件发生发展的先后顺序来安排结构;二是按逻辑顺序,即按内容之间的内在联系来安排结构,为了醒目,可以采用小标题的形式。结尾,即简报的结束语,常用一两句话或一个自然段总结全文,做出总结,或者对事件、问题进行分析,肯定成绩,总结经验,找出差距,指明今后努力方向;或者提出要求和号召,动员群众为完成某项任务而努力。也有的不写结尾部分。

2. 转发式写法

为了布置某项任务,或推动某项工作的开展,通常要把上级的有关政策、计划和领导的讲话、指示或有关单位的工作经验、成功做法,用简报形式向下介绍,供学习、参考。对于被转发的材料,要从实际需要出发,做适当的文字加工、处理。这种简报,一般要加按语,或说明转发的意图,或强调其重要性,或指出其要点,或提出要求。

3. 汇编式写法

这种写法不求系统、全面,而是把几个先进人物或典型事件,或将一些有参考价值、无须保密的文件直接编发出来,可以加强单位内部信息的沟通和交流,促进工作的开展,这种形式往往加写按语。

4. 介绍式写法

这主要是介绍先进经验或成功做法的简报。通常是把结果写在前面,然后重点介绍经验做法。

四、编写简报的要求

(一) 要有明确的针对性

要围绕党的方针政策以及当前的中心工作,研究新情况、新问题、新经验,选材典型,突出重点,提出可行性措施,反映群众和领导所关心的问题和事件。

(二) 材料要真实、典型

要深入实际调查研究,搜集第一手材料,抓好典型,正面的情况要报,反面的情况也要报,不能报喜不报忧。凡写入简报的材料,必须反复核实,确保真实可靠。

(三) 简明扼要,生动活泼

要符合简报写作的特点,一期简报中的内容要集中,最好一事一报。语言表达也力求生动形象,以提高人们阅读的兴趣,更好地发挥简报的作用。

例文

高校产业规范化建设
工 作 简 报

××××年第 2 期(总第 3 期)

教育部科技发展中心　　　　　　　　　　　　××××年月××日

高校产业规范化建设培训工作全面开展

为认真贯彻落实××××年 7 月 23—24 日召开的全国高校产业工作会议精神,落实《教育部关于积极发展,规范管理高校科技产业的指导意见》(教技发〔××××〕2 号)的有关要求,确保高校产业规范化建设工作按期顺利完成,教育部科技发展中心于××××年 11 月 23—25 日、12 月 18—20 日、12 月 22—24 日和××××年 1 月 4—6 日,分别在成都、大连、无锡和天津组织举办了四期高校科技产业规范化建设分片培训会。四次培训会覆盖了全国各省、自治区、直辖市和主要高校。各省、自治区、直辖市高校产业主管部门和 257 所高校财务、国资、产业管理部门的负责人及高校企业负责人等 600 余人分别参加了培训活动。

四次培训活动主要邀请了会计师事务所、律师事务所的专家,针对高校产业改革、改制工作的实际需要,分别开设专题讲座,包括:高校产业改革、改制的方案制定及主要法律问题、操作要求与要领、改制的程序与工作原则;高校新型产业管理体制的构建与资产公司的设立;改制中的清产核资、审计评估、企业税务筹划等专题。

培训期间,参会代表针对高校企业改制及发展的热点问题进行了交流和探讨,主要包括:资产管理公司的设立及企业改制过程中的产权界定、资产核损与增量的合理处置、学校事业编制人员的稳妥安置,知识产权的保护与管理和学校如何建立有利于产学研结合、有利于科技创新及科技成果转化的机制等。

教育部科技发展中心领导十分重视培训工作,李志民主任、李建聪副主任分别参加了有关培训活动并做动员讲话。李志民主任强调:高校产业规范化建设工作的积极推进对各高校产业的积极发展具有重要的作用,各高校一定要认真贯彻落实全国高校科技产业工作会议精神,按照《教育部关于积极发展,规范管理高校科技产业的指导意见》的有关要求,组织实施好各校产业的各项改革措施,确保高校产业规范化建设工作按期顺利完成。

参会代表一致认为:通过参加培训活动,不仅加深了对全国高校科技产业工作会议精神和教技发〔××××〕2 号文件的理解。而且对高校产业规范化建设的各项改革工作和高校经营性资产管理改革的实际操作进行了一次系统的学习,增强了做好高校产业规范管理工作的信心。教育部科技发展中心和中国高校校办产业协会联合编写《高校产业改革改制指南》一书很及时,对高校各项改革、改制工作具有指导意义。参会代表认为此次分片培训会召开及时、内容充实、组织周密,达到了预期的培训目的,并纷纷表示,会后将积极按照《教育部关于积极发展,规范管理高校科技产业的指导意见》的要求,积极推进本校的产业规范化建设工作,确保如期完成改革改制目标。

（其培训内容将刊登在“教育部科技发展中心”网站，“科技产业”栏目 http://bww.cutech.edu.cn，请查阅下载）。

报：部领导

送：办公厅、发展规划司、政策法制司、财务司、人事司、科技司、直属办、高教司、社政司、纪检组、监察局、审计局

发：各省、自治区、直辖市教育厅（教委），新疆生产建设兵团教育局，部属各高等学校

抄送：国防科工委体改司、人事司，国家民族事务委员会教育科技司，国务院侨办文宣司，共青团中央

教育部科技发展中心　　　　　　　　　　××××年×月××日印发

简析：这份工作简报充分体现出简报的写作特点。短小精悍，信息量大，下发之后，对面上工作起到及时有效的指导作用。

第二节　消　息

新闻是一种传达新近发生的、具有一定社会意义的信息的实用文体。新闻有广义和狭义之分。广义的新闻是消息、通讯、报告文学和评论等体裁的统称，狭义的新闻就是指消息。本节所说的“新闻”是指狭义的新闻。

一、消息概述

消息是以简要的文字及时、迅速报道新近发生的事实的一种新闻体裁，是报纸、广播、电视最广泛、最常用的一种文章样式。报纸发表消息时一般有电头或“本报讯”。电台、电视台在播发消息时，一般注明“据××消息”或“本台消息”。

（一）消息的分类

消息常见的有以下四类：

1. 动态消息

动态消息是以迅速简洁地报道新近发生的事件、反映事物发展过程中的新动态为基本特征。它的内容一般集中单一，一事一报，简明扼要，时效性强。

2. 综合消息

综合消息指的是对同类事物或对一事物的多侧面的归纳综合报道，主要用来反映事情的动向、成就、问题等。

3. 经验消息

经验消息又称“典型报道”，主要报道一些部门、单位的典型经验和具体做法，是用以指导全局、指导工作的一种新闻文体。

4. 新闻述评

又称评述性消息，它是介于消息和新闻评论之间的一种新闻文体，是一种边述边评、评议结合的消息品种，发表时常冠以“本报(台)述评”或“本报(台)记者述评”的字样。

(二)消息的主要特点

1. 时效性

消息一般要求是不隔天，有时甚至是事件发生后几小时或几分钟后就要加以报道。

2. 真实性

消息必须以叙述客观事实为重，用事实说话。以事感人是消息的特点。消息不是通过论证说理来使受众接受观点，而是依靠事实本身的逻辑力量，使受众在接受事实的过程中自然而然得出和作者一样的结论，而作者的思想观点是隐藏在对事实的客观叙述之中的。

3. 精简性

消息要求以最简短的文字，报道最重要、最新鲜的事实。现在报纸上的消息一般只有500字左右，有的只有一句话。在广播、电视中，消息的播报时间一般也只有1～2分钟。

(三)消息的要素

消息写作要将新闻事件叙述清楚、完整、准确。传统的新闻写作要将新闻“六要素”交代清楚，即新闻界通常所说的“5W”和“1H”，为“What”——何事，“Where”——何地，“When”——何时，“Who”——何人，“Why”——原因，“How”——怎么样。通常情况下，“六要素”越完备，消息写作越准确。但现代新闻写作只需要突出关键部分即可。

(四)消息的结构

消息写作常见的结构形式有以下三种：

1. “倒金字塔”结构

这种结构按照重要性递减原则布局谋篇，将精要之处、事件结果、重大影响等要素放在开头，让读者一下子了解事件实质。这种结构有助于呈现新闻重点，但也同时会带来写作程式化、内部衔接生硬、有虎头蛇尾之嫌等不足。

2. “金字塔”结构

这种结构按照事件发生的先后顺序来写，段落之间衔接自然，如读故事一般，符合读者阅读习惯。但也易造成平铺直叙的缺陷，将新闻事件的重点淹没在叙述之中，难于在第一时间吸引读者眼球。

3. “散文式”结构

这种结构在开头可先简笔描绘有关场面、情景、气氛、色彩；或即兴抒发见闻、感触；或调动读者联想，激起读者兴趣；或设置悬念等。然后再有节奏地和盘托出新闻事实。这种结构比较自由，又富有文采；比较容易突破消息写作的某些模式和框框，使行文富于变化，能够引起读者阅读兴趣。

二、消息的构成

一篇消息通常由消息的标题、消息头、导语、主体、新闻背景、新闻结尾以及署名等部分组成。

（一）消息的标题

俗话说："看书先看皮，看报先看题。""题好文一半。"消息的标题是消息的眼睛，它要求以非常简明的语言点出报道的内容，揭示新闻事实的实质，阐明新闻事实的意义。所以，消息的标题对于吸引、引导人们阅读新闻报道具有举足轻重的作用。

消息标题由主题、引题和副题三部分组成。主题也称正题，是标题的核心和主体；引题又称肩题、眉题，置于主题之前，主要对与主题相关的背景、原因等做相关的交代，有时还可以烘托气氛、揭示意义；副题也叫子题或次题，位于主题之后，用来解释、补充、说明主题。新闻标题要求字少、句明、朗朗上口。最好能使人一见为之怦然心动，激发起难以遏止的阅读兴趣。

消息的标题通常有以下几种格式：

1. 单行标题

如"著名作家巴金逝世""镇江破获罕见非法窃听案"等。单行标题一般以叙事为主，点明必要的新闻要素，只有主题。

2. 两行标题

两行标题又分为两种：一是引主式，即由引题、主题构成；一是主副式，由主题和副题组成。如：

步行街上"铁板烧"　公交站台"日光浴"（引题）

公共设施建设应以人为本（主标题）

七折优惠隐现新年楼市（主标题）

专家表示，手有余钱，楼市火爆，优惠放贷是商业银行天然的冲动（副题）

两行题中偶尔也有用双主标题的，如：

大火烧了汽配店（主标题）

火完立即遭"灭迹"（主标题）

3. 多行标题

这是新闻中最完整的标题形式，引题、主题、副题三者齐备。如：

教育部确定高考改革方案（引题）

用"一年多考"破除"一考定终身"（主标题）

还将实施本科高职分开考试，清理规范高考加分政策等（副题）

（二）消息头

报纸上刊登的消息，其开头往往冠以"本报讯"或"新华社上海 6 月 20 日电"之类的字样，这就是消息头。消息头是消息的标志，正规的新闻报道不可忽视消息头的作用。

（三）导语

导语是消息的开头部分，它紧接在消息头的后面，一般由最新鲜、最重要的新闻事实或依托新闻事实的精辟议论组成。导语是消息这一新闻体裁特有的部分，是消息区别于其他文体的重要特征。

新闻导语分类的方法有多种。按照表现手法上的区别，可以把导语简单地分为三大类型。

(1)叙述型导语。与新闻报道要客观地叙述事实这个基本特征相适应，大多数新闻导语都采用叙述型导语。叙述型导语又包括直叙式、概括式、对比式等多种表现形式。

①直叙式导语。要求开门见山，把最有新闻价值的新闻事实告诉读者。例如：

本报讯 12月5日上午，省委常委会举行会议，专题研究部署我省第三批先进性教育活动。会议要求，紧紧围绕建设社会主义新农村这个主题，坚持以正面教育为主、自我教育为主、实践性教育为主，扎实开展第三批先进性教育活动，着力解决实际问题，使其真正成为农村经济社会发展和各项工作的强大动力。

（《扬子晚报》2005年12月6日）

②概括式导语。又叫综合性导语。它的特点是对整篇报道的内容进行浓缩和概括，为读者提供整篇消息的梗概。这类导语通常适用于那些内容较为复杂、过程曲折的消息。

例如，高考一直是人们关心的话题，而语文考试中的作文题历来都是人们议论的中心。作文题目直接影响着考生的发挥，也在很大程度上指示着新的教育理念。又是一年高考结束，今年的高考作文透露了怎样的信息呢？《扬子晚报》记者在报道这件事时，用了一个概括式导语：

本报讯 随着高考第一天的结束，各地高考作文题也纷纷浮出水面，其中不难看出，不管各地题目如何千差万别，大家都始终紧扣着"话题作文"这一中心不变。有专家指出，今年各地的作文题都由过去一味地讲究"诚信"等道德灌输，转为现在强调学生内在的人生反思，强调学生多角度地观察生活、理解生活、表现生活，从这个角度上说，这标志着话题作文已经进入一个成熟期和全盛期。

这条导语从信息容量较大的内容中，概括出开放式思维、辩证思维以及人生反思等几个重要的信息，突出了文章的特殊视点，对读者有一定吸引力和启发性。

③对比式导语。就是把现在的情景和过去的情景相比较，或者把此时此地的情景与另一处情景相对比，使之相映成趣或相得益彰。对比式的特点是着眼于当前，讲过去是为了衬托现在，使消息中所蕴含的新闻价值更能充分显露。例如：

据《沈阳今报》报道，曾以辽宁省普兰店市高考理科状元身份走进北京大学的武小锋，毕业后却因找不到工作回家务农，每天在家串糖葫芦卖。

北大毕业只能以卖糖葫芦为业，这条导语中人物的身份和职业反差强烈，容易激发读者的阅读兴趣，沿着导语兴致盎然地读下去。

(2) 描写型导语。描写型导语以展示事物的形象或场景为主要特征。有些新闻事实具有生动的形象、鲜明的色彩，富有个性的细节，在写导语时若能抓住其中一点绘其声、描其色，给读者以身临其境的现场感或生动感，就是描写型导语。如：

本报讯　深绿和淡红的晚礼服在展台上散发着华贵典雅的光泽，小巧精制的嫩黄色吊带衫配上手工编带的短裙显得清新而别致，柔软抗菌的浅黄色睡袍斜斜地披在模特儿身上……当苏州大学研发的天然彩丝被加工成一件件精美高级的服装出现在日前商务部举行的新产品成果评选会上时，所有评委为之眼睛一亮，观众甚至站起来争相看这些独特的霓裳。最终，这项成果夺得"新产品成果金奖"，并在最近结束的大学生"挑战杯"上摘得一等奖。

（《扬子晚报》2005 年 12 月 7 日）

这条导语开头以描写的表达方式，细致刻画了在评选会上亮相的新产品，从颜色、款型等方面给人独特的感受。它打破了会展消息的传统格式。传统的会展消息，其导语往往是"某月某日，某某新产品成果评选会在某地召开，由某单位设计制作的某产品荣获一等奖"，而这条消息的导语一反常规，以描写的方式把读者的视线引向"晚礼服""短裙""模特"，令人如临其境，给人以生动、深刻的印象。

（3）议论型导语。新闻报道以客观叙事为主，一般不允许作者直接在新闻报道里发表议论。但是这并不意味着新闻报道排斥一切议论。议论可以有多种形式，如果运用得巧妙，既不违背新闻报道的要求，又能达到一箭双雕的报道效果。议论型导语主要有引语式、设问式、评论式数种。

①引语式导语。作者自己不出面议论，而是借助别人的口发表议论。在导语中，适当引用新闻中主要人物的精彩语言，往往能给人以强烈的印象。《南方日报》1986 年 3 月 8 日发的一条报告会消息，导语就格外"热闹"。

本报讯　"精彩，实在精彩！""听到李国桥不惜冒着危险在自己身上做抗疟试验时，我周围的不少人流泪了。""你有没有注意，梁启圣老师讲他 10 多年来用自己的工资抚养黎、苗族学生那一段时，就被 6 次掌声所打断。"这是昨天上午省先模报告团在广州中山纪念堂做首场报告以后，记者在人群中听到的议论。

②设问式导语。作者故意在消息的开头提出某个引人注目的问题，然后由作者自己加以解答，这就是设问式导语。设问式导语有一点议论的色彩，而又紧密围绕关键的新闻事实展开，往往能引起读者的关注。

本报讯　"8 点上班的钟声响过之后，中央国家机关多少人迟到？"

这是 1987 年 6 月 15 日新华社电讯《一些中央国家机关的情况表明需要加强劳动纪律》的导语，提出的问题非常敏感、突出，一开始就抓住了读者的心。

③评论式导语。在叙述新闻事实的同时，巧妙地对这一事实做出画龙点睛的评价，用以揭示这一新闻事实背后所蕴含的因果关系或现实意义，这是评论式导语的特点。例如：

本报讯　多年来青蛙已经绝迹的北京市莲花河上游一带河区，如今在深夜又听到阵阵蛙声。莲花河水系管理部门的同志告诉记者，这是八一电影制片厂治理影片洗印污水取得的成果。

这条导语的第一句是对客观事实的叙述，第二句则是对事实的评论。“听到了阵阵蛙声”是现象，对这一现象的评论是为了引导读者透过这一现象，看到污水治理改善了水质，与蛙声阵阵之间有着因果关联。如果没有后面的评论和补充，那么关于蛙声的描写就失去了新闻价值。这种写法适用于那些意在“用事实说话”的寓理于事的报道和“以小见大”的报道。

（四）消息的主体

消息的主体又称消息的躯干，从结构上看，主体紧接着导语，是消息的主要部分，它一般是对新闻事实的详细表述和发挥。主体的任务是对消息的事实做具体的报道和说明，发挥和表现主题。因此，主体承载着双重作用：一是阐释导语，使导语中概括的事实更加清楚、详尽；二是补充导语，使导语中没有提到的其他有关消息主题的事得以补述，以保证消息的完备性和实现新闻主题。由此可见，主体是导语的延伸。

主体的写作应注意以下几个问题：

1. 变换叙述角度，不重复导语

导语中说过的话，在主体中尽量不要再重复。

2. 紧扣主题，内容充实

主体是对导语的阐释和补充，但并不是没有写进导语的材料都可以塞进主体，主体中的事实材料一定要紧扣主题，不能与主题无关。当然，为了补充、阐释导语，主体的事实材料应该充实，从而有力地回答导语所提出的问题。

3. 叙述生动，行文有波澜，保持读者的阅读兴趣

（五）消息的结尾

消息是对事实的阐述，叙述完毕则消息完结，没有严格意义上的结尾，但这并不意味结尾无关紧要。结尾能起到凝合、收束全文内容的作用。从内容上看，结尾也往往作为突显和升华新闻主题、补充交代新闻要素的重要部分。与导语相呼应，是消息结尾写作的基本要求。好的结尾应该回味悠长、发人深省；应该富于鼓动性，让人精神振奋。常见结尾方式有概括式结尾、议论式结尾、对比式结尾、褒扬式结尾、预测式结尾，即我们平常所说的小结式、评论式、希望式等。

（六）消息的背景材料

背景是指新闻事实之外，对新闻事件、人物信息的补充。它是对消息中“为什么”的展开，是对形成新闻事实的来龙去脉的剖析与展示，它往往提供比新闻事实表象更为深刻的内容。背景材料的常见内容有历史背景、事物背景、人物背景，地理背景、社会背景、知识背景等。

选择运用新闻背景时，要紧扣新闻主题，找出有价值、高质量的材料；要以受众为依托，选择解答疑问、引起兴趣的材料；要根据实际情况，灵活运用、巧妙穿插，可以在导语中使用，也可在主体中使用，亦能在结尾中使用。

当然，在消息的写作实践中，除导语外，其他部分可根据实际情况决定是否出现。有

的消息只有导语，有的消息只有导语、主体和背景，有的消息则只有导语和主体，具体运用何种形式，要根据实际情况和写作需要而定。

例文 1

全国出现大范围雨雪天气

暴雪造成部分列车晚点

铁道部发出紧急调度命令

本报北京 1 月 19 日讯　记者从铁道部春运办公室获悉：全国近日出现大范围雨雪天气，河南省大雪已经造成部分列车晚点。为此，铁道部 19 日晚发出紧急调度命令，要求全国铁路系统进一步加强调度指挥，坚持 24 小时昼夜值班制度，尽快恢复客车运行秩序。对受雨雪影响晚点的旅客列车，要做到始发和终点站优先安排库检作业，加快站车折返。在当前临客大量开行的情况下，确保铁路干线畅通和旅客列车绝对安全。

从 18 日早晨 6 时左右开始，全国出现大范围降雨降雪天气，到今天仍然继续。郑州、武汉普降中到大雪，河南省气象台发布了 4 次雪灾和道路结冰黄色预警，河南省汝阳、淅川、宜阳 3 县出现了暴雪。上海、西安、济南、兰州、广州和乌鲁木齐等地出现小雪或雨夹雪，南疆铁路、青藏铁路降小雪，成都地区出现大雾。尤其是京广线、陇海线贯穿南北和东西的两大铁路干线都处在雨雪天气中，给铁路春运运输组织和列车安全运行带来了严峻挑战。

据了解，大雪对铁路行车的影响，主要是干扰机车乘务员的瞭望视线；同时，使道岔结冰，在股道间形成障碍物，从而对铁路行车组织造成困难。铁道部有关负责人说，目前铁路部门正组织人员打冰扫雪，全力以赴恢复行车秩序，最大限度减少恶劣天气对铁路运输造成的影响，并采取措施安抚滞留旅客和晚点旅客的情绪。

1 月 18 日，全国铁路发送旅客 340.2 万人，其中直通旅客达 150.4 万人，超过去年春运节前高峰 147.3 万人。为了应对春节前持续增长的客流，全国铁路增开临客 506 列，开行学生专列 134 列。据铁道部春运办数据显示，进入春运后. 全国铁路发送直通旅客日均达 144.6 万人，同比增长 13%。

（《人民日报》2006 年 1 月 20 日）

简析：这是一篇要素全面的消息。导语部分简洁交代事件发生的概况，分别对应了引题、主题和副题。主体部分详细叙述事件发生的原因和初步结果，并补充交代了与此事件有关的知识：下雪如何影响铁路运输以及今年春运的大致情况，作为此消息的背景。这一背景与铁道部的处理办法一同构成了消息的结尾。

例文 2

中国作家莫言获得 2012 年诺贝尔文学奖

新华网斯德哥尔摩 10 月 11 日电（记者和苗　刘一楠）　瑞典文学院 11 日宣布，将 2012 年诺贝尔文学奖授予中国作家莫言。

瑞典文学院常任秘书彼得·恩隆德当天中午（北京时间晚 7 时）在瑞典文学院会议厅先后用瑞典语和英语宣布了获奖者姓名。他说，中国作家莫言的“魔幻现实主义融合了民间故事、历史与当代社会”。

瑞典文学院当天在一份新闻公报中说：“从历史和社会的视角，莫言用现实和梦幻的融合在作品中创造了一个令人联想的感观世界。”

诺贝尔文学奖评委之一、瑞典汉学家马悦然在接受新华社记者专访时说，莫言是一位很好的作家，他的作品十分有想象力和幽默感，他很善于讲故事。此次莫言获奖将会进一步把中国文学介绍给世界。

（新华网）

简析：这是一篇典型的倒金字塔结构的消息。采用单标题点明消息的主题，导语采用叙述式把莫言获诺贝尔奖的重要消息公布出来，新闻的主体部分则交待了莫言获奖的原因，让读者对莫言的作品有了一定的了解。

第三节　专题活动策划书

策划是指相关行业、单位根据现有资源信息，判断事物变化的趋势，确定可能实现的目标和预算结果，再由此来设计、选择能产生最佳效果的资源配置与行动方式，进而形成决策计划的复杂思维过程。策划讲究创意、创新。把策划过程用文字完整系统地表达出来，就是策划书。广义的策划书泛指所有开展某项工作或活动的富有创意的书面设计方案，狭义的策划书也叫策划案，一般包括市场策划书和活动策划书两大类。本节主要介绍专题活动策划书。

一、专题活动策划书的含义

专题活动策划书是针对对外接待、参观、开业、庆典、新闻发布会、记者招待会、竞赛、捐助等大型活动所制订的行动计划。

它是公司或企业为提高销售额，提高市场占有率经常采取的一种有效行为，如果是一份创意突出，而且具有良好的可执行性和可操作性的活动策划案，无论对于企业的知名度还是对于品牌的美誉度，都将起到积极的提高作用。

二、专题活动策划书的特点和分类

（一）特点

与其他计划类文书相比，专题活动策划书具有以下特点：

1. 目标明确

进行活动策划时，首先要明确达到什么目的——是为了扩大影响，提高知名度，创建名牌企业，追求社会效益？还是为了配合营销策略，抢占市场或促进产品销售，追求经济效益？一般来说，策划是以追求经济效益和社会效益相统一为目标的，目标越明确，行为越坚定。目标的明确性，是保证策划顺利进行的关键所在，策划者的策划行为，受策划目标的制约，要为实现策划目标而进行。

2. 安排有序

专题活动涉及的人员较多，内容繁杂，任何一个环节的疏漏都会影响活动的效果甚至出现重大的失误，所以必须仔细斟酌，严格把关，做到环环相扣。要有步骤、有重点、分阶段进行。因而，策划要通过合理、有序的计划使其具有系统性。

3. 力求创新

策划活动是一项创造性思维活动，创意是专题活动的关键，是画龙点睛之笔。一个富有创意的策划，能够吸引和感染公众，使专题活动取得良好的效果，达到预期的目的。创新可以具体表现在策划定位的抉择，策划语言的艺术渲染，策划表现的独特形式，策划媒体的利用等。

4. 真实可行

创意再好也必须落实到行动中才能实现。可行性是策划的价值所在，不具有可行性的策划方案，无论怎样新颖独特、富有诗意，都只能是毫无价值的异想天开、胡思乱想。策划方案就是专题活动的具体行动计划，是在实际调研、综合考虑主客观条件后形成的，应当具有可行性和可操作性，必须经过可行性论证或试验，才可以付诸实施。

(二) 分类

专题活动策划书根据内容不同，大致可分为新闻活动策划书、社会赞助活动策划书、节日庆祝活动策划书、庆典活动策划书、公关活动策划书、竞赛活动策划书等。

三、专题活动策划书的写作格式和内容要素

专题活动策划书的结构通常包括标题、正文、落款三部分。

(一) 标题

篇幅较长的专题活动策划书大多独立设置封面页，一般包括以下内容：策划书的名称，即标题；策划者的名称；完成日期等。篇幅较短的策划书则可以不独立设置封面，将上述信息直接放到正文前作为文头部分即可，标题外的其他信息也可以放在正文结束之后的右下方。

标题一般有以下几种形式：

(1)组织名称＋活动名称或主要内容＋文种名称，如“××公司成立十周年暨××俱乐部启动仪式活动策划方案”。

(2)活动名称或主要内容＋文种名称，如“爱心捐助活动策划书”。

(3)正标题＋副标题，正标题一般点明活动的主题，副标题一般标示组织名称、活动名称或主要内容、文种名称等，如“生命呼唤绿色——××药业股份有限公司环保宣传活动策划方案”。

(二) 正文

正文一般由前言、主题说明、目标说明、宣传媒介、经费预算、应急措施等几部分内容构成。

(1)前言。多用于介绍策划的背景资料,如活动基本情况、主要执行对象、组织部门、活动开展原因、相关的目的动机及活动的社会环境特征等。

(2)主题说明。用简洁的语言概括活动的创意内容。活动的主题表现是多样的,既可以是一句口号,如“为了千千万万个失学儿童”“迎接奥运,爱我中华”,也可以是陈述式表白,如雅戈尔的“中国的皮儿卡丹”,步步高的“世间自有公道,付出总有回报,说到不如做到,要做就做最好”。主题看似简单,但设计难度很大,它既要虚拟、拔高,又不能过于空洞,主题设计必须贴近受众心理。

(3)目标说明。用简洁的语言表明本次活动要达到的目的或目标,包括社会效果、经济效果。目标是执行策划的动力,也为活动的评估提供参照。确立目标可以根据组织活动的具体情况选择,如将目标分成总目标与分目标等,还要考虑是否符合客观实际、是否符合活动对象需要等。

(4)活动计划。活动计划是对具体活动的指导,应当周密具体、可以操作,一般由活动的时间、地点、人员安排、活动方式、物品安排等内容构成。

①时间。要选择好活动举办的具体时间,如节假日、组织创办或企业开业之际、企业推出新产品或新服务项目之际、组织发展较快但声誉尚未形成之际、组织更名或与其他组织合并之际、组织在某些方面遭到误解之际、富有价值的信息被捕捉到之际等。还包括活动策划的时间安排,准备阶段的时间安排,宣传活动的时间安排,这些都要列出具体的时间进度表,作为检查考核和具体执行的依据。

②地点。活动地点的选择必须考虑公众分布情况、活动性质、活动经费以及可行性等因素,如闹市、广场、会堂、展馆、现场等。活动地点选择后还需要对场地进行布置,在活动策划方案撰写中可以酌情体现,可以拟出几条原则性意见和设想,也可以进行较为详尽的说明,还可以另行撰写单独的设计方案并配上专门的设计效果图。

③人员安排。要考虑和安排的人员主要有:组织领导、来宾、名人明星、媒体记者、工作人员、礼仪人员,领导和嘉宾的信息要清楚,工作人员的分工要明确。

④活动方式。根据活动的需要进行选择,也会因策划者的思路而不同。

⑤物品安排。专题活动所使用的物品很多,这些物品除了实现其实体功能外,更是烘托活动气氛和宣传组织形象的工具和载体,必须予以合理安排。

⑥活动程序。表现形式要简洁明了,表述方面要力求详尽,列出每一点能够预想到的内容,尽量做到没有遗漏。除用文字表述外,可以适当加入统计图表等。

(5)宣传媒介。有些专题活动还需要借助媒体的配合和宣传,以获得最佳的活动效应,所以要选择有针对性、可行性和有效性的传播策略和宣传媒介,如新闻媒介、广告媒介及宣传单页或宣传手册等。

(6)经费预算。要事先估计可能需要的各种支出,如场地费用、物品费用、礼仪费用、保安费用、宣传费用、餐饮费用、劳务费用及不可预算的费用等。经费预算要合理、全面、留有余地。

(7)应急措施。内外环境的变化,将不可避免地给策划的执行带来不确定的因素,当环境变化时就要有相应的应对措施，这应当在策划书中加以说明。

（三）落款

署名和日期。其中署名写策划者姓名及其所属部门、职务；若是小组形式，就写出小组的名称、负责人、成员的姓名（包括所属部门、职务）；如果有外界人员参与的话，也应记载。日期是策划书编制完成时的年、月、日。

有的策划方案正文前面设有目录，正文后面设有附件。

四、策划书写作的基本要求

（一）主题宜单一、明确

在策划时，要“有所为，有所不为”，只有把最重要的信息传达给目标消费群体，才能引起受众关注，使其产生接受策划建议的冲动。

（二）调查数据须真实、可靠

在策划活动的前期，相关分析和调查是必不可少的，历史数据、费用预算等要做到真实可靠。

（三）措施创意要新颖、独到

策划要求“点子”创意新、内容新、表现手法也要新，给人以全新的感受。新颖的创意是策划书的核心内容，但同时也切忌主观臆想。

（四）可操作性要强

编制的策划书是用于指导具体活动的，因此活动中所涉及的时间、场所、人员、经费、设备及各种关系都是可以协调，且具具操作性并能够实施的。

例文

××大学70周年校庆策划书

一、前言

70周年校庆既是一次回顾历史、总结经验的庆祝活动，又是一次团结鼓劲、服务社会、开拓资源的难得机遇，也是对学校办学质量、水平和成果的综合检验，对于我校发扬传统、凝聚力量，广泛联络校友和社会各界人士，拓宽与海内外各方面的联系，进一步提升办学水平和综合实力，全面推进学校又快又好地发展，都具有十分重要的意义。

70周年校庆活动要突出“发扬传统、凝聚力量、扩大影响、面向未来”的鲜明主题，以“弘扬师大精神、展示师大成就、团结师大校友、促进师大发展”为目标，坚持“隆重热烈、简朴务实、讲求实效”的原则，取得“凝聚人心、汇聚校友、集聚资源”的实效，力求办出水平、办出特色、办出影响，体现思想性、历史性和学术性的特点。

本次校庆活动内容要抓住重点、做出精品，不求多而全，但要有深度有影响，

充分体现学校特色和内涵，做到一切从实际出发，节约成本，提高效率，努力举办一个隆重、务实、鼓劲、创新的校庆。

二、策划目标

1. 通过本次校庆活动，向社会各界传达本校的发展历程、教学成绩，扩大学校在社会的影响力，提升社会的认知度与美誉度。

2. 通过本次活动的规模效应，营造出“校园文化氛围”，加强学生对学校的了解与认识，形成荣誉与自豪感。

3. 以本次活动为契机，完善校园的“软件”，编撰校园的校史、构建“文化长廊”等信息交流平台。

4. 以本次活动为机遇，向与会的各级领导与师生进行汇报，并聆听相关的意见与建议，完善今后的工作领域，并力取得到领导的满意。

5. 借助本次活动，加强本校与校友的联系。彼此关注、支持，营造“校园情怀”、“师生情感”的氛围，并为日后的相关校园活动奠定基础。

三、实施条件

1. 加强领导、健全组织(略)

2. 制定方案、细化安排(略)

3. 加强宣传、营造氛围(略)

四、活动措施

1. 加强校友会和校友联络工作。(略)

2. 做好校史编撰及珍贵校史资料的抢救工作。(略)

3. 策划大型演出，编排文艺节目。(略)

4. 设立校友基金，广泛发起校友捐赠活动。(略)

5. 设计制作校庆纪念品。(略)

五、校庆活动时间计划

(一)启动阶段(××××年9月—××××年12月)

1. 成立筹备领导机构和工作机构。

2. 研究确定校庆日和名称，在校内外营造迎校庆氛围具体活动。(略)

3. 启动活动经费筹集工作。

4. 研究确定规划项目和校园景观项目。

5. 完成学校校庆筹备领导小组确定的其他任务。

(二)筹备阶段(××××年1月—××××年7月)

1. 建立各地校友联络站，编辑《校友通讯簿》。设立校友网站，开通校友博客，搭建沟通的良好平台。

2. 编撰校史，编印画册，编辑《校庆专刊》，制作光盘(专题片)，设计确定校庆纪念品，出版发行校史。

3. 布置校史陈列馆。

4. 组织校园环境美化，校舍整修。

5. 组织文艺活动排练和师生活动布展。(略)

6. 制定学术交流活动方案,开展科技成果洽谈,组织学术报告和专家论坛。

7. 组织实施规划项目和校园景观项目。

8. 继续筹集校庆活动相关经费,设立专项基金。

9. 联系落实领导题词,确定重要领导、来宾和重要校友名单。

10. 制定校庆活动具体实施方案。

11. 完成学校校庆领导小组确定的其他任务。

(三)庆典阶段(××××年9月—××××年10月)

1. 邀请领导、来宾、知名校友。

2. 编印(出版)校史、校友录、学术报告集。

3. 起草校庆文稿,印制文字资料。

4. 召开新闻发布会,在各种媒体上加大校庆宣传力度。

5. 登记接收礼品和钱物并进行展示。

6. 邀请知名校友为广大学子开展一系列以"我的师大情"为主题的讲座,讲述自己在师大的学习历程,以此加强在校的学生和校友的联系。

7. 在校庆日举行庆祝活动。

简析:这份校庆策划书目标明确,时间安排有序,各项准备妥当,考虑全面周到。

综合练习

一、填空题

1. 简报的特点可以用五个字概括:______、______、______、______、______。

2. 简报的报头包括______、______、______、______、______。

3. 新闻是一种传达______发生的、具有一定______的信息的实用文体。广义的新闻是消息、______、______和评论等体裁的统称,狭义的新闻就是指消息。

4. 消息的主要特点有______、______、______。

5. 广告的一般构成要素为:______、______、______、______、广告信息。

6. 专题活动策划书的结构通常包括______、______、______三部分。

8. 专题活动策划书中活动计划一般由活动的时间、地点、______、______、物品安排、______等内容构成。

二、选择题(待选答案中至少有1个是正确的)

1. 简报的开头,常用一句话或一段话把全文的中心和所要反映的主要事实概括地叙述出来,使人读了有一个总的印象。这样的开头很像新闻中的 ( )。

A. 背景　　B. 导语　　C. 按语　　D. 副标题

2. 简报的显著特点是 ( )

A. 简明扼要　　B. 及时快速

C. 真实准确　　D. 内容丰富

3. 简报的前言，常用的写法有　　（　　）

A. 叙述式　　B. 提问式　　C. 结论式　　D. 辩论式

4. 简报的主体，常用的叙述方法有　　（　　）

A. 并列式　　B. 逻辑式　　C. 时间式　　D. 数据式

5. 一篇消息通常由消息的标题、______、______、________、__________、新闻结尾以及署名等部分组成。

A. 按语、开关、主体、背景材料　　B. 电头、开头、正文、新闻背景

C. 电头、按语、开头、正文　　D. 消息头、导语、主体、新闻背景

三、简答题

1. 简述简报的写作格式。

2. 简述消息“倒金字塔”结构的特点。

3. 简述专题活动策划书的含义和作用。

4. 策划书写作的基本要求有哪些？

四、写作分析题

1. 请指出下面一篇简报内容和语言上的错误，并写出修改稿。

××区代表对××区城市建设的几点建议

代表们在审议政府工作报告中一致认为，近年来，市政府为××区人民办了很多实事，诸如改造、扩建××路，新建和改建公共厕所，居民生活小区的开发等，××区人民政府很感激。为了进一步搞好城市建设。方便人民生活，审议时代表们提出如下建议。

一、解决××区体育场

××区是××市的一个组成部分，拥有20万人口，至今没有一个体育活动场地，极大地制约了该区人民体育事业的发展，连开展一些最简单的体育项目比赛，也要到××区、××区租用体育场，有关工作部门深受其苦，群众意见很大。强烈要求市政府，采取积极有效措施，今年为××区人民办件实事——解决体育场地。关于地皮问题，建议用已废的××路垃圾堆场地（约20亩地面积）。这个垃圾堆放场原归我区使用，现被市环卫队要回，要求划归我区改建为体育场。请市有关领导为××区人民解决体育场。此事已多次提出来未获解决，群众反映强烈，盼速解决，不能再拖。

二、扩建、改造××区×××菜市场

××区×××菜市场，负担着周围七八万人的蔬菜食品供应任务，但场地狭小，无起码的菜场设施，晴天臭烘烘，雨天成了烂泥坑，极大地危害着该地区人民的身体健康。强烈要求市政府将×××菜市场列入今年全市的菜场扩建改造计划。为××区人民办件好事。这个菜市场的改造到底由谁家牵头也要尽早明确。

三、修筑××路

××路位于××区××街地区，全长300米。由于年久失修，现路况极坏，雨天，泥泞半尺深；夏天，臭气熏人，行人寸步难行，被周围群众喻为三星级的“龙须沟”。

前三届的人民代表都反映过，要求修筑此路，但至今未动工。××路附近单位甚少，大多是纯居民，人口达2万多人，群众对此路反映强烈，怨气很大，要求列入今年计划，修筑××路。具体建议是：①修一条10米左右宽的水泥路；②预计耗资30万元，请市政府给予拨款。

2. 请分析下面这份专题活动策划书存在的问题并进行修改。

××××年春节联欢晚会活动策划书

一、活动目的

为了加强企业员工的凝聚力，丰富企业文化生活，表达企业对员工节日的关怀和问候，使员工开开心心、快快乐乐过好××××年春节。

二、活动时间

××××年2月9日下午14:00—23:30。

三、活动地点

公司卡拉OK室。

四、活动内容简述

1. 员工总结大会：员工总结大会从下午14:00—17:30。

2. 全体员工集体聚餐：

(1) 在×××餐厅包席。

(2) 按10(人)×14(桌)计。

(3) 时间：18:00—19:30。

3. "金猴贺岁　团结奋进"为主题的××××春节联欢晚会开始：

(1)由主持人宣布晚会开始。

(2)首先请董事长致辞。

(3)节目表演：节目以健康、欢快的小品、歌舞、相声等内容为主。

(4)节日表演设奖进行评定，设集体一等奖1名(现金1 200元)、集体二等奖1名(现金800元)、集体三等奖1名(现金400元)；个人一等奖1名(现金100元/人)、二等奖1名(现金80元/人)、三等奖1名(现金60元/人)；凡参加节日的人均设参与奖(食用油一瓶)。

(5)礼品派送：由企业统一购买礼品，所有到场的人员都有一只金猴公仔。

(6)有奖问答：在节目表演及礼品派送的过程中穿插进行，设问题30道(题目内容应涉及到每个部门的规章制度和工作内容)。答对者奖胸章一枚，或公司产品一份。

(7)有奖游戏：促进春节晚会的娱乐性及员工的参与性，特设有奖游戏活动。在节目中穿插进行，获胜者奖：高档组合毛巾一盒；参与者奖：精美相册一个以及闪光胸章一枚。

(8) 幸运大抽奖：特等奖1名(价值1 500元一条的金项链)；一等奖3名(24K金戒指一枚)；二等奖2名(格兰仕微波炉一台或"美的"电磁炉一台)；三等奖9名(金正复读机、美的电饭煲、高级蒸锅)；鼓励奖40名(5升金龙食用油一桶)。在节目中穿插进行。

五、具体工作人员安排(略)

五、写作题

1. 把以下这篇会议记录改写为会议简报。

××××矿区行政办公会议记录

时间：××年××月×日

地点：矿区办公楼会议室

主持人：程光全主任

参加人：矿区副主任刘克先、劳资科科长赵列、财务科科长刘洪军、安全科科长熊彬、人事科科

长范树森、办公室主任张平均

会议议题：

1. 二季度奖金发放办法；

2. 自然减员招工方案；

3. 有关人员的调动问题；

4. 对违反劳动纪律人员的处理。

会议决定事项：

1. 矿区二季度奖金按照××总公司××年×月制定的《奖金发放办法》(试行草案)第六条、第七条办。

2. 这次自然减员招工，招收××年以前参加工作的职工子女，并实行文化统考，择优录取的办法(详细规定由劳资科负责制定)。

3. 同意刘详同志因父母身边无人照顾调往××容器厂工作。

4. 同意陈新同志与硫铁矿吴才明对调，解决陈新同志夫妻长期两地分居问题。

5. 对矿工盛乔无故旷工三天的行为，责成劳资料在全矿区给予通报批评，并扣发旷工日工资及当月奖金。

×××矿区办公室(盖章)
××年×月×日

2. 根据学院团委、学生会最近开展的相关活动，拟写简报。

3. 以××××年7月31日下午3—5点该年度第五期“四方沙龙”在深圳关山月美术馆报告厅开讲，×××先生与市民畅谈《深圳特区文化××年》，以此为内容，写一篇500字左右的消息，谈文化自觉和文化突破，通过文化重新设计我们的未来。要求结构完整，内容充实，文字简明。

4. 根据下列材料写一则300字左右的消息，要求结构完整，简明清晰。

某省会城市市中心的××广场发生一起交通事故，一辆卡车突然撞倒一个骑自行车的人。请从卡车、骑车人、道路三个不同方面拟定多个报道角度。

5. 为你所在学院××××届毕业生策划毕业庆典系列活动。

6. 假设某公司要到你所在的学校进行招聘，请你结合该公司的实际招聘需求及学校毕业生的有关情况，写一份该公司××××年××学院招聘毕业生的活动策划书。

第七章　礼仪文书

中国是礼仪之邦，在人与人之间、团体与团体之间，国家与国家之间，在交往中一定要有规矩和礼仪。在这些交往的过程中所使用到的，以礼仪为目的或者在礼仪场合使用的各种文件、材料就称为“礼仪文书”。

礼仪文书具有两个特点：一是规范性。大多数礼仪文书具有约定俗成的格式和特定的语言文字表达。撰写时必须按照格式规范行文，不能随意改动。二是礼节性。在交往的场合要注重礼节，要做到有“礼”有“节”，一旦施礼不当，往往会导致不好的结果。礼仪文书主要包括请柬、邀请函、欢迎词、祝词、贺信等等。

第一节　请柬　邀请函

一、请柬

（一）含义

请柬，又称为请帖。是为了邀请客人参加某项活动而发的礼仪性书信。凡召开各种会议，举行各种典礼、仪式和活动，均可以使用请柬。

（二）格式规范

1. 样式

请柬一般有两种样式：一种是单面的，直接写内容；一种是折叠式的，封面写“请柬”二字，封里写具体内容。

2. 组成

（1）标题。双柬帖封面印上或写明“请柬”二字，一般应做些艺术加工，即采用名家书法、字面烫金或加以图案装饰等。有些单柬帖，“请柬”二字写在顶端第一行，字体较正文稍大。

（2）称谓。顶格写被邀请单位名称或个人姓名，其后加冒号。个人姓名后要注明职务或职称，如“××先生：”“×× 女士：”。

（3）正文。另起行，前空两格，写明活动的内容、时间、地点及其他应知事项。

（4）敬语。一般以“敬请(恭请)光临”“此致敬礼”等作结。

“此致”另起行，前空两格；再另起行，写“敬礼”等词，需顶格。

（5）落款。写明邀请单位或个人姓名。下边写日期。

例文 1

庆祝××××公司成立十周年

请　柬

××先生/女士：

兹定于十月十八日上午九时，在××酒店十八楼国际会议中心召开××××公司成立十周年庆祝大会。

敬请届时光临。

××××公司
××××年×月××日

二、邀请函

（一）含义

邀请函是邀请亲朋好友或知名人士、专家等参加某项活动时所发的请约性书信。在国际交往以及日常的各种社交活动中，这类书信使用广泛。正式些的邀请函需盖公章。

（二）格式规范

邀请函一般由标题、称谓、正文和落款四部分组成。

1. 标题

它由礼仪活动名称和文种名称组成。如“茅台集团××××年终客户答谢会邀请函”，也可仅以“邀请函”作为标题。

2. 称谓

邀请函的称谓使用“统称”，并在统称前加敬语。如“尊敬的×××先生/女士”或“尊敬的×××总经理（局长）”。

3. 正文

邀请函的正文应写明活动主办方正式告知被邀请方举办礼仪活动的缘由、目的、事项及要求，写明礼仪活动的日程安排、时间、地点，并对被邀请方发出得体、诚挚的邀请。

结尾一般要写常用的邀请惯用语。如“敬请光临”“欢迎光临”。

4. 落款

落款要写明礼仪活动主办单位的全称和成文日期。

（三）邀请函和请柬的区别

邀请函与请柬有相似之处，两者都是团体或个人邀请有关人员或组织出席典礼，参加重大活动时发出的礼仪书信，但两者之间也存在区别：

（1）从邀请者而言，邀请函的制发者一般都是组织或团体；请柬的制发者可以是组织团体，也可以是个人。

（2）从内容上看，邀请函比请柬篇幅长一些，更为复杂。

（3）从措辞上来讲，邀请函的措辞和语言比请柬更为平实，较少使用文言词语。

(4) 从活动性质上看，邀请函所涉及的多为研讨会、座谈会等，都包含一定的议程或议题；请柬所涉及的活动一般为喜庆活动、开业、宴会等。

(5) 从外观形式上看，邀请函一般采用书信形式，不注重外在形式的美观，请柬则要注重其外在形式的装饰效果。

例文 2

邀　请　函

尊敬的×××先生/女士：

兹定于××××年 12 月 25 日 18:00 于学院体育馆举办××××年圣诞文艺晚会暨第四届大学生文化艺术节开幕式。

特邀您届时拨冗莅临为盼！

共青团×××学院委员会
××××年 11 月 20 日

第二节　贺信　感谢信　慰问信

一、贺信

(一) 含义

贺信是指党政机关、企事业单位、社会团体或个人向其他集体单位或个人表示祝贺的一种专用书信。

(二) 格式规范

贺信一般由标题、称谓、正文、祝颂语和落款五部分构成。

1. 标题

贺信的标题通常由文种名称构成。如在第一行正中书写"贺信"二字。有的还在"贺信"或"贺电"的前面加上谁写给谁的内容，或者写明祝贺事由等。个人之间的贺信、贺电也可以不写标题。

2. 称谓

顶格写明被祝贺单位或个人的名称或姓名。写给个人的，要在姓名后加上相应的礼仪名称如"先生""女士"。称呼之后要用冒号。

3. 正文

贺信的正文要交待清楚以下几项内容：

第一，结合当前的形势状况，说明对方取得成绩的大背景，或者某个重要会议召开的历史条件。

第二，概括说明对方都在哪些方面取得了成绩，分析其成功的主观、客观原因。贺寿的贺信，要概括说明对方的贡献及他的宝贵品质。总之这一部分是贺信的中心，一定要交待清楚祝贺的原因。

第三，表示热烈的祝贺。要写出自己祝贺的心情，由衷地表达自己真诚的慰问和祝福。要写些鼓励的话，提出希望和共同理想。

4. 祝颂语

文末要写上祝愿的话。如“此致敬礼”“祝争取更大的胜利”“祝您健康长寿”等。

5. 落款

写明发文的单位或个人的姓名、名称，并署上成文时间。

例文 1

×××人民政府办公厅

贺　信

××××职业技术学院：

值此贵院建校八十五周年之际，谨向贵院致以热烈的祝贺和崇高的敬意！向长期以来重视、关心、支持援藏工作的××省各级党委、政府和教育行政部门的领导、各相关单位及社会各界人士表示衷心的感谢！

贵院建校以来，经过广大师生员工的长年拼搏和努力奋斗，学院办学规模不断扩大，办学实力不断增强，办学效益显著提高，为××省乃至周边地区的经济社会发展做出了重要贡献。特别是在××省对口支援西藏自治区以来，贵院承担了为西藏培养畜牧等专业技术人才的光荣任务，为西藏培养了一批专业基础好、实践能力强的专业技术队伍，为促进西藏繁荣发展，加强西藏各民族团结等方面做出了突出贡献，我们向贵院表示诚挚的谢意，同时也热切地希望贵院和江苏省有关部门今后能一如既往地关心、支持西藏人才培养事业，为西藏培养更多的专业技术人才。

我们坚信，贵院一定能够在省委、省政府的坚强领导下，认真践行科学发展观，继往开来、与时俱进、开拓创新，加强两省区合作，在新的征程中培养出更多的优秀人才，取得更大的成就，为我国的教育科技事业发展再立新功。

×××人民政府办公厅

××××年××月××日

二、感谢信

（一）含义

感谢信是集体单位或个人对关心、帮助、支持本单位或个人表示衷心感谢的函件。

（二）格式规范

感谢信的结构一般由标题、称谓、正文、祝颂语、署名与日期五部分构成。

一是标题。可只写“感谢信”三字；也可加上感谢对象，如“致××省人民医院的感谢信”；还可再加上感谢者，如“××致××省人民医院的感谢信”；

二是称谓。写感谢对象的单位名称或个人姓名。如“××医院”“××同志”。

三是正文。主要写两层意思，一是写感谢对方的理由，即“为什么感谢”；二是直接表达感谢之意。

(1) 感谢理由。首先准确、具体、生动地叙述对方的帮助，交代清楚人物、时间、地点、事迹、过程、结果等基本情况；然后在叙事基础上对对方的帮助做诚恳的评价，以揭示其精神实质、肯定对方的行为。在叙述和评价的字里行间要自然渗透感激之情。

(2) 表达谢意。在叙事和评论的基础上直接对对方表达感谢之意，根据情况也可在表达谢意之后表示以实际行动向对方学习的态度。

四是祝颂语。一般用“此致敬礼”或“再次表示诚挚的感谢”之类的话，也可不写。

五是署名与日期。写感谢者的单位名称或个人姓名，署上写信的时间。

例文 2

感 谢 信

××医院各级领导、医护人员：

介入科的张山主任和介入科全体医护人员，请接受我们全家对你们的衷心感谢。愿你们好人一生平安！

在我写这封感谢信时，不禁回忆起当时入院、住院的一场场、一幕幕，感激的心情抑不住地汹涌澎湃，层峦跌宕！

作为一个普通老百姓，由于我们对医学的一知半解，没少给大夫出难题，添麻烦。可您从来不愠不恼，总是耐心讲解，尽力满足我们的要求。正是由于您的良苦用心，才使得治疗方案得以顺利且有效地进行下去。然而在我们明白之后，赶过去向您道歉时，您所表现的理解和宽容大度也是少有人及的。还有您对病人的责任感、对工作的一丝不苟，同样令我们感激和钦佩。在医患关系如此紧张的当今社会，您以您全心全意的努力和付出，诠释了医患关系的真谛！您以您高尚的医德，精湛的医术，不辞劳苦、任劳任怨的优秀品质，浇铸了您——一个医生该有的高大形象。真可谓，平凡之中更见伟大！

同时，我也感谢医院的各级领导，感谢你们培育出像张主任这样的好医生！千言万语的感谢最后也只能汇成一句祝福的话：真心祝愿张主任和介入科全体医护人员身体健康，全家幸福！

患者家属：王志

××××年×月×日

三、慰问信

(一) 含义

慰问信是以组织或个人的名义在他人处于特殊的情况下(如战争、自然灾害、事故)，或在节假日，向对方表示问候、关心的应用文。慰问信包括两种：一种是表示同情安慰；另一种是在节日表示问候。

（二）格式规范

慰问信的格式一般包括标题、称谓、正文、祝颂语、署名与日期五部分组成。

(1) 标题。可写成“慰问信”、“写给××的慰问信”或者“×××致××的慰问信”。

(2) 称谓。写受慰问的单位名称或个人姓名，后加冒号，表示领起正文，写给个人的可在姓名前加“亲爱的”“敬爱的”等敬词，姓名后可加“同志”“先生”等称呼。

(3) 正文。慰问的内容包括概述背景、事由，叙述对方的先进思想、高尚风格、可贵品德，然后表示慰问或向他们学习。

(4) 祝颂语。表示共同的愿望和决心，并写祝愿、致敬等话语。

(5) 署名与日期。一般写在右下角，先写姓名，在姓名下写日期。

例文 3

慰　问　信

敬爱的各族教师同志们：

今天是教师节，全国各地都在庆祝这个光荣的节日，谨向你们致以亲切的问候和崇高的敬意！

你们——全国各级各类学校上千万教师和教育工作者，是我国工人阶级知识分子队伍中的一个重要方面军。新中国成立以来，你们为提高全民族的科学文化水平，为培养数以万计的有觉悟、有文化、有体力的各行各业的劳动者，为培养上千万能够适应现代科学技术发展的专门人才，做出了巨大的贡献。祖国社会主义物质文明和精神文明建设的每一项成就，都渗透着你们的辛勤劳动。党感谢你们，政府感谢你们，人民感谢你们！

各族教师同志们，你们肩负着光荣的历史重任。希望你们不断地提高自己的思想政治水平和文化业务水平，具有高尚的道德，渊博的知识，掌握教育教学工作规律，教书育人，为人师表，为祖国的社会主义教育事业做出更大的贡献。

祝同志们节日愉快！

×××

××××年×月×日

第三节　欢迎词　欢送词　祝词

欢迎词、欢送词、祝词都是礼节性活动上的讲话稿，三者在写作结构、语言风格等诸多方面均很接近。

一、欢迎词

（一）含义

欢迎词是在迎接宾客的仪式、集会和宴会上对宾客的光临表示热忱欢迎时使用的一种礼仪文书。

（二）格式规范

欢迎词的结构大体上由标题、称谓、正文和结尾组成。

（1）标题。一般由致辞场合、致辞人和文种三个要素组成，如“在欢迎西门子集团考察团宴会上××董事长的欢迎词”；也可以仅以场合和文种名称为题，如“在××学校创建20周年庆典上的欢迎词”；还可以直接以“欢迎词”文种名称作为标题，简洁、明了。

（2）称谓。即对被欢迎宾客的称呼，要有礼貌、得体。用语要确切、亲和。一般应在称呼之前加上“尊敬的”“亲爱的”之类的修饰语，并在其后加上被欢迎宾客的头衔，也可加“先生”“女士”等称谓。

（3）正文。这部分是欢迎词写作的主体，应根据实际情况表达不同的内容。一般应先交代致辞者在何种情况下，代表谁，向宾客表示欢迎、感谢和问候；其次阐明宾客来访的目的、意义和作用，同时回顾宾主双方交往的历史和友谊，对宾客在交往过程中所做的贡献表示赞扬和感谢，突出双方合作的成果，并表示继续加强合作的意愿。要用充满激情的笔调，对合作的前景做出展望，以增强行文的鼓动性。

（4）结尾。在正文的右下侧，由致辞的机关、致辞人具名，并署上日期。

例文1

欢　迎　词

亲爱的同事们：

恭喜你们成为×××酒店的成员！你们进入的是一个充满活力和希望的群体，你们面临的是充满挑战与机遇的工作。在这里，我们应更加珍惜眼前共事的时光，有温暖、有激情、有体谅、有幽默，因而对人生和事业充满信心，我们应该这样逐步成长。在这里，只要你用心描绘，你一定可以绘出最美妙的蓝图。公司提供发展的平台，希望每一个山水人，都能做到用无言的默契，用沟通的心灵，用灿烂的笑容，用理解的目光去发展；全身心地投入毕生的精力和才智，回报我们共同的家。

最后，祝愿各位同事，身体健康，工作顺利，万事如意！

谢谢大家！

×××酒店全体员工
××××年×月×日

二、欢送词

（一）含义

欢送词是在欢送宾客的仪式、集会和宴会上对宾客即将离去表示热忱欢送而使用的一种礼仪文书。

（二）格式规范

欢送词一般由标题、称谓、正文和结尾四部分组成。

（1）标题。由致辞场合、致辞人和文种三个要素组成，如“在欢送西门子集团考察团宴会上总经理的欢送词”；也可以省略致辞人姓名，只以场合和文种名称为题，如“在欢送××公司考察团的致辞”；还可以直接以“欢送词”文种名称作为标题。

（2）称谓。即对被欢送宾客的称呼，要写得礼貌得体。用语要确切，要有亲和力。一般要在称呼之前加上“尊敬的”、“亲爱的”之类的修饰语，并在其后加上被欢送宾客的头衔，如“××总经理”、“××市长”，也可以加“先生”、“女士”之类的称谓。

（3）正文。这部分是欢送词写作的主体。应根据实际情况表达不同的内容。一般先写明对宾客的离去表示热忱欢送之意，接着追叙宾客访问期间的活动情况及收获，对其访问的成果进行简单的概括和总结，然后表示需要进一步加强交往与合作的意愿，并再次对宾客的离去表示热烈欢送，以及欢迎考察团的再次光临。

（4）结尾。在正文的右下侧，由致辞的机关、致辞人具名，并署上日期。

例文 2

欢　送　词

尊敬的女士们、先生们：

首先，我代表××公司，对你们访问的圆满成功表示热烈的祝贺。

明天，你们就要离开××了，在即将分别的时刻，我们的心情依依不舍。大家相处的时间是短暂的，但我们之间的友好情谊是长久的。我国有句古语：“来日方长，后会有期。”我们欢迎各位女士、先生在方便的时候再次来××做客，相信我们的友好合作会日益加强。

祝大家一路顺风，万事如意！

××公司总经理
××××年×月×日

三、祝词

（一）含义

祝词，泛指在各种喜庆场合中对事情表示祝贺的言辞或文章。一般是在婚嫁乔迁、升学参军、延年长寿、房屋落成等喜事中使用。

（二）格式规范

祝词一般由标题、称呼、正文、祝颂语、落款五部分组成。

（1）标题。一般由致辞人、场合加文种组成，如“××市长在×××市××晚宴上的祝词”；也可以直接写“祝词”。

（2）称谓。称呼在标题之下第一行顶格书写。对人的称呼按照书信写作的要求来写即可；对单位的称呼写单位或部门名称即可，要注意称呼的先后顺序和亲切感。

（3）正文。正文是祝词的核心。针对不同的祝贺对象，不同的祝贺动机，写出相应的祝贺内容。祝词应包含下面几层意思：首先应向受祝贺的单位或人员表示祝贺、感谢或问候,或者说明写祝词的理由或原因;其次对已做出的成就进行适当评价或指出其意义,再次写表示祝愿、希望、祝贺之语,也可以给被祝者以鼓励。

(4) 祝颂语。正文结束后常写一句礼节性的祝颂语。如"为庆祝朱总司令六十大寿的祝词"最后的祝颂语是"人民祝你长寿! 全党祝你长寿!"

(5) 落款。最后在正文的右下方署作者的名称(单位或个人)以及发祝词的年、月、日。如果在标题部分已注明,此处可省略。

例文 3

祝　词

尊敬的各位来宾,各位亲朋好友:

春秋迭易,岁月轮回,当甲申新春迈着轻盈的脚步向我们款款走来的时候,我们欢聚在这里,为我尊敬的奶奶共祝八十大寿。

在这里,我首先代表所有亲朋好友向奶奶送上最真诚、最温馨的祝福,祝奶奶福如东海,寿比南山,健康如意,福乐绵绵,笑口常开,益寿延年!

风风雨雨八十年,奶奶阅尽人间沧桑,她一生中积累的最大财富是她那勤劳善良的朴素品格,她那宽厚待人的处世之道,她那严爱有加的朴实家风。这一切,伴随她经历了坎坷的岁月,更伴随她迎来了今天晚年生活的幸福。

嘉宾旨酒,笑指青山来献寿。百岁平安,人共梅花老岁寒。今天,这里高朋满座,让寒冷的冬天有了春天般的温暖。

君颂南山是说南山春不老,我倾北海希如北海量尤深。最后还是让我们献上最衷心的祝愿,祝福老人家生活之树常绿,生命之水长流,寿诞快乐,春辉永绽!

祝福在座的所有来宾身体健康、工作顺利、阖家欢乐、万事如意!

谢谢大家!

×××

××××年 10 月 1 日

第四节　讣告　悼词

一、讣告

(一) 含义

"讣"原指报丧的意思,"告"是让人知晓,讣告就是告知某人去世消息的一种丧葬应用文体。

讣告是死者家属或者所属单位组织的治丧委员会向其亲友、同事、社会公众报告某人去世的消息。讣告要在向遗体告别仪式之前发出,以便让死者的亲友及时做好必要的安排和准备,如准备花圈、挽联等。讣告可以张贴于死者的工作单位或住宅门口,较有影响的人物去世，还可通过电视台或登报向社会发出，以便使讣告的内容迅速而广泛地告知社会。

（二）格式规范

讣告一般包括标题、正文、署名三个部分。

(1) 标题写“讣告”二字，或冠以逝者名字“×××讣告”，字体应大于正文。宜用楷、隶书体。

(2) 正文写明逝者姓名、身份、民族、因何逝世、逝世的日期、地点、终年岁数。接着简要介绍逝者生平，主要写其生前重要事迹、具有代表性的经历。最后写通知吊唁、开追悼会的时间、地点。

(3) 下空一行署明发讣告的个人、团体名称及发讣告的时间。

例文 1

讣　告

××市原政协委员×××同志因病医治无效不幸于×年×月×日×时×分在××市逝世，终年九十岁。今定于×年×月×日×时在××火葬场火化，并遵×××先生遗愿，一切从简。

特此讣告。

××市政协
×××年×月×日

二、悼词

（一）含义

悼词是对死者表示哀悼的话或文章。广义的悼词指向死者表示哀悼、缅怀与敬意的一切形式的悼念性文章，狭义的悼词专指在追悼大会上对死者表示敬意与哀思的宣读式的专用哀悼的文体。

（二）格式规范

1. 标题

标题的组成方式有两种情况。一种是直接由文种名称承担标题。如“悼词”。另一种由死者姓名和文种名共同构成。如“在宋庆龄同志追悼会上的悼词”。

2. 正文

悼词的正文通常由开头、中段、结尾三部分构成。

开头以沉痛的心情说明召开或参加此次追悼会的目的，尽可能全面而准确地说明死者的职务、职称和称呼，以示尊崇，要注意这些称呼之间的先后排列顺序。接着简要地概述死者何年何月何日何时何原因与世长辞，以及所享年龄等。

中段承接开头、缅怀死者。这是悼词的主体部分。该部分主要由两方面组成。一是介绍死者的生平事迹，即对死者的籍贯、学历以及生平事迹进行集中介绍，应突出死者对人民、对社会的贡献。二是对死者的思想、精神、作风、品质、修养等做出综合的评价，介绍其对他人和社会产生的积极影响。如鼓舞、激励了青年人，为后人树立了榜样等。该部分的介绍可先概括地说，再具体介绍；也可先具体地介绍，再概括地总结。

结尾主要写明生者对死者的悼念及如何向死者学习、继承其未竟的事业、化悲痛为力量，为国家、为社会做出更大的贡献等内容。最后要写上“永垂不朽”“精神长存”或“安息吧”之类的话。

3．落款

悼词一般在开头就已介绍了参加追悼会的人员情况，所以悼词的落款一般只署上成文的日期即可。

例文 2

悼词

各位亲友，各位来宾：

今天，我们怀着十分沉痛的心情深切悼念离休干部××同志。

××同志因××病医治无效，于××××年××月××日晚×时×分在××人民医院与世长辞，享年××岁。

××同志××××年×月生于××市××县（区），××××年×月参加革命工作。

××同志一生勤勤恳恳，任劳任怨。无论是在××岗位，还是在××岗位，他总是一心扑在工作和事业上，干一行，爱一行，精一行，敬业爱岗，默默奉献。他对工作认真负责，一丝不苟。他认真执行政策，敢于坚持原则。

××同志为人忠厚、襟怀坦白；谦虚谨慎、平易近人；生活节俭、艰苦朴素；家庭和睦、邻里团结，他对子女严格教育、要求，子女个个遵纪守法，好学上进。

××同志的逝世，使我们失去了一位好同志。他虽离我们而去，但他那种勤勤恳恳、忘我工作的奉献精神；那种艰苦朴素、勤俭节约的优良作风；那种为人正派、忠厚诚实的高尚品德，仍值得我们学习，我们要化悲痛为力量，努力学习和工作，再创佳绩，以慰×××同志在天之灵。

××××年×月×日

综合练习

一、简答题

1．祝词的写作要求是什么？

2．贺信的内容主要应包括哪些方面？

3．感谢信和慰问信的写作要求是什么？

二、写作题

1．院学生会为开办摄影培训班，特邀请省摄影协会理事王××为指导老师。请你拟一份邀请函。

2. 海外华侨王先生到国内××公司投资入股，他将于1月1日到公司参加年会，请你以公司名义写一篇欢迎词。

3. 在重阳节来临之际，单位将举行离退休员工茶话会，请你以单位工会主席的名义，写一份慰问信。

4. 一家外贸公司开业，邀请其他公司出席该公司的开业典礼，请设计开业典礼的请柬，并完成一封其他公司对这家公司开业的祝贺信。

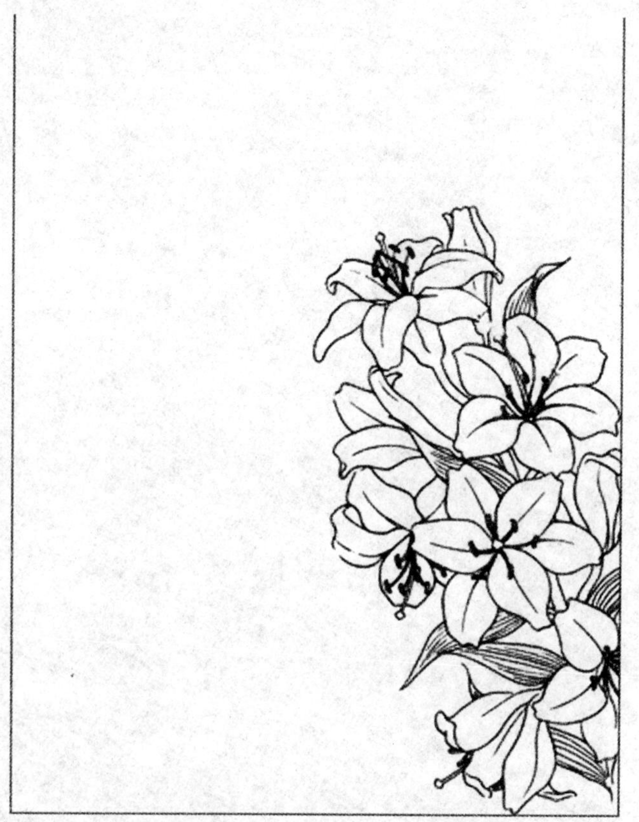

听 说 篇

第一章 普通话训练

普通话为全国通用的语言，它是以北京语音为标准音，以北方话为基础方言，以典范的现代白话文著作为语法规范的现代汉民族共同语。《中华人民共和国国家通用语言文字法》规定："国家通用语言文字是普通话和规范汉字。"推广普通话是我国的既定国策。因此，普通话的听说能力至关重要。它是人们日常工作、学习、生活中离不开的，表达自我思想与感情的口语交际工具。

普通话水平测试是我国现阶段普及普通活工作的一项重大举措。它是测查应试人的普通话规范程度、熟练程度，认定其运用普通话实际水平的口语考试。测试的内容包括普通话语音、词汇和语法三方面，尤其注重测查应试人运用普通话的语音水平。为了训练的规范性，本章主要依据普通话水平测试应试标准来设计训练内容。

第一节 语音基础训练

一、声母训练

声母是汉语音节开头的辅音。辅音的主要特点是发音时气流在口腔中要分别受到各种阻碍。声母发音的过程也就是气流受阻和克服阻碍的过程。普通话有21个辅音声母，1个零声母，不同的声母是由不同的发音部位和发音方法决定的。声母的分类就是依据气流受阻的位置（发音部位）和阻碍气流的方式（发音方法）这两大因素。

（一）声母发音

普通话声母发音要领表

发音部位 \ 发音方法	塞音		塞擦音		擦音		鼻音	边音
	清音		清音		清音	浊音	浊音	浊音
	不送气	送气	不送气	送气				
双唇音	b	p					m	
唇齿音					f			
舌尖前音			z	c	s			
舌尖中音	d	t					n	l
舌尖后音			zh	ch	sh	r		
舌面音			j	q	x			
舌根音	g	k			h			

发音部位是指发音时气流在发音器官中受到阻碍的部位。按发音部位给声母分类可分为七类:双唇音,唇齿音、舌尖前音、舌尖中音、舌尖后音、舌面音、舌根音。发音方法可以从三个方面来分析:一是阻碍的方式。根据成阻和除阻的不同方式,可将声母分为五类,即塞音、擦音、塞擦音、鼻音、边音。二是声带是否振动。发辅音时声带振动的较响亮声音是浊音,声带不振动的不响亮音是清音。三是气流的强弱。根据除阻后呼出气流的强弱,可以把塞音、塞擦音这两类 12 个声母分为送气音和不送气音。普通话声母发音要领表如上表所示。

(二) 声母辨正

了解自己家乡话与普通话中声母的对应关系,辨别二者的差异,进行有针对性的训练,以矫正声母的发音偏误。

1. 平、翘舌音辨正训练

这两组声母在发音方法上一一相对,区别在于发音部位的不同。舌尖前音(平舌音)z、c、s 发音时舌尖平伸,顶住或接近上齿背;舌尖后音(翘舌音)zh、ch、sh 发音时舌尖翘起,接触或接近硬腭前端。找准平、翘舌音的发音部位,矫正 zh、ch、sh 发音部位不准的偏误。

(1) 对比练习

z—zh	早—找	杂—炸	择—折	紫—纸	组—主	灾—摘
c—ch	从—虫	财—柴	参—搀	层—成	仓—昌	村—春
s—sh	苏—书	搜—收	仨—沙	三—山	赛—晒	四—是

z—zh	在职	杂质	载重	增长	奏章	阻止	诅咒
zh—z	渣滓	张嘴	种族	长子	沼泽	振作	争嘴
c—ch	财产	操场	裁处	采茶	彩绸	餐车	残春
ch—c	车次	唱词	蠢才	纯粹	差错	场次	陈词
s—sh	散失	桑葚	丧失	扫射	私塾	死水	四声
sh—s	上诉	哨所	山色	深思	深邃	神思	神速

(2) 绕口令练读

四是四,十是十,十四是十四,四十是四十。谁说十四是四十,或说四十是十四,轻者造成误会,重者误了大事。

树上结了四十四个涩柿子,树下蹲着四十四只石狮子,树下四十四只石狮子要吃树上四十四个涩柿子,树上四十四个涩柿子,涩死了树下四十四只石狮子。

2. 鼻音、边音辨正训练

(1) 对比练习

n—l	纳凉	那里	奴隶	奶酪	耐劳	脑力	内陆	努力	年龄
l—n	冷暖	留念	流年	老娘	老牛	来年	烂泥	凌虐	利尿

（2）绕口令练读

老龙恼怒闹老农，老农恼怒闹老龙，龙怒龙恼农更怒，龙闹农怒龙怕农。

二、韵母训练

韵母，就是汉语音节中声母后面的部分。普通话的39个韵母可以从两个不同角度进行分类。一是根据韵母内部结构成分的不同，把韵母分为单韵母、复韵母、鼻韵母三类；二是根据韵母开头元音的发音口形，把韵母分为“四呼”：开口呼，凡韵母不是i、u、ü，或不以i、u、ü开头的韵母；齐齿呼，韵母是i和以i为韵头的韵母；合口呼，韵母是u和以u为韵头的韵母；撮口呼，韵母是ü和以ü为韵头的韵母。

（一）韵母发音

1. 单韵母发音

单韵母，是由一个元音音素构成的韵母。普通话有10个元音，都可以充当单韵母。单韵母的不同音色是由三方面造成的：舌位的前后、舌位的高低（即开口度的大小）、唇形的圆展。主要可分为三类：

（1）舌面单韵母，发音时舌头的高点在舌面，舌面起主要作用的单元音韵母，如ɑ、o、e、ê、i、u、ü。

（2）舌尖单韵母，发音时舌尖位置起主要作用的单元音韵母。

-i（前）舌尖、前、高、不圆唇元音。只出现在声母z、c、s的后面，如“自私”的韵母。

-i（后）舌尖、后、高、不圆唇元音。只出现在声母zh、ch、sh、r的后面，如“支持”的韵母。

（3）卷舌单韵母，er，展卷舌、央、中、不圆唇元音。这是一个用双字母表示的单韵母，e表示舌位和唇形，r表示卷舌动作。单韵母的发音特点是，发音时舌位、唇形及开口度按发音要求维持发音状态，始终不变，没有动程。发音时要注意口腔、舌位及唇形的配合。

2. 复韵母发音

复韵母是由两个或两个以上的元音复合而成的韵母，有13个。发音时有明显的动程，由一个元音到另一个元音的舌位，是滑动的，自然连贯，韵腹受前后音素的影响，实际音值与单元音不同，发音时不要拘泥于单元音的舌位、唇形。主要可分为三类：

（1）前响复韵母，发音时，前面元音清晰响亮，音值稍长，后面元音轻短模糊。

ɑi ei ɑo ou

（2）后响复韵母，发音时，前面元音轻短模糊，后面元音清晰响亮。

iɑ ie uɑ uo üe

（3）中响复韵母，发音时，中间的元音清晰响亮，前后元音轻短模糊。

iɑo iou uei uɑi

3. 鼻韵母发音

鼻韵母，是由元音和鼻辅音韵尾构成的韵母。普通话有16个鼻韵母。根据鼻辅音韵尾的不同，鼻韵母可分为两种：前鼻韵母，由元音和前鼻辅音（舌尖鼻辅音）韵尾n构成；后鼻韵母，由元音和后鼻辅音（舌根鼻辅音）韵尾 ng 构成。发鼻韵母时，由元音向鼻辅音滑动；鼻辅音韵尾只有成阻和持阻阶段，没有除阻阶段，鼻音一生即收。鼻韵尾成阻时，归音必须到位（不同于元音韵尾），即成阻部位完全闭塞，以形成鼻辅音。一般分为：

（1）前鼻韵母。前鼻韵尾 n 与声母 n 发音部位相同，即舌尖抵满上齿龈；区别在于声母 n 要除阻，韵尾 n 不除阻。

an　漫谈　繁难　淡蓝　坦然　橄榄

ian　变迁　偏见　电线　连绵　沿线

uan　贯穿　宽缓　专断　转弯　婉转

üan　渊源　全权　源泉　圆圈　轩辕

en　人参　本分　深圳　愤恨　沉闷

in　亲近　尽心　殷勤　金银　琴音

ün　均匀　逡巡　纭纭　军训　允许

uen　温顺　温存　昆仑　论文　分寸

（2）后鼻韵母。后鼻韵尾 ng 与声母 g、k、h 发音部位相同，即舌根抵住软腭；区别在于 ng 是浊鼻音，发音时软腭下垂，气流振动声带从鼻腔通过，没有除阻过程。

ang　纲常　螳螂　上当　盲肠

iang　将相　想象　湘江　向阳

uang　狂妄　装潢　状况　双簧

eng　更正　风声　萌生　鹏程

ing　情景　倾听　命令　宁静

ueng　老翁　渔翁　水瓮　嗡嗡

ong　公众　轰动　总统　从容

iong　汹涌　穷凶　熊熊　炯炯

（二）韵母辨正

1. 前、后鼻韵母辨正训练

在普通话里，前后鼻韵母大多是成对的。很多学生后鼻韵母发音偏前，或前后鼻韵母相混。训练时针对方言实际辨音记字。

（1）前后鼻音区分方法：记少不记多的原则，主要记后鼻音的音节；依据声韵配合规律记忆，如：d、t、n、l 只与 eng 相拼，不与 en 相拼（除“嫩”外），z、c、s 除了“怎”（zěn）、“谮”（zèn）、“参”（cēn）、“岑”（cén）、“涔”（cén）、“森”（sēn），d、t、n 只与 ing 相拼，不与 in 相拼（除“您”外）；依据声旁代表字类推如下。

ang 韵声旁（节选）

仓—仓、沧、苍、舱；创；枪、抢。

长—长（～短）、伥（为虎作～）、怅；张、涨、长（生～）、帐、胀。

方—方、芳；房、坊、防、妨（～害、不防）；访、仿、纺；放。

上—上（～下）、上（～声）；让。

尚—尚、赏、裳；党；常、嫦、徜、敞；趟、堂、棠；倘、淌、躺；掌。

王—王（姓，君～）、汪、枉、旺、王（～天下）；筐；狂；逛。

羊—羊、洋、养、氧、样；详、祥、翔。

eng 韵声旁（节选）

成—成、诚、城、盛（～东西）；盛（～会）。

呈—呈、程、逞。

乘—乘、乘（史～）、剩。

丞—丞、蒸、拯。

登—登、凳、澄（把水～清）、瞪；澄（～清）。

风—风、枫、疯、讽。

峰—峰、烽、蜂、逢、缝（～衣）、缝（门～）；蓬、篷。

奉—奉、俸。

更—更（～正）、埂、梗、更（～加）；硬（例外：便）。

亨—亨、哼；烹。

塄—塄、楞、愣。

蒙—蒙（～骗）、蒙（～蔽）、檬、朦、蒙（内～）。

孟—孟、猛、蜢。

彭—彭、澎、膨。

朋—朋、棚、鹏；崩、绷（～带）、绷（～着脸）、蹦、绷（～硬）。

生—生、牲、甥、笙、胜。

誊—誊、腾、滕、藤。

曾—曾（姓）、憎、增、缯、赠；层、曾（～经）、蹭。

正—正（～月）、怔、征、整、正（～义）、证、政、症；惩。

争—争、挣（～扎）、峥、狰、睁、筝、诤、挣（～脱）。

ing 韵声旁（节选）

丙—丙、炳、柄、病。

并—并、饼、屏（～除）、迸；瓶、屏（～风）（例外：拼、姘、骈、胼）。

丁—丁、仃、盯、钉（～子）、顶、酊（酩～）、订、钉；厅、汀。

定—定、腚、碇。

京—京、惊、鲸；黥。

茎—茎、泾、经、刭、颈、劲（～敌）、胫、径；轻、氢（例外；劲[干～]）。

景—景、憬；影。

敬—警；擎；敬。

令—令、苓、玲、铃、聆、龄、岭、领、令（命～）（例外：拎、邻）。

名—名、铭、酩；铭。

冥—冥、溟、螟、瞑。

宁—宁(安～)、拧(～绳子)、咛、狞、柠、宁(可)、泞、拧(～脾气)。

平—平、评、苹、坪、萍。

青—青、清、蜻、情、晴、请;菁、睛、精、靖、静。

亭—亭、停、婷。

英—英、瑛。

(2) 前后鼻韵母对比练习。

反问—访问　开饭—开放　心烦—心房　铲子—厂子

清真—清蒸　伸张—声张　瓜分—刮风　终身—钟声

禁地—境地　临时—零食　民生—名声　信服—幸福

勋章—胸章　运费—用费　亲近—清静　深沉—生成

2. 齐齿呼和撮口呼韵母辨正

韵母 i 和 ü 的主要区别在于:i 是不圆唇音,ü 是圆唇元音。发音时注意口形的圆展。

(1) 基本发音练习。

i　剃头　泥巴　鸡蛋　音乐　英雄　家园

ü　距离　毛驴　女孩　趣味　绿草　抚恤

(2) 对比辨音。

名义—名誉　结集—结局　意义—寓意　盐分—缘分

绝迹—绝句　沿用—援用　通信—通讯　意见—预见

3. 韵母 ai 和 ei 发音辨正

在普通话中,这两个韵母分得很清楚,然而在有些方言中,存在 ai 和 ei 不分的现象,比如说把 báicài(白菜)读成 béicài。要避免这种情况,主要是注意 ai 和 ei 开始发音时开口度的大小。

分配—分派　耐心—内心　卖力—魅力　百强—北墙

4. 韵母辨正综合练习

(1) 韵母综合检测。

铃　沟　琴　栋　鬼　锚　涯　砂　筒　胖

檐　环　脸　踩　合　贼　寸　善　托　抹

静　略　非　江　怀　寨　隋　消　烤　车

他　蜜　遍　恩　酿　针　颓　皆　稍　王

讫　庙　插　火　额　盅　袭　刻　仇　尾

琳　灭　成　噎　絮　姘　汁　俗　当　并

筐　复　膘　茸　斑　钠　睁　崛　分　熟

狼　你　穿　簇　兄　组　丸　死　夹　这

勋　耀　拭　瓜　欧　闰　权　攀　横　蹲

请　杨　嘈　管　在　沈　扔　躺　区　陆

(2) 绕口令训练。

扁担长,板凳宽,扁担要绑在板凳上,板凳偏不让扁担绑在板凳上。

高高山上一根藤,青青藤条挂金铃。风吹藤动金铃响,风停藤静铃不鸣。

三、普通话的声调

一个汉字就是一个音节,音节是语言中最小使用单位。构成这最小使用单位的有三种成分,起头的音是声母,其余的是韵母,构成整个音节音调高低升降的叫声调。声调区别音节的功能和声母、韵母一样重要。声调就是物理声学上的"基频",它是由声音振动频率决定的。声调的高低升降就是"音高"的高低升降。它可以表现出音节的高低抑扬变化。普通话语音把音高分成"低、半低、中、半高、高"五度。阴平声高而平,阳平声是中升调,上声是降升调,去声是全降调。

同样是变化,但人与人的嗓音高低是不一样的,这种高低叫"音域",一般男性与女性的"音域"是不同的。同性别人群中,音域的宽窄也有差别。声调高低并不是要求人人都发得同样高,而是要了解相对音高的意义,这就是在个人有限的音域范围内做到音调高低升降的有序变化,这样我们就会更好地去掌握声调和利用声调去练习自己的声音,纠正自己的字音,使自己发音更符合规范的要求。

(一) 普通话的调类和调值

普通话语音里,声调有四声,也就是普通话里的四个调类,它采用一种五度标记法,作为标调符号来描写音节的声调。它们的调值分别为:55(阴平)、35(阳平)、214 (上声)、51(去声)。

(1) 阴平　念高平(55)。声带绷到最紧,始终无明显变化,保持音高。

(2) 阳平　念高升(或说中升),起音比阴平稍低,然后升到高(35)。声带从不松不紧开始,逐步绷紧,直到最紧,声音从不低不高到最高。

(3) 上(shǎng)声　念降升,起音半低,先降后升(214)。声带从略微有些紧张开始,立刻松弛下来,稍稍延长,然后迅速绷紧,但没有绷到最紧。

(4) 去声　念高降(或称全降),起音高,接着往下滑(51)。声带从紧开始到完全松弛为止,声音从高到低,音长是最短的。

(二) 声调训练

普通话声调练习,要找到规律,在四声准确的基础上,根据内容有感受地发出每个音节。反复大量练习单音节、双音节、四音节、诗、段子、绕口令等等。练习时注意高音不挤、低音不散,声音由小到大,由弱到强,刚柔结合,控制适度。

1. 同声韵四声音节练习

注意四声要准确,出字要有力,咬住字头,拉开字腹,收住字尾;声音连贯,气息控制自如。

方 房 仿 放　　　低 敌 底 弟　　　呼 胡 虎 护

2. 两字词声调练习。

要结合气息一块儿练，尤其是夸张的上声练习。对于体会气息运动是个好方法。要求阴平平稳、气势平均不紧张；阳平用气弱起渐强；上声降时气稳扬时强；去声强起到弱气通畅。

参加　西安　播音　工兵　拥军　丰收　资源　坚决　鲜明　飘扬　新闻　编排

3. 四字词声调练习

可锻炼灵活运用四声正音的技巧。读时气息要控制好，放开声一口气很通畅地发出来。

千锤百炼　英明果断　山盟海誓　背井离乡　热火朝天　万古流芳

4. 声调综合练习

咬住字头，出字有力，拉开字腹，收住字尾。字声（指声调）准确。用气均匀连贯，用声刚柔相济。注意声传情、情带声、情运气、气生情。最后达情、声、气完美结合，协调一致。熟读以下四声歌：

四声歌

学好声韵辨四声，阴阳上去要分明。部位方法要找准，开齐合撮属口形。

双唇班报必百波，舌面积结教坚精。翘舌主争真知道，平舌资则早在增。

擦音发翻飞分复，送气查柴产彻称。合口呼午枯胡古，开口呼坡歌安康。

撮口虚学寻徐剧，齐齿衣优摇业英。前鼻恩因烟弯稳，后鼻昂迎中拥生。

咬紧字头归字尾，阴阳上去记变声。循序渐进坚持练，不难达到纯和清。

四、语流音变

在语流（句子）中，由于受到相邻音节的相邻因素的影响，一些音节的声母、韵母或声调会发生语音的变化，我们称之为语流音变。普通话中最典型的语流音变是变调（上声变调，去声变调，“一”“不”的变调）、轻声、儿化。

（一）变调

音节在连续读时，相邻音节声调发生变化的现象叫变调。

1. 上声的变调

上声单念或在句尾时不变。在跟上声相连或跟别的声调相连时，都要变调。

念半上——上声在阴平、阳平、去声和轻声音节前念半上，调值由 214 变成 21 或 211，也就是只降不升，由于上声的起音就低，所以近似低平调。（即“非上”前变“半上”）。

每天　每年　每月　广西　朗读　打算　点心

念直上，像阳平一样——上声跟上声相连，前面的上声变成升调，跟阳平一样（或近似阳平）。调值由 214 变成 24 或 35。（即“上”前近“阳平”）。如：美好　厂长　领导。

2. 去声的变调

去声音节在非去声音节前一律不变。在去声音节前则由全降变成半降，调值由 51 变成 53。如：救护、制胜。

3."一"的变调

非去声音节前变去声(一年、一般化);去声音节前变阳平(一部、一个人);夹在重叠词中间念轻声(看一看、想一想);单念或数词中不变调。

4."不"的变调

单用或在词句末尾,以及在阴平、阳平、上声前念本调——去声(我不、不说);在去声音节前变阳平(不要);夹在词语中间念轻声(对不对)。

(二)轻声

普通话的轻声都是从阴平、阳平、上声、去声四个声调变化而来。普通话音节都有一个固定的声调,可是某些音节在词和句子中失去了它原有的声调,读成一种轻短模糊的调子,甚至声母、韵母也发生了变化,这就是轻声。

普通话多数轻声同词汇、语法有密切联系:

① 语气助词"吗、呢、啊、吧"等:是吗 他呢 看啊 走吧

② 助词"着、了、过、的、地、得、们":看过 忙着 来了 我的 勇敢地 朋友们

③ 名词的后缀"子、头":桌子 椅子 木头 石头

④ 方位词:墙上 河里 天上 地下 底下 那边

⑤ 叠音词和动词的重叠形式后面的字:说说 想想 弟弟 奶奶 谈谈 跳跳

⑥ 表示趋向的动词:出来 进去 站起来 走进来 取回来

⑦ 某些常用的双音节词的第二个音节习惯上读轻声:明白 暖和 萝卜 窗户 清楚 风筝 耽误 对付 本事 扁担 打算 姑娘 含糊 困难 名字 畜生

(三)儿化

er在普通话里是一个比较特殊的韵母,它不同声母相拼,也不能同其他音素组合成复合韵母,可以自成音节。er自成的音节很少,常见的有"耳、而、儿、饵、尔、二、贰、迩"等。此外,er常附在其他音节后边,使这个音节发生变化,成为一个带卷舌动作的韵母,这就是儿化现象。

儿化后的韵母称儿化韵。带儿化的韵母的音节,一般用两个汉字来表示。用汉语拼音字母写这些儿化音节,只需在原来的音节之后加上"r"。儿化在表达词语的语法意义和修辞色彩上都起着积极作用。

区别词性 盖(动词)—盖儿(名词) 个(量词)—个儿(名词)

区别词义 信(信件)—信儿(消息) 末(最后)—末儿(细碎或呈粉状的东西)

表示喜爱、温婉的感情色彩 小曲儿 来玩儿 大婶儿 慢慢儿走

表示细、小、轻、微的性状 小鱼儿 门缝儿 一会儿 办事儿

儿化韵的发音有以下几种情况:

(1) 韵母为ɑ、o、e、u的音节,儿化后主要元音基本不变,后面直接加上表示卷舌动作的"r":

号码儿 hàomǎr 山坡儿 shānpōr 饭盒儿 fànhér 水珠儿 shuǐzhūr

(2) 韵母 ia、ua、ao、ou、uo 和 iao、iou 等，儿化后主要元音或韵尾基本不变，直接加“r”：

一下儿 yīxiàr 鲜花儿 xiānhuār 手稿儿 shǒugǎor 封口儿 fēngkǒur

(3) 韵母 i、ü 儿化后在原韵母之后加上 er，i、ü 仍保留：

小米儿 xiǎomiěr 有趣儿 yǒuquèr

(4) 韵母-i(前、后)儿化后失去原韵母，加 er：戏词儿 xìcer

(5) 以 i 或 n 为韵尾的韵母，儿化后丢掉韵尾，主要元音后面加 r：

一块儿 yīkuàr 树根儿 shùgēr

(6) 以 ng 为韵尾的韵母，儿化后丢掉韵尾 ng，主要元音鼻化，同时在鼻化元音后加 r：

瓜瓤儿 guārár 板凳儿 bǎndèr

(7) 韵母 in、ün 儿化后，丢掉韵尾 n，主要元音保留，后面加上 er；韵母 ing 儿化后，丢掉韵尾 ng，主要元音保留，后面另上鼻化的 er：

手印儿 shǒuyìer

(四) 音变字词综合训练

1. 读准带“一、不”的双音节词语

一一 yīyī 一定 yīdìng 一起 yīqǐ 不好 bùhǎo 不顾 bùgù 不够 bùgòu

2. 读准带轻声字的双音节词语

刀子 dāozi 孙子 sūnzi 丫头 yātou 后头 hòutou 胳膊 gēbo

他们 tāmen 朋友 péngyou 时候 shíhou 洒脱 sǎtuo 似的 shìde

3. 读准带儿化韵的双音节词语

本色儿 běnshǎir 好好儿 hǎohāor 拈阄儿 niānjiūr 小兔儿 xiǎotùr

第二节 朗读训练

朗读，是把文字作品转化为有声语言的创作活动，也就是朗读者在理解作品的基础上用自己的语音塑造形象，反映生活，说明道理，再现作者思想感情的再创造过程。在普通话水平测试中，朗读是对应试者普通话运用能力的一种综合检测形式。朗读与朗诵都属于单向口语表述形式，都是把书面文字材料转换成有声语言的表述活动。但朗诵更具表演性、艺术性，一般要脱稿，而朗读更自然化、生活化、本色化，一般不脱稿。

一、朗读的基本技巧

(一) 停顿

朗读时，有些句子较短，按书面标点停顿就可以。有些句子较长，结构也较复杂，句中虽没有标点符号，但为了表达清楚意思，中途也可以作些短暂的停顿。但如果停顿不当就会破坏句子的结构，这就叫读破句。朗读测试中忌读破句，应试者要格外注意。正确的停顿有以下几种类型：

1. 标点符号停顿

标点符号是书面语言的停顿符号，也是朗读作品时语言停顿的重要依据。标点符号的停顿规律一般是：句号、问号、感叹号、省略号停顿略长于分号、破折号、连接号；分号、破折号、连接号的停顿时间又长于逗号、冒号；逗号、冒号的停顿时间又长于顿号、间隔号。另外，在作品上的段落之间，停顿的时间要比一般的句号时间长些。以上停顿，也不是绝对的。有时为表达感情的需要，在没有标点的地方也可以停顿，在有标点的地方也可以不停顿。

2. 语法停顿

语法停顿是句子中间的自然停顿。它往往是为了强调、突出句子中主语、谓语、宾语、定语、状语或补语而做的短暂停顿。学习语法有助于我们在朗读中正确地停顿断句，不读破句，正确地表达作品的思想内容。

3. 感情停顿

感情停顿不受书面标点和句子语法关系的制约，完全是根据感情或心理的需要而作的停顿处理，它受感情支配，根据感情的需要决定停与不停。它的特点是声断而情不断，也就是声断情连。

（二）重音

重音是指那些在表情达意上起重要作用的字、词或短语在朗读时要加以强调的技巧。重音是通过声音的强调来突出意义的，能给色彩鲜明、形象生动的词增加分量。重音有以下几种情况：

1. 语法重音

语法重音是按语言习惯自然重读的音节。这些重读的音节大都是按照平时的语言规律确定的。一般说，语法重音不带特别强调的色彩。

2. 强调重音

强调重音不受语法制约，它是根据语句所要表达的重点决定的，它受应试者的意愿制约，在句子中的位置是不固定的。强调重音的作用在于揭示语言的内在涵义。由于表达目的不同，强调重音就会落在不同的词语上，所揭示的涵义也就不相同，表达的效果也不一样。

3. 感情重音

感情重音可以使朗读的作品色彩丰富，充满生气，有较强的感染力。感情重音大部分出现在表现内心节奏强烈、情绪激动的时候。

（三）语速

在朗读时，适当掌握朗读的快慢，可以造成作品的情绪和气氛，增强语言的表达效果。朗读的速度决定于作品的内容和体裁，其中内容是主要的。

1. 根据内容掌握语速

朗读时的语速须与作品的情境相适应，根据作品的思想内容、故事情节、人物个性、环境背景、感情语气、语言特色来处理。当然，语速的快慢在一篇作品中并不是一成不变的，它要根据具体的内容有所变化。

2. 根据体裁掌握语速

国家《普通话水平测试大纲》在选编朗读测试材料时，为了保证作品难易程度和评分标准的一致性，所选的50篇作品，几乎都是记叙文。记叙文有记事、记言。一般说，记事要读得快些，记言要读得慢些。

（四）语调

语调指语句里声音高低升降的变化，其中以结尾的升降变化最为重要，一般是和句子的语气紧密结合的。在朗读时，如能注意语调的升降变化，语音就有了动听的腔调，听起来便具有音乐美，也就能够更细致地表达不同的思想感情。语调变化多端，主要有以下几种：

1. 高升调

高升调多在疑问句、反诘句、短促的命令句，或者是表示愤怒、紧张、警告、号召的句子里使用。朗读时，注意前低后高、语气上扬。

2. 降抑调

降抑调一般用在感叹句、祈使句或表示坚决、自信、赞扬、祝愿等感情的句子里。表达沉痛、悲愤的感情，一般也用这种语调。朗读时，注意调子逐渐由高降低，末字低而短。

3. 平直调

平直调一般多用在叙述、说明或表示迟疑、思索、冷淡、追忆、悼念等的句子里。朗读时始终平直舒缓，没有显著的高低变化。

4. 曲折调

曲折调用于表示特殊的感情，如讽刺、讥笑、夸张、强调、双关、特别惊异等。朗读时由高而低后又高，把句子中某些特殊的音节特别加重加高或拖长，形成一种升降曲折的变化。

二、朗读注意事项

普通话朗读是一门学问。测试时除了要求应试者忠于作品原貌，不添字、漏字、改字外，还要求朗读时在声母、韵母、声调、轻声、儿化、音变以及语句的表达方式等方面都符合普通话语音的规范。朗读一篇作品，如果连普通话都读不准或读错了，那就会影响听众对原文的理解，甚至会闹笑话。要使自己的朗读符合普通话的语音规范，必须在以下几方面下功夫。

（一）注意普通话和自己方言在语音上的差异

普通话和方言在语音上的差异，大多数的情况是有规律的。这种规律又有大的规律和小的规律，规律之中往往又包含一些例外，这些都要靠自己去总结。单是总结还不够，要多查字典和词典，要加强记忆，反复练习。在练习中，不仅要注意声韵调方面的差异，还要注意轻声词和儿化韵的学习。

（二）注意多音字的读音

一字多音是容易产生误读的重要原因之一。多音字可以从两方面去注意：第一类是意义不相同的多音字，要着重弄清它各个不同的意义，从各个不同的意义去记住它不同的读音；第二类是意义相同的多音字，要着重弄清它不同的使用场合。这类多音字大多数情况是一个音使用场合"宽"，一个音使用场合"窄"，只要记住"窄"的就行。

（三）注意由字形相近或由偏旁类推引起的误读

由于字形相近而张冠李戴引起的误读十分常见。由偏旁本身的读音或者由偏旁组成的较常用的字的读音，去类推一个生字的读音而引起的误读，也很常见。"秀才认字读半边"，就是指这种误读。

（四）注意异读词的读音

普通话词汇中，有一部分词（或词中的语素），意义相同或基本相同，但在习惯上有两个或几个不同的读法，这些被称为"异读词"。为了使这些读音规范，国家于20世纪50年代就组织了"普通话审音委员会"对普通话异读词的读音进行了审定。历经几十年，几易其稿。1985年，国家公布了《普通话异读词审音表》（以下简称《审音表》），要求全国文教、出版、广播及其他部门、行业所涉及的普通话异读词的读音、标音，均以这个新的《审音表》为准。在使用《审音表》的时候，最好是对照着工具书（如《新华字典》、《现代汉语词典》等）来看。先看某个字的全部读音、义项和用例，然后再看审音表中的读音和用例。比较以后，如发现两者有不合之处，一律以《审音表》为准。这样就达到了读音规范的目的。

（五）把握作品的基调

基调是指作品的基本情调，即作品的总的态度感情、总的色彩和分量。任何作品，都会有个统一完整的基调。朗读作品必须把握其基调，因为作品的基调是一个整体概念，是层次、段落、语句中具体思想感情的综合表露。要把握好基调，必须深入分析、理解作品的思想内容，力求从作品的体裁、作品的主题、作品的结构、作品的语言，以及综合各种要素而形成的风格等方面入手，进行认真、充分和有效的解析，在此基础上，朗读者才能产生出真实的感情、鲜明的态度，产生出内在的、急于要表达的律动。

三、语气词"啊"的音变

（1）前面音节的末尾音素是u（包括ao、iao）的，读作"哇"（wa）。

你在哪里住啊（zhùwa）？他人挺好啊（hǎo wa）！口气可真不小啊（xiǎo wa）！

（2）前面音节的末尾音素是a、o、e、i、ü、ê的，读作"呀"（ya）。

快去找他啊（tāya）！你去说啊（shuōya）！今天好热啊（rèya）！

请初学者注意，一般的文献通常都是把此条作为第一规则，但往往造成误解。因为从拼音音节字母来看 o,“以 o 结尾”常导致初学者以为“ao”结尾时也读做“呀”(ya)。所以在此特意将此规则作为第 2 条。

(3) 前面音节的末尾音素是 n 的,读作“哪”(na)。

早晨的空气多清新啊(xīn na)! 多好的人啊(rén na)! 你猜得真准啊(zhǔn na)!

(4) 前面音节的末尾音素是 ng 的,读作“啊”(nga)。

这幅图真漂亮啊(liàng nga)! 注意听啊(tīng nga)! 最近太忙啊(máng nga)!

(5) 前面音节的末尾音素是-i(前)的,读作“啊”(za);前面音节的末尾音素是-i(后)的,读作“啊”(ra)。

今天来回几次啊(cìza)! 你有什么事啊(shìra)! 你怎么撕了一地纸啊(zhǐra)!

掌握“啊”的变读规律,并不需要一一硬记,只要将前一个音节顺势连读“a”(像念声母与韵母拼音一样,其间不要停顿)自然就会念出“a”的变音来。

四、朗读基本训练

(一) 停顿练习

1. “祥林嫂,你放着吧,我来摆。”四婶慌忙地说。她讪讪地缩了手,又去取烛台。“祥林嫂,你放着吧,我来拿!”四婶又慌忙地说。

2. 北国/风光,千里/冰封,万里/雪飘。望/长城内外,惟余/莽莽;大河/上下,顿失/滔滔。山舞/银蛇,原驰/蜡象,欲与/天公/试比高。须/晴日,看/红装素裹,分外/妖娆。

(二) 重音练习

1. 按括号内表意要求读准下句重音:

(1) 我请你跳舞(请你跳舞的不是别人)　(2) 我请你跳舞(怎么样,给面子吧?)

(3) 我请你跳舞(不请别人)　(4) 我请你跳舞(不是请你唱歌)

2. 我们应当禁绝一切空活。但是主要的和首先的任务,是把那又长又臭的懒婆娘的裹脚,赶快扔到垃圾桶里去。

3. 真的猛士,敢于直面惨淡的人生,敢于正视淋漓的鲜血。

(三) 语速练习

没有风。海自己醒了。喘着气,转侧着,打着呵欠,伸着懒腰,抹着眼睛。因为岛屿挡住了它的转动,它狠狠地用脚踢着,用手推着,用牙咬着。它一刻比一刻兴奋,一刻比一刻用劲。岩石也仿佛渐渐战栗,发出抵抗的嗥叫,击碎了海的鳞甲,片片飞散。

(四) 句调练习

1. 我到现在终于没有见,大约孔乙己的确死了。

2. “这儿到底出了什么事?”奥楚蔑洛夫挤进人群里去,问道,“你在这儿干什么? 你究竟为什么举着那个手指头……谁在嚷?”

3. ……这是胜利的预言家在叫喊:让暴风雨来得更猛烈些吧!

（五）朗读作品训练

作品2号

两个同龄的年轻人同时受雇于一家店铺[1]，并且拿同样的薪水。

可是一段时间后，叫阿诺德的那个小伙子青云直上，而那个叫布鲁诺的小伙子却仍在原地踏步。布鲁诺很不满意老板的不公正待遇。终于有一天他到老板那儿[2]发牢骚了。老板一边耐心地听着他的抱怨，一边在心里盘算[3]着怎样[4]向他解释清楚[5]他和阿诺德之间的差别。

“布鲁诺先生，”老板开口说话了，“您现在到集市上去一下，看看今天早上有什么[6]卖的。”

布鲁诺从集市上回来向老板汇报说，今早集市上只有一个农民拉了一车土豆在卖。

“有多少？”老板问。

布鲁诺赶快戴上帽子又跑到集上，然后回来告诉老板一共四十袋土豆。

“价格是多少？”

布鲁诺又第三次跑到集上问来了价格。

“好吧，”老板对他说，“现在请您坐到这把椅子上一句话也不要说，看看阿诺德怎么说。”

阿诺德很快就从集市上回来了。向老板汇报说到现在为止只有一个农民在卖土豆，一共四十口袋，价格是多少多少；土豆质量[7]很不错，他带回来一个让老板看看。这个农民一个钟头[8]以后还会弄[9]来几箱西红柿，据他看价格非常公道。昨天他们铺子的西红柿卖得很快，库存已经不//多了。……

节选自张健鹏、胡足青主编的《故事时代》中《差别》

【语音提示】

[1] 店铺 diànpù　[2] 那儿 nàr　[3] 盘算 pánsuan
[4] 怎样 zěnyàng　[5] 清楚 qīngchu　[6] 什么 shénme
[7] 质量 zhìliàng　[8] 钟头 zhōngtóu　[9] 弄 nòng

作品3号

我常常遗憾我家门前的那块丑石：它黑黝黝[1]地卧在那里，牛似[2]的模样[3]；谁也不知道是什么[4]时候留在这里的，谁也不去理会它。只是麦收时节，门前摊了麦子，奶奶总是说：这块丑石，多占地面呀，抽空把它搬走吧。

它不像汉白玉那样的细腻[5]，可以刻字雕花，也不像大青石那样的光滑，可以供来浣纱[6]捶布；它静静地卧在那里，院边的槐荫没有庇覆[7]它，花儿[8]也不再在它身边生长。荒草便繁衍[9]出来，枝蔓[10]上下，慢慢地，它竟锈上了绿苔[11]、黑斑。我们这些做孩子的，也讨厌起它来，曾合伙要搬走它，但力气又不足；虽时时咒骂[12]它，嫌弃它，也无可奈何，只好任它留在那里了。

终有一日，村子里来了一个天文学家。他在我家门前路过，突然发现了这块石头，眼光立即[13]就拉直了。他再没有离开，就住了下来；以后又来了好些人，都说这是一块陨石[14]，从天上落下来已经有二三百年了，是一件了不起的东西。不久便来了车，小心翼翼地将它运走了。

这使我们都很惊奇！这又怪又丑的石头，原来是天上的啊[15]！它补过天，在天上发过热、闪过光，我们的先祖或许仰望过它，它给了他们光明、向往、憧憬[16]；而它落下来了，在污土里，荒草里，一躺就//是几百年了！……

节选自贾平凹《丑石》

【语音提示】

[1] 黑黝黝 hēiyǒuyǒu/hēiyōuyōu　[2] 似的 shìde　[3] 模样 múyàng
[4] 什么 shénme　[5] 细腻 xìnì　[6] 浣纱 huànshā
[7] 庇覆 bìfù　[8] 花儿 huāér　[9] 繁衍 fányǎn
[10] 枝蔓 zhīmàn　[11] 绿苔 lǜtái　[12] 咒骂 zhòumà
[13] 立即 lìjí　[14] 陨石 yǔnshí　[15] 啊 ya
[16] 憧憬 chōngjǐng

作品 4 号

在达瑞八岁的时候[1]，有一天他想去看电影。因为[2]没有钱，他想是向爸妈要钱，还是自己挣钱。最后他选择了后者。他自己调制[3]了一种汽水，向过路的行人出售。可那时正是寒冷的冬天，没有人买，只有两个人例外——他的爸爸和妈妈。

他偶然有一个和非常成功的商人谈话的机会。当他对商人讲述了自己的"破产史"后，商人给了他两个重要的建议：一是尝试为别人解决一个难题；二是把精力集中在你知道的、你会的和你拥有的东西[4]上。

这两个建议很关键。因为对于一个八岁的孩子而言，他不会做的事情[5]很多。于是他穿过大街小巷，不停地思考：人们会有什么[6]难题，他又如何利用这个机会？

一天，吃早饭时父亲让达瑞去取报纸。美国的送报员总是把报纸从花园篱笆[7]的一个特制的管子里塞[8]进来。假如你想穿着睡衣舒舒服服地吃早饭和看报纸，就必须离开温暖的房间，冒着寒风，到花园去取。虽然路短，但十分麻烦[9]。

当达瑞为父亲取报纸的时候，一个主意[10]诞生了。当天他就按响邻居的门铃，对他们说，每个月只需付给他一美元，他就每天早上把报纸塞到他们的房门底下。大多数人都同意了，很快他有//了七十多个顾客。……

节选自[德]博多·舍费尔《达瑞的故事》，刘志明译

【语音提示】

[1] 时候 shíhou　[2] 因为 yīnwèi　[3] 调制 tiáozhì
[4] 东西 dōngxi　[5] 事情 shìqing　[6] 什么 shénme
[7] 篱笆 líba　[8] 塞 sāi　[9] 麻烦 máfan
[10] 主意 zhǔyi

第三节 说话训练

本训练中的“说话”不是指日常的口语表达训练(日常交际沟通的训练见下一节训练内容),而是指针对普通话水平测试的第四项测试题,也是普通话水平测试的重头戏——“命题说话”的应试训练。命题说话训练不仅对应试非常重要,而且我们在此也可以把它作为日常口语表达能力的一个起步训练。

该测试项目要求应试人在给定的30个话题中抽定1个话题,单向连续说话3分钟。其目的是测查应试人在无文字凭借情况下运用普通话的水平,重点考查其语音标准程度,词汇、语法规范程度和自然流畅程度。它同时也是对应试人心理素质的考验。在没有文字凭借的情况下,把思维的内部语言转化为自然、准确、流畅的外部语言,需要应试人有良好的心理素质。

一、命题说话的基本要求

(一)基础要求:“规范”

它涵盖语音、词汇、语法三方面的内容。

1. 语音标准

说话测项没有文字凭借,而说话还要顾及其他要素,因而说话中的语音标准要素易被忽视。忽略语音标准通常表现为,说话过程中,发音器官状态松弛,语速较快,一些出现频率高、不重读的虚词往往一带而过,含混而夹带着方音成分,如“都、就是、由于、尤其、忽然、没有、按照、在、不但、所以、只有”等副词、介词或连词。由于语音标准要素被忽略,应试人的潜意识往往会受到电视广播中一些名嘴和名演员的错读影响,情不自禁地将一些常用词语读错,比如将“因为”的“为”、“处理”的“处”、“教室”的“室”、“复杂”的“复”、“质量”的“质”、“比较”的“较”、“亚洲”的“亚”、“角色”的“角”等常用字说错。应该明了,在现行测试评分体系中,其他三个测项多读错一字最多扣0.2分,而说话测项多说错一字,可能就影响到语音档次判定。

2. 词汇规范

它是指说话使用词汇,一定要使用普通话词汇,不能出现方言词汇。不少应试人由于平时讲方言讲惯了,受测说话时,往往下意识地用普通话的语音来说方言词,自己却浑然不知,比如“很好” 错说成“蛮好”,“买冰棍儿” 错说成“买棒冰”,“她很早就起床” 错说成“她一早就起来”,“我喜欢吃土豆” 错说成“我欢喜吃洋山芋”,“把我从乡下调进城里” 错说成“把我从乡下弄到街上”,“她说他长得难看”错说成“她说他长得死形样子”,“勉勉强强通过”错说成“跌跌爬爬通过”等等。方言词语“玉米”和“苞米”“棒子”,“肩膀”和“膀子”,“山芋”和“红薯”,“停业”和“打烊”,新词(特别是网络词语)“超女”“恐龙”等都要注意不能使用。

3. 语法规范

它是指组织句子和选用句式，一定要按照普通话语法规则进行，不能使用方言的或杜撰的句子和句式。如“他腿不好”错说成“他腿子不好”，“把书给他”错说成“把书把他”，“我的业余爱好很多”错说成“我的业余生活有很多”，“我有一个好爸爸”错说成“我最难忘的一件事是我有一个好爸爸”，“当我爸爸17岁的时候，我爷爷就死了”错说成“我爸爸17岁，他爸爸就死了”等等。“很桌子”“很椅子”“很男人”“很女人”当然也是不符合规范的。再比如有的应试人由于紧张等因素，在说话时出现下面一些错误：“我的愿望就是有一条健康的双腿”，“小白兔儿真可爱，长着一身洁白的羽毛”，“忽然听到了很浓的糊味儿”，“我出生于七十年代末，八十年代初”等等，这些语句或搭配不当、或用词不当、或不合逻辑，错误明显，听者不禁失笑或如坠雾中。

（二）中级要求：“得体”

“规范”是对说话提出的初级要求，“得体”则是在“规范”基础上，对说话提出的中级要求，它主要是针对语体而言。普通话语体有口语和书面语之分，无文字凭借的即兴说话当属口语语体。为表现口语语体色彩，说话中应多选用口语词汇，比如“但这时”可改说成“但是这个时候”，“末班车午后六时许可抵达”可改说成“最后一班车下午6点多钟能够到达”等等。

为表现口语语体色彩，说话中还应多选用口语句式，即多选用短句和散句。短句相对长句而言。短句省略多，修饰少，结构简单，表意简洁明快。长句词语多，修饰多，结构杂，表意严密细致。但在口语中，人们接受信息不像看书一目十行，听话时语音信号是按线性序列一个挨一个鱼贯入耳，如果句子长了，结构复杂了，那么当句子末尾进入大脑时，句子开头印象已不深了，于是听话人脑中句子不完整，听起话来就会感到吃力，因而说话不宜使用长句，而宜使用短句。比如这样一个长句“我前面走来一个高个子、大眼睛、身穿西装、脚蹬皮鞋、嘴上叼着一根香烟的年轻人。”改为短句可说成“我前面走来一个年轻人，他高个子、大眼睛，身穿西装、脚蹬皮鞋，嘴上还叼着一根香烟。”散句相对整句而言。散句表现为句和句之间关系松散，停顿和语气词多，关联词少，时有插说介入。说话中使用散句显得自由活泼，富于变化，容易产生交流感。整句表现为一组句子，形式整齐，节奏鲜明，音律和谐，比如说对偶句、排比句即是。整句便于抒情，适宜运用于演讲。如将整句用于说话，则会冲淡交流感，显得矫揉造作。比如，“我爸爸今年50岁，我妈妈今年48岁，我今年22岁。”这样的整句改成散句，可说成：“我爸今年50岁，我妈呢，她比我爸小两岁，你要问我多大，我今年22岁。”

（三）高级要求及总体要求：“和谐”

严格讲，“和谐”涵盖了“规范”和“得体”，如果不规范、不得体，那么就谈不上和谐。当然，规范了，得体了，未必就和谐。测试实践中，经常有不少说话不和谐的个例。比如说，有些公务员受测说话，好像是上级在“训斥”下级，满嘴官僚语气，让人受不了。有的学生受测说话，像犯了错误似的，老老实实在向测试员“坦白”，还有的学生像“背书”“朗诵”……有的应试人受测说话，说到动情处，时而泣不成声，时而号啕大哭，以致测试无法继续进行。

普通话水平测试中的“说话”语气，总体上应该是亲切平和的，机测时可假想前面有人听你诉说，说话中可多使用一些语气词、儿化词、轻声词，适时配上一些表情，亲切平和的说话交流感就会凸现。说话声音不宜太高太响，语速不宜太快或太慢，每分钟说180字至250字左右的信息较为适中。“泣不成声，号啕大哭”现象在测试中虽不多见，但它至少提醒我们必须要考虑说话素材的取舍。素材应该真实而熟悉，这样说起来才自然流畅，大喜大悲的素材最好不要选用。

有些人应试说话，有吞吞吐吐的习惯，常通过不断重复来回想下面要说的内容。还有的应试人，说话中口头禅“这个、那个、嗯、啊”太多。这些现象也都属于不和谐。前者是说话准备太充分，扭曲了说话的内涵，把话题当作作文，预先写出稿子，背熟了准备应试，结果由于紧张，导致应试时出现遗忘而慌乱得吞吞吐吐。后者属于准备不充分，没有意识到说话的难度，受测前根本不考虑说话提纲，应试时是随想随说，说一句想一句，结果导致语流不畅，有效信息稀少，于是依靠口头禅来填补停顿间隙。

二、应试说话的训练

首先，结合自身经历简析各类典型话题，多听多记多读，为应试积累语言材料。

其次，列出说话提纲。

说话之前必须要有一个备说过程，虽不必一定写成稿子，但腹稿要打一点，说什么，怎么说，哪里叙述，哪里评述等等，心里要有个底，也可以把它们写成一个说话提纲，这样应试人就能从容应试，不至于出现才说了个开头，脑子里就空白一片的的尴尬局面。比如话题“我喜欢的明星”可列出如下提纲：

1. 泛说我喜欢的众多明星（一分钟）

（1）体育的/影视的/歌唱的

（2）中国的/外国的/内地的/港台的

（3）为什么喜欢这些明星

2. 细说我喜欢的一个明星“姚明”（两分钟）

（1）简介其相关材料

（2）在国内打球情况

（3）在国外打球情况

（4）在奥运会的表现

（5）我的看法

3. 多多进行3分钟命题说话练习

针对难度较大的命题，进行个人、小组练习。

普通话测试规定了30个说话的话题：

01号　我的愿望（或理想）

02号　我的学习生活

03号　我尊敬的人

04号　我喜爱的动物（或植物）

05号	童年的记忆	18号	我知道的风俗
06号	我喜爱的职业	19号	我和体育
07号	难忘的旅行	20号	我的家乡(或熟悉的地方)
08号	我的朋友	21号	谈谈美食
09号	我喜爱的文学(或其他)艺术形式	22号	我喜欢的节日
10号	谈谈卫生与健康	23号	我所在的集体(学校、机关、公司等)
11号	我的业余生活	24号	谈谈社会公德(或职业道德)
12号	我喜欢的季节(或天气)	25号	谈谈个人修养
13号	学习普通话的体会	26号	我喜欢的明星(或其他知名人士)
14号	谈谈服饰	27号	我喜爱的书刊
15号	我的假日生活	28号	谈谈对环境保护的认识
16号	我的成长之路	29号	我向往的地方
17号	谈谈科技发展与社会生活	30号	购物(消费)的感受

这些话题大致可分为两类:记叙描写类、议论评说类。当然,这种分类不是绝对的,有的题目既可叙述,又可发表议论,如“我喜爱的书刊”“谈谈美食”就是这样一种两可的话题。“我喜爱的文学(或其他)艺术形式”可用叙述的表达方式,可用议论的表达方式,也可用夹叙夹议的方式。

(1) 叙事类话题,如“童年的记忆”分组练习。参考:

童年的记忆

说起童年,我始终忘不了刚上学时选班长的事。开学的第一天,老师让大家推选班长,小朋友们你望望我,我看看你,一句话也不说,教室里非常安静。最后,老师点了一个同学的名字,问他选谁。这个同学低着头半天不说话,大家都一个劲地催他说,终于,他抬起头来说:“我选我。”这下老师也笑起来:“这个同学说选他自己,大家说行不行?”教室里又安静了,老师在教室里来回地走着,忽然有一个同学站起来说:“老师,让我当班长吧。”“让你?”老师没料到又有一个人选他自己,一时不知咋办。“我来当班长。”“我当。”教室里一下子炸开了锅,人人举起手选自己当班长。老师只好笑着说:“大家都想当班长,很好,可到底让谁当,让我想想,好吗?”说完,就走了。老师一走,教室里又热闹起来,男孩子们说着说着,就动手打起来。女孩呢,虽不动手打,可叽叽喳喳地没完没了,有几个还哭了起来。为的就是一点,别人为什么不选我当班长。

忽然有一天,老师说:“从今天起,每人当一周班长,谁要不遵守纪律,下周就不让他当,谁要管得好,上星期当了,下星期还继续当,同意这个办法的同学举手。”“哗——”全班的小手竖起来了,像一片小树林。第一个星期是我当班长,我主动把教室打扫得干干净净,每天都有值日生擦黑板,同学们也都像变了个人似的,再也没有调皮捣蛋的了,如果谁有困难大家都会围上来帮他。

现在回想起童年选班长这件趣事儿,的确感到很开心,孩子们的心是多么单纯可爱啊.如果长大了的人都保持孩子的纯真和热情,世上哪有那么多的难办事儿,又哪有那么多的矛盾呢？

(2) 议论类话题，如“谈谈社会公德”分组练习。参考：

谈谈社会公德（购物消费的感受）

我们每天被广告包围，被商品包围。如果我们买了东西，被别人欺骗，会有一种什么样的感觉呢？前几天，我上街购物，发现有一家鞋店门边上写着“全市最低价”，于是进去看看，发现一双式样新潮中看的皮鞋，鞋前一张红纸写着：“厂价直销，真牛皮鞋，原价400元，现价150元。”我看到有这样的好事，考虑一番后，就讨价还价买了下来。我自认为运气好，以为买到既好看又便宜的好东西了。结果回到家后没有穿上几天就不能用了，还在关键的时候扭了脚，让我痛得要命，心里烦了好多天。

…………

如果说一双劣质皮鞋的事还算小的话，那么有些华而不实的广告，粗制滥造的商品，伤人甚至害死人就是天大的事了！由此使我联想到我们生活在商品大潮中的人。社会主义精神文明的原则，要求我们都要做高素质的人。我们怎么能做华而不实、损人坑人的人。我们应该讲点信誉，讲点良心，讲点社会公德！……

第二章 基础口才训练

人类语言发展到今天,尽管已经形成了多样化的表现方式,如书面语言、态势语言、音乐语言、建筑语言等,但有声语言仍然是最基本、最直接的、最具大众化的思想表达形式,所以,熟悉口语表述的基本方式,适当运用叙述、描写、说明、说理等表达方式,准确而巧妙地沟通思想,是口才的基本要求。而具备一定的演讲和辩论能力,掌握演讲和辩论的基本技能,已经成为当今社会考察个人能力的一个重要方面,也是许多职业工作者的迫切需求。

第一节 沟通交际口才

任何个人和组织都不可能孤立地存在,而是存在于一定的社会环境,即国家、社会和组织系统之中,必然与上下左右以及周围组织发生各种各样的联系、沟通、交流、合作,也必然会发生各种失衡、分歧、矛盾乃至冲突。沟通是人类组织的基本特征和活动之一。沟通是维系组织存在,保持和加强组织纽带,创造和维护组织文化,提高组织效率、效益,支持、促进组织不断进步发展的主要途径。

有效的沟通让我们高效率地把一件事情办好,让我们享受更美好的生活。善于沟通的人懂得如何维持和改善相互关系,更好地展示自我需要、发现他人需要,最终赢得更好的人际关系和成功的事业。

一、沟通的含义与特点

(一) 含义

沟通是一种信息传递和交流的过程。它是管理工作、商务工作和人际交往中必不可少的手段之一。

(二) 特点

1. 社会性

沟通有着社会性、普遍性、广泛性:既有与合作伙伴或潜在合作伙伴的沟通,又有为寻求理解和支持的沟通;既有为收集信息的沟通,又有为听取反馈意见乃至批评的沟通;既有官方的正式沟通,又有民间的非正式沟通;既有工作上的沟通,又有个人情感的沟通;既有国内的沟通,又有国际的沟通;等等。

2. 选择性

与社会性相矛盾的是沟通又有选择性,或者说目的性。无限制的社会沟通,主观上条件不许可，客观上也无此必要。沟通对象只能选择与自身和本组织生存、发展有密切关联的组织或个人。

3．互助性

沟通的对象和内容必须以互助性为目的，以有助于双方的经济效益和社会效益为目的，而不能只是一厢情愿，有去无还的，应该是互通有无、礼尚往来、互助互利。

4．创造性

沟通的对象应不断地扩大，既有老相识，又要有新相识，其中必有一部分新陈代谢。沟通的内容和形式，既有传统的规定和法则，又要有所创造，不必拘泥一格、墨守成规。

二、沟通的层次、类型和方法

（一）沟通的层次

沟通是协调的前提，是协商、调节、调整、调解，以求达到协调的结果——和谐一致的基础。沟通有三个不同层次：

（1）信息沟通。这是初步的沟通。“鸡犬之声相闻，民老死不相往来”乃是古老的、原始的社会现象，现代社会已不允许存在这种自我孤立、封闭的状态。任何组织和个人为求生存与发展，都必须与外界沟通。第一步就是信息沟通，既把自己的情况告诉外界，又把外界的情况吸收进来。人们要重视信息交流，哪怕是纯粹的信息交流，它是沟通协调的基础，情感层次和行为层次都是在这基础上进行的。

（2）认识沟通。信息沟通是初步的，也是客观的，往往不涉及彼此的利害关系，容易被接受。认识沟通则是主观的，它表达各自的意愿、看法或是要求，涉及各自的利益。认识沟通不能强迫对方接受，而只能以适当的内容，尤其以适当的方式使对方自愿接受。认识沟通所能达到的效果，一个是“求同存异”，也就是双方都能找到意愿的某些共同点，而保留其他的不同点。以共同点为基础，达成共识，这就是合作的开始。另一个是“深化认识”，这就是双方交换意见，进行讨论、论证，甚而争辩。最终或是一方认识并放弃自己的错误意见，接受对方的正确意见；或是双方都放弃自己的错误，而找到共同认识的正确意见，那就是在新的基础上达成共识，这往往是彼此团结合作的更高的起点、更好的基础。有了一致的认识，就会有实现共识的具体行为，以实现共同的目标。

（3）感情沟通。人是有情有义的、真诚的，有效的信息沟通和认识沟通，必然导致最高的感情沟通。感情沟通是在彼此了解、理解的层面上，进而建立信任和友谊。感情沟通必须经常进行，而且需要增加一些文化及适当的物质内容，这样会带来更多的谅解、尊重，更真诚的团结和合作。

（二）沟通的类型

（1）按沟通方式分类，沟通可分为口头沟通、书面沟通、非语言沟通和电子沟通。

（2）按组织内部信息沟通的方向分类，沟通可分为上行沟通、下行沟通、平行沟通与斜向沟通。

(3) 按信息沟通的渠道分类，沟通可分为正式沟通与非正式沟通。

(4) 按信息沟通是否存在反馈分类，沟通可分为单向沟通、双向沟通和多向沟通。

(5) 按组织关系分类，可分为内部沟通和外部沟通。

(三) 沟通的主要方法

(1)直接沟通，即通过声、光、电、语言、文字、图像等载体直接发送或交换的沟通。这种沟通比较快速、明晰，适用于已经打开渠道又不存在任何障碍的对象之间。

(2)间接沟通，即通过第三方中介或媒介所转达的沟通。这种沟通相对来讲比较缓慢，不够明晰，甚至可能造成曲解，但它适用于初次沟通，或无法寻找到沟通对象，或存在着其他种种障碍的对象之间的沟通。

(3)明示沟通，即以尽可能明白、清楚、准确的语言、文字、图像表达来沟通信息、沟通意图，这是常用的、基本的方法。明示沟通要求沟通者具有相应的语言、文字、图像表达能力，具有熟练、正确使用常用沟通工具，如电话、电传、电脑输出，文书拟写的能力等等。

(4) 暗示沟通。当沟通存在某种障碍时，沟通者只能采用暗示沟通，它包括暗示法、提醒法、委婉法、喻意法等等。比如秘书发现某位德高望重的领导做出的决定明显不符合上级政策或法规时，不宜直截了当地当面对领导说“您错了”“这不符合某一条规定”。秘书可以把有关文件找出来，甚至把最重要的部分用笔划出，悄悄地放在领导的办公桌上，让领导自己去看，自己改变决定。暗示法，概而言之，是既充分尊重对方，又能达到沟通意图的种种方法的总和。

三、沟通的障碍和沟通的原则

(一) 沟通的障碍

沟通都希望达到彼此的目的，而有效沟通的条件：第一是表达者所发出的信息应完整而准确；第二是信息在传递过程中没有损失；第三是接受者必须真正理解了接受到的信息。

对应的沟通中也存在三个方面障碍：一是信息发送方面的障碍，如表达能力不够、知识经验缺乏、发送者被信任程度不够；二是信息传递渠道的障碍，如信息传递环节过多、沟通的方式选择不对、外界环境的干扰；三是信息接收者的障碍，如理解能力不够、信息量太大、认识上的障碍、情绪的影响等。

(二) 有效沟通的 7C 原则

人们在交际沟通中必须克服障碍因素，以达到正确有效的目的，因此有效沟通必须遵循以下原则：

(1) 可信赖性(Credibility)：沟通要从彼此信任的气氛中开始。

(2) 语境(Context)：沟通内容和利益一致、为双方共同接受。

(3) 内容(Content)：沟通内容与接受者的价值观有同质性。

(4) 明确性(Clarity)：沟通信息传递是双方都能明白的载体。

(5) 连贯性(Consistency):沟通是一个没有终点的过程。

(6) 渠道(Channels):使用双方都习惯的信息传递渠道。

(7) 接收能力(Capability of Audience):沟通的信息资料对被沟通者的能力要求越小、越简单就越容易被接收,成效就越大。

四、沟通的基本方法与技巧

(一) 善于表达

要善于表达,就要提高"说"和"写"的能力,必须经常地充实自己。"工欲善其事,必先利其器"。比如某地有家美容院,生意兴隆为当地之冠,有人去问他发达的原因,店主人坦白地承认,完全由于他的美容师在工作时善于和顾客攀谈之故。我们在平时就要养成积累的习惯,不是过分地求多,每天看书读报,记住有趣的新闻和美妙的语句,时间一长你就能积累不少谈话的资料了。

"说",就是要明确我们想要表达什么,如何使表达的信息引起听者的兴趣。在"说"之前最好做好相关准备,了解对方的基本情况,如职务、特长、兴趣、特点等;再整理清楚自己阐述的内容及思路,分析一下自己谈话的能力,听一听自己说话的声音,是否需要强调某些字眼等。

"写"也是沟通中经常使用的手段,许多便条、商务信函、报告请求等都通过书面形式来表达。要提高"写"的能力,就必须多实践,多写东西,练习使用最简洁的语言,表达清楚自己的思想,只有通过长期不断的锻炼,才能提高书面语言的表达能力。下面主要从口头表达方面进行阐述。

有效表述就是把观点、看法、意见和要求通过语言表述出来,使听者理解和接受的行为。具体要求如下:

1. 使用简短口语

语言是说出后即无痕的声音,冗长的语句会搞乱接受者的思维而使其迅速遗忘接受的信息,因此与人交流尽量使用短句。

2. 表述顺序清晰

表述顺序清晰有助于听者接受信息并理解涵义,可采用先述说结果以引起兴趣或根据时间、地点变化的顺序说明,使听者明了事情的完整过程,对事件有全面的了解。

3. 内容浅显易懂

选择通俗用语,把复杂的事项简单化,使听者易于理解。

4. 控制表述速度

表述语速太快,会让听者反应不过来;而语速太慢,又会让听者感觉难受。因此,语速应适中,咬字要清楚,要富于激情和感染力。

5. 利用重复效果

表述时要注意听者的反应。希望加强对方印象的重要事项可以重复,如时间、地点、人员等。关于时间的表达最好不要采用 24 小时制,因它往往会把人的思维搞乱。

6. 结束整理总结

表述结束时，可对所述内容择要进行总结归纳，以加深听者的印象。

（二）积极倾听

倾听是我们与他人进行沟通，创造出“相互理解”的共同基础。有效倾听的前提是听者要能够站在说者的立场上去听，同时创造能让说者乐于说的环境。

1. 营造积极倾听的环境

（1）适宜的沟通空间。选择有利的社会环境来增强说话效果地点属于自然环境，但一旦成为附属于某种社会力量所能施加影响的范围时，它就成了社会环境。例如，有些领导者发现问题，往往请下属到自己办公室谈话。办公室是上级办公的地方，下属来到这里，很容易联想到上下级关系，于是便产生了一种“必须服从”的心态。这样，本来是对等的谈话，因为地点这一特殊社会环境的参与，就有利于一方，使对等的双方，变成主动与被动的两方。主动方便有一种“居高临下”的势头。当然这只是一种心理差异，绝不是“以势压人”。反之，如果为了加强联络，增进信任和友谊，领导人员则应走出“领导效应区”，到职工宿舍、食堂、俱乐部等场所，便于放开话题，无拘无束。这类非语言因素，有时正像看不见的磁场，有着极其强大的特殊效应。

（2）良好的视觉环境。沟通的场所有适当的亮度和非直射光线，双方能够互相观察到对方的眼睛和面部表情。

（3）感觉平等的氛围。如可安排环形座位、并行座位或面对面的交流环境，使沟通交流的双方感觉地位平等。

（4）融洽的沟通氛围。沟通双方是以平和的心态进行交流，要情绪稳定，避免先入为主的猜测和结论。

2. 有效倾听的方法

（1）集中精神，认真倾听。听时应正面朝向说话者，身体前倾，目光保持经常性的接触，面部表现出真诚、热情和微笑，并不时地点点头或以适当的短语附和，表示你在接收说者所表述的信息。

（2）克服偏见，耐心倾听。听时应摒除杂念、偏见和烦躁，以客观公正的态度耐心倾听，就事论事，不持批判意念，以免影响对信息全面准确的接收。

（3）抓住要点，理清头绪。捕捉要点，理清头绪，精确地理解内容。方法是5W2H，即When（何时）、Where（何地）、Who（何人）、What（何事）、Why（何故）和How（如何）、How much（多少）。

（4）注意体态语，听出弦外音。听时必须同时注意语言和非语言所传达的信息，观察对方说话时的辅助性体态语，加强对语意的深层理解，辨析说者口头的表述和内心真实所想的差距，听出其弦外之音。

（三）交谈技巧

1. 学会赞美

渴望赞美是每个人内心的基本愿望。美国著名的心理学家威廉·詹姆士说:"人类本性上最深的企图之一是期望被赞美、钦佩、尊重。"所以在交谈中就要善于发现别人的价值,并设法表达出来,让他觉得那价值实在值得珍惜,同时也有助于推动彼此友谊的健康发展和消除人与人之间的隔阂和怨恨。

但不恰当的恭维反而让人反感,也不能常用同样的方法,因此要掌握以下方法:

(1) 真诚。要发自内心深处,不能是那些缺乏感情、言之无物的内容。

(2) 恰当。说之前先要思考一下,这种赞美是否有事实根据,对方听了是否相信,旁人听了是否不以为然。赞美必须在事实基础上进行,不要浮夸,措辞也要恰当。

(3) 具体。赞美的东西应该是看得见、摸得着的,最好是要深入、细致。赞美用语愈详实具体,说明对对方愈了解,对他的长处和成绩愈看重。让对方感到赞美者的真挚和可信,双方的距离也会越近。如果只是含糊其辞地赞美对方,说一些"你工作非常出色"、"你真是位卓越的领导"等空泛的语句,只会引起对方的猜度甚至误解。

(4) 鼓励。用赞美来鼓励对方,能增强其自信心。特别是在工作中处于相对落后状态时,首先就是要激发他的自信和自尊。最有效的方法不是"锦上添花",而是"雪中送炭"。但鼓励性的赞美也要见机行事、适可而止。

2. 有效提问

有效提问的方法就是让说者把话说完,听完后有不清楚的地方可加以询问。恰如其分地提问,有利于说者与听者之间深入地交换思想,提高沟通的有效性。需要注意以下几点:

(1) 提问的态度。以理解的态度,认真、诚恳地提出双方都能接受的问题。

(2) 提问的时机。应在对方表述告一段落或全部讲完时,就对方当前所讲述的事项加以询问。

(3) 提问的内容。提出的问题必须是对方已讲述过,但自己不清楚或不理解之处,不能提与当前所讲述内容无关的事项或带有责难、刁难,使对方为难或无法答复的问题。

(4) 提问的语速。表述速度应缓慢、清晰,提问后应有适当的停顿,给对方思考的时间。

(5) 提问的形式。用不同的提问形式,使交流向有效沟通的目标前进。

3. 恰当提出要求

(1) 提出要求时要有清楚的目标并留有余地。如可以提出要求你所需要的东西;要求本来属于你的东西;希望对方提供的具体帮助;希望对方考虑你的请求等。

(2) 提问要简洁。提问的内容中心要突出,要使对方在最短时间内了解你的意图;兜圈子实际上是对于自己的要求内容不够自信而寻找理由。

(3) 用果断和坚决的手势语协助。表达要求的坚定性。

4. 礼貌拒绝

(1) 采用委婉的语言和巧妙的方式向对方说"不",拒绝的口气要坚决,形式要礼貌,使对方不再纠缠。

(2) 拒绝时不要有自责、担心和愧疚感，应该知道不能满足别人的要求并不等于做了对不起人的事。

(3) 表达拒绝不一定使用生硬的“不”，如可用“很遗憾”、“我别无选择”、“希望你能理解”等等。

(4) 礼貌拒绝的技巧：①避免使用借口——借口使人感到还有余地可以讨价还价；②留出时间延期答复——使人感到是深思熟虑后的拒绝；③提出替代方案——这能满足对方的补偿心理；④说明原因获得理解——这能使对方自动放弃要求。

5. 注重策略

沟通交际中要善于采用正确有效的策略，以达到预期效果。如有时不便明说而又不得不说时，就采用婉曲暗示、含蓄传递的语言方式，也就是委婉的方法；有时用有趣、可笑而意味深长的言辞造成特殊的表达效果，以吸引听众，缩短说者与听众的距离，也可以消除对抗心理，达到以理服人的效果，这就是幽默。

(1) 诱导。有时情况尴尬，自己说出来可能比较难堪，此时可诱导对方自然表达出来，己话他说才是上策。

案例 1

王×准备借助于好友赵某的路子做笔生意，可就在他将一笔巨款交给赵×的第二天，赵×暴病身亡。王×立刻陷入两难境地：若开口追款太伤赵×的未亡人；若不提此事，自己的局面又难以支撑。帮忙料理完后事，王×是这样对赵夫人说的：“真没想到赵兄走得那么早，我们的合作才刚开始呢。这样吧，嫂子，赵兄的那些关系户你也认识，就出面把这笔生意继续做下去吧！需要我跑腿的时候尽管说，吃苦花力气的事情我不怕。你看困难大吗？要干的话，早一天，好一点。”结果赵妻反过来安慰他道：“这次出事也让你生意上受损失了，我也没法干下去，你还是把钱拿回去再找机会吧。”

简析：借别人的口，说自己的话，是找寻借口时重要的技巧。案例中王×若直接要钱自然会显得不通人情，而弄清对方的状况与处境来个顺水推舟反而达到了要款的目的，且能不得罪对方。

(2) 含蓄。有些不便明说的话语通过含蓄婉转的方式来表达。

案例 2

一家外资企业有位打工仔，在较短的时间内，连续两次提出合理化建议，使生产成本分别下降 30% 和 20%。大鼻子英国老板非常高兴，对他说：“小伙子，好好干，我不会亏待你的。”这位青年当然知道这句话可能意义重大，也可能一文不值。他想要点实在的，便轻轻一笑，说：“我想你会把这句话放到我的薪水袋里。”洋老板会心一笑，爽快回应道：“会的，一定会的。”不久青年就获得了一个大红包和加薪水的奖励。

简析：面对老板的奖励，直接提加薪可能会不太好意思，可以像案例中的小伙子那样委婉地提出自己的想法，既能达到目的，又避免了万一被拒绝的尴尬。

(3) 闪避。对于容易造成尴尬局面的话题，却又事关重大，不得不面对时，就必须讲究策略，可采用躲闪回避的方法。这就需要回答巧妙，既迂回躲闪，回避了别人所问，又不至于让别人难堪，维护自己不能直说的原则。

案例 3

西安事变前夕，张学良和杨虎城就频繁会晤，都有心对蒋发难。可对于这样一个关系到身家性命和国家前途的大事，在对方未亮明态度前，谁也不敢轻易开口。眼看时间越来越近，双方都是欲说还休。杨虎城手下有个著名的共产党员叫王炳南，张学良也认识。在又一次的见面中杨虎城便托他之口说道："王炳南是个激进分子，他主张扣留蒋介石！"张学良及时接口道："我看这也不失为一个办法。"于是两个聪明的将军开始商谈行动计划。

简析：当时，张学良的实力比杨虎城强得多，且又是蒋介石的拜把兄弟。杨虎城如果直接把自己的观点摆在张的面前，而张又不同意，后果实在堪忧。于是便借了并不在场的第三者之口传出心声，即使不成，也可全身而退，另谋他策。

（4）扬长避短。

案例 4

王僧虔是南北朝时期首屈一指的书法家，齐太祖高皇帝萧道成也酷爱书法。一天，萧道成提出要与之比试谁的书法好，王僧虔当然不能不从。君臣二人各自写好一幅楷书，便示群臣，均不敢言。萧道成便问王僧虔："你自己说说看，究竟谁第一？"王僧虔妙答道："为臣之书法，人臣中第一；陛下之书法，皇帝中第一。"

经他这样一解释，太祖又觉得似乎不无道理，忍不住哈哈大笑起来，说："公卿可真会说话，既不失之自信，又不得罪人，真可谓善自为谋啊！"

简析：本来王僧虔处境进退两难，如果说自己的作品更好自然会得罪皇帝，但若昧心说对方更好，又怕众人说自己阿谀，而他的回答巧妙地避开了这个问题，难怪太祖萧道成对王僧虔应对机变表现出嘉许。

（5）一语双关。说话时故意使用某些在特定的环境中带上双重意义的词语。

案例 5

杰拉尔德·R. 福特是美国的第 38 任总统，他说话时喜欢用双关语。有一次他在回答记者提问时说："我是一辆福特，不是林肯。"众所周知，林肯既是美国很伟大的总统，也是一种最高级的名牌汽车；福特则是当时普通而大众化的汽车。

简析：福特的这句话非常巧妙：一方面表示出谦虚，另一方面则又标榜自己是大众喜欢的总统。

（6）旁敲侧击。旁敲侧击就是暗示，含蓄反讽、耐人寻味。

（7）夸张。根据表达需要，对客观事物的某些方面或某些特征加以夸饰铺张，言过其实地夸大或缩小而引起联想的修辞手法。

（8）回逆。以其人之道，还治其人之身。

案例 6

丹麦童话作家安徒生从来不讲究穿戴，有天他戴了顶破帽子出门，一位绅士见了嘲笑道：“你脑袋上那玩意儿是个什么东西？能算是顶帽子吗？”安徒生立即接过话茬答：“你帽子下边那玩意儿是什么东西？能算个脑袋吗？”

简析：安徒生巧妙的回逆技巧对嘲笑自己的人进行了辛辣的回击。

(9) 比拟。抓住事物与人的某些相似点，将事物无意识的活动当作有意识的行为或把人当作动物来写，通过联想和想象而产生特殊的意味就叫比拟。

(10) 预伏。交谈中说话者言辞里暗含有前提性的意思，有时也可能说话者并无预伏的企图，后被交谈的语境所触动而引起预伏。

6. 注重非语言沟通

根据有关研究，在面对面的沟通中，有 65% 的信息是通过非语言形式传递的。如果能够准确把握并有意识地运用语调、手势、表情、肢体动作、信号等非语言信息进行沟通，必然会起到减少信息消耗、提高沟通效率的作用。

非语言沟通一般通过面部表达系统、手势表达系统和体态表达系统来进行，下文作简要阐述。

(1) 表情。脸色是面部表情的总反映。如春风满面、面若冰霜、笑脸相迎、愁眉苦脸、面红耳赤、嬉皮笑脸、板着脸、哭丧着脸、拉长了脸等，都反映了面部整体态势的信息传递功能。这些都由脸部不同器官综合协调：如抓耳挠腮表现的是焦急，咬牙切齿表现的是愤恨，对人轻蔑时常嗤之以鼻，惊讶时常瞠目结舌等等。虽然笑传递的信息也比较复杂，但在沟通过程中，最常用的面部表情还是笑。当人们在交谈时，微笑着专心地听取对方的一言一语，能使对方情绪自然，畅所欲言。笑可以缓解人与人之间的关系；笑能表达人类征服忧患的能力；笑能增强交谈双方的友谊，以达到相互理解、信任。

眼神是面部表情中最富于表现力的部分。俗话说：“眼睛是心灵的窗口。”行为科学家们认为，只有当人与人“四目相对”时，交际的真正基础才能建立。在社交场合相逢时目光正视对方的两眼与中部嘴部三角区，表示对对方的尊重为凝视，但时间不能超过四五秒钟，因为时间一长会使对方感到紧张、难堪。如果面对熟人朋友、同事，可以用从容的目光来表达问候，征求意见，这时，目光可以多停留一会，不要迅速离开，以免给人留下冷漠或有意回避的猜忌。调整视线的角度，也能传递出丰富的情感信息：“平视”表示礼貌、平等或正视；“仰视”表示敬意、希望或向往、等待；“俯视”表示傲视、得意或轻视；“斜视”既可表示藐视、歧视等意，也可表示俏皮、快活或好奇等。交际者在交际中一定要注意运用恰当的目光。

(2) 手势。手是人类最灵巧而有力的肢体，也是颇具活力的表情器官，手势表达的潜力非常惊人。

使用“手指”可以有以下几种表意：①“象征性手势”，如伸出食指和中指构成“V”形象征胜利；伸出大拇指表示称赞；伸出小手指意为轻蔑；伸出大拇指和食指搭圆，构成“OK”手势等。②“会意性手势”，如手指放在嘴边意为“不要出声”，伸出拇指和小指靠近耳边表示打电话等。

手掌可以握手、鼓掌，还有触摸和拍打，如上司拍拍下属的肩膀，表示对下属的承认和赏识；朋友相见，拍打表示亲热；自己叹气会拍大腿；恍然大悟会拍脑袋；懊悔会拍桌子；快搓手掌表示急切；慢搓手掌表示疑虑；手掌向前表示拒绝；劈掌表示果断、决心；等等。

(3) 体态。体态是由体动和身姿构成的。体动主要指肢体动作，身姿是指躯干与肢体的造型。两者互相联系、互相转化，呈现多姿多彩的情形。

①头动。头动，就是用头部的活动来传递信息，表达内心的情感。在表现形式上，有点头、摇头、偏头、回头、仰头、低头、垂头七种，所含意思各不相同。头是人身体最突出的部位，其表达情感、传递信息的作用非常明显，也很宽泛，有时其所指是并不确定的，需要交际者根据现场的情况及自己的经验去加以判断、甄别，以免会错了意、表错了情。

②体动。体动是整个身体的动作。交际中，人的情感传达和信息传递可以由整个身体的动作来展现，主要表示正式礼仪，如我国传统的下跪、磕头等正式礼节。现代文明礼仪比较常用的是鞠躬和拥抱。

鞠躬表示一般敬意是上身向前倾斜 15 度左右；特别恭敬，则弯曲 90 度。日常交际中，鞠躬只用于晚辈对长辈、学生对老师、年轻的下级对年长的上级。同辈、同事之间只在表示极深的谢意之时才用。非日常交际中，如演员上台演出，演讲者上台演讲，他们也对观众、听众鞠躬，意思是谢谢公众前来捧场。

拥抱本是西方用以表达亲密、友爱情感的身体动作。现随着各国交往的频繁、民间接触的增多，中国人也渐渐接受了这种方式。不仅在与外国人交往时用，就是国人之间，也在一些地方流行。拥抱和紧紧握手一样，传递的都是热烈的情绪，仅仅是表现的方式不同罢了。

③具体姿态语。

立姿。立姿就是站立时有一个得体的姿态。对男性，古人强调“站如松”。要领在于身躯挺拔，头正颈端，胸挺腹收，腿直脚稳，犹如挺拔的苍松，给人以振作威严、沉稳有力的感觉。演说时，其站立的姿态，本身就是一种信息源，听者通过视觉，而获其精神面貌、身体状况及内心活动的信息。女性立姿，则不要求像仪仗队队员那样站得笔直，而是“亭亭玉立”，仪态大方。

坐姿。男性坐姿，古人强调“坐如钟”，端正沉稳，眼正视，腰伸直，脚并拢或稍分开。女性可脚踝交叉，即所谓正襟危坐。

走姿。古人主张男性“行如风”，昂首，挺胸，步子要大，速度适中，给人的感觉是稳健。对职业女性，一般要求步履轻盈、便捷，体态婀娜。

体态语独特的有形性、可视性和直观性，对于口才而言，具有不可低估的特殊价值。姿态的表现是内心的外露。有的人一举手、一投足都会引起人们的反感。那么，即便从他嘴里说出非常确凿的事实，听的人也会对他说的话打上折扣。

7. 运用反馈手段

在很多情况下，沟通之所以不能顺利进行，就是因为缺乏反馈而产生不必要的曲解、误解而造成的。没有反馈，发送者无法知道接受者接受了多少正确的信息。

发送者可以通过直接或间接的发问，来确认接受者是否完全了解信息，以便及时调整陈述方式。例如发问者可以问："我刚才谈了一些想法，你的看法呢？""你能为我提供更多关于这件事的情况吗？"反馈不一定完全是语言形式的表述，你也可以从对方的动作、表情等方面看出。

8. 把握好沟通的时机

沟通的时间、地点、方式都会对沟通的效果产生重要影响。在时间方面，如果接受者正处于情绪低落或手头有紧要工作需要完成，这时一般信息不可能引起他的注意，即使能沟通，效果也很差。例如接受者正忙于接待和处理重要工作，或家人因病需要住院时，沟通者向他汇报或沟通有关情况，很难说他能记住多少。

沟通场所不同，沟通的效果也会有很大的不同。例如上司对下属工作中的失误进行批评，如果在上司的办公室里，即使批评很严厉，下属一般也能接受。而如果当着大家的面进行批评，就会损伤下属的自尊心，甚至可能会引起下属的当众顶撞，沟通的效果也就很差。

沟通时还要选择合适的方式，有时适合以公开的方式或正式渠道传递，有时则适合以单独方式或非正式方式沟通；有的适合在在办公场所沟通，有的则适合非办公场所沟通。

综合练习

一、案例分析

（一）某公司每年2月宣布优秀员工升职名单，人事部门通常在1月确定初步人选。人事部职员A与销售部职员B闲聊时，在B的一再追问并承诺不外传的前提下，被迫透露了升职人选的一些内幕。不久，公司内有关升职的传闻沸沸扬扬。员工们纷纷向部门经理抱怨，部门经理纷纷向人事部经理询问，公司正常的工作气氛受到很大影响。

请思考下列问题：

1. 分析职员们沟通的主要障碍。

2. 如果你是职员A，该如何处理后面的问题？

3. 若你是公司老板，如何处理该问颙？

（二）假设你刚刚被提拔为某科室的主任，你很快与你的下属和同事建立了良好的人际关系。但是，在你的部门有两位下属张三和李四总是把应该经过你的事情直接报告给院长。这两位职工在公司的时间至少比你长10年，而且和院长关系非常好。

请思考下列问题：

1. 你是否要与他们谈论此事？

2. 你是否要与你的上司谈此事？为什么？

3. 如果要谈，你准备怎样谈？

二、请分析下列案例所使用的沟通技巧

1. 一位顾客在皮革行选中一件羊皮外套，但又担心它经不住雨淋，便对售货小姐说："我常在外面奔波，真的担心它经不住雨淋。"小姐说："哪里会经不住雨淋呢？你听说过满山遍野跑的山羊要打雨伞吗?”

2. 公共汽车上,一位女乘务员捡到了一只提包,她打开提包看了看,然后对乘客们喊道:“这是哪位的提包? 里面还装有五十块钱。”乘客们互相看看,沉默着。忽然一个小伙子从座位上站起来彬彬有礼地说:“大姐,那包是我的,包里的钱是我刚从邮局取来的稿费。”女乘务员:“您认准了,这提包认识您的?”小伙子肯定说:“没错儿。”“那您提包里的手枪又是怎么回事?”“啊! 手枪? 啊,这包不是……不是我的!”结果包里却是把玩具手枪。

3. 都德《最后一课》中的最后一刻——

忽然,教堂的钟敲了十二下。祈祷的钟声也响了。窗外传来了普鲁士士兵的号声——他们已经收操了。韩麦尔先生站起来,脸色惨白,我觉得他从来没有这么高大。

“我的朋友啊,”他说,“我——我——”

但是他哽住了,他说不下去了。

他转身朝着黑板,拿起一支粉笔,使出全身的力气,写了两个大字:

“法兰西万岁”

然后,他呆在那儿,头靠着墙壁,话也不说,只向我们做了一个手势:“散学了,——你们走吧。”

4. 现代诗人徐志摩1924年7月随印度泰戈尔访问日本。回国前夜,酒席间日本侍女的一个低头动作,令他刻骨铭心:“最是那一低头的温柔,像一朵水莲花不胜凉风的娇羞。”(《沙扬拉拉》)

第二节 演讲口才

一、演讲的基础知识

(一) 演讲的概念及类型

演讲又叫讲演或演说,是指在公众场所,以有声语言为主要手段,以体态语言为辅助手段,针对某个具体问题,鲜明、完整地发表自己的见解和主张,阐明事理或抒发情感的一种语言交际活动。

演讲从内容上分为政治演讲、学术演讲、交际演讲、管理演讲等。

演讲从形式上分为命题演讲和即兴演讲两种。

(二) 演讲的特征

演讲具有现实性、情感性、鼓动性、时限性、临场性、口语性等特征,这里主要介绍前三个:

1. 现实性

演讲是一种有较强现实性的社会实践活动。演讲的主题是紧密结合现实并具有时代感的。演讲者不能无病呻吟地讲些与现实无关的话题,古今中外的演讲家都是面对现实和时代向广大听众发表自己的看法,从而使演讲成了斗争的武器、教育的手段和传播科学文化的工具。

2. 情感性

演讲是演讲者和听众共同完成的活动。演讲者面对的是较多的听众，那就必须考虑多数人的心理需求，要注意用自己的语言、思想、情感、目光和听众进行交流。不管是使人信、使人服、使人激，还是使人动、使人乐，都要注意听众的感受，这样才能让听众的心和你一起跳动。

3. 鼓动性

有人说，没有鼓动性，就不成其为演讲。这话并不夸张。战前一番演讲，能使战士们不怕牺牲冲锋向前；抗洪中的演讲，可鼓起人们重建家园的斗志；听完《血，生命之源》的演讲，不少人高喊着“输我的”，并坚定地向医生伸出了胳膊……即使是一般教育性的演讲，也应该点燃听众热爱生活的激情。

（三）演讲的作用

1. 形成正确的舆论，促进社会文明发展

人类社会的文明史，就是真善美与假恶丑的斗争史。而演讲历来是这种斗争的主要工具之一。古今中外一切正义的演讲家，都是拿着演讲这个武器，宣传真理，唤醒民众，推动社会进步。我国古代盘庚为了迁都所作的演讲，将旧都比作被砍倒的树木，把新都比作刚生出的新芽，使民众深刻认识到了迁都的意义而欣然接受，实现了迁都的伟大壮举。1775年，美国演讲家帕特里克·亨利在弗吉尼亚州会议上发表了激励人心的抗英演讲，迅速地唤起了千百万人民坚定地投身斗争中。他的“不自由，毋宁死”的名言，至今仍教育着千万民众为自由而战。可见，正确的演讲可以启迪人心、传播文化、宣传真理、祛邪扶正，把人类社会推向理想境界。

2. 培养高尚美好的情感，促进人类的文明建设

演讲家在演讲时，总是用正确的道德情感来感染和影响听众，从而培养听众的情感，诸如爱国主义情感、国际主义情感、集体主义情感、革命英雄主义情感等。

3. 唤起听众的行动和实践

一次成功的演讲，除了启迪人心、传播真理、培养情感外，最终目的是唤起听众的行动和实践，使之投身于改造主观、客观世界的社会活动中。我国伟大的民主主义革命先行者孙中山先生在致力于民主革命40年间，始终以演讲为武器启迪和呼唤民众投身于民主革命。正如后来许多参加辛亥革命的老人回忆道，他们之所以参加辛亥革命，就是因为听了孙中山先生激动人心的演讲。

（四）演讲前的准备

1. 选好题目

这也是取名的学问。题目要吸引人，叫得响亮，有说头儿。不管材料来自什么时候、什么地方，都应有现实针对性。最好选自己熟悉的、有见地的问题。要想打动别人，得先打动自己。

2. 了解听众

要对对众的社会阶层、职业、年龄、性别、宗教信仰、政治立场等等，都应尽可能充分的了解。

3. 了解背景

既可以是大的时代背景，也可以是小范围、特定事件的背景。罗斯福针对珍珠港事件的国会演讲仅 6 分半钟，但参众两院分别以 82 对 0 票、388 对 1 票通过对日宣战决议。

4. 写好讲稿

先确立主题，考虑时代性、针对性、适当性、新奇性、鲜明性、建设性；再安排结构，导语要吸引人，展开既要波澜起伏又要逻辑严密，结束有力又引人深思；再就是材料的取舍，应新奇、生动、有趣，可以是人物、故事、观点、数据、格言等。选材要考虑辅助性、真实性、典型性、吸引力。

二、演讲的技巧

（一）演讲开场的技巧

能在最短的时间内吸引听众的演讲开头就是好的开场。它在演讲中起着至关重要的作用，历来演讲的名家都煞费苦心，希望在演讲的开头就能牢牢抓住听众，为自己的演讲奠定成功的基础。

1. 新颖的、吸引人的开头

（1）开门见山。如黑格尔美学演讲的开头：

女士们，先生们，这些演讲是讨论美学的，它的对象是广大的美学领域，说得精确一点，它的范围就是艺术，或者毋宁说，就是美的艺术。

（2）交代背景。说明目的和原因，如华盛顿告别辞：

各位朋友和同胞，我们重新选举一位公民来主持美国政府的行政工作，已为期不远。此时此刻，大家必须运用思想来考虑这一重任托付给谁……我已下定决心，谢绝将我列为候选人。

（3）激发听众思考。如道格拉斯《谴责奴隶制演讲》开头：

公民们，请恕我问一问，今天为什么请我在这儿发言？或者我们代表的奴隶们同你们的国庆节有什么相干？《独立宣言》中阐明的政治自由和生来平等的原则难道也普遍降到我们的头上？因而要求我来向国家的祭坛奉献上我们卑微的贡品，承认我们得到为你们的独立带给我们的恩典而表达虔诚的谢意吗？

（4）即景生题，巧妙过渡。上台伊始就开始正正经经地演讲，会给人生硬突兀的感觉，让听众难以接受。不妨以眼前人、事、景为话题，引申开去，把听众不知不觉地引入演讲之中，可以谈会场布置，谈当时天气，谈此时心情，谈某个与会者等。1863 年，美国葛底斯堡国家烈士公墓峻工。落成典礼那天，国务卿埃弗雷特站在主席台上，只见人群、麦田、牧场、果园、连绵的丘陵和高远的山峰历历在目，他心潮起伏，感慨万千，立即改变了原先想好的开头，从此情此景谈起：

站在明净的长天之下，从这片经过人们终年耕耘而今已安静憩息的辽阔田野放眼望去，那雄伟的阿勒格尼山隐隐约约地耸立在我们的前方，兄弟们的坟墓就在我们脚下，我真不敢用我这微不足道的声音打破上帝和大自然所安排的这意味无穷的平静。但是我必须完成你们交给我的责任，我祈求你们，祈求你们的宽容和同情……

这段开场白语言优美，节奏舒缓，感情深沉，人、景、物、情是那么完美而又自然地融合在一起。据记载，当埃弗雷特刚刚讲完这段话时，不少听众已热泪盈眶。

即景生题不是故意绕圈子，不能离题万里、漫无边际地东拉西扯。否则会冲淡主题，也使听众感到倦怠和不耐烦。演讲者必须心中有数，还应注意点染的内容必须与主题互相辉映，浑然一体。

(5) 讲述故事，顺水推舟。用形象性的语言讲述一个故事作为开场白会引起听众的莫大兴趣。选择故事要遵循这样几个原则：要短小，不然成了故事会；要有意味，促人深思；要与演讲内容有关。1962 年，82 岁高龄的麦克阿瑟回到母校——西点军校。一草一木，令他眷恋不已，浮想联翩，仿佛又回到了青春时光。在授勋仪式上，他即席发表演讲：

今天早上，我走出旅馆的时候，看门人问道："将军，你上哪儿去？"一听说我到西点时，他说："那可是个好地方，您从前去过吗？"

简析：这个故事情节极为简单，叙述也朴实无华，但饱含的感情却是深沉的、丰富的。既说明了西点军校在人们心中非同寻常的地位，从而唤起听众强烈的自豪感，也表达了麦克阿瑟深深的眷恋之情。接着，麦克阿瑟不露痕迹地过渡到"责任——荣誉——国家"这个主题上来，水到渠成，自然妥帖。

李燕杰在《爱情与美》的演讲中这样开场："我不是研究爱情的，为什么会想到要讲这么一个题目呢？"然后讲了一个故事：北京一家公司的团委书记再三邀请李老师去演讲，并掏出几张纸，上面列着公司所属工厂一批自杀者的名单，其中大多数是因恋爱问题处理不好而走上绝路的。"所以，我觉得很有必要与大家谈谈这方面的问题。"这个故事一下子把听众的注意力集中起来，使他们感到问题的严重性和紧迫性。

(6) 制造悬念，激发兴趣。人们都有好奇的天性，一旦有了疑虑，非得探明究竟不可。为了激发起听众的强烈兴趣，可以使用悬念手法。在开场白中制造悬念，往往会收到奇效。党的早期革命家彭湃当年在海陆丰从事农民工作，一次到乡场上准备向农民发表演讲。怎样才能吸引来去匆匆的农民呢？他想出了一个好主意。他站在一棵大榕树下，突然高声大喊："老虎来啦！老虎来啦！"人们信以为真，纷纷逃散。过了一会，才发现虚惊一场，于是都围上来责怪他。彭湃说："对不起，让大家受惊了。可我并没有神经病，那些官僚地主、土豪劣绅难道不是吃人的老虎吗？"接着，向大家宣讲革命道理。这次演讲后，该地的农民运动工作很快就开展起来。

制造悬念不是故弄玄虚，既不能频频使用，也不能悬而不解。在适当的时候应解开悬念，使听众的好奇心得到满足，而且也使前后内容互相照应，结构浑然一体。

(二) 有力的、耐人寻味的结尾

人们常说虎头、熊腰、豹尾，不喜欢蛇尾。结语或概括内容，或激励行动，或唤起回忆，因此不能敷衍。如果想让自己的结尾与众不同，必须掌握一些演讲结尾的方法和技巧。

1. 以故事结尾

讲一个发人深省的故事，往往能起到很好的效果。请看下面演讲的结尾：

演讲快要结束了，最后跟大家分享一个故事结束今天的演讲。

一个生活平庸的人带着对命运的疑问去拜访禅师，他问禅师："您说真的有命运吗？"

"有的。"禅师回答。

"是不是我命中注定穷困一生呢？"他问。

禅师就让他伸出他的左手指给他看说："你看清楚了吗？这条横线叫作爱情线，这条斜线叫作事业线，另外一条竖线就是生命线。"然后禅师又让他跟自己做一个动作，他手慢慢地握起来，握得紧紧的。

禅师问："你说这几根线在哪里？"

那人迷惑地说："在我的手里啊！"

"命运呢？"

那人终于恍然大悟，原来命运是在自己的手里。

各位，同样，我们的成长，是我们自己来决定还是由别人来决定？我们的演说水平是由自己决定还是别人决定。显然，我们所有的决定都掌握在我们自己的手中。

2. 以名人名言结尾

引用名言、警句、谚语、格言等作为结尾，不仅使语言表达得精炼、生动、富有节奏和韵律，而且还可以使演讲的内容丰富充实，具有启发性和感染力，同时还可以给人一种生动活泼、别开生面之感。

演讲稿《谈毅力》的结尾：

毅力是攀登智慧高峰的手杖；毅力是漂越苦海的舟楫，毅力是理想的春雨催生的鲜花。朋友，或许你正在向成功努力，那么，运用你的毅力吧。这法宝可以推动你不断地前进，可以扶持你度过一切苦难。记住："顽强的毅力可以征服世界上任何一座高峰！（狄更斯语）"

简析：用名言式结尾，能给演讲者的思想提供有力的证明，增加演讲的可信度，显得更加优美、含蓄，睿智大气，具有较强的说服力和鼓舞作用。

3. 以诗词结尾

古诗词是中华文化的瑰宝，在演讲中引用古诗可以营造意境，以情景交融的艺术形象拨动听众的心弦，增添演讲的神韵。一篇演讲稿或者一次演讲如果能在恰当的地方添加上几句恰如其分的诗词就会让我们的演讲文采飞扬，让我们的演讲更加灵动。一位演讲者在一篇关于爱岗敬业的演讲稿这样运用古诗词：

就是在这样艰苦的条件下，大家克服沉降器内50℃的高温，轮番上阵，手掌被磨出血泡不下"火线"，被风镐不小心击伤不下"火线"，感冒发烧不下"火线"，经过一个月的奋战，我们凭着不怕苦不服输的精神创出了骄人的战绩。正所谓"黄沙百战穿金甲，不破楼兰终不还"！

简析：原诗句本是描写战士戍边时间之漫长，战事之频繁，战斗之艰苦，敌军之强悍，边地之荒凉，在这里却把同志们在艰苦的工作环境中不怕苦不怕累，奋力完成工作任务的精神描写得栩栩如生，为演讲锦上添花。

4. 以幽默结尾

除了某些较为庄重的演讲场合外，利用幽默结束演讲可为演讲添加欢声笑语，使演讲更富有趣味，令人在笑声中深思，并给听者留下一个愉快的印象。我国著名作家老舍先生是好幽默的。他在某市的一次演讲中，开头即说"我今天给大家谈六个问题"，接着，他第一、第二、第三、第四、第五，井井有条地谈下去。谈完第五个问题，他发现离散会的时间不多了，于是他提高嗓门，一本正经地说："第六，散会。"听众起初一愣，不久就欢快地鼓起掌来。老舍在这里运用的就是一种"平地起波澜"的造势艺术，打破了正常的演讲内容，从而出乎听众的意料，收到了幽默的效果。

美国诗人、文艺评论家詹姆斯·罗威尔 1883 年担任驻英大使时，在伦敦举行的一次晚宴上发表了一篇名为《餐后演讲》的即席演说。最后他说：

我在很小的时候听人讲过一个故事，讲的是美国一个卫理公会的牧师。他在一个野营的布道会上布道，讲了约书亚的故事。他是这样开头的——"信徒们，太阳的运行方式有三种，第一种是向前或者说是径直的运动；第二种是后退或者说是向后的运动；第三种即在我们的经文中提到的——静止不动。"（笑声）先生们，不知你们是否明白这个故事的寓意，希望你们明白了。今晚的餐后演讲者首先是走径直的方向（起身离座，做示范）——即太阳向前的运动。然后他又返回，开始重复自己——即太阳向后的运动。最后，凭着良好的方向感，将自己带到终点。这就是我们刚才说过的太阳静止的运动（在欢笑声中，罗威尔重又入座）。

简析：这种紧扣话题的传神动作表演，惟妙惟肖，天衣无缝，怎能不赢得现场听（观）众的热烈掌声和欢笑声！

当然，演讲者利用幽默结束演讲时，要做到自然、真实，使幽默的动作或语言符合演讲的内容和自己的个性，绝不要矫揉造作、装腔作势。否则只会引起听者的反感。

5. 以呼吁结尾

用提希望或呼吁的方式结尾。这种结尾是演讲者以慷慨激昂、扣人心弦的语言，对听众的理智和情感进行呼唤，或提出希望，或发出呼吁，或展示未来，以激起听众感情的波涛，使听众产生一种蓬勃向上的力量。演讲稿《一位纪委书记的"小家"和"大家"》结尾就是用提希望的方式：

同志们，朋友们，我们正处在一个伟大变革的黄金时代，经济的发展，国家的富强，民族的振兴，需要全体人民的艰苦奋斗，特别是共产党人的模范带头作用。如果每一个共产党员都能正确处理好"小家"和"大家"的关系，严格地按党性原则要求自己，用党的纪律约束自己，用党旗下那神圣的誓言激励自己，那么我们党的形象将会更加光彩照人，我们党将会更加坚强伟大！

简析：这种结尾的方式是演讲者用深刻的认识和独到的见解向听众提希望，发出呼吁，能使听众，精神为之一振，具有动人情、促人心的作用。

(三) 演讲结尾五大原则

1. 不可虎头蛇尾

演讲的结尾要有一定的高度，要尽量将全文的内容升华到新的层次，既能照应开头，总结全篇，又要突出重点，深化主旨，要给听众留下完整而深刻的印象。有的演讲者在演讲中，一开始东拉西扯，海阔天空，不着边际，临近结尾时，不作强调，不作必要的概括，就匆匆忙忙结束，草率收兵，使演讲失掉了应有的光彩。这种结尾是应该避免的。

2. 不可画蛇添足

演讲结尾要出人意料，耐人寻味，而绝不应平庸无奇，画蛇添足。要讲究内容的含蓄、深沉，使人觉得余音绕梁，不绝于耳。演讲结尾该断时，必须断，切忌节外生枝。有些演讲者，该讲的话明明讲完了，听众听上去似乎已经结尾了，但演讲者却又喋喋不休，拖拖拉拉，没完没了地讲下去。比如"前面我说的几点是非常重要的，在此我还想强调一下，再啰嗦几句"。这样的话语就是典型的节外生枝。这势必会造成听众心理上的疲劳和精神上的困倦，让听众产生不满甚至反感。

3. 不可冗长散漫

演讲的结尾要像豹尾一样，干净有力，短小精悍，简洁明快，新颖别致。要以巨大的感染力，使听众的情绪激动起来，振奋起来。最忌拖拉啰嗦，漫无边际。演讲者有话则短，无话则免。有的演讲者一上台，不管有事没事，一开口就要讲几十分钟，甚至个把小时，没完没了，好像说话的时间越长越能体现自己的级别、水平和存在，而事实上，人人都反感说大话、说长话、说空话、说假话的人。

4. 不可千篇一律

有的演讲者开始说得不错，但一旦要结尾时就落入俗套，尽说些故意做作的、令人生厌的客套话，其结果，就像使听众吃了一粒发霉的花生，把满口的香味全破坏了。比如说："今天我来到这里，本来是不准备发言的，但主持人一定要我说，我就恭敬不如从命，由于时间关系，本人水平有限，加上没有准备，对情况也不了解，所以就泛泛而谈，随便说说，以上几点不成熟的意见仅供参考，谈得不对的请批评，说的不好的请指正。"这种结尾就是典型的陈旧、庸俗、平淡无味、废话连篇的套话，是演讲结尾之大忌。

5. 不可讽刺挖苦

有些演讲者，由于发现个别听众在演讲中不太注意听，加上某些听众对自己的演讲不感兴趣，或者在下边看报纸、织毛衣，或者交头接耳、小声议论，因而在演讲结尾时，演讲者就故意说上几句旁敲侧击的讽刺挖苦话，以此发泄心中的不满情绪。这种做法不仅是多余的，更重要的是表现了演讲者思想素质的低下，缺乏职业道德修养。

三、即兴演讲

(一) 即兴演讲的内涵及特点

即兴演讲，就是在特定的情境和主体的诱发下，自发或被要求立即进行的当众说话，是一种不凭借文稿来表情达意的口语交际活动。演讲者事先并没有做准备，而是随想随说，有感而发。

即兴演讲有两大类型，一是命题式即兴演讲，二是生活场景式的即兴演讲。即兴演讲类似口头作文，常用于演讲比赛或考核中。

即兴演讲最突出的两个特点：

(1) 演讲者未做准备，即时有感而发。演讲者事先未做准备，处于一定的时境，感事、感人、感情、感景，而且随想随说，可长可短，有感而发。

(2) 运用广泛，发展迅速。随着经济的发展，交往的扩大，群众演讲水平的提高，即兴演讲已逐渐成为一种广泛应用的演讲形式。集会、讨论、访问、参观、婚贺、丧吊、宴会祝酒、答记者问、谈观后感、来宾介绍、致欢迎词及赛场论辩的发言等都要用到即兴演讲这种形式。有研究表明，即兴演讲与学术演讲是未来发展的两大趋势。

（二）临场捕捉论题的方法

由于即兴演讲的特点是临时性，这就要求即兴演讲的话题不应拉得太远，应就近从眼前去捕捉，提高临场思维速度。

(1) 从会旨上找话题。即兴演讲最常见的话题，是从会议主旨中取其一点，形成话题。而且这一点恰恰是自己最熟悉，或者关系最密切的，可以迅速找到话题，又能深化会议的主旨。如某领导去基层参加庆功会，可以抓住会议主旨的一个“功”字，以“劳苦功高”“功归大家”“功在不舍”“再立新功”为线索，迅速构思一个演讲的层次骨架。

(2) 从环境场合引出话题。从环境场合引出话题，可以从环境场合的某种特殊意义，借题发挥，由此引出很多有意义的话题；结合自然环境、天气时令、活动环境，找出有趣、有意义的话。比如，某校为新团员宣誓仪式举行篝火晚会。空旷的原野，寒风凛冽，篝火通明。团委书记抓住“天冷——心暖”“篝火——燃烧追求进步的年轻的心”“原野——道路宽广”三个要点引出话题，情景交融，相得益彰。

(3) 从名称、名字上引出话题。名称往往有特定的含义，能引申出话题，既近且新，别有情趣，往往显示出演讲者的才智机敏和水平。在上海“钻石表杯”业余书评授奖会上，某报刊主编说：“今天，我参加‘钻石表杯’业余书评授奖会，我想说的是一句话——钻石代表坚韧，手表意味时间，时间显示效率。坚韧与效率的结合，这是一个人读书的成功所在，一个人的希望所在，谢谢大家！”

(4) 从听众身上找话题。只要利用得当，听众身上的许多情况都可以成为你即兴演讲的话题。例如，在一次演讲训练课上，学生杨某突然被教师请起来讲话，毫无准备的他在同学欢迎的掌声停下来之后说：“掌声响起来，我心更明白。”他索性从掌声引出话题，结合自己的真情实感，畅谈了听众的掌声对演讲者的心理影响，收到良好的效果。

(5) 从自己的经历中引出话题。演讲者最了解的应该说是自己，围绕演讲的主题，联系个人的感受、经历、特点，也可以迅速形成话题。比如，谈创业、谈成功、谈感动、谈感恩，都可以结合自身的“酸甜苦辣”，讲出自己的领悟，真实感人，引起听众的共鸣。

（三）即兴演讲的快速构思方法

即兴演讲的临时性，决定了演讲构思的短暂性。要想使你的即兴演讲像夜空的闪电，给人以惊奇的亮光，就得在短暂的时间里，快速巧妙地构思。

1. 要点综合法

这是一种由点到线，再到面的快速构思法，也称意核组合法。

第一步，先确定“点”——“意核”。就是根据话题，明确几个意思，把每个意思用一个熟悉的词概括起来，形成“要点”。

第二步，将几个点按一定逻辑顺序先后串连成线，这就形成了一篇讲话的主线、要点和框架。

第三步，由要点扩展化去，边思维、边组织、边表达，将每个要点拓展成具体语词、句子、段落，形成完整的讲话。例如老同学相约聚会为老师拜年，其中一个高考落榜生以①高兴、②教诲、③奋斗、④感谢四个要点为顺序，说词成句，又说句成段，为每个“要点”（意核）加上事例，转化为生动的演讲内容表达出来。

2. 论证法

这种方法，就是我们常说的议论文写法，以关键的一句话（或短语）作为中心论点，中心论点之下是分论点，从窄到宽，犹如一座金字塔。这种构思方法，论题极小，层次分明。如谈“我最怕的是批评”，可以从“怕被批评的原因”、“如何正确对待批评”两方面来进行分析论证和说明，结合自己的亲身感受来谈，就会顺理成章，一气呵成。

3. 托物法

托物言志，演讲者将所要表达的内容，托形于现成的别种事物，省却了构思大框架的功夫，便可出口成章，信手拈来。例如在一次毕业欢送会上，一位学生引用毛泽东的《咏梅》词：“俏也不争春，只把春来报。待到山花烂漫时，她在丛中笑”，把默默耕耘、不计名利的老师喻为报春的梅花，表达了千万学子要做烂漫“山花”开遍祖国大江南北、报答师恩的心愿。整篇演讲富于诗情画意，充满新鲜感和吸引力。演讲者要想取得良好的演讲效果，应该具有应变和控场能力，即善于临场察言观色，把握听众的心理变化、兴趣要求，及时修正补充自己的演讲内容，灵活处理演讲过程中出现的各种问题，为演讲成功打下良好基础。

综合练习

一、请为下面几道演讲题分别设计精彩的开场白

1. 中国梦，我的梦

2. 假如我是校长

3. 口才　人才　理想

二、分析下列材料中的情感因素及其打动人的原因

林肯在葛底斯堡烈士公墓前的演讲

林　肯

八十七年前，我们的祖先在这大陆上创建了新的国家，它主张自由，并且坚决信仰所有的人生

来都是平等的。

现在,我们从事于一个伟大的内战,我们在试验,究竟这一个国家——或任何一个有这种主张和信仰的国家——是否能长久存在。我们在那个战争的一个伟大的战场上集会。我们现在须奉献出那个战场上的一部分土地,作为那些在此地为国家的生存而牺牲自己生命的人永久安眠之所。我们这样做是十分确切和正当的。

可是,从广泛的一面说,我们不能奉献这片土地——我们不能使之神圣——我们不能使之尊严。这些勇敢的人们,活着的和死去的,他们在这里奋斗,已经使这块土地神圣,远非我们的能力所能予以增减。世上的人们,不大会注意,更不会长久记得我们在此地所说的话,然而他们将永远不能忘记这些人在这里所做的事。活着的我们应该献身于这未完成的工作,而那工作已经由于在此作战的人们如此高贵地推动着。因此,我们应该在此献身于我们眼前所存留的伟大工作——从先烈身上,我们将取得对那事业更多的忠诚,而他们已为之输出忠诚到最后的完整阶段——我们在此坚决地拿定主意,要使他们不致白白死去——要使这个国家在上帝的庇佑之下,必得到自由的新生——要使这民有、民治、民享的政府必不致在地球上消灭。

圣女贞德的法庭答辩

嗯!他们告诉我,你们是一群傻瓜。我不会相信你们的花言巧语,也不会相信你们伪善。你们曾答应过我,要恢复我的自由,可是并未做到,你们是一群骗子。你们认为生命没有价值。我所害怕的并不是饥渴;我靠着面包生活,我未曾向你们要求过施舍。只要水是清洁的,我也不难解决口渴。面包和水只是生存的必要条件,对我而言并没有任何特殊的情感。

但是,如果把我和阳光隔绝,使我不能见到美丽原野中的花草、树木;或者用铁链锁住我的双脚,使我不能和我的士兵并肩作战;或者因为你那邪恶愚蠢的企图,使我生活在黑暗中,呼吸污浊潮湿的空气,妄想使我因为得不到上帝的关怀爱护而去怨恨他,那么你们这些罪恶,比《圣经》里所说的罪还严重。虽然失去了战马,我们将奋战到底;没有了马,我仍可以穿着裙子拖着鞋走。只要能够听见微风吹拂树梢,看见云雀在阳光下飞翔,小羔羊在严寒中啼哭,以及教堂神圣的钟声,它仿佛是天使借着微风替我送来天上诸神的消息,我还会继续地奋战下去。

但是,生命中如果缺少了这些东西,我就无法活下去。我知道你受了魔王的指使,想要剥夺我以及其他人的这些东西。但是我相信上帝……我知道你不会信他。他希望我能忍受劫难而投入他的怀抱,因为我是他的子女,我不适合与你们生活在一起。这是我最后要告诉你们的话。

三、即兴发言训练

1. 我的职业理想

2. 我爱我的专业

3. 谈谈我对“追星族”的看法

4. 我对学生为迷恋网络的看法

5. 谈诚信

6. 自尊、自信、自强

7. 我崇拜……

8. 我最欣赏……

第三节　辩论口才

一、辩论的定义与类型

（一）辩论的定义

辩论是指持有异议的双方为了各自的目的利用辛辣的语言进行争论和辩解。包括日常生活中的争吵、竞选中的电视辩论、专题辩论赛等。《墨子·小取》对“辩”的作用做了十分精辟的阐述：“夫辩者，将以明是非之分，审治乱之纪，明同异之处，察名实之理，处利害，决嫌疑。”

（二）辩论的类型

1. 演讲式辩论

该类型辩论实质是演讲的一种特殊方式，演讲者一身兼二任，既要充当辩论的对手，又要将“敌论”和“敌论据”加以批驳，直至把“敌论”驳得体无完肤为止。这是辩论的初级形态。

2. 对抗式辩论

辩论正反两方面对垒。阵营分明，围绕某一论题，双方各持针锋相对的两个观点，按辩论程序展开辩论。这是通用的辩论形式。根据双方各出人数的多少可分为“2∶2”“3∶3”“4∶4”辩论形式。目前“4∶4”式被广泛采用。

3. 擂台式辩论

它指某一辩家或某一辩论优胜团体，为展示自己无坚不摧的辩才，自立为“擂主”，接受客队的挑战，以显示其英雄本色。这种辩论更富有挑战性、戏剧性，因而也更有观赏性。

（三）辩论的特点

辩论必须遵守的两个原则：

1. 道德原则

辩论最基本的道德原则是摆事实、讲道理。任何歪曲事实、无理蛮缠，直至恶言相向，进行人身攻击，侮辱对方人格的言行都是不道德的。辩论是真理与谬误的交锋，智慧和愚昧的较量，先进同落后的对峙。辩论的目的就是坚持真理，反对谬误；弘扬智慧，启迪愚昧；歌颂先进，鞭挞落后。因此，只有坚守“摆事实，讲道理”的基本道德原则，才能达到辩论的目的。

2. 审美原则

（1）语言美。辩论就是舌战。因此，犀利的语言是辩论语言美的标志。尽管事实铁证如山，道理千真万确，但如果缺乏语言的力度，再深邃的思想，再深刻的内容，也无法得到完美的表达，无法突出辩论“舌战”的特点。因为只有犀利的语言才具有攻击力，唇枪舌剑是辩论语言的最好注解。

（2）形象美。即美好的公众形象。这里主要是指儒雅的风度和高贵的气质，具体表现为：语言表述，音色亮丽，节奏明快；庄谐适当，攻守有度；得理饶人，不骄不躁；失势不馁，屡败屡战。

（四）辩论口才的特点

1. 旗帜鲜明

鲜明地表达自己的观点，在原则问题上，语言明确，毫不含糊。当然也应注意用词的艺术，以考虑不同对象可能接受的程度。

2. 快人快语

论辩口才形态与对话、问答一样，都具有临场性的特点，面对对方来势猛烈的攻击，论辩者不可能有过多的思考应变时间，因此必须反应敏捷，在瞬间选用简洁、凝练的话语来夹击对方，出口成章，让对方措手不及。

3. 锋芒毕露

在针锋相对的激烈舌战中，论辩者必须“兵来将挡，水来土掩”，使用锋利明快的语言，迫使对方频频后退，难以招架。

4. 逻辑严密

论辩中要善用利器，或攻其命题，或驳其论据，或揭其论证的荒谬或错误，充分体现论辩语言的思辨性特征，使对手无暇思索。

5. 幽默风趣

“微笑的杀手”——幽默语言的运用具有特别的意义。在论辩中，幽默是一种独特的智慧，是一种力量的表现。幽默风趣的语言能够化解论辩的紧张气氛，增强语言的表达能力，也是论辩者智慧和思维敏捷的具体反映。

案例 1

抗战期间，厦门大学的英籍客座教授在一次酒会上大放厥词，污蔑厦大不如“英伦三岛之中小学校”，胡说什么“欧美开风气之先导，执科学之牛耳。敝国有诗圣拜伦、雪莱，剧圣莎士比亚，现代生物学之父达尔文，力学之父牛顿。可叹泱泱中华，国运蹇促，岂可奢谈‘物华天宝，人杰地灵’之邦乎？”当时的厦大校长萨本栋理直气壮地以事实据理反驳道：“教授先生，你别忘了 中国的李白、杜甫如驾星经天之日，英伦还是中世纪蒙昧蛮荒之时；中国李时珍写下《本草纲目》之际，达尔文乃祖乃父尚不知身在何处。”英籍教授恼羞成怒：“校长阁下，请记住，是美利坚合众国的伍斯特工学院和斯坦福大学造就了你的学识和才能！”萨校长微微一笑：“博士先生，我提醒您，中华文明曾经震惊世界，没有中国远古的四大发明，也决不会有不列颠帝国的近代产业革命。”

简析：萨校长的辩驳，具有论辩口才的特色，他针对对方论点、论证的失误，抓其要害，给予针锋相对的反驳，英籍教授终于哑口无言了。

二、辩论的技巧

(一) 避实就虚

论战时,有时需要单刀直入,有时又要巧于迂回,避实就虚,闪开对方所期待的进攻路线和目标,从看似无关的话题入手,使其打消戒备心理,再引入原先准备提出的问题。

案例 2

唐德宗时,刘玄佐屡建战功成为汴州节度使。玄佐性情豪爽,轻财厚赏,士卒乐为所用。就在他镇守汴州时,有人向他进谗言,说军将翟行恭如何如何。玄佐一听就火了,立即把翟行恭拿下,要杀他。这时,处士郑涉闻讯,马上要求见玄佐。郑涉这个人善于用开玩笑的形式隐藏要说明的问题和事理。他见刘玄佐后就说:

"听说翟行恭已依法受刑,请将他的尸首让我看看,行吗?"

刘玄佐听了非常奇怪,就问郑涉是他的什么人,为什么要看尸首。郑涉回答说:

"过去,我曾听人家说,冤死的人面容异常。可是我从来也没有看过,所以想借来看看。"

刘玄佐这才醒悟过来,命人把军将翟行恭放了。

简析:一桩冤案,就在郑涉的一席玩笑话中解决了,神!神在哪里?神在以虚掩实上:以"看其尸首"之虚,掩"为其伸冤"之实。

(二) 以柔克刚

以柔克刚就像中国功夫中的太极一样,可以"杀人于无形",看似温柔缠绵,实则绵里藏针,能给对手致命一击。

案例 3

据说,有一位商人见到诗人海涅(海涅是犹太人),对他说:"我最近去了塔希提岛,你知道在岛上最能引起我注意的是什么?"

海涅说:"你说吧,是什么?"

商人说:"那个岛上呀,既没有犹太人,也没有驴子!"

海涅笑着答道:"这个好办,我们俩一块去,就可以弥补这个缺陷!"

(三) 小中见大

所谓"小中见大",是说辩论者要善于从高层次上,以其敏感性和洞幽烛微的观察力,从要说的事理中,选取最典型、最有代表性、最能反映事物本质的那一点,触类旁通,引申扩张,上升到理论的高度,使其小而实、短而精、细而宏、博而深,令人回味无穷,收到片言以居要,四两拨千斤的感染启发,小中见大的论辩效果。

论辩中运用"小中见大"要注意选准突破口。从军事的角度来看,"突破口"是集中兵力于敌人最要害、最敏感而又是最易于击破的一点。论辩上的"突破口"也具有类似的属性。它应是关联着全局、最容易着力突破的"一点",也是最敏感、最准确,牵一发而动"全身”的“一点”。

案例 4

在一场辩题为“对外开放是否带来了走私贩私”的辩论赛中，一方坚定地认为：“走私贩私，是对外开放带来的必然结果！”

另一方对此进行了严厉批驳：“如果你的说法能够成立的话，那么我的感冒就是开了窗的缘故。那么为什么开了窗之后，有些人感冒，更多人却身体健康地领略着大好春光呢？这答案只能从自身去找了。同样，改革开放了，其目的就是在于利用当前国际上的有利条件，借西方发达国家的财力、物力之水灌溉我国现代化之花。我们一是主权在握，二是开放有度。问题是国内有些不坚定分子，看见金灿灿的洋钱洋货眼花缭乱，犹如蝇之趋腥，营营追逐，这又能怪谁呢？”……

简析：这就是利用“小中见大”，抓住了感冒和开窗这一小事，阐发了走私与对外开放的关系，颇具说服力。

（四）顺水推舟

表面上认同对方观点，顺应对方的逻辑进行推导，并在推导中根据我方需要，设置某些符合情理的障碍，使对方观点在所增设的条件下不能成立，或得出与对方观点截然相反的结论。

案例 5

在“自我价值的实现是过程还是结果更重要”的争辩中：

反方：《西游记》中唐僧师徒取经，如果不是为了取得真经这一结果，难道还是为了体验九九八十一难吗？

正方：这个问题我很小很小的时候就想过，我想是啊，唐僧为啥不让孙悟空把他背上，一个筋斗十万八千里就去印度取得真经呢？他为啥还要骑着白马嘚达嘎达地走呢？

简析：在这里正方的回答真是巧妙，他看似认同对方的观点，用一种半分童真半分调侃的语气顺着对方的观点提出疑问，如果只要看结果就可以的话，那唐僧何苦那样慢吞吞地走呢？其实却证明了己方观点。这是一种归谬法的变形使用。

（五）请君入瓮

在辩论中，请君入瓮特指诱使对方辩手自掘陷阱、自投罗网。对方中计后，常常有苦难言，无力回天。

案例 6

在“现代社会男人更累还是女人更累”的争辩中：

正方：请问对方辩友现代社会女性的地位是否有所提高？

反方：当然有提高。

正方：那么女性对于男人的要求是否也更加高了呢？

反方：对，但是我们相对要求女性的也更高了，以往我们把她看成弱女子，所以我们觉得你只要在家里煮好饭就可以了；可是现在因为我们知道女性也有能力也有地位所以我们也要求你出来工作。

简析：在这里，我们发现反方巧妙地反客为主了，他首先承认对方提出的两个问题。既然说女性对男性要求高了，当然也可以说男性对女性要求高了，理由恰恰是正方所说的女性地位高了，男性认识到了她们的能力和地位，从而赋予她们更多责任和压力。这就是一种典型的请君入瓮，用对方自己设下的套圈住了对方。

（六）环环相扣

组队辩论，要做到多路进攻、环环相扣，队员之间配合默契，也就是思想高度集中，不仅要能够发现和抓住对方的有关全局的重大疏漏之处，而且要对本队同伴的一些带有暗示性的回答或反问能够立刻领悟，连续跟上，以便集中全力突破对方的防线。

（七）诡辩

诡辩是一种以非为是，以是为非，是非无度的辩术。然而，在辩论过程中，为了摆脱困境，避免难堪，同样不失为巧辩的一种，用得巧妙，还能生出奇趣。

案例 7

两名法学专业大学生正在争论一个问题：学习法典时可不可以吸烟。他们各执己见相持不下，便去找拉比裁断。"拉比，"学生甲问道，"学习法典时吸烟行吗？""不行！"拉比生气地说道。

"你问错了！"学生乙责备学生甲。说着，他走近拉比，问道："拉比，人们在抽烟时学习法典行吗？""当然行！"拉比兴奋地决断道。

简析：同样是一边抽烟一边学法典，语序不同，给人的主观感受就不相同，所取得的论辩效果也就大不一样。语序不同，所表达的行为目的也不尽相同。

除了日常生活争论中经常出现类似的诡辩之外，在激烈的辩论中，同样有诡辩。尤其是在辩论赛中，双方的观点一般都是偏执的，因此，在辩论中很难说有正确与错误之分，很多的时候只能靠巧辩取胜，这种巧辩自然包括了诡辩。

案例 8

关于"艾滋病是医学问题，不是社会问题"的自由辩论：

朱天飙：艾滋病的病毒是在医院里被发现的，现在全世界有成千上万的医务工作者正在研究解决艾滋病的方法。

蒋昌健：我们从来没有否认过医学参与，请问，医学参与就一定等于医学问题吗？

朱天飙：请问，成百上千的医务工作者在研究，这只是简单的医学参与吗？

季翔：在医院里发现的就是医学问题吗？在医院里捡到别人丢的一把钥匙，这把钥匙就成了医学问题吗？（掌声、笑声）

朱天飙：对方辩友认为，成百上千的医务工作者在研究艾滋病，只是在寻找钥匙啊！（掌声）

…………

蒋昌健：一个老太婆被车撞到了，请问，这是救人的问题呢还是撞人的问题？

陈惠：那不是病啊！（笑声）

季翔：但是她不也要去医院吗？那就是医学问题了吗？不，它是个交通事故！（笑声）

朱天飙：可是成百上千的医务工作人员在帮助这个老太太吗？艾滋病的研究是需要成百上千的工作人员、医务人员呀！

严嘉：一个人得了病是社会问题，千百万人得了艾滋病，难道还不成为社会问题吗？

朱天飙：千百万人还曾得过感冒，千百万人还曾得过心脏病，难道心脏病是社会问题吗？

姜丰：一个人打喷嚏不是社会问题，但如果我们全场的人同时打喷嚏，还不是社会问题吗？（掌声）

简析：这段辩论虽然很精彩，博得了场内听众阵阵掌声和笑声，但仔细琢磨双方的理由并不是很充分，甚至很难成立的。比较而言，正方（朱天飙等）的辩论还略显诚实些，至少提出了两方面的依据：一是“艾滋病是在医院里被发现的”；二是“有成百上千的医务工作者正在研究解决艾滋病的方法”。反方（蒋昌健等）一条根据都提不出来，却反而得到听众特别的赞赏。因为他们辩得机智，辩得巧妙。在这段辩论中，场内爆发掌声和笑声的是两处，即季翔和姜丰的发言，恰恰都是诡辩。艾滋病毒是在医院里被发现的，这是事实，正方以此来证明艾滋病是医学问题，虽然理由不很充分，但也不能说不是理。可季翔的发言，先把发现病毒这件事隐去，只留下“在医院里被发现”，然后以在医院里捡到钥匙的假设进行归谬，得出的结论是：在医院里被发现的，不是医学问题。这样的反驳，只是一种逻辑构成，并没有反驳事实本身，而这种逻辑构成正是诡辩。姜丰以“全场的人同时打喷嚏”就断定“是社会问题”的说法，同样是诡辩。别说是全场的人，就是有更多的人打喷嚏，也得不出“是社会问题”的结论。明明是诡辩，反而获得赞赏，因为诡辩也包含了机智。

综合练习

一、请就下面的情景展开反驳

1. 某同学洗手之后，没关水龙头，受到管理员的批评，他不仅不转身关水龙头，反而说：“‘流水不腐’嘛，难道连这个问题都不懂吗？”

2. 某小姐和热恋中的男朋友在商场购物，专挑高档商品，站在旁边的另一个朋友过意不去了，对她悄声说：“这样做，你不觉得太过分吗？”不料她反而大声说：“‘生命诚可贵，爱情价更高’，当然要用高价才能换来爱情嘛。”

3. 课堂上，某同学突然离座朝教室外面走去，老师见状问：“干什么去？”这个同学边走边说：“上厕所！”老师无奈地摇头叹息：“哎，是大——学——生呃！”不料台下冒出一句：“怎么啦，大学生就不上厕所啊！”

二、组织分组辩论

1. 正方：大学生就业难，是因为就业的机会太少

反方：大学生就业难，是因为自身的素质不高

2. 正方：现代社会更需要通才

反方：现代社会更需要专才

3. 正方：网络使人更亲近

反方：网络使人更疏远

4. 正方：大学生做兼职利大于弊

反方：大学生做兼职弊大于利

三、思考题

1. 在辩论赛中应该注意哪些事情？

2. 应该如何提高自己的辩论口才？

第三章 实用口才训练

美国口才教育专家戴尔·卡耐基曾说:"一个人的成功,15%取决于知识和技术,85%取决于沟通——发表自己意见的能力和激发他人热忱的能力。"在当今这个高速发展的信息时代,随着传播手段的日益现代化,社会竞争的日趋激烈,口才作为现代人才必备的素质和能力,日益显现出举足轻重的作用。

现代生活的方方面面都与口才息息相关。走在路上遇到熟人,要打招呼问候;向别人请求一件事情,希望达到目的,要考虑自己的言辞;参加一项面试,想要得到自己梦寐以求的工作,言谈既要显得专业、成熟,又要善良谦逊。而做一名推销员或者谈判人员,就更离不开口才。一位口才好的推销员可以把原来不想买的东西推销出去;相反,一位口才差的推销员可能连顾客原来想买的都推销不出去。谈判也一样,一位口才好的谈判者能够敏捷地抓住机会,据理力争,最后达到自己的目的;而口才不好的谈判者很可能进退失据,让自己变得被动,最终错失良机。口才的好坏造成的结果截然不同。

第一节 求职口才

一、求职口才基础知识

(一)求职者应遵循的原则

所谓求职,就是选择职业、谋求职业,包括毕业生求职、待业人员求职、跳槽求职等等。求职的途径有多种,如到劳动就业机构(如人才交流市场)求职,到各大专院校就业咨询处求职,到具体单位求职,写信求职,通过招聘广告求职。

在职业的大世界中,如何才能使自己谋求到如意的职业,避免在求职中碰钉子,其中有些原则是必须遵守的。

1. 符合社会需要的原则

在求职者中,很多人往往只考虑个人的兴趣与爱好,而忽视了社会的需要,这很容易导致求职的失败。因为社会分工是有限的,而个人爱好和兴趣却是无限的,因而每个人不是喜欢干什么就能求到什么职业,求职并非是以个人的兴趣和爱好作为立足点的。

对于这两者的协调,院校毕业生往往不如社会青年。因为在校读书期间,学生对社会接触不多,往往是凭满腔热情去憧憬未来,其中免不了带有较浓的个人色彩,朦胧的职业意识往往与自己的兴趣、爱好统一起来。所以,很多学生是在走出校门后,才发现求职择业首要考虑的应是社会的需要。

正因为社会的需要制约个人意愿,所以,求职必须遵守社会需要的原则,让个人的兴趣爱好去协调社会的需要，把社会的需要放在求职考虑的首位。假如颠倒两者的位置，将会陷入求职择业的困惑中。

2. 全面正视的原则

求职者要扬长避短，也即要正确估计自己所学的专业与所求职业的适应性，衡量自己的长处和不足，以及它们对将来工作前途的影响。

全面正视，还必须正视所谋求的职业。很多人只想选择待遇好、薪水高的职业，不考虑职业与自身是否适合。盲目地追求物质待遇，这是一种狭隘的择业观。所以，求职者在择业时，不但要正视自己，还要正视职业与自己之间的距离。

3. 有的放矢的原则

有的放矢地选择职业，可避免盲目性。首先要对职业市场进行一定的调查，看看当年有哪些行业需要人员，有哪些单位正在招聘，对招聘的人员有什么要求，然后根据自己的专业、技能、特长、爱好等确定自己大致的选择倾向，在大范围内确定有可能的单位作为目标。

其次，在确定目标之后，在条件允许下可去了解目标单位的有关情况（诸如单位的性质规模、用人制度等等），然后向有意愿期望的单位投寄简历、求职信及有关的资料。在这一点上，要充分利用自己的实际情况（如优秀的成绩、对口的专业、较高的外语水平、多方面的技能和特长、奖励证明等）为自己创造优势，给招聘单位良好的第一印象，准备接受正式的面试。

（二）面试的类型

面试是通过当面直接交谈问答的方式对应试者是否具备所申请职位应有的才能和某些素质进行考核的一种方式。它是毕业生在整个应聘过程中最具有决定性意义的一环。面试是求职成功的必经之路，也是求职中最具有挑战性的过程。

面试的方式很多，根据面试的内容，大致可以分为以下几种方法：

1. 模式化面试

由主试人根据预先准备好的询问题目和有关细节，逐一发问。毕业生对具体问题逐一进行回答。其目的是为了获得有关应试者全面、真实的材料，观察应试者的仪表、谈吐和行为，以及沟通意见等。

2. 情境式面试

由主试人通过给应试者创造一种假定的情境。

案例 1

某百货公司要聘请一位总经理，招聘方给三位候选者放了这样一段录像：上午 9 时 30 分，一家百货商场进来一位高个小伙，他掏出 100 元买了一支 3 元钱的牙膏。上午 10 时整，又进来一位矮个小伙子买牙膏，他掏出 10 元钱递给售货员，找钱时，他却说自己给的是张百元票，双方起了争执。商场总经理走来询问，小伙子提高嗓门说："我想起来了，我的纸币上有 2888 四个数字。"售货员在收银柜中寻找，果真找到了这样一张百元票。录像结束，问题是：明知对方在欺诈，假如您是总经理，该如何应付？

简析：这场情景面试旨在考察候选者的三层素质——洞察力，对事件本质的把握；全局观，对"顾客至上"理念的理解；道义感，对社会上反诚信现象的态度。

3. 非引导式面试

即主试人海阔天空地与应试者交谈，或应试者自由地发表议论，尽量活跃谈话气氛，在闲聊中观察应试者的能力、知识、谈吐和风度。

4. 压力式面试

由主试人有意识地对应试者施加压力，针对某一问题采用一连串的发问，不仅详细，而且追根问底，直至无法回答。有时甚至正话反说，有意刺激应试者，看应试者在突如其来的压力下能否做出恰当的反应，以观察其机智程度和应变能力。

5. 综合式面试

由主试人通过多种方式综合考察应试者多方面的才能。如用外语同应试者会话以考察其外语水平，让应试者写段文字以考察其书法，让应试者即时作文以考察其文字能力，让应试者讲一段课文以考察其演讲能力，也许还会要求应试者使用计算机或打字机等等。

二、面试前的准备工作

"台上一分钟，台下十年功。"面试前的准备是面试成功的一个基本条件。面试前的准备主要包括面试前的物质准备、心理准备、信息准备和仪表准备。

（一）面试前的物质准备

1. 个人资料的准备

面试前要多准备几份能证明自己的推荐信、个人简历、业绩资料，然后要准备好自己的毕业证书、学位证书、专业资格任职证书、获奖证书、发表的论文和著作、身份证原件及复印件等材料。

2. 公文包的准备

面试时的细小行为最能说明一个人的真实情况。因此，面试前，应把所有资料有条不紊地放在一个公文包内，这样会使你看上去办事得体有方，值得信赖。另外，面试前总有一段时间在等候，会使人心情烦躁，打乱你早已准备好的步骤，因此，可以准备一本娱悦身心的书或杂志放在公文包里，因为看书可以让人安静镇定。最后，要检查笔和求职记录本是否放在包里，以便记录最新情况。

3. 饮食的准备

面试前应准备一顿高蛋白与高碳水化合物相结合的早餐，特别要添加蔬菜和水果，如马铃薯、香蕉等，可以使精力充沛。但是要注意面试前的饮食卫生，不要饮用碳酸饮料和乳酸饮料，更不要喝酒。另外，要准备好现金、车票等一切能使你从容按时到达面试地点的东西。

（二）面试前的心理准备

面对严峻的就业形势和众多的竞争对手，要想获得择业的成功，没有充分的心理准备，没有良好的竞技状态是不行的。面试前要经历一个复杂的心理变化过程，紧张、焦虑、莫名的兴奋、自卑等是主要的心理障碍。这时候，不必刻意去消除它们，因为正常的人难免要有正常的适度紧张，况且，适度紧张、焦虑往往是发挥自己水平的必要前提。如果你感觉到紧张、焦虑已令你难以承受了，可以采取方法让自己归入平静。

（三）面试前的信息准备

面试是场“信息战”。面试前，一定要广泛收集各方面的信息，这往往是面试制胜的法宝。

1. 收集招聘单位的信息

一个对招聘单位一无所知的求职者，比如，面试时必败无疑。面试前尽可能了解清楚企业的背景、历史、发展战略、企业文化、企业规模、主要产品或服务项目，以及最近公司的主要活动等重要信息。

案例 2

刘方和几个朋友一同来到一家贸易公司应聘。轮到她时，刘方很有礼貌地向主考官问好。主考官在问过她的姓名过后，说：“请你谈一谈我们公司的优势与缺点，你为什么要选择我们公司？”

刘方有点紧张，她对这家公司并不了解，只是听朋友说这家公司效益、福利待遇都不错，别的她也没做了解。她灵机一动，说“贵公司的优势是一个集团公司，有国际贸易、国内投资等，在社会上的知名度很高，也是我们一直向往的公司。弱点我还没找出来。”从主考官的表情看，刘方觉得他们对她的回答并不是很满意，但她已经没有补救的办法了。

简析：所谓“知己知彼，百战不殆”，作为一个求职者，面试前应尽可能了解清楚企业的背景、历史、发展战略、企业文化等，像刘方那样靠临场发挥，很可能错失良机。

2. 收集考官的有关信息

对考官的情况了如指掌，才能在面试中易守易攻，自始至终立于不败之地。

首先，尽可能了解用人部门的领导一般是一些什么样的人，并且要能正确地说出他们的姓。其次，要尽可能了解他们的为人方式、兴趣、爱好，在近期生活中有什么重大变故。最后，还可以调查一下他们需要或喜欢录用什么类型的人员等。

（四）面试前的仪表准备

给别人的第一印象是见面后的 20 秒，而这 20 秒的印象很大程度上是由你的仪表决定的。面对考官挑剔的目光，应试者要怎样准备自己的仪表呢？

1. 衣着：得体、干净、平整

总体来说，得体是最重要的。要根据自己的求职定位，把休闲装换成职业装。具体怎样转换，则要将自己的风格、习惯与企业文化、企业对员工的要求结合起来。女士要穿套装，最好是套裙，颜色不要太艳丽，避免穿无袖、露背、迷你裙等装束。男士应穿西装、衬衣并打领带，颜色以深色调为好，不要有太明显的花纹。领带不要太鲜艳和太花，衬衣也如此。

2. 化妆:淡雅、自然

面试中,女生脸部的化妆一定要淡雅而自然,拒绝浓妆。最好略将面颊修饰打扮一下,让自己看上去健康、精神焕发。尤其要注意一些细节,如牙齿的清洁;肌肤稍有瑕疵者,则可打一层薄薄的粉底;长发者需将头发束在脑后或高高梳起。

三、求职口才技巧

在整个面试中,主要包括两个阶段:自我介绍和对答(有些还有笔试)。

(一) 自我介绍口才技巧

在面试开场时,面试官对求职者还未认识之前,一般会让求职者作自我介绍。这是给面试官第一印象,让面试官初步了解求职者的时候。

自我介绍即自我推销。如何介绍自己?这是一个技巧。每个人虽然对自己很熟悉,但有人由于过急把自己介绍给面试官,作自我介绍时,往往口不从心,或者废话说得太多,也有些人没有准确地把握好自己的情况,介绍时主次不分,所以,这是一个关键的、考验人的阶段。下面着重从两个方面来谈谈如何进行自我介绍。

1. 自我介绍的口才技巧

(1) 围绕中心组织语言:在作自我介绍时,最忌漫无中心,东扯一句西扯一句,或者陈芝麻烂谷子,事无巨细都一一详谈,让人听了不知所云。求职面试中的自我介绍宜简不宜繁,一般包括这些基本要素:姓名、年龄、籍贯、学历、学业情况、性格、特长、爱好、工作能力、工作经验等等,对于这些不同的要素该详述还是略说,按招聘方的要求来组织介绍的材料,围绕中心说话。假如招聘单位对应聘人的工作能力和工作经验很重视,那么,求职者就得从自己的工作能力及经验出发作详细的叙述,而且整个介绍都是以这个重点为中心。

案例 3

××工艺品总公司招聘业务员时的一则对话。

面试官:我公司主要是经营有地方特色或民族特色的工艺品,如北京的景泰蓝、景德镇的陶瓷、杭州的纸伞、潮州的抽纱等。这次招聘的对象主要是能开拓海内外业务的潮州抽纱、刺绣的业务员。现在,先请你介绍自己的情况。

求职者:我叫杨晓玲,1974 年生于潮州市,今年毕业于××学校,是读市场营销专业的。我一直生活在潮州,在我读小学时,就在放学后帮妈妈、奶奶做抽纱活,先是学勾花,再学刺绣,抽纱,以后寒暑假也都做抽纱,帮家里添点经济收入。上到中专,两年的专业学习,使我掌握了营销方面的专业知识,这是我将来搞好业务的资本。我的口才较好,曾参加省属中专学校的口语竞赛,得了二等奖(递上奖状)。我这个人的特点是头脑灵活,反应快,平常爱看报纸,对国内外的经济发展动态很感兴趣。

这位求职者对自己情况的这一段介绍,显得清晰明了,并且中心突出,有针对性。从以上的对话可知,这一招聘单位的招聘要求有:①具有营销方面的知识;②熟悉推销业务及对象；③有较强的口头表达能力；④有抽纱的工作经验。这位面试者能围绕这些要求进行组织介绍的语言，她侧重从三个方面来介绍：①读市场营销专业，具有市场营销方面的知识；②生活在潮州，自小就懂得抽纱、刺绣的技术；③口才好，头脑灵活。

可见，这位求职者的介绍正合招聘者的心理和要求。

(2) 化独自为沟通：很多求职者在进行自我介绍时，往往容易忽略一个问题，脱离不了“自我”这个中心。在求职面试场上，如果应聘者在自我介绍中，一味在“我怎么样”中兜圈，很容易使面试官反感。聪明的应聘者，就懂得如何化自我介绍为一场应聘者与面试官之间的谈话。

案例 4

面试官：现在，请你来谈谈自己的情况。

求职者：……我选择的是建筑学专业，或许经理你会觉得奇怪，像我这样一个斯斯文文的姑娘，怎么会选择一个要经常下工地搞设计的专业，我之所以选择这个专业，原因有多个……

简析：这位求职者在自我介绍时，巧妙地把单调的“自我介绍”化为与对方的交谈，这样既减弱了“自我”的意识，又缩短了求职者与面试官之间的距离。

(3) 用事例说明成绩：在自我介绍中，要尽量避免对自己作过多的夸张，一般不宜用“很”“第一”“最”等表示极端的词来赞美自己。在面试场上，有些人为了让面试官对他留下深刻的印象，往往喜欢对自己进行过多的夸张，如“我是很懂业务的”，“我是年级成绩最好的一个”，总是喜欢带着优越的语气说话，不断地表现自己。其实，如果对自己作过多的夸耀，反而会引起面试官的反感。

谈论自己的话题，应尽可能避免一些夸大的形容词，把话讲得客观真实，尽量用实际的事例去证明你所说的，最好用真实的事例来显露你的才华给面试官。假如没有真实的本事，用朴素诚实的语言来介绍自己，为自己树立一个诚实朴素的形象，同样也可以达到较好的效果。

2. 自我介绍时应注意的问题

(1) 清晰简洁：语言的清晰，是建立在镇定而自信的基础上的。假如一个人慌慌张张的，那必会辞不达意。谈自己，本来是既简单又丰富的话题，但许多人在这一点上却做得不好，其原因有多个：一是缺乏勇气；二是缺少信心；三是存在羞怯心理；四是准备不充分。

作自我介绍时，首先要清晰地介绍自己的姓名。面试官让求职者“谈谈自己”，就像老师要了解学生一样，他首先要知道的必是学生的姓名、年龄及学历。

清晰，要求表达时声音响亮度恰如其分，吐字清楚，语速缓慢适中。

有一位新闻系大学生，她去应聘当记者。当报社主管人让她作自我介绍时，她由于极度紧张，第一次说话时，声音小得几乎令人听不见；当面试官让她重来一遍时，她更加紧张，开口说话却显得结结巴巴，后来不断要求重来，连面试官都听得不耐烦。虽然这位女生文字能力很强，写作水平高，但她却缺乏做记者的另一基本能力——口才，结果当然不尽如人意。

吐字清楚也即说话时发音准确，不能产生歧义，特别是方言口音较重的人，更应该注意普通话的使用。

简洁即要求在进行自我介绍时，只说该说的话，少用描写性的语言。例如在介绍学历时，有人会从幼儿园一直谈到最高学历。其实，在谈学历时，一般着重谈的应是目前为止最高学历的情况。

案例 5

下面是一则自我介绍的开头：

70 年代初的一天，在北方一座美丽的城市里，有一个婴儿呱呱坠地，他以哭声宣布他已降临到这个世界。他因家境困难，一直压抑着求学的欲望，直到 80 年代，他才开始上小学，这个人便是我……

简析：这一段介绍违反了“简洁”的原则，它不但啰嗦，而且给人模糊的感觉：姓名、年龄、学历的开始时间等都没有交待。自我介绍属于说明的一种，应摒弃抒情色彩、描写色彩较浓的语言，说该说的话。

(2) 使用必要的礼貌语：在作介绍前，要先对面试官打个招呼，道声谢，如：“××经理，您好，谢谢您给我这么好的机会，现在，我向您作个简单的自我介绍。”介绍完毕后，要注意向面试官道谢，并向在场面试人员表示谢意。

二、面试对答的技巧

在面试过程中，最能考验人的是对答这一阶段。自我介绍只不过是面试官以此对求职者获得一个初步的印象，而对答阶段，则是从不同角度去考验求职者的应变能力、适应能力、专业水平、工作能力、性格爱好、处事方式、处世态度等等。

对答阶段的问话，一般会出现下列一些问题：求职的愿望、动机；求职者的专业水平，学历、知识结构；求职者的性格兴趣、爱好特长；求职者的优缺点；求职者的社会工作、工作经验等。在这一大堆问题类型中，有普通的一般性的问题，也有难题和怪题。总之，整个对答阶段就是对求职者综合能力的考察，它不仅需要求职者有丰富的学识，而且还需要求职者有敏捷的反应和准确的语言表达能力，而后者恰恰是众多面试求职者临场所缺少的。因此，必须在平时积累有关对答的口才技巧知识。

(一) 普通问题对答技巧

所谓普通问题，是指在一般求职面试场上往往问得较为频繁，回答者只需根据自己的特点给予回答即可的问题。这类型问题是相对于那些让求职者觉得为难的问题而言的，虽然说它们普通，但也得讲究技巧，才会使你的回答更突出，给面试官更深的印象。

1. 直言相告法

这种技巧，一般运用在实问实答、内容弹性很小的问题上，比如：专业方面、家庭背景、学历、业余爱好等等。

直言是指说话直截了当，把自己与问题有关的事实坦率而明确地告诉面试官。

请看以下一段面试对答：

“大学时，你学的是什么专业？”

“我学的是计算机专业。这是一个新的、具有很大发展前景的专业，我对它非常感兴趣。”

这段答话可谓非常坦率，求职者把他的学业情况及自己的看法如实地告诉了面试官。由此，面试官可根据这一信息了解求职者的专业方向。

2. 实例证明法

在回答问题时，往往不能笼统敷衍了事，一般不用概述的方式，最好能用具体的事实例子来说明自己的观点。这个“具体”有两个要求：一是从个人本身所具有的相应的内涵出发，切不可弄虚作假；二是详细地用例子去说服别人。

案例 6

问：你在大学时有没有进行过勤工俭学活动？

答：有。在大学时，我在课余期间参加过不少勤工俭学活动，如在××广告公司做兼职员工，当家庭教师，其中，当家教的时间为最长。我的专业是美术，我辅导了五个中学生，他们都考上了不同批次的艺术院校，另外在广告公司做兼职，也巩固了我的专业。通过勤工俭学，一方面减轻了家庭的经济负担，更重要的是巩固了专业，积累了不少工作经验。

简析：众多招聘单位都希望求职者有一定的工作经验。这个问题，实质上是面试官想从你的回答中了解你是否有一定的工作经验。假如对答时只是简单地回答“有”或“无”，就无法达到面试官本来的目的，无法给人满意的回答。“有”就答出具体例子，“无”也应说出相应的原因。如上一段回答，就包含了两个方面：①求职者读书期间所从事过的实践活动；②求职者本人对此项活动的体会。因此，这段对话可给面试官一个满意的答案。

3. 个性显示法

个性显示法，主要是靠坦率的语言。在面试场上，由于求职者的戒备心，使大多数人吞吞吐吐，不敢将心中的真实情感流露出来。这个“个性显示法”在某种场合时，可缩短求职者与面试官相互之间的距离。“坦率”对于一些求职者来说可能是一个较高的要求，但应注意，这里所要求显示个性的坦率，并非是无话不说，那些有伤大雅、会破坏自己的形象、有损招聘单位利益的话就无需“坦率”了。如对环境的认识，舒缓心理的紧张，对某种事物的恰当评价等就可用此法，如：“老实说，我很想得到这份工作”“说实在的，现在我是很紧张的”“坦率地说，××科是我众多科目中成绩最不佳的一科，主要是因为它太乏味，我花了很多时间都提不起兴趣”。这些都是坦率的语言。

（二）难题对答技巧

在求职面试过程中，除了一般性的问题外，最令求职者感到困难的是一些难题和怪题，下面这些问题是在面试中经常会被问到的：

(1) 你性格上有什么弱点？你受过挫折吗？

有人会毫不犹豫地回答：没有。其实这种回答常常是对自己不负责任的表现。没有人没有弱点，没有人没有受过挫折。只有充分地认识到自己的弱点，正确地认识自己所受的挫折，才能造就真正成熟的人格。这是一个请你自投罗网的问题。回答这类问题时一定要小心谨慎。如果你缺少某一方面的知识，但可确保在很短时间内学会，你就可以说："我以前从没经手过这类大型项目，但凭我从事其他六个项目的经验，我认为只需几天的时间我就能掌握应有的技能。"这样的回答就把问题的重点从弱点转向容易克服困难。此外，还可考虑在回答时以过去出现的问题为例。从你过去的工作经历中找出一个弱点，并说明你是如何克服这个弱点的。例如你说："当初我总是在会议记录时出现疏忽，经理发现后向我说明了这种行为可能引起的潜在问题。我将经理的话记在心上，我认为我留存下来的会议记录是目前的同事当中最好的之一。"这种回答的好处是你在承认弱点的同时也表明了你的优点——你接受别人批评并且积极纠正你的不当之处。

(2) 你为什么放弃原来的工作？

遇到这样的问题，可以这样回答："这份新工作在我事业发展中，能提供更佳的学习机会。"这样说既表现了你在这个行业发展的诚意，也表达了你对事业的看重。说一说你对这个行业、职位及公司的看法，有助于对方了解你对应聘单位的认识。只是，鉴于你的跳槽者身份，在应聘时应尽量避免提及薪金、福利等问题，否则，会让对方误解为你只是逐利而已。

(3) 你何时能来上班？

一般情况下，听到这类问题时，很多人都会认为已经被录用了，事实上对方很可能是在考察你的责任心。通常一个人想离职，必须要将手中的工作交接完毕后才能离开的。因为这里肯定会有多方面的业务交接，而所有这些都需耗时日的，你若是急不可耐地说马上或随时可以上班，往往会被认为是缺乏责任感，有可能会使主考官因对你的不信任而失去机会。你可以这样回答："我会尽快做好原单位的交接工作，按时前来报到的。"或是："我原工作的交接手续已经办好了，可以随时听候您的安排。"

(4) 你刚从学校毕业，工作经验有限，如何能证明你能成为本公司的有用之才？

遇到这样的问题，可以这样回答："是的，我刚从学校毕业，工作经验有限。在这次应征之前，我就对自己作了评估。我觉得以我较扎实的专业知识与较强的敬业精神，加上未来的在职训练，我有充分的信心成为贵公司的有用之才。"

(5) 你的工作动力是什么？

有这样一类以"虚"带"实"式的回答可以参考，如我的动力主要来源于以下几个方面：首先是工作本身，即我是否对该工作感兴趣，是否能发挥自己的特长，是否能胜任，是否学到新知识和技能，以及是否能得到进一步的自我发展。其次是自我价值的承认问题，即我是否能够得到别人的信任与尊重，是否有进一步晋升的机会。最后是结果，即我是否能够得到较高的工资和待遇等。

(6) 你的薪酬要求是什么?

如果第一次面试就提出薪资问题,那么你可能就成为第一批被淘汰的人。理由是你给了雇主一个信息,那就是你更关心你自己而不是公司或者你要从事的工作。除非你是对方急需的人才,否则没有必要大谈特谈你的薪酬理想,而只消说说你过去的薪酬水平,一定要说明换工作是要付出代价的,这对你个人来说也是有成本概念的,如果你过去的薪酬水平较高,在此并不指望开始时就能保持与过去相一致,而要经过工作的实践来检验;另一方面,也应说明各单位都有自己的规矩,入乡随俗是基本的礼貌和程式,这样,既回避了相对敏感的问题,也体现了你的修养和对对方的尊重。

(7) 你还有什么想问的?

求职时哪些问题适合问呢,提出问题的原则是:①能显现你的专业。②能理清对于该工作的疑点,有助于作决定。求职者可以询问诸如以下的问题,如应聘职位所涉及的责任以及所面临的挑战、在这一职位上应该取得怎样的成果、该职位与所属部门的关系以及部门与公司的关系、该职位具有代表性的工作任务是什么。面试是一种"双行道",所以要准备好你在面试中将要询问的问题。雇主要通过提问来确定你是否有资格从事该工作,而你必须通过提问来确定单位是否给你机会以发展你所需求的目标。例如:

你心中最理想的人选必须具备什么样的工作经历或人格特质?

该工作为什么尚有空缺?

将来的就职与培训计划是怎样安排的?

什么样的人是能被单位认可的?

是否会为表现忠诚和能力强的工作人员提供高级培训计划?

在求职应聘过程中,面试官一般不会问求职者一些"刁"的问题,但有些提问也会使你难于开口,以此来测试你的应变能力。

例如,当被问到这么一个问题:"你最大的缺点是什么?"你会怎样回答?这对一般人来说,是个普遍存在但又不便回答的问题,所以,接触到这类问题时,求职者应避实就虚,不必把自己的缺点和盘托出,因为出这一难题的面试官,他的本意大多不是想看求职者是否诚实,只是想借此考考求职者的应变能力。所以,对于这一类问题,求职者无需坦诚地揭露自己真正或想象中的失败,相反,只要简单地说出自己的缺点便可。技巧较高的人,他更懂得利用这一点来表现自己,巧转话题,化缺点为优点。如有些人是这样回答的:①我宿舍的同学老是抱怨我工作得太晚才回宿舍;②我这个人总是很心急,一有事就搁不下。这两种回答,其实是求职者懂得抓住这种机会,化不足为长处,从另一个角度看,这两种回答恰恰表现了求职者另一方面的优点。

综合练习

一、以下有两则面试对话,请分析应聘者失败的原因

1. 小徐去应聘一家公司的电脑文员职位,为了表现自己多才多艺,他在简历上注明是学校的摄

影协会会长，但实际上他没有担任过。应聘时面试官问："你有没有组织过摄影协会的成员举办过摄影展？"他回答"有"。面试官接着问："摄影展的主题是什么？"这时候他答不出来，面试官再问："摄影展的当天下午，你都组织和安排了什么工作？"他还是答不上来。

2. 面试官：请问你是在怎样的环境下长大的？

面试者：22年前，我出生在南方一个美丽的海滨城市，那里冬暖夏凉，风景优美。每年都吸引无数的游人前去，我就是在那美丽的地方长大的。以前在家的日子过得挺舒心的，说实在的，我对家乡真是恋恋不舍。

面试官：看来你是很热爱家乡的人……我们单位的经济效益也不是很好，条件差，没办法达成你的愿望，真抱歉。

二、情景分析与模拟

1. 一次某广告公司在招聘广告部主任时，主考官向两位求职者提出了相同的问题，请你分析看看，他们哪一位回答得更好？为什么？

主考官：你做的最为出色的事情是什么？

求职甲：我擅长写广告词，又参与摄影，还亲自校对广告的设计。

求职乙：我擅长吸引广告客户和广告创意，并善于估算我们将获取什么样的效益。

主考官：你的缺点是什么？

求职甲：我有点急躁，有时候有些沉不住气，少不了与人发生摩擦。另外，我用于工作的时间过长，连家庭生活都失去了平衡。

求职乙：为了把事情做好，有时候我不能按时完成工作。然而，我已作了努力，在过去的一年中，我只出过一次这样的情况。

主考官：你是否有失败的时候？

求职甲：我想我很幸运，我从未失败过，成功还将永远陪伴着我。

求职乙：干工作犹如赛马。我从马上摔下来过，但我知道问题出在哪儿又骑了上去，终于我成了一名不错的骑手。

2. 某贸易公司招聘推销员，条件是：

(1) 性别、专业不限，大专学历以上，相貌端正；

(2) 吃苦耐劳，积极进取，责任感、事业心强；

(3) 口才好，具备良好的沟通能力；

(4) 具有较强的合作意识与团队精神；

(5) 百折不挠，具有良好的心理素质；

(6) 有相关工作经验者优先。

请根据以上条件以及自己的优势特点并熟悉面试全过程。由教师和两名学生扮演主考官，学生扮演求职者，从开始练习起到退出办公室为止，做面试全过程练习。

三、思考题

1. 你的优点是什么？缺点是什么？

2. 如何来发扬自己的优点？

3. 你为什么选择了你现在的专业？

4. 你有什么特长？你的事业目标是什么？

5. 你的兴趣是什么？

6. 你取得了哪些成绩？你对自己的成绩有何感想？

7. 你认为你在学生时代学到了什么？

8. 你现在对自己最觉得满意的是什么？

9. 你认为自己最大的缺点是什么？

10. 你所向往的行业与单位是什么？它最近的发展动向是什么？

第二节 营销口才

一、营销口才的概念与作用

（一）概念

营销，是工商企业组织，针对社会需求，面对市场竞争，在市场调查论证的基础上，采用人员或非人员（广告推销、活动促销、服务促销）形式所进行的促进产品、商品销售流通的专门活动。西方企业家说："没有推销，就没有企业。"可见，营销对于企业是多么的重要。

营销口才，是与顾客进行情感沟通的语言技巧，是一门把话说得悦耳动听、滴水不漏的经商艺术，是赢得顾客、扩大市场的成功法宝。决战商海，必须要拥有良好的营销口才。妙用好口才，就可以使营销化难为易，化繁为简，就可以让顾客变拒为纳，变疑为信，进而采取购买行动。

人员推销既是一种最古老、最简单的销售方法，也是现代营销中特别有效的方法。人员推销具有其他推销方式无可比拟的优势和特点，就是人与人之间接触，用语言沟通所产生的特别效应。

（二）作用

其作用明显地表现在以下几个方面：

（1）是企业和客户之间的联系纽带。帮助顾客认识商品和解决有关问题，在顾客心目中建立起企业和商品的良好信誉，使顾客最终成为企业的买主。

（2）针对性强，工作弹性比较大。可以直接对顾客进行预测分析、确定重点对象、进行面对面的推销，签订销售合同，克服广告销售无法立即购买的不足。

（3）有利于提高销售业绩。可以使推销员独立地、创造性地工作，稳妥有效地实现企业的销售目标。

"顾客就是上帝"。企业的宗旨就是要让顾客满意且忠诚。"满意的客户不一定忠诚，但忠诚的客户一定是满意的客户。"因此，企业经营者必须意识到，只有培养、选用能说会道的高级人才去开发市场、促进销售，才能占领市场、扩大市场，企业才能做到"生命之树常青"。推销人员力求提供客户满意的服务，防止客户流失，让更多的客户成为回头客；牢固树立起良好的服务品牌，使企业财源滚滚，从而迅速成长壮大。

例如，在送别顾客时，服务员说："先生，吃了我们的火锅还满意吧？如果满意，欢迎您全家人也来尝一次，花钱不多，到这里过一个快乐的周末吧！"这种充满人情味的推销语言，就容易使人满意。即使顾客消费结束，付款结了账，也要用规范服务语言送客，给顾客留下良好的印象。这就有可能使顾客成为"回头客"。

案例 1

一位家庭主妇走进一个家电商店。她想买个冰箱，但拿不定主意该买哪一种才好。于是她向店员询问："我该买大一点的比较好呢，还是小一点的？"有一位成绩良好、很有经验的推销员，这样告诉她说："这台大的比较好一些，夏天你不仅可以为每一个家人准备好冷毛巾，甚至可以将您先生的家居服装放进里面，让他度过一个凉爽的夏天。相信您和您的家人都会为此感到高兴的。"于是，那位顾客点头做出决定："是啊，那我就买这一台了。"

简析：卖冰箱的推销员主动给客户推荐商品，并真诚为对方着想，宣传商品的种种好处，这样就打动了顾客的心，使她产生了购买的欲望。

二、营销人员的素质基本要求

（一）品质

1. 诚信

从心理活动分析，推销开始时，顾客一般是消极的。因此，推销员在任何推销场合，都必须做到诚信。用真诚、热情的态度，向顾客提供真实的信息。"言必信，行必果"是推销员必备的品格。推销员说话必须信而有据、一言九鼎。在利益和信誉发生抵触时，也要舍财力保信誉。因为财力往往是一时眼前小利，信誉才是战略性的长远大利。

2. 自信

在过去相当长的一段时期内，人们一直相信要在 4 分钟内跑完 1 英里是不可能的，但是并没有放弃对这一目标的挑战。据说古希腊人曾设法让狮子在后面追逐奔跑者，并给奔跑者喝真正的老虎奶，但这个办法没有成功。经过许多年的努力，绝大部分人认为由于人类自身的生理极限，包括骨骼结构和肺活量等方面的原因，这个目标是不可能实现的。而当罗杰·班尼斯特率先打破 4 分钟跑完 1 英里这一极限后，奇迹出现了，在其之后竟然有 300 多位运动员闯过了这一关。怎么来解释这一现象？可以说，训练技术并没有多大突破，人体的生理结构也不会在短期内有多大改变，所改变的只是人们的态度。班尼斯特不相信固有说法，而相信自己，于是他成功了。更为重要的是，他让更多的人有勇气去超越自我，自信是一种不可思议的力量。人们最大的敌人就是自己，超越自我是成功的必要因素。自信对推销人员来说尤为重要。推销人员应该时刻怀有"我是最优秀的推销员"这样的信念，并且以这样的信念指导行动，才能在推销过程中排除万难，促成交易的达成。

3. 执著与坚韧

推销是与人打交道的工作，在推销活动中，人的主观能动性会起到决定性作用。从这一点来看，大家不妨向《红楼梦》里人见人笑的刘姥姥学习一下。以现代营销观念来看，刘姥姥无疑是那个时代最成功的推销员，她身上的某些品质应该正是今天的推销员所应该具备的基本素质。刘姥姥是在全家人到了几乎没饭吃的地步，经过一番反复的思量后，决定前往贾家碰碰运气。刘姥姥一家与贾府的关系，只是祖上认的一个干亲而已，且已近二十多年互不来往，“亲情推销”的难度，可想而知。对此，刘姥姥的心态调整得特别好，她认为：“谋事在人，成事在天。咱们谋到了，看菩萨的保佑，有些机会，也未可知。”正因为有着这种执著，在“推销”过程中，虽受到很多冷落，但始终方寸不乱，很从容地完成了任务。可见，这种执著与坚韧是推销过程中不可缺少的优秀品质。

（二）能力

要有效地开展推销工作，正确处理推销过程中出现的各种问题，必然要求推销人员具备一定的工作技能，并且能够很好地加以运用。

1. 洞察能力

推销人员的洞察能力，主要是指其通过顾客的外部表现去了解顾客购买心理的能力。人的任何行为表现都与内心活动有关联，反映着内心活动的一个侧面。顾客也是这样，推销人员可以从顾客的行为中，发现许多反映着顾客购买内心活动的信息。因此洞察能力就成了揭示顾客动机的重要一环。

有一位颇有成效的推销小姐，不光善解人意，而且敏感性很强，能准确地从对方的沉默中窥见对方的思想状况与内在意图。当别人问她是怎样去把握对方沉默不语时的思想时，她回答道：“只要你留心观察，你就会发现对方虽然沉默不语，但你从他的神态和表情变化中能够发现内心思想感情的变化。比如在正常情况下，顾客坐的时候总是脚尖着地的，并且静止不动。但一到心情紧张的时候，对方的脚尖就会不由自主地抬高起来，因此，我只要看到对方脚尖是着地还是抬高，就可以判断他的内心世界是平静的还是紧张的。”

从这位推销小姐的一席话中，可以看出她观察细致入微的工作作风，这也道出了她做到成功推销的个中奥秘。

2. 社交能力

从某种意义上说，推销人员应是社会活动家，他必须视整个社会为自己工作的天地，具备与各式各样的人交往的能力。那么推销员应该如何提高自己的社交能力呢？

(1)学会微笑。微笑来自快乐，它带来快乐也创造快乐，在推销过程中，微微一笑，双方都从发自内心的微笑中获得这样的信息：“我是你的朋友和同志”，“你是我值得微笑的人”。微笑虽然无声，但是它说出了如下许多意思：高兴、欢悦、同意、赞许、尊敬。作为一名成功的推销者，请你时时处处把“笑意写在脸上”。笑容具备语言不具有的魔力，它能在无言之中拉近与顾客的距离，从而使顾客产生信赖感。微笑，应该发自内心，自然坦诚。是否从心里真诚地笑，顾客是一眼可瞧出的，所以千万避免皮笑肉不笑，以免招致反效果。

(2) 懂得赞美。美是一个人的优点，维护其期望，虽廉价却很实际。因为喜欢赞美，是人的天性。所以赞美，是现代交际所不可缺少的技巧。几句适度的赞美，能像润滑剂一样使对方产生亲和心理，为交际沟通提供前提——心理上的亲和，是别人接受你意见的开始，也是转变态度的开始。适当地赞美对方，满足对方的自尊心和虚荣心，可使之产生一种优越感,处于沾沾自喜之中,从而分散其注意力,解除其戒备心理。这是推销活动中常用的一种行之有效的方法。

案例 2

有一位推销员去一位女士家推销化妆品,开门寒暄后女主人对推销员表示出明显的不友好。这时推销员看她身着华丽的服装手上抱着一条名犬就说:"这条犬真漂亮,它一定是条名犬吧?我还是第一次见到这么漂亮高贵的宠物。"女士听后马上说:"是的,它是意大利名犬,花了好几万才买的。"推销员又说:"也只有您这么雍容高雅的女士才配养这种名犬。"女士一听,气色很快缓和了下来,请推销员进客厅坐。推销员落座后并不立即进入主题,而是继续恭维女主人和她的名犬,特别是既恭维又不断询问名犬的情况。女主人显然视这只犬为"掌上明珠",对推销员的询问获得了一种心理满足感,对推销员的戒心已完全消除。这时推销员才拿出他的化妆品:"我今天真是好运气,本来我只带普通的化妆品。早晨出来时,我想也许今天会碰到高雅的客户,就拿了几件名贵的,没想到真的就遇到了买主。我们这种名贵的化妆品,也只有您这样身份的女士才配享用,前面走了几家我连拿都不敢拿出来。您看,全部都没有拆过封。然后他详细地介绍其产品的性能和特点,女士也高兴地买下了产品。

(3) 学会倾听。销售人员常犯这种错误,为了使别人同意他们的观点,总是费尽口舌。其实,在推销员工作中一项重要原则就是倾听别人的心声。销售人员在听客户倾诉时,要懂得中间点点头,恰当地拍拍手。如果您要成为销售行业杰出的人,一定要在倾听方面下工夫。客户不开口,您的生意肯定做不成。倾听,是销售的好方法之一。日本销售大王原一平说:"对销售而言,善听比善辩更重要。"善于倾听可以了解对方真实的需要。倾听是发现对方需要的重要手段。推销中,对方在陈述观点或回答问题时,会在一定程度上暴露自己的需要。倾听对方的谈话,可以帮助你获得大量第一手资料和丰富的感性认识,还可以真实地了解对方的需求、动机、立场、观点、态度,掌握对方的沟通方式、内部关系。而上述这些,是事先资料准备再充分也无法取代的。善于倾听是一种美德。在推销过程中,善于倾听的人往往会给人留下礼貌大度、尊重人、理解人、易相处的良好印象。一些精明的推销者,常常利用倾听,首先树立起己方愿意成为对方朋友的形象,以获得对方的信任与好感,为达到说服、劝解等目的奠定了基础。

(三) 应变能力

推销人员的灵活应变能力要求在顺利发展之时,保持推销工作走上更高一层的新台阶,开创企业新局面。遇到障碍之时,应保持清醒冷静的头脑,想方设法寻求解脱的对策,克服障碍继续向前。

案例 3

有一个推销员当着一大群客户推销一种钢化玻璃酒杯,在他进行完商品说明之后,他就向客户做商品示范,就是把一只钢化玻璃杯摔在地上而不会破碎。可是他碰巧拿了一只质量没有过关的杯子,猛地一扔,酒杯摔碎了。这样的事情在他整个推销酒杯的过程中还未发生过，大大出乎他的意料，他也感到十分吃惊。而客户呢，更是目瞪口呆，那么，这位推销员是怎么处理的呢？

当杯子摔碎之后，他没有流露出惊慌的情绪，反而对客户们笑了笑，然后沉着而富有幽默地说："你们看，像这样的杯子，我就不会卖给你们。"大家一起禁不住大笑起来，气氛一下子变得活跃，紧接着，这个推销员又接连扔了5只杯子都成功了，博得了信任，很快推销出几十打酒杯。

三、营销语言的基本原则与技巧

（一）营销语言的基本原则

视顾客为朋友和熟人，想方设法让服务用语做到贴心、自然，令人愉悦，这是营销语言的基本出发点。

1. 顾客中心原则

设身处地为对方着想，急顾客之所需。主动说明顾客购买某种东西所带来的好处。对这些好处做详细、生动、准确的描述，才是引导顾客购买商品的关键。"如果是我，为什么要买这个东西呢？"这样换位思考，就能达成顾客所期望的目标，满足顾客的需要。这就是顾客中心原则。

2. 倾听原则

"三分说，七分听"，这是人际交谈基本原理——倾听原则在推销语言中的运用。在推销商品时，既要"观其色"，还要"听其言"。除了观察对方的表情和态度外，还要虚心倾听对方议论，洞察对方的真正意图和打算。要找出双方的共同点，表示理解对方的观点，并要扮演比较恰当、适中的角色，向顾客推销商品。

3. 禁忌语原则

在保持积极的态度时，沟通用语也要尽量选择体现正面意思的词，选择积极的用词与方式。要保持商量的口吻，不要用命令或乞求语气，尽量避免使人丧气的说法。

例如：

"很抱歉让您久等了。"（负面词，下同）→"谢谢您的耐心等待。"（积极的说法，下同）

"问题是那种产品都卖完了。"→"由于需求很多，送货暂时没有接上。"

"我不能给你他的手机号码！"→"您是否向他本人询问他的手机号码？"

"我不想给你错误的建议。"→"我想给你正确的建议。"

"你叫什么名字？"→"请问，我可以知道你的名字吗？"

"如果你需要我们的帮助，你必须……"→"我愿意帮助你，但首先我需要……"

"你没有弄明白，这次听好了。"→"也许我说的不够清楚，请允许我再解释一下。"

4. "低褒感微"原则

"低"，就是低调，态度谦恭，和蔼平易，尊重顾客。

"褒"是褒扬赞美。推销商品时要多说赞美的话语。

"感"是感谢，由衷地感谢顾客的照顾。如："谢谢您，这是我们公司的发票，请收好。"

“谢谢您，我马上就通知公司。”“谢谢您，正好是××元。”

“微”是微笑。营业员要常带微笑，给顾客带来好的心情。

（二）销售语言的基本技巧

1. 推销口才重视开场白

在面对面的推销中，说好第一句话是十分重要的。客户听第一句话要比听以后的话认真得多。听完第一句话，许多客户就自觉或不自觉地决定是尽快让推销员走还是继续谈下去。因此，推销员要尽快抓住客户的注意力，才能保证推销访问的顺利进行。

推销开场白最重要的环节是什么？是开场利益陈述。良好的利益陈述能够降低客户的排斥心理，只要你讲的使他略感兴趣，那么就有了打开成功大门的钥匙。对于推销员，特别是对于那些推销新人来说，第一次拜访客户时，一定要给客户留下最佳的第一印象。推销员与客户交谈之前，需要适当的开场白。开场白的好坏，几乎可以决定这一次访问的成败，换言之，好的开场，就是推销成功的一半。推销常用以下几种开场白：

（1）金钱。几乎所有的人都对钱感兴趣，省钱和赚钱的方法很容易引起客户的兴趣。

“王经理，我是来告诉您贵公司节省一半电费的方法。”

“于厂长，我们的机器比您目前的机器速度快、耗电少、更精确，能降低您的生产成本。”

“李厂长，您愿意每年在毛巾生产上节约5万元吗？”

（2）真诚的赞美。每个人都喜欢听到好话，客户也不例外。因此，赞美就成为接近客户的敲门砖。赞美客户必须要找出别人可能忽略的特点，而让客户知道你的话是真诚的。赞美的话若不真诚，就成为拍马屁，这样效果当然不会好；赞美比拍马屁难，它要先经过思索，不但要有诚意，而且要选定既定的目标。

“王总，您这房子真漂亮。”这句话听起来像拍马屁。

“王总，您这房子的大厅设计得真别致。”这句话就是赞美了。

下面是两个赞美客户的开场白实例。

“李经理，我听亮丽服装厂的王总说，跟您做生意最痛快不过了，您真是个爽快人。”

“恭喜您啊，李总，我刚在报纸上看到您的消息，祝贺您当选‘十大杰出企业家’。”

（3）提及有影响的第三人。告诉客户，是第三者（客户的亲友）要你来找他的。这是一种迂回战术，因为每个人都有“不看僧面看佛面”的心理，所以大多数人对亲友介绍来的推销员都很客气。如：“李先生，您的好友王岩先生要我来找您，他认为您可能对我们的机器感兴趣，因为这些产品为他的公司带来很多好处与方便。”打着别人的旗号来推介自己的方法，虽然很管用，但要注意不能自己杜撰，要不然，客户一旦查对起来，就要露出马脚了。

（4）举著名的公司或人为例。人们的购买行为常常受到其他人的影响，推销员若能把握客户这层心理，好好地利用，一定会收到很好的效果。如：“李厂长，××公司的王总采纳了我们的建议后，公司的营业状况大有起色。”以著名的公司或人为例，可以壮自己的声势，特别是，如果你举的例子正好是客户所景仰或性质相同的企业时，效果就会更显著。

(5)向客户提供信息。推销员向客户提供一些对客户有帮助的信息，如市场行情、新技术、新产品知识等，会引起客户的注意。这就要求推销员能站在客户的立场上，为客户着想，尽量阅读报刊，掌握市场动态，充实自己的知识，把自己训练成为本行业的专家。客户或许对推销员应付了事，可是对专家则是非常尊重的。你可以对客户说："我在某某刊物上看到一项新的技术发明，觉得对贵厂很有用。"推销员为客户提供信息，关心客户的利益，也会获得客户的尊敬与好感。

(6)向客户求教。推销员利用向客户请教问题的方法来引起客户注意。有些人好为人师，总喜欢指导、教育别人，或显示自己。推销员有意找一些不懂的问题，或懂装不懂地向客户请教。一般客户是不会拒绝虚心讨教的推销员的。如："王总，在计算机方面您可是专家。这是我公司研制的新型电脑，请您指导，在设计方面还存在什么问题?"受到这番抬举，对方就会接过电脑资料信手翻翻，一旦被电脑先进的技术性能所吸引，推销便大功告成。

2. 学会使用的敬语、谦词

(1)尊敬语。对对方或对方关系人表示敬意。如：

"欢迎光临!""先生，您好!""小姐，您好!"

(2)恭敬语。高尚而恭敬的表达方式。如：

"谢谢您给我宝贵的时间，我真是万分感激。"

"我了解您所说的是理所当然的事。"

(3)谦让语。对有关自己或客户的事，以谦逊的方式表达。如：

"敝公司经理要我代为向您问好。"

"让我为您效劳。"

"今天特地来拜见您。"

3. 营销口才禁忌的语言

(1) 不要使用客套敷衍的语词。推销员有时候会说些仅限于当时场合的客套话，若是这种说话方式，客户将不会诚恳地倾听，即使听了也会立刻忘却，因此，说得再多也会不为所动。

(2)尽量少用口头上的语词。含糊语，如"那个""那个时候"；抽象语，如"我认为这不错""我认为相当耐久""我认为很有升值潜力，但……"哪一点好呢？是与别的什么比较呢？还是有多大的升值潜力？若没有具体的根据、数字表现就让对方难以理解。

(3) 别以令对方不适的方式说话。

①令人不耐烦的说话方式。以太小的声音说话，对方会因为听不清楚，而变得不耐烦，冗长而又持续不断的话题也会惹人不耐烦，对方会因感到精神疲劳而不愿听下去。

②啰嗦的说话方式。当对方没有产生自己所期待的反应时，自己便会感到不满意，而絮絮叨叨地重复同样的话，理所当然地，这种类型的人，即使在有期待的反应时，也会由于太过兴奋而仍旧重复同样的话题。

③口若悬河的说话方式。说话太流畅，甚至令人怀疑舌头是如何打转的，不但令对方

没有思考的余地，而且也无法使这些话停驻在对方心中。

(4)别以令人反感的方式说话。

①反驳的说话方式。有些推销员很喜欢对客户所说的话提出反驳。

②负面表达的说话方式。有些推销员喜欢说坏处、后果、影响等。

③伤人自尊心的说话方式。有些推销员喜欢指责客户微小的错误，夸耀自己的知识，毫不在乎地伤害客户的自尊心，客户一旦自尊心被伤害了，感情上便会反弹，如此一来，便很难被说服了。

4. 单方面的说话方式

忽视客户的想法或感情，单方面拼命地说话，没有对话就想推销成功是没有道理的。身为推销员的你可能遭遇以下情境：纵使你费尽口舌、不停地介绍自家产品的优点及好处，客户还是对你摇头说不；当你进行电话拜访时，刚一开口说明来意，就听到对方连忙说："谢谢，我不需要。"面对此类令人沮丧的回应，你有时候甚至会觉得仿佛受到了诅咒，被拒绝每天都会发生。

实际上，客户所有的拒绝只有三种情况：第一种是拒绝推销员本身；第二种是客户本身有问题；第三种是对你的公司或者产品没有信心。拒绝只是客户的习惯性动作。不注意说话方式，客户将不会诚恳地倾听，即使听了也会立刻忘却，因此，说得再多也会不为所动。

案例 4

一家工厂要为行政人员订购一批春秋上衣，A服装厂的小李带着样品找到了办公室主任韩女士。韩女士看了所有的服装款式，最后拿着一款纯棉衬衫询问小李。

韩女士："这件衬衫是纯棉的吗？"

小李："是的，主任，这是纯棉的。"销售员面无表情，有问有答。

韩女士："纯棉的穿着倒是舒服，但是会不会褪色或者缩水呀？"

小李："不会，这款衣服挺好的，从来没出现过这种情况。不过您在洗的时候也要注意……(一气呵成介绍保养知识)"

简析：很多销售员或者店员都会犯这样的错误，就是对待客户不冷不热，由此也导致其在介绍产品时过于呆板，打动不了客户，当客户有异议时，也只能说"这款产品挺好的"或者"不会出现您说的问题"等等。这就致使很多时候客户明明已经对产品有了兴趣，但是看了销售员的态度，听了销售员的介绍，反而没兴趣购买了。

案例 5

有个人很善于做皮鞋生意，别人卖一双，他能卖几双。朋友向他请教做生意的诀窍，他笑了笑说："有些顾客到你这里来买鞋子，总是东挑西拣，到处找毛病，把你的皮鞋说得一无是处。顾客总是头头是道地告诉你哪种皮鞋最好，价格又适中，式样与做工又如何精致，好像他们是这方面的专家。这时，你若与之争论毫无用处，他们这样评论，只不过想以较低的价格把皮鞋买到手。这时，你可以恭维对方确实眼光独特，很会挑选，自己的皮鞋确实有不足之处，如式样不新潮，鞋底不是牛筋底，不能踩出笃笃的响声，不过较稳罢了，但是，柔软也有柔软的好处……你在表示不足的同时，也侧面赞扬一番这鞋子的优点，也许这正是顾客看中的地方，可以使他们动心。顾客花这么大心思，不正是表明了其实他们是很喜欢这种鞋子吗？以退为进，既满足了对方的挑剔心理，又能顺利做成生意。”

综合练习

一、职业训练

1. 接近客户或化解异议的角色扮演。学习接近话语范例，请同学做接近客户的话语练习。由3位同学组成一组，分别扮演销售人员、客户、观察者。时间限20分钟，观察者要提供观察后的感想。每位同学都要扮演一次不同的角色。

二、情景训练

1. 假如你是某一品牌商品的销售代表，正介绍产品时，客户马上就说：“我对这个不感兴趣。”你下一步怎么推销？当你上门推销本品牌商品时，有的客户一听你介绍就说“你找其他公司吧”。遇到这种情况，你该如何应对？

2. 当你在推销某产品时，对方是个精明的客户，他不做你给他出的选择题，也不直接拒绝你，而是说：“你先传个资料过来，我们研究一下，再跟你联系。”碰到这种情况你怎么说？

3. 有家坐落在旅游名胜地国际机场出口处不远的三星级酒店，常常会遇到因飞机晚点而没有被接机者接走的客人。这天，下着滂沱大雨。有几位客人预订了市中心××四星级酒店的客房，但是在机场出口处并未见到该宾馆的接客车。因为下雨，几位客人就来到了这家酒店大堂等候。面对这几位客人，如果你是大堂经理，会如何反应？

三、针对以下几种推销的拒绝情境设计应对口才

(1)“对不起，我没空。”

(2)“请问您是李经理吗？我是××电脑公司的推销员。”

(3)“哦，我知道了，今天很忙，没时间，下次吧。”

(4)“我需要考虑一下。”

(5)“材料我们是看过了。但是这件事情关系重大……”

(6)“我想再多比较两家供货商。”

(7)“我想买，但价钱太贵了。”

(8)“李经理，您好，又来拜访您了。我这次来主要是想谈合同的事情。我们的资料您也看过了，产品您应该是比较满意的。”

(9)“产品你们做的是不错，就是太贵了，要知道有几家公司的同类产品就比你们的便宜不少嘛。这样吧，把价格再降30%，我们可以考虑。”

第三节 服务口才

一、服务语言的性质与基本特征

(一) 性质

服务,是现代社会最为广泛的业务工作,涉及社会的方方面面。如国家行政、商品流通、企事业管理都倡导“以人为本”的现代服务理念。政府各部门办公室、各行各业的营业柜台是其业务工作的主要场所。公务员、工作人员、经理、业务代表、营业员、服务员等,在接待顾客,或上门服务的时候,除了必要的专业知识和技能之外,口才技艺就是最重要的了。因为服务对于各行各业来说,都是前沿阵地,其服务质量的高低将直接影响部门、单位或企业的形象好坏和业务工作的完成与否。而卓越的口才则无疑是提高服务质量的良方。服务语言的总体要求是热情主动、顾客中心、机智风趣、客户满意。

(二) 基本特征

1. 真诚性

成功服务语言的魅力并不在于你说得多么流畅,滔滔不绝,而在于是否善于表达真诚。让顾客感觉亲切的人并不一定是口若悬河的人,而是感觉实在、真心的人。当你用得体的话语表达出真诚时,你就赢得了对方的信任,无形中建立起人与人之间的信赖关系,对方也就可能由信赖你这个人而接受你的说法,并喜欢你的服务了。但是如果缺少诚意,那就失去了吸引力。如同一束没有生命的绢花,艳丽但不鲜活,难以形成魅力。因此,在服务过程中首先应该考虑到的是如何把你的真诚注入服务语言之中,如何把自己的心意传递给对方。只有当听者感受到你的诚意时,他才会感到轻松和舒适,从而接收你的服务,乃至在彼此之间的沟通中产生共鸣。

2. 主动性

服务语言必须热情周到。在岗位上,工作人员要主动开口,主动询问客人,寻觅服务对象,而且用语需要情感化。中国有一句谚语说“人无笑脸莫开店”,这叫和气生财。在顾客面前展露笑容,显得十分乐意见到顾客。

3. 尊敬性

以顾客为中心。在服务过程中,务必要记住以对方为中心,放弃自我中心论。例如,当你请客户吃饭的时候,应该首先征求客户的意见,他爱吃什么,不爱吃什么,不能凭自己的喜好,主观地为客人订餐,这就叫摆正位置。交际以对方为中心,特别是服务,强调客户是上帝。客户感觉好才是真好。尊重自己尊重别人,恰到好处地表现出来,就能妥善地处理好客服关系。对客人多用尊称,多使用敬语;少用贬称,禁用鄙称。员工要不断提高自身素质,掌握语言技巧,发自内心地给客人以充分的尊重和关怀。

在服务过程中,以对方为中心,要讲得清,听得明,不用听者重复反问。同时还要注意倾听。

4. 愉悦性

要讲究用词、造句和说话的语气。多用美词雅语，文质彬彬，营造一种高雅的文化氛围。客人受到感染，愉悦心情油然而生。对客人只称赞不指责，不用否定句、训诫句、命令句，避免直言“不”，服务热情周到，就可以使客人在精神上、心理上得到满足。

案例 1

一位很有身份的西欧女士来华访问，下榻于北方一家豪华大酒店。酒店以 VIP(重要客人)的规格隆重接待。这位女士很满意。陪同入房的总经理见西欧女士兴致很高，为了表达酒店对她的心意，主动提出送她一件中国旗袍，她欣然同意，并随即让酒店裁缝量了尺寸。总经理很高兴能送给尊敬的西欧女士这样一份有意义的礼品。

几天后，总经理将做好的鲜艳、漂亮的丝绸旗袍送来时，不料这位洋女士却面露愠色，勉强收下。几天后女士离店了，她把这件珍贵的旗袍当作垃圾扔在酒店客房的角落里。总经理大惑不解，经多方打听，才了解到客人在酒店餐厅里看见女服务员多穿旗袍，而在市区大街小巷，时髦女士却无一人穿旗袍，因此她误认为那是侍女特定的服装款式，故生怒气，将旗袍丢弃。总经理听说后啼笑皆非，为自己当初想出这么一个“高明”点子懊悔不已。

简析：酒店总经理失误的根源在于没有完全站在客人的立场上，设身处地为客人着想。既然本酒店的餐厅服务员多穿旗袍，而且街上身穿旗袍的女士确实难以看到，那么送旗袍给贵宾岂不有对贵宾不敬之嫌吗？虽然酒店送旗袍的本意并非如此，但产生这样的后果则是难以避免的。其实要表达对贵宾的敬意的方式方法是多种多样的。如为客人提供超常规个性服务。但是已经发生的这样的事故，酒店总经理不能光喊“冤枉”，而应设法与那位女士联系，表示歉意，作些解释并补送其他礼物等。另外，还要认真总结教训，避免此类事情再次发生。

二、服务语言的规范表达

（一）礼貌用语规范

在服务岗位上，要能准确而适当地运用礼貌语言。

1. 常用礼貌用语类型

(1) 问候用语。在服务过程中，以下五种情况下必须使用问候语：一是主动服务于他人时；二是他人有求于自己时；三是他人进入本人的服务区域时；四是他人与自己相距过近或是四目相对时；五是自己主动与他人进行联络时。

进行问候，通常应当是相互的。在正常情况下，应当由身份较低之人首先向身份较高之人进行问候。在工作之中，自然应当首先向服务对象进行问候。标准式问候用语的常规做法：在问好之前，加上适当的人称代词，或者其他尊称。例如，“你好！”“您好！”“大家好！”。时效式问候用语是指在一定的时间范围之内才有作用的问候用语。如，“早安！”

“早上好!”“中午好!”“下午好!”“晚上好!”“晚安!”等。

(2) 迎送用语。最常用的欢迎用语有:“欢迎!”“欢迎光临!”“欢迎您的到来!”“见到您很高兴!”“恭候您的光临!”等,往往离不开“欢迎”一词。

但在客人再次到来时,可在欢迎用语之前加上对方的尊称,如“先生,真高兴再次见到您!”“欢迎您再次光临!”等,以表明自己尊重对方,使对方产生被重视之感。在使用欢迎用语时,通常应当一并使用问候语,并且在必要时还须同时向被问候者主动施以见面礼,如注目、点头、微笑、鞠躬、握手等等。

最为常用的送别用语,主要有“再见”“慢走”“走好”“欢迎再来”“一路平安”等等。需要注意的是,送别乘飞机的客人忌讳说“一路顺风”。

(3) 请托用语。通常指的是在请求他人帮忙或是托付他人代劳时,照例应当使用的专项用语。在工作岗位上,任何服务人员都免不了可能会有求于人。在向客人提出某项具体要求或请求时,都要加上一个“请”字。

(4) 致谢用语。在下列六种情况下,理应及时使用致谢用语,向他人表白本人的感激之意:一是获得他人帮助时;二是得到他人支持时;三是赢得他人理解时;四是感到他人善意时;五是婉言谢绝他人时;六是受到他人赞美时。

(5) 征询用语。服务过程中,需向客人进行征询时,要使用必要的礼貌语言,才会取得良好的反馈。一般有下述五种情况:一是主动提供服务时;二是了解对方需求时;三是给予对方选择时;四是启发对方思路时;五是征求对方意见时。

(6) 应答用语。在服务过程中,所使用的应答用语是否规范,往往直接地反映其服务态度、服务技巧和服务质量高低。

例如,在答复客人的请求时,常用的应答用语主要有:“是的”“好”“很高兴能为您服务”“好的,我明白您的意思”“我会尽量按照您的要求去做”等等。重要的是,一般不允许对客人说一个“不”字,更不允许对其置之不理。

(7) 祝贺用语。在服务中,有时有必要向客人适时地使用一些祝贺用语。在不少场合,这么做不但是一种礼貌,而且也是一种人之常情。如:“祝您成功”“身体健康”“节日愉快”等。

(8) 推托用语。拒绝别人,也是一门艺术。在工作中有时也需要拒绝他人,此时必须语言得体,态度友好,不能直言“不知道”“做不到”“不归我管”“问别人去”等等。

(9) 道歉用语。当我们的服务不到位或出现差错时,应真诚地向客人道歉。常用的道歉用语主要有“抱歉”“对不起”“请原谅”等等。

3. 服务忌语

在服务中必须杜绝以下四类服务忌语。

(1) 不尊重之语。如触犯了服务对象的个人忌讳,尤其是与其身体、健康等方面相关的某些忌讳。如,面对残疾人时,切忌使用“残废”“瞎子”“聋子”等词。对体胖之人的“肥”,个矮之人的“矮”,都不应当直接说出来。

(2) 不耐烦之语。在接待工作中要表现出应有的热情与足够的耐心,要努力做到:有问必答,答必尽心;百问不烦,百答不厌;不分对象,始终如一。假如使用了不耐烦之语,不论自己的初衷是什么,都是属于不礼貌的。

(3) 不客气之语。如在劝阻服务对象不要动手乱摸乱碰时,不能够说“别乱动”“弄坏了你得赔”等。

案例 2

夏日炎炎,常有客人买西瓜回房间享用,瓜皮、瓜汁极易沾染弄脏地毯和棉织品,形成难以清除的污渍。于是,服务员 A 对客人说道:“先生,对不起,您不能在房内吃西瓜,会弄脏地毯的。请您去餐厅吧!”客人很不高兴地答道:“你怎么知道我会弄脏地毯,我就喜欢在房间里吃。”服务员 A 再次向客人解释:“实在对不起,您不能在房间里吃瓜。”客人生气地说;“房间是我的,不用你教训。酒店多的是,我马上就退房。”说罢愤然而去。

同场景下,服务员 B 是这样处理的:“先生,您好,在房间里吃瓜容易弄脏您的居住环境,我们让餐厅为您切好瓜,请您在餐桌旁吃,好吗?”客人答道:“餐厅太麻烦了。我不会弄脏房间的。”B 又建议道:“不如我们把西瓜切好,送到您房间? 省得您自己动手,您看好吗?”客人点点头,说道:“那就谢谢小姐了。”

简析:两位员工的语言可谓“小同大异”,都注意使用了礼貌用语——意图基本上一致,都提出了解决方法。但两者的实际效果是天壤之别。究其原因主要是在语言的表达中存在以下两个主要的区别:首先,考虑问题的出发点不同。服务员 A 从客人在房间吃西瓜对酒店不利的角度来解释原因,使客人认为酒店只为自身着想,并不在乎客人的感受。而服务员 B 表达出为客人的居住环境、为客人利益考虑的心愿,想客人所想,服务就显得热情亲切。其次,提出解决方法的方式相异。服务员 A 采用直截了当的方法,明确地告诉客人“不能……”似乎毫无商量的余地,使客人产生受强制之感。服务员 B 的语言组织较为委婉,显出征询客人意见的关切之情。既坚持了原则,又保住了客人的面子,满足了客人的要求。

(二) 正面对待顾客的投诉

成功的服务并不在于是否出现过与顾客公众的纠纷,而在于能够妥善处理这种纠纷。其中“妥善”处理的基本原理在于,顾客公众的抱怨有如一个安全阀,经营者应尽可能找出抱怨的原因,并拿出化解的措施。

1. 感谢顾客的投诉

不要因为被顾客责备而心情失落或觉得自己什么都不行。恰恰相反,把顾客的批评当作逆向思维,可以看成一件好事。它可以让人了解到自己的问题在哪里,便于在以后的工作中改进。

2. 顾客总是正确的

顾客的抱怨并不都是合乎情理的。能够化解不合情理的抱怨,才称得上是接受顾客抱怨的“宰相”。

3. 经得起顾客的投诉

服务工作的难点并不在于怎样去满足顾客的需求，而在于不知道顾客到底需要什么。好的服务人员的技能也只有在此时此刻能得以充分展示。换句话说，这个时候更能够看出服务质量的高低。

案例 3

一位提钱的老大娘在数钱时硬说利息给她算少了，当场责骂一位储蓄员。其实，是她误将不该享受保值补贴的几个月的补贴息也算进去了。尽管当众无辜受辱，储蓄员还是平心静气地跟大娘解释。等大娘算过账来后，赶紧跑来赔不是，还请求银行领导表扬这位好脾气的储蓄员。这位储蓄员后来获得了行里设立的“委屈奖”。经得起储户抱怨的有效措施产生了很高的效益。该行各项存款余额达 4.7 亿元，比上年增加 7 000 多万元；实现利润 900 多万元，完成全年任务的 136%；存款增长、清收欠息、实现利润等项指标在全市银行系统名列前茅。

简析：由此看来，顾客对经营者的投诉，不仅是经营者与顾客交往中难免的现象，也是企业健全的一种象征。一个企业尤其是知名度和美誉度都较高的企业，如果长期听不到顾客的“怨声”，那就潜伏着“温水里煮青蛙”的隐患。为了多得到新意见、新想法，就应该有礼貌地听取顾客的各种意见——欢迎公众“横挑鼻子竖挑眼”，感谢他们“鸡蛋里面挑骨头”。

案例 4

一位台湾客人入住江南某市一家宾馆。当行李员帮他把行李送进客房刚刚退出时，服务员小汤提一瓶开水走进房间，她面带微笑把暖瓶轻轻放到茶几上，主动询问客人：“先生，您有什么事需要我做吗？”台湾客人说：“小姐，请给我一条毛巾。”“好的。”小汤满口答应，马上出去，一会儿便用盆子端着一条干净的毛巾，来到客人面前，用夹子夹住毛巾，送给客人说：“先生，请用。”没想到客人却很不高兴，责备道：“我不要旧的，我要没有用过的新毛巾！”小汤心里一愣，却不动声色，即对客人表示：“对不起，我给您拿错了。”说完便出去换了一条新毛巾来，客人这才满意。

台湾客人泡上一杯茶——由于他喜欢喝茶，就用两袋茶叶泡一杯茶，并打开闭路电视，一边喝茶，一边看电视。茶喝过后再加水味道稍淡，他又把剩下的两袋茶叶另泡一杯。当他发觉香茶味不够时，发现茶叶已没有了。于是，客人打电话给楼层服务台，请服务员再送一些茶叶来，小汤很快就拿了几包同样的茶叶进来送给客人，没想到他大为不满地抱怨：“我不要这种绿茶，我要喝浓一点的红茶！”这时小汤心里很委屈，但却丝毫没有流露出来，再次向客人道歉说：“对不起，我又给您拿错了。”接着又去换了几包红茶来送来给客人。

此刻，客人很受感动，他发觉自己刚才两次对服务员发火太过分，不由连声向小汤道谢：“小姐，谢谢你！”脸上露出愧疚的神色。

简析：以上实例中的客人显然是错了，因为他既没有说清楚要用新毛巾，也没有明确交代要换红茶。而小汤对客人的服务并没有错。小汤主动向客人认“错”，说明她对“客人永远是对的"这句饭店服务的座右铭有着正确的认识，并具有服务员出色的素质和修养，值得称赞。具体表现在：

第一，从换毛巾到换茶叶，可以看出这位台湾客人是一个爱挑剔的客人。然而，小汤却周到、体贴地"侍候"好了这位爱挑剔的客人，展现了充分的服务质量，这是服务员一种很高的素质和修养，难能可贵。

第二，无论是新、旧毛巾之别，还是红、绿茶之分，客人一次又一次地无端指责小汤，而小汤却能自觉地承受委屈，用自己的委屈换取客人的满意，这正是服务员应努力达到的一种高尚的境界。我们十分赞成国内饭店在服务中开展"委屈奖"的评比活动，小汤获得"委屈奖"是当之无愧的。

综合练习

一、请分析下述案例中服务人员的机智应对

1. 一天早晨，某大饭店办公室主任接到报告，一部电梯的轿厢搁在10楼与11楼之间，里面有两位客人受到惊吓。他马上打通电话给尚未上班的总经理。总经理指示说：通知工程部经理迅速派人检修，查明原因，并要求大堂值班经理立即赶到现场，妥善处理客人事宜。

由于寻找大堂值班经理用了一些时间，在大堂经理尚未赶到现场时，两位受惊的客人已直接找上门来了。

"您早，先生！您早，小姐！"办公室主任面带笑容，很有礼貌地迎上前打招呼。"你是……"男客人的声音比在总经理室门外时压低了一些。"请两位这边坐。"办公室主任没有直接回答，而是先领客人到隔壁会客室，请客人沙发上坐定。"你就是总经理？"客人望着年轻的办公室主任，将信将疑地问道。"请用茶！"办公室主任招呼客人用茶，仍不作正面回答。"如果你是总经理的话，我就对你说吧。"客人还想试探一下对方的身份。"小姐，请用茶！"办公室主任"顾左右而言他"地招呼在一旁没有作声的小姐。"你们是怎么搞的，该死的电梯把我们关在里面这么久！"客人开始投诉了，"我花了钱住饭店，不是花钱买倒霉的。我拒付房费。""电梯出故障，虽说是偶然，但当然是我们饭店的责任，我先向您两位表示歉意。"办公室主任边说，边为客人斟了茶。"道歉有什么用？我还是要拒付房费，我们的性命都差点给丢了。"客人用日语对身边的小姐叽咕几句。"先生是日本人？中国话说得不错嘛。"

"Half Japan(ese)"客人冒出一句英语。"先生挺风趣，'半个日本人'。""是呀。我母亲是中国人，我父亲是日本人，我小时候在东北外婆家长大的。""噢，您是第一次来上海吗？""当然是第一次。到了上海生意还没有谈，就碰到不顺心的事，几家五星级饭店都客满了，只好住你们这家四星级的，倒霉的事今天又让我给碰到了。""想必您听说过我国有句古话叫做'好事多磨'，我可要祝福您交好运喏。"办公室主任做着祈祷的手势。"什么意思？"客人有点好奇不解。"我不相信迷信，但我却相信'好事多磨'的话。可不是，您未住进五星级饭店，却能住我们饭店，真使我们感到很荣幸。我店的电梯是日本三菱的，使用七年来，没出过一点故障，今天让您两位受惊了。我想，先生您的生意肯定会谈得很成功。"办公室主任说得像真的一样。"是吗？"客人的情绪到此时已完全变得正常了。"当然啦，我国还有一句古语，叫做'大难不死，必有后福'，虽然电梯出故障，我们要承担责任，但先生小姐有'后福'我也该祝贺呀。""你真会讲话。"客人笑了。"托你的'口彩'，生意如果谈成功，一定忘不了你。""您两位有没有受到了点小伤什么的?"办公室主任关切地询问。"伤倒没伤着,就是……早餐到现在还没有用呢。"客人似乎没有什么可说的了。"噢,非常对不起,我耽误你们用餐了。"办公室主任站了起来说:"很抱歉,我还没有自我介绍呢。我是总经理办公室主任,等总经理来了以后再请他拜访您两位。""不必了,你的接待使我们很满意,我也不是不愿意付房费,不过碰到这种不顺心的事,在气头上说说而已。"办公室主任送客人到电梯口,打招呼道别。客人用完早餐一进客房,看到一盆水果和一份总经理签名的道歉信已放在台上。男客人看着信,满面笑容地对女秘书小姐说了些什么。

2. 一位客人来哈尔滨某海鲜酒店请自己的客户就餐,但客户迟迟不来。虽然大堂内环境优雅、温馨,可这位客人却有些坐立不安。

"先生,请您把脚放下来,好吗?"当练习有素的服务员一边添加开水一边委婉地轻声提醒时,这位客人才发现自己竟不经意地把脚搁在了对面的椅子上,并很不雅观地摇摆着,同时,也引起了其他客人的频频注视。但等待中的不耐烦令这位客人极为焦躁,他未加思考,满腔怨气地将两眼盯住服务员,一字一句地说:"我偏不放下,你能怎么样?"

服务员沉默了片刻,笑了笑,说:"先生,您可真幽默,出这样的题目来考我,我觉得您的素质蛮高的。"说完,她很快转身离开,并且始终没有回头。稍后,这位客人趁弯腰弹烟灰之机,把脚静静放了下来。

二、练习服务人员常用语

1. 客人来到——"您好,欢迎光临"。

2. 客人离去、离店——"您慢走""欢迎您下次光临""再见,一路平安"。

3. 请客人重复叙述——"对不起,请您再说一遍可以吗?"

4. 客人表示致谢——"不客气""这是我应该做的""很高兴为您服务"。

5. 客人表示致歉——"没关系""不必介意""没有关系"。

6. 需要打断客人的谈话——"对不起,打扰了""对不起,给您添麻烦了"。

7. 答应客人的要求——"好的""可以""没问题"。

8. 暂时离开面对的客人——"请稍候""我马上就来"。

9. 离开客人后返回——"对不起,让您久等了""对不起,让您等候多时了"。

第四节 谈判口才

一、商务谈判的内涵与种类

(一)谈判的内涵

什么是谈判?美国谈判学会会长、著名律师杰勒德·I.尼尔伦伯格在《谈判艺术》一书中阐明:"谈判的定义最为简单,而涉及的范围却最为广泛,每一个要求满足的愿望和每一项寻求满足的需要,至少都是诱发人们展开谈判过程的潜因。只要人们为了改变相互关系而交换观点,只要人们是为了取得一致而磋商协议,他们就是在进行谈判。谈判通常是在个人之间进行的,他们或者是为了自己,或者是代表着有组织的团体。因此,可以把谈判看作人类行为的一个组成部分,人类的谈判史同人类的文明史一样长久。"也就是说,谈判是一个双方求取共识、集结共同利益、心和心互动的过程。

(二)谈判的种类

1. 根据谈判人员的数量和规模划分

(1) 个人谈判,指在项目较小或次要的谈判中,谈判双方只派出一位谈判代表,进行"一对一"形式的谈判。能够出席这类谈判的代表,大多有主见、有决断力,善于单兵作战。有时根据需要,在一些谈判成员多、规模大的谈判中,也会安排双方的首席代表针对一些关键和要害的问题进行"一对一"式的谈判。

(2) 小组谈判,指在一些规模较大、情况比较复杂的谈判中,为了提高谈判效率,双方各由若干谈判人员组成谈判小组共同参加的谈判。这种谈判组内人员有适当分工和合作,可取长补短、各尽其能。比如,中国在进入世贸组织的谈判过程中,就组织了谈判小组,经过长期协同作战,终于使我国成功加入世界贸易组织。

(3) 大型谈判,指能够影响国家声望、关系国计民生、决定国家或地方经济社会发展的重大谈判,谈判的历时比较长,程序严谨,大多会分成若干层次和阶段进行。

2. 根据谈判主体划分

(1) 企业间谈判,指为了协调企业间各种利益关系而进行的谈判。

(2) 政府间谈判,指各国政府之间或者是国内各政府部门之间的谈判。国内政府之间的谈判是为了协调和理顺各部门之间的关系,提高工作效率。各国政府之间的谈判是为某种具体的事项的协调统一而进行的,并最终达到促进世界的和平、稳定与发展的目的。

(3) 民间谈判,指为了调解家庭内部矛盾,处理家庭之间的纠纷或者协调个人之间的关系而进行的谈判。谈判主体可以是基层组织人员,双方单位代表,或者是双方可以信赖的德高望重的邻里、同事、亲友等,当然也可以是当事人直接进行谈判。

3. 根据谈判性质划分

(1) 一般性谈判,指生活中最常见的随意性比较强的、非正式的谈判。这类谈判无须做过多的准备,比如,一对夫妻在买电脑的过程中,为了说服对方同意购买自己满意的品牌所进行的非正式谈判。

(2) 专门性谈判,指专门针对经济、文化、教育等内容而进行的内容比较单一的谈判。

(3) 外交性谈判,指国与国之间进行的各种内容的谈判。这类谈判都要有充分的准备,谈判的过程比较正规和严谨,谈判的结果对双方都有很大的影响和制约。

二、谈判的标准程序

在谈判的过程中,我们只有懂得了谈判的程序才能在谈判中把握正确方法、排除干扰,最终取得圆满的结局。一般情况下,正式的谈判程序都要经历开局、概述、明示、交锋、妥协和签约六个阶段。

(一)开局阶段

这个阶段是谈正题之前的一个短暂阶段,主要是为了建立一个良好的谈判氛围,一般是双方参与谈判的人员通过自我介绍的形式相互认识，然后共同讨论一些社会新闻、娱乐消息、体育赛事等，这样，有助于双方的感情沟通，为下一步的顺利谈判创造轻松和谐的气氛。这个过程对打破紧张气氛、消除对方的防范心理是非常必要的，但时间不宜太长。

案例 1

日本首相田中角荣20世纪70年代为恢复中日邦交正常化到达北京，他怀着等待中日间最高首脑会谈的紧张心情，在迎宾馆休息。迎宾馆内气温舒适，田中角荣的心情也十分舒畅，与随从的陪同人员谈笑风生。他的秘书早饭茂三仔细看了一下房间的温度计，是"17.8℃"。这一田中角荣习惯的"17.8℃"使得他心情舒畅，也为谈判的顺利进行创造了条件。

（二）概述阶段

这个阶段是为了陈述各方立场、探测对方意图而进行的探索阶段。此时，双方的态度都表现得积极而又谨慎，一方面要通过清晰无误的概述，让对方知道自己的目标和想法，同时也要注意自己重要信息的保密；另一方面，还要通过对方的概述，迅速抓住对方的立场、策略，掌握对方的目标和需求，通过对这些有效信息的分析，快速灵活地调整谈判策略，为进一步谈判创造条件。

案例 2

日本一家著名的汽车公司在美国刚刚"登陆"时，急需找一家美国代理商来为其销售产品，以弥补他们不了解美国市场的缺陷。当日本汽车公司准备与美国的一家公司就此问题进行谈判时，日本公司的谈判代表路上塞车迟到了。美国公司的代表抓住这件事紧紧不放，想要以此为手段获取更多的优惠条件。日本公司的代表发现无路可退，于是站起来说："我们十分抱歉耽误了你的时间，但是这绝非我们的本意，我们对美国的交通状况了解不足，所以导致了这个不愉快的结果，我希望我们不要再为这个无所谓的问题耽误宝贵的时间了，如果因为这件事怀疑到我们合作的诚意，那么，我们只好结束这次谈判。我认为，我们所提出的优惠代理条件是不会在美国找不到合作伙伴的。"

在这一阶段需要注意如下问题。

(1) 在内容上要简练且重点突出。比如，"希望我们今天能够在机器的质量和技术的转让问题上取得共识，令我们双方都满意。"

(2) 在言辞和态度上，要礼貌、热情、积极和有诚意，避免使对方产生防御心理和抵触情绪。

(3) 在自己概述结束之后，要给对方留出一定的时间表达意见和进行概述。在对方陈述的时间里，要仔细地倾听，积极地提问，准确地整理对方的观点、意见，认真地分析对方的目的、动机，找出对方和自己在观点上、立场上的异同点，进一步明确己方谈判的策略。

(4) 在时间的掌握上不要太长，一般一两分钟即可。这个阶段里必须尽力争取对方的认可，因为只有在有共识的基础上，才能将谈判进一步推进。

（三）明示阶段

明示阶段是双方进入实质性问题的磋商阶段，这个阶段主要围绕以下两个内容。

1. 提出问题

双方尽量提出与对方不同的意见和看法，经过心平气和的磋商、讨论，求得快速的解决。一般双方问题主要体现在自己所求、对方所求、彼此相互之求和外表没有表露的内蕴需求上。

2. 提出方案

双方提出问题之后，各方的谈判者就要通过对对方的信息分析最佳方案，提出建议，供双方进一步讨论。

（四）交锋阶段

在这个谈判阶段里，谈判各方为了共同的利益尤其是自身的需求，运用各种策略和技巧相互争执较量，讨价还价，这是谈判的核心阶段。在交锋中，双方都据理力争，使自己处于优势地位，让对方接受自己的观点，因此会激烈争论，气氛紧张。这时，谈判者应冷静、果断，坚定自己的目标，但也不要简单强硬，而是通过各种谈判手段和技巧，找出双方都能接受的妥协方案。

本阶段需要注意的问题如下：

(1) 找出分歧点。找出主要问题的分歧点、讨价还价的空间。

(2) 排除障碍。准确判断对方的目标和需求，充分预计出自己在这些问题上的解决对策。谈判双方有时根据对方谈判人员的性格、作风、心理、气质和文化素养的不同，给对方施加不良的影响。在谈判中，一方会故意设计障碍来干扰另一方。比如，座位阳光刺眼，看不清对手的表情；会议室纷乱嘈杂，常有干扰和噪音；疲劳战术，连续谈判——在一方疲劳和困倦的时候，另一方提出一些细小但比较关键的改动。有时甚至利用外部环境施加压力。例如，我国知识产权代表团首次赴美谈判时，纽约好几家中资公司都“碰巧”关门，忙于应付所谓的反倾销活动，美方企图以此对我代表团造成一定的心理压力。在谈判中遇到对方设置的“阳光刺眼”障碍时，我们应该立即提出拉上窗帘或者更换座位的正当要求，而不要碍于面子，默默忍受。

(3) 把握好方向。谈判时，要努力促使谈判朝着有利于双方的方向发展。在谈判中，如果分歧比较大，可适当做出一些小的让步，表示出己方的诚意和良好愿望，从而要求对方同样回报，最终在双方的良好愿望下，使谈判朝着有利于双方的方向发展。

(4) 积极反应，灵活应对。每一轮交锋磋商的过程都是一次完整的回馈反应过程，我们要积极地应对。万一出现僵局时，灵活地采取缓解措施和应对办法，做到能进能退。

（五）妥协阶段

双方经过激烈的交锋后，进入妥协阶段，各方会为了谈判最终达成协议而做出一些必要的让步，这是谈判过程中必不可少的阶段和过程。

谈判人员的妥协让步既要坚持原则立场，又要不伤害对方的感情和不影响以后的长期合作，让步是每场谈判都存在的问题，让步的策略如下：

①一方先在小问题上让步，然后要求对方在重要问题上让步，即先"给"；

②不轻易让步，即己方的每一次让步都要让对方付出艰巨的努力；

③不要让步太快，同时争取自己的让步一定要导致对方的相应让步；

④让步的幅度要掌握好，尽量多给自己留下回旋的余地。

（六）签约阶段

经过双方的交锋和妥协，双方认为已经基本达到自己的目的，便根据谈判的结果议定一个文字的协议或合同，并在文件上签字，整个谈判活动即告结束。在签订协议或合同时，为了避免因遗漏和遗弃而产生纠纷，双方要认真核对，一定要字斟句酌，每个条款表述要做到全、细、明。

三、谈判口才的技巧

（一）倾听的技巧

谈判就是需要更多倾听的交际活动之一。"多听少说"是一个谈判者应具备的素质和修养。通过听，可以发掘材料，获得信息，了解对方的动机、意图并预测对方的行动意向。从某种意义上讲，"听"比"说"的重要性更大。

案例 3

三位日本商人代表日本航空公司和美国一家公司谈判。谈判从早上8点开始，进行了两个半小时。美国代表以压倒性的准备资料淹没了日方代表，他们用图表解说、电脑计算、屏幕显示以及各式的数据资料来回答日方提出的报价。而在整个过程中，日方代表只是静静地坐在一旁，一句话也没说。终于，美方的负责人关掉了机器，重新扭亮了灯光，充满信心地问日方代表："意下如何？"一位日方代表斯文有礼、面带微笑地说："我们看不懂。"美方代表的脸色忽地变得惨白："你说看不懂是什么意思？什么地方看不懂？"另一位日方代表也面带微笑地说："都不懂。"第三位日方代表以同样的方式慢慢答道："当你将会议室的灯关了之后。"美方代表松开了领带，斜倚在墙边，喘着气问："你们希望怎么做？"日方代表同声回答："请你再重复一遍。"美方代表彻底地失去了信心。谁有可能将秩序混乱而又长达两个半小时的介绍重新来过？美方终于不惜代价，只求达成协议。

简析：首先，在倾听时不要抢话和急于反驳，这样不仅会打乱别人的思路，还会耽误自己倾听。即使要反驳对方的某些观点，也应在听完对方阐述之后，对别人讲话的全貌和动机尚未全面了解就急于反驳，不仅会使自己显得浅薄，而且往往会使己方陷于被动。其次，在倾听的过程中要学会忍耐。当对方说出你不愿意听，甚至冒犯你的话时，只要对方未表示已经说完，都应当倾听下去，切不可打断说话，甚至反击或离席，以免掉入对方为你设下的"陷阱"里。

案例 4

爱迪生在做某公司电气技师时，他的某项发明获得了专利。一天，公司经理突然派人把爱迪生叫到经理室，表示愿意购买爱迪生的发明专利，并让爱迪生先报价。爱迪生想了想，回答道："我的发明对公司有怎样的价值，我是不知道的，请你先开个价吧。""那好吧，我出 40 万，怎么样？"经理爽快地先报了价。谈判顺利结束了。事后，爱迪生这样说："我原来只想把专利卖 5 000 美元，因为在实验上还要用很多钱，所以，再便宜些我也是肯卖的。"

简析：一般人往往以为在谈判中，讲话多的一方占上风，最后一定会取得谈判的成功。其实不然，如果谈判中有一方说话滔滔不绝，垄断了大部分时间，那也就没有谈判可言了。因而应适当地给自己创造倾听的机会，尽量多给对方说话的机会。像爱迪生那样通常在简明地表达自己的意见以后，加上一句："我很想听听贵方的高见。"或："请问您的意见如何？"从而巧妙地把发言的机会让给对方。

总之，倾听不仅可以了解对方真实的需要，感知对方的心理状态，而且可以改善谈判双方的关系，促进谈判的进程和双方的合作。倾听是谈判语言的一个重要形式，也是谈判者必须具备的一个素养。

(二)问的技巧

问话首先要有一定的目的，然后通过一定的方式表达出来。为了获得良好的提问效果，需掌握以下发问要诀：

(1) 提问的时机必须把握好，既不能太早，又不能太晚。太早容易过早地将谈判意图暴露给对方，太晚又影响谈判的进程。在对方发言时，如果我们脑中闪现出疑问，千万不要中止倾听对方的谈话而急于提问题。这时我们可先把问题记录下来，等待对方讲完后，有合适的时机再提出问题。通过总结对方的发言，可以了解对方的心态，掌握对方的背景，这样发问才有针对性。此外，不要在对某一话题的讨论兴致正浓时提出新的问题，而要先转移话题的方向，然后再提出新的问题，这样做有利于对方集中精力构思答案。

(2) 适当的时候，我们可以将一个已经发生，并且已知答案的问题提出来，验证一下对方的诚实程度，及其处理事务的态度。同时，这样做也可给对方一个暗示，即我们对整个交易的行情是了解的，有关对方的情况我们也是掌握得很充分的。这样做可以帮助我们进行下一步的合作决策。

案例 5

有一次，华盛顿家里丢了一匹马，他获悉是一位邻居偷走了，就同一位警官去索要。但邻居声称那是他自己家的马，华盛顿灵机一动，走上前去，用双手捂住马的眼睛，然后对邻居说："告诉我，你的马哪只眼睛瞎了？""右眼。"邻居答道。华盛顿放开蒙右眼的手，马的右眼并不瞎。"我说错了，马的左眼才是瞎的。"邻居急着争辩道。华盛顿放开蒙左眼的手，马的左眼也不瞎。"我又说错了……"邻居还想狡辩。"是的，你错了。"警官说，"已经证明马不是你的了，你必须把它还给华盛顿先生。"

简析:以我们熟知的内容作为问题提出并以此来验证对方的诚实程度,有利于谈判的顺利进行。

(三)答的技巧

(1) 回答问题之前,要给自己留有思考时间。为了使回答问题的结果对自己更有利,在回答对方的问题前要做好准备,以便构思好问题的答案。回答的准备工作包括三项内容:一是心理准备。即在对方提问后,要利用喝水、翻笔记本等动作来延缓时间,以稳定情绪,而不是急于回答。二是了解问题。即要弄清对方所提问题的真实含义,以免把不该回答的问题也答了出来。三是准备答案。答案应只包括那些该回答的部分。

(2) 部分回答。谈判中有一种"投石问路"的策略,即谈判方借助一连串的发问来获得己方所需要的信息和资料,此时不应对其所有问题都进行回答,以免使其获得我方许多重要的情报而使我方谈判处于不利地位。这时可只作局部的答复,使对方不了解我方的底牌。

(3) "答非所问"。当有些问题不好回答时,回避答复的方法之一是"答非所问",即似乎在回答该问题,而实际上并未对这个问题表态。

(4) 拖延答复。谈判中有时在表态时机未到的情况下可采取拖延答复的方式。你可用"记不得了"或"资料不全"来拖延答复。有时还可以让对方寻找答案,亦即让对方自己澄清他所提出的问题。例如可以这样说:"在回答你的问题之前,我想先听一听你的意见。"

(5) 模糊答复。这种答复的特点是借助一些宽泛模糊的语言进行答复,使自己的回答具有弹性,即使在意外情况下也无懈可击。它可以起到缓和谈判气氛,使谈判顺利进行,同时保护己方机密的作用。比如说:"这件事我们会尽快解决。"这里的"尽快"就很有弹性,具体时间到底是什么时候,并没有说清楚,有很大的回旋余地。

(6) 反问。其特点是在倾听完对方的问题后,通过抓住关键的问题向对方反问以掌握主动。例如,买方:"请谈一下贵方价格比去年上涨10%的原因。"卖方:"物价上涨与成本提高的关系是不言而喻的。当然如果你对这个提价幅度感到不满意的话,我很乐意就你觉得不妥的某些具体问题予以解释澄清,请问什么方面使你觉得不妥?"

总之,回答问题的要诀在于知道该说什么,不该说什么,回答到什么程度,不必过多考虑所回答的是否对题。谈判毕竟不是做题,很少有"对"或"错"那么确定而简单的回答。在答复时,若对方打岔,则让他这样做下去,不要干涉他。这会对你以后的答复提供有用的信息。

(四)辩论的技巧

论辩具有较高的技巧性,作为一名谈判者,要不断提高自己的思辨能力,在论辩中取得良好的效果。

(1) 要观点明确。谈判中的论辩就是论证自己的观点、反驳对方观点的过程,因此必须做好材料的选择、整理、加工工作。论辩中,事实材料要符合观点的要求,以免出现漏洞。在充分讲理由、提根据的基础上，反驳对方的观点，从而达到“一语中的”的目的。

(2) 要逻辑严密。谈判中的论辩过程常常是在相互发难中完成的。一个优秀的谈判者应该头脑冷静、思维敏捷，才能应付各种各样的局面。在论辩时要运用逻辑的力量。真理是在相互论辩中产生的，在谈判条件相差不多的情况下，谁在论辩中能思维敏捷、逻辑严密，谁就能取得胜利。

(3) 态度要客观公正。谈判中的论辩要充分体现现代文明，不论双方的观点如何不同，态度要客观，措辞要准确，要以理服人，决不能侮辱诽谤、尖酸刻薄和进行人身攻击。

(4) 不纠缠枝节。参加论辩的人要把精力集中在主要问题上，而不要陷入枝节问题的纠缠中。反驳对方的错误观点要抓住要害，有的放矢，坚决反对那种断章取义、强词夺理等不健康的论辩方法。论证自己的观点时要突出重点、层次分明、简明扼要，不要东拉西扯、言不对题。

(5) 适可而止。谈判中论辩的目的是证明自己观点的正确，以争取有利于自己的谈判结果。因此，论辩一旦达到目的，就要适可而止，不可穷追不舍。切记，谈判不是进行争高比低的竞争。

(6) 处理好优劣势。论辩一旦占有上风时，要以强势压顶，气度恢弘，并注意借助语调、手势的配合，渲染自己的观点，但不可轻妄、放纵、得意忘形、口若悬河、独占讲坛。须知，谈判中的优劣势是相对的，而且是可以转化的。谈判桌前不是显示表达能力的地方，那种不看场合、不问对象的做法，反而会弄巧成拙。

(7) 注意举止气度。谈判中的论辩应注意举止气度。这样不仅能给人留下良好的印象，而且在一定程度上能促使论辩气氛的健康发展。须知，一个人的良好形象有时会比他的语言更有力。

（六）说服的技巧

在说服艺术中，运用历史经验或事实去说服别人，无疑比那种直截了当地说一番大道理要有效得多。善于劝说的谈判者懂得人们做事、处理问题都是受个人的具体经验影响的，抽象地讲大道理的说服远远比不上运用经验和例证去进行劝说。

案例 6

第二次世界大战期间，美国一些科学家试图说服罗斯福总统重视原子弹的研制，以遏制法西斯德国的全球扩张战略。他们委托总统的私人顾问、经济学家萨克斯出面说服总统。但是，不论是科学家爱因斯坦的长信，还是萨克斯的陈述，总统一概不感兴趣。为了表示歉意，总统邀请萨克斯次日共进早餐。第二天早上，一见面，罗斯福就以攻为守地说：“今天不许再谈爱因斯坦的信，一句也不谈，明白吗？”萨克斯说：“英法战争期间，在欧洲大陆上不可一世的拿破仑在海上屡战屡败。这时，一位年轻的美国发明家富尔顿来到了这位法国皇帝面前，建议把法国战船的桅杆砍掉，撤去风帆，装上蒸汽机，把木板换成钢板。拿破仑却想：船没有帆就不能行走，木板换成钢板就会沉没。于是，他二话没说，就把富尔顿轰了出去。历史学家们在评论这段历史时认为，如果拿破仑采纳了富尔顿的建议，19

世纪的欧洲史就得重写。"萨克斯说完，目光深沉地望着总统。罗斯福总统默默沉思了几分钟，然后取出一瓶拿破仑时代的法国白兰地，斟满了一杯，递给萨克斯，轻缓地说："你胜利了。"萨克斯顿时热泪盈眶，他终于成功地运用实例说服总统做出了美国历史上最重要的决策。

简析：萨克斯并没有一开口便直接说服罗斯福总统接受自己的建议，而是采用迂回的方式，给总统讲了"拿破仑拒绝采纳富尔顿建议"的故事，终于说服了总统做出了发展核武器这个十分重大的决定。

综合练习

一、分析下列谈判双方的对话

1. 谈判双方见面对话

"欢迎你，见到你真高兴！"

"我也十分高兴能来到这里——这笔买卖如何？"

"这笔买卖对你我都至关重要，但首先请允许我对你的平安抵达表示祝贺。旅途愉快吗？"

"非常愉快——交货还有什么困难吗？"

"这个问题也是我们这次要讨论的——途中饮食怎么样？来点咖啡好吗？"

2. 旧货店中顾客和店员之间讨价还价的对话

顾客："这个铜盘卖多少钱？"

营业员："这个铜盘很漂亮，只卖55元。"

顾客："喂，你看上面还有凹痕，我看只值15元。"

营业员："假如你真的想买，请你认真出个价钱好不好？15元太少了。"

顾客："好吧！我把价钱提到20元。可是我不会接受55元这个价钱。你出个合理价钱吧！"

营业员："小姐，你杀价太凶了。那么40元吧！"

顾客："25元！"

营业员："我的成本还不止25元哩！请你再认真出个价钱。"

顾客："37元。这是我愿意付出的最高价。"

营业员："你看到盘上的刻花吧！这种盘子到了明年，价钱将是你现在付出的两倍。"

二、案例分析

1. 一位世界著名谈判家的邻居是一位医生，在一次台风过后，医生的房子受到了严重的损害。医生希望能从保险公司多获得一些赔偿，但自感自己没有这种能力，于是找到了这位谈判家。

谈判家答应帮忙，并问医生："你希望能得到多少赔偿呢？"

医生回答："我希望通过你的帮助，保险公司能赔偿我500美元。"

谈判家点点头，然后又问道："那么请你实实在在地告诉我，这场台风究竟使你损失了多少钱？"

医生回答道："我的房子实际损失在500美元以上。"

几个小时以后，保险公司的理赔调查员找到了谈判家，并对他说："我知道，像您这样的专家，对于大数目的谈判是权威，但这次您恐怕无法发挥才能了，因为根据现场的调查情况，我们不可能赔得太多。请问，如果我们只赔您300美元，您觉得怎么样？"

谈判家沉吟了一会，然后对调查员说："你的顾客受到这么大的损失，你居然还有心思开玩笑？任何人都不可能接受这样的条件。"双方沉默了一会儿，理赔调查员打破了僵局："您别把刚才的价钱放在心上，不过我们最多也就能赔400美元了。"

谈判家回答说："看一看毁坏的现场，你就会知道这点钱是多么的可怜。绝对不行！"

"好吧，好吧，500美元总该行了吧？"

"小伙子，别轻易下结论，我们再一起去看看现场吧。"

在谈判家的一再坚持下，这一桩房屋理赔案的谈判，最终竟以不可思议的1500美元的赔偿费了结，这大大出乎医生的预料。

问题：谈判家到底从理赔员的谈话中听出了什么，以致他放心大胆地与对方讨价还价，甚至当对方已出到他和医生预先设定的价格时仍不让步？

2. 江西省某工艺雕刻厂原是一家濒临倒闭的小厂，经过几年的努力，发展为产值200多万元的规模，产品打入日本市场，战胜了其他国家在日本经营多年的厂家，被誉为"天下第一雕刻"。有一年，日本三家株式会社的老板同一天接踵而至，到该厂定货。其中一家资本雄厚的大商社，要求原价包销该厂的佛坛产品。这应该说是好消息。但该厂想到，这几家原来都是经销韩国和中国台湾地区产品的商社，为什么争先恐后、不约而同到本厂来定货？他们查阅了日本市场的资料，得出的结论是本厂的木材质量上乘，技艺高超是吸引外商定货的主要原因。于是该厂采用了"待价而沽"、"欲擒故纵"的谈判策略。先不理那家大商社，而是积极抓住两家小商社求货心切的心理，把佛坛的梁、榴、柱，分别与其他国家的产品做比较。在此基础上，该厂将产品当金条一样争价钱、论成色，使其价格达到理想的高度。首先与小商社拍板成交，造成那家大客商产生失落货源的危机感。那家大客商不但更急于定货，而且想垄断货源，于是大批定货，以致定货数量超过该厂现有生产能力的好几倍。

问题：分析中方在上面谈判中所运用的谈判策略。

三、思考

1. 谈判前谈判者要进行哪些方面的准备？

2. 谈判过程中怎样应对反对意见？

附录一 延伸阅读篇目

陈鼓应《老子今注今译》
杨伯峻《论语译注》
朱东润《左传选注》
陈鼓应《庄子今注今译》
杨伯峻《孟子译注》
余冠英《乐府诗选》
牛宝彤选《唐宋八大家文选》
王伯祥《史记选》
周振甫《文心雕龙选译》
朱光潜《西方美学史》
韦勒克·沃伦《文学理论》
李密《陈情表》
王羲之《兰亭集序》
韩愈《原性》
柳宗元《永州八记》
张岱《西湖七月半》
钱钟书《论快乐》
郁达夫《钓台的春昼》
巴金《秋夜》
傅雷《傅雷家书》
季羡林《幽径悲剧》
汪曾祺《多年父子成兄弟》
老舍《母亲》
蒙田《蒙田散文集》
余冠英《国风选译》
陶渊明《饮酒》组诗
杜甫《秋兴八首》
李商隐《无题》组诗
温庭筠《菩萨蛮》
冯延巳《鹊踏枝》
周邦彦《兰陵王》
张元干《贺新郎》
龚自珍《己亥杂诗》
朱湘《残灰》
李金发《夜之歌》
冯至《十四行诗集》
艾青《雪落在中国的土地上》
郑敏《金黄的稻束》
李瑛《黄河落日》
食指《这是四点零八分的北京》
徐敬亚《一代》
海子《五月的麦地》
吴敬梓《儒林外史》
鲁迅《伤逝》《野草》
郁达夫《沉沦》
钱钟书《围城》
沈从文《边城》
张爱玲《金锁记》
陈忠实《白鹿原》
张炜《九月寓言》
莫言《红高粱》
白先勇《游园惊梦》
加西亚·马尔克斯《一件事先张扬的凶杀案》
简·奥斯汀《傲慢与偏见》
司汤达《红与黑》
福楼拜《包法利夫人》
狄更斯《双城记》
列夫·托尔斯泰《安娜·卡列尼娜》
爱伦·坡《厄舍古屋的倒塌》
契诃夫《第六病室》
莫泊桑《羊脂球》

加西亚·马尔克斯《百年孤独》
麦尔维尔《白鲸》
米兰·昆德拉《不能承受的生命之轻》
川端康成《雪国》
王实甫《西厢记》
洪昇《长生殿》
孔尚任《桃花扇》
夏衍《上海屋檐下》
高行健、刘会远《绝对信号》
老舍《茶馆》
索福克勒斯《俄狄浦斯王》
莎士比亚《威尼斯商人》
易卜生《人民公敌》
契诃夫《海鸥》
贝克特《等待多戈》
尤金·奥尼尔《天边外》
泰戈尔《泰戈尔诗选》
艾略特《荒原》

附录二　应用文写作常用词语释义

台鉴：请您审阅的意思。台，对别人的敬称；鉴，审查的意思。

惠鉴：有劳您审阅的意思。惠，有求于人的敬辞。

雅鉴：请您指教、审阅的意思。雅，高尚不俗，对别人的敬誉之辞。

钧鉴：请您审阅的意思（对尊长或上级用）。

谨悉：谨慎地知道。悉，知道，了解。

台览：请您审阅的意思。览，阅看。

已悉：已经知道了。

收悉：收到并知道了。

兹有：现在有。兹，这里，现在。

兹对：现在对。

兹将：现在把。

顷接：刚才接到。顷，刚才。

拜托：托人办事的敬辞。

恭候：恭敬地等着。

光临：敬辞，称宾客到来。

惠临：敬称对方到自己这里来。

届时：到时候。届，到。

恳请：诚恳地请求。

莅临：到来，来临。莅，到。

乔迁：①搬到好地方住；②官职升高。

为荷：甚为感谢的意思。

笑纳：请人收下礼物的客套话。

谢忱：感谢的心意。

雅正：请对方指教，常用于书画题款上的客套话。

奉笺：接到来信的意思。

本拟：本来打算的意思。

拟订：草拟的意思。

拟于：打算在的意思。

就地：在原来的地方（不到别处）。

就绪：已经安排好的意思。

应予：应该给予的意思。

希予：希望给予的意思。

不予：不给予的意思。

径向：直接向的意思

径与：直接同的意思。

均应：都应该的意思

查复：检查后再作答复。

查收：检查后收下的意思。

查询：检查询问的意思。

当即：当时、立刻就的意思。

接洽：接洽、联系的意思。

洽商：接洽商谈的意思。同“洽谈”。

洽妥：接洽妥当。

赓即：接着、立即的意思。

竭诚：竭尽忠诚，全心全意。

歉难：对方提出的要求难以满足，表示抱歉。

尚望：还希望的意思。

孔殷：十分急切的意思。孔，很，十分；殷，深厚。

疲软：商品销路不好，行情价格低落。

坚挺：商品销路好，很受人欢迎，行情价格上涨。

鉴宥：请求审查原谅的意思。

核示：审核批示的意思。

迭函：迭，屡次；函，发信。

函达：写信表达的意思。

函复：回信答复的意思。

函催：发信催促的意思。

函复：写信答复的意思。

函告：写信告知的意思。

见复：见，古汉语中第一人称代词。“见复”即答复我。

见谅：请原谅我的意思。

此复：就这样答复的意思。

惠纳：承您照顾能接受的意思。

诚盼：诚恳盼望的意思。

为荷：受到你们的恩惠，引申为感谢你们的帮助的意思。“为”，是的意思；“荷”，承受别人的恩惠的意思。

为盼：所盼望的意思。

台祺：您吉祥的意思。

见谅：请原谅我的意思。

业已：即已经。

业经：即已经。

备查：供查考。备，准备、提供的意思。

备考：书册、文件、表格中供参考的附录或附注。

存查：保存起来以备查考。

参照：参考并仿照。

定案：对方案、案件等所做的最后决定。

核准：核审后批准。

面洽：当面商量。洽：商量，接洽。

申明：郑重说明。申，申述，说明。

签发：由主管人审核后，签上名字，正式发出。签，书写姓名。

签署：在重要文件上正式签字。署，题写名字。

批复：上级对下级答复请示事项用的公文。

纪要：记录要点用的文字。

颁布：公布、发布（命令指示等）。

嘉奖：（上对下）赞许、奖励。嘉，夸奖；奖，奖励。

兹：①这里；②现在。

事宜：关于事情的安排处理。

当否：是否合适。

晋级：提升等级。晋，升。

列席：参加会议，有发言权，无表决权。

鉴于：考虑到，觉察到。

就绪：事情安排妥当。就，趋于，归于；绪，条理。

债主：借给别人钱收取利息的人。

调拨：调动拨付（物资）。

托付：①委托银行部门付给（钱款）；②委托别人照料或办理。

托运：委托运输者运送（行李、货物）。

债权：要求债务人按照合同的约定或者依照法律的规定履行义务，偿还钱财。

收讫：收清（“收讫”两个字常刻成戳子，加盖在发票或其他单据上）。

标的：合同当事人权利义务所指的对象，如货物、劳务、工程项目。

索供：请求成交供货。

售罄：货物卖光。

打烊：晚上关门停止营业。

勘验：实地察看。

赃物：以贪污、受贿或盗窃等不正当手段得来的财物。

公证：指公证组织接受当事人申请公证后，依法将当事人所申请的公证法律行为或具有法律意义的文件和事实予以证明，以确认其真实性和合法性。

起诉状：原告向法院提起诉讼的文书。

公诉：刑事诉讼的一种方式，由检察机关代表国家对认为确有犯罪行为、应负刑事责任的人向法院提起诉讼（区别于“自诉”）》

自诉:刑事诉讼的一种方式,由被害人自己向法院起诉(区别于"公诉")。

辩护:法院审理案件时,被告人或辩护人针对控诉进行申辩的活动。

答辩:被告人或被上诉人对原告或上诉人提出的诉讼理由进行回答与辩解。

上诉:当事人不服地方各级人民法院判决、裁定,按法律规定程序,向上一级法院提起改判要求。

申诉:当事人、法定代理人对已经发生法律效力的判决、裁定认为确有错误的,可以向原审人民法院或上级人民法院,提出重新审理的要求。但是,申诉不停止判决、裁定的执行。

取保:找保人。

反诉:在同一案件中,被告向原告提起诉讼。

副本:原稿以外的誊录本。

附录三　党政机关公文处理工作条例

第一章　总　则

第一条　为了适应中国共产党机关和国家行政机关（以下简称“党政机关”）工作需要，推进党政机关公文处理工作科学化、制度化、规范化，制定本条例。

第二条　本条例适用于各级党政机关公文处理工作。

第三条　党政机关公文是党政机关实施领导、履行职能、处理公务的具有特定效力和规范体式的文书，是传达贯彻党和国家的方针政策，公布法规和规章，指导、布置和商洽工作，请示和答复问题，报告、通报和交流情况等的重要工具。

第四条　公文处理工作是指公文拟制、办理、管理等一系列相互关联、衔接有序的工作。

第五条　公文处理工作应当坚持实事求是、准确规范、精简高效、安全保密的原则。

第六条　各级党政机关应当高度重视公文处理工作，加强组织领导，强化队伍建设，设立文秘部门或者由专人负责公文处理工作。

第七条　各级党政机关办公厅（室）主管本机关的公文处理工作，并对下级机关的公文处理工作进行业务指导和督促检查。

第二章　公文种类

第八条　公文种类主要有：

（一）决议。适用于会议讨论通过的重大决策事项。

（二）决定。适用于对重要事项作出决策和部署、奖惩有关单位和人员、变更或者撤销下级机关不适当的决定事项。

（三）命令（令）。适用于公布行政法规和规章、宣布施行重大强制性措施、批准授予和晋升衔级、嘉奖有关单位和人员。

（四）公报。适用于公布重要决定或者重大事项。

（五）公告。适用于向国内外宣布重要事项或者法定事项。

（六）通告。适用于在一定范围内公布应当遵守或者周知的事项。

（七）意见。适用于对重要问题提出见解和处理办法。

（八）通知。适用于发布、传达要求下级机关执行和有关单位周知或者执行的事项，批转、转发公文。

（九）通报。适用于表彰先进、批评错误、传达重要精神和告知重要情况。

（十）报告。适用于向上级机关汇报工作、反映情况，回复上级机关的询问。

(十一)请示。适用于向上级机关请求指示、批准。

(十二)批复。适用于答复下级机关请示事项。

(十三)议案。适用于各级人民政府按照法律程序向同级人民代表大会或者人民代表大会常务委员会提请审议事项。

(十四)函。适用于不相隶属机关之间商洽工作、询问和答复问题、请求批准和答复审批事项。

(十五)纪要。适用于记载会议主要情况和议定事项。

第三章 公文格式

第九条 公文一般由份号、密级和保密期限、紧急程度、发文机关标志、发文字号、签发人、标题、主送机关、正文、附件说明、发文机关署名、成文日期、印章、附注、附件、抄送机关、印发机关和印发日期、页码等组成。

(一)份号。公文印制份数的顺序号。涉密公文应当标注份号。

(二)密级和保密期限。公文的秘密等级和保密的期限。涉密公文应当根据涉密程度分别标注"绝密""机密""秘密"和保密期限。

(三)紧急程度。公文送达和办理的时限要求。根据紧急程度,紧急公文应当分别标注"特急""加急",电报应当分别标注"特提""特急""加急""平急"。

(四)发文机关标志。由发文机关全称或者规范化简称加"文件"二字组成,也可以使用发文机关全称或者规范化简称。联合行文时,发文机关标志可以并用联合发文机关名称,也可以单独用主办机关名称。

(五)发文字号。由发文机关代字、年份、发文顺序号组成。联合行文时,使用主办机关的发文字号。

(六)签发人。上行文应当标注签发人姓名。

(七)标题。由发文机关名称、事由和文种组成。

(八)主送机关。公文的主要受理机关,应当使用机关全称、规范化简称或者同类型机关统称。

(九)正文。公文的主体,用来表述公文的内容。

(十)附件说明。公文附件的顺序号和名称。

(十一)发文机关署名。署发文机关全称或者规范化简称。

(十二)成文日期。署会议通过或者发文机关负责人签发的日期。联合行文时,署最后签发机关负责人签发的日期。

(十三)印章。公文中有发文机关署名的,应当加盖发文机关印章,并与署名机关相符。有特定发文机关标志的普发性公文和电报可以不加盖印章。

(十四)附注。公文印发传达范围等需要说明的事项。

(十五)附件。公文正文的说明、补充或者参考资料。

(十六)抄送机关。除主送机关外需要执行或者知晓公文内容的其他机关,应当使用机关全称、规范化简称或者同类型机关统称。

（十七）印发机关和印发日期。公文的送印机关和送印日期。

（十八）页码。公文页数顺序号。

第十条　公文的版式按照《党政机关公文格式》国家标准执行。

第十一条　公文使用的汉字、数字、外文字符、计量单位和标点符号等，按照有关国家标准和规定执行。民族自治地方的公文，可以并用汉字和当地通用的少数民族文字。

第十二条　公文用纸幅面采用国际标准 A4 型。特殊形式的公文用纸幅面，根据实际需要确定。

第四章　行文规则

第十三条　行文应当确有必要，讲求实效，注重针对性和可操作性。

第十四条　行文关系根据隶属关系和职权范围确定。一般不得越级行文，特殊情况需要越级行文的，应当同时抄送被越过的机关。

第十五条　向上级机关行文，应当遵循以下规则：

（一）原则上主送一个上级机关，根据需要同时抄送相关上级机关和同级机关，不抄送下级机关。

（二）党委、政府的部门向上级主管部门请示、报告重大事项，应当经本级党委、政府同意或者授权；属于部门职权范围内的事项应当直接报送上级主管部门。

（三）下级机关的请示事项，如需以本机关名义向上级机关请示，应当提出倾向性意见后上报，不得原文转报上级机关。

（四）请示应当一文一事。不得在报告等非请示性公文中夹带请示事项。

（五）除上级机关负责人直接交办事项外，不得以本机关名义向上级机关负责人报送公文，不得以本机关负责人名义向上级机关报送公文。

（六）受双重领导的机关向一个上级机关行文，必要时抄送另一个上级机关。

第十六条　向下级机关行文，应当遵循以下规则：

（一）主送受理机关，根据需要抄送相关机关。重要行文应当同时抄送发文机关的直接上级机关。

（二）党委、政府的办公厅（室）根据本级党委、政府授权，可以向下级党委、政府行文，其他部门和单位不得向下级党委、政府发布指令性公文或者在公文中向下级党委、政府提出指令性要求。需经政府审批的具体事项，经政府同意后可以由政府职能部门行文，文中须注明已经政府同意。

（三）党委、政府的部门在各自职权范围内可以向下级党委、政府的相关部门行文。

（四）涉及多个部门职权范围内的事务，部门之间未协商一致的，不得向下行文；擅自行文的，上级机关应当责令其纠正或者撤销。

（五）上级机关向受双重领导的下级机关行文，必要时抄送该下级机关的另一个上级机关。

第十七条 同级党政机关、党政机关与其他同级机关必要时可以联合行文。属于党委、政府各自职权范围内的工作,不得联合行文。

党委、政府的部门依据职权可以相互行文。

部门内设机构除办公厅(室)外不得对外正式行文。

第五章 公文拟制

第十八条 公文拟制包括公文的起草、审核、签发等程序。

第十九条 公文起草应当做到:

(一)符合党的理论路线方针政策和国家法律法规,完整准确体现发文机关意图,并同现行有关公文相衔接。

(二)一切从实际出发,分析问题实事求是,所提政策措施和办法切实可行。

(三)内容简洁,主题突出,观点鲜明,结构严谨,表述准确,文字精练。

(四)文种正确,格式规范。

(五)深入调查研究,充分进行论证,广泛听取意见。

(六)公文涉及其他地区或者部门职权范围内的事项,起草单位必须征求相关地区或者部门意见,力求达成一致。

(七)机关负责人应当主持、指导重要公文起草工作。

第二十条 公文文稿签发前,应当由发文机关办公厅(室)进行审核。审核的重点是:

(一)行文理由是否充分,行文依据是否准确。

(二)内容是否符合党的理论路线方针政策和国家法律法规;是否完整准确体现发文机关意图;是否同现行有关公文相衔接;所提政策措施和办法是否切实可行。

(三)涉及有关地区或者部门职权范围内的事项是否经过充分协商并达成一致意见。

(四)文种是否正确,格式是否规范;人名、地名、时间、数字、段落顺序、引文等是否准确;文字、数字、计量单位和标点符号等用法是否规范。

(五)其他内容是否符合公文起草的有关要求。

需要发文机关审议的重要公文文稿,审议前由发文机关办公厅(室)进行初核。

第二十一条 经审核不宜发文的公文文稿,应当退回起草单位并说明理由;符合发文条件但内容需作进一步研究和修改的,由起草单位修改后重新报送。

第二十二条 公文应当经本机关负责人审批签发。重要公文和上行文由机关主要负责人签发。党委、政府的办公厅(室)根据党委、政府授权制发的公文,由受权机关主要负责人签发或者按照有关规定签发。签发人签发公文,应当签署意见、姓名和完整日期;圈阅或者签名的,视为同意。联合发文由所有联署机关的负责人会签。

第六章 公文办理

第二十三条 公文办理包括收文办理、发文办理和整理归档。

第二十四条 收文办理主要程序是:

(一)签收。对收到的公文应当逐件清点,核对无误后签字或者盖章,并注明签收时间。

(二)登记。对公文的主要信息和办理情况应当详细记载。

(三)初审。对收到的公文应当进行初审。初审的重点是:是否应当由本机关办理,是否符合行文规则,文种、格式是否符合要求,涉及其他地区或者部门职权范围内的事项是否已经协商、会签,是否符合公文起草的其他要求。经初审不符合规定的公文,应当及时退回来文单位并说明理由。

(四)承办。阅知性公文应当根据公文内容、要求和工作需要确定范围后分送。批办性公文应当提出拟办意见报本机关负责人批示或者转有关部门办理;需要两个以上部门办理的,应当明确主办部门。紧急公文应当明确办理时限。承办部门对交办的公文应当及时办理,有明确办理时限要求的应当在规定时限内办理完毕。

(五)传阅。根据领导批示和工作需要将公文及时送传阅对象阅知或者批示。办理公文传阅应当随时掌握公文去向,不得漏传、误传、延误。

(六)催办。及时了解掌握公文的办理进展情况,督促承办部门按期办结。紧急公文或者重要公文应当由专人负责催办。

(七)答复。公文的办理结果应当及时答复来文单位,并根据需要告知相关单位。

第二十五条 发文办理主要程序是:

(一)复核。已经发文机关负责人签批的公文,印发前应当对公文的审批手续、内容、文种、格式等进行复核;需作实质性修改的,应当报原签批人复审。

(二)登记。对复核后的公文,应当确定发文字号、分送范围和印制份数并详细记载。

(三)印制。公文印制必须确保质量和时效。涉密公文应当在符合保密要求的场所印制。

(四)核发。公文印制完毕,应当对公文的文字、格式和印刷质量进行检查后分发。

第二十六条 涉密公文应当通过机要交通、邮政机要通信、城市机要文件交换站或者收发件机关机要收发人员进行传递,通过密码电报或者符合国家保密规定的计算机信息系统进行传输。

第二十七条 需要归档的公文及有关材料,应当根据有关档案法律法规以及机关档案管理规定,及时收集齐全、整理归档。两个以上机关联合办理的公文,原件由主办机关归档,相关机关保存复制件。机关负责人兼任其他机关职务的,在履行所兼职务过程中形成的公文,由其兼职机关归档。

第七章 公文管理

第二十八条 各级党政机关应当建立健全本机关公文管理制度,确保管理严格规范,充分发挥公文效用。

第二十九条 党政机关公文由文秘部门或者专人统一管理。设立党委(党组)的县级以上单位应当建立机要保密室和机要阅文室,并按照有关保密规定配备工作人员和必要的安全保密设施设备。

第三十条　公文确定密级前，应当按照拟定的密级先行采取保密措施。确定密级后，应当按照所定密级严格管理。绝密级公文应当由专人管理。

公文的密级需要变更或者解除的，由原确定密级的机关或者其上级机关决定。

第三十一条　公文的印发传达范围应当按照发文机关的要求执行；需要变更的，应当经发文机关批准。

涉密公文公开发布前应当履行解密程序。公开发布的时间、形式和渠道，由发文机关确定。

经批准公开发布的公文，同发文机关正式印发的公文具有同等效力。

第三十二条　复制、汇编机密级、秘密级公文，应当符合有关规定并经本机关负责人批准。绝密级公文一般不得复制、汇编，确有工作需要的，应当经发文机关或者其上级机关批准。复制、汇编的公文视同原件管理。

复制件应当加盖复制机关戳记。翻印件应当注明翻印的机关名称、日期。汇编本的密级按照编入公文的最高密级标注。

第三十三条　公文的撤销和废止，由发文机关、上级机关或者权力机关根据职权范围和有关法律法规决定。公文被撤销的，视为自始无效；公文被废止的，视为自废止之日起失效。

第三十四条　涉密公文应当按照发文机关的要求和有关规定进行清退或者销毁。

第三十五条　不具备归档和保存价值的公文，经批准后可以销毁。销毁涉密公文必须严格按照有关规定履行审批登记手续，确保不丢失、不漏销。个人不得私自销毁、留存涉密公文。

第三十六条　机关合并时，全部公文应当随之合并管理；机关撤销时，需要归档的公文经整理后按照有关规定移交档案管理部门。

工作人员离岗离职时，所在机关应当督促其将暂存、借用的公文按照有关规定移交、清退。

第三十七条　新设立的机关应当向本级党委、政府的办公厅(室)提出发文立户申请。经审查符合条件的，列为发文单位，机关合并或者撤销时，相应进行调整。

第八章　附　则

第三十八条　党政机关公文含电子公文。电子公文处理工作的具体办法另行制定。

第三十九条　法规、规章方面的公文，依照有关规定处理。外事方面的公文，依照外事主管部门的有关规定处理。

第四十条　其他机关和单位的公文处理工作，可以参照本条例执行。

第四十一条　本条例由中共中央办公厅、国务院办公厅负责解释。

第四十二条　本条例自 2012 年 7 月 1 日起施行。1996 年 5 月 3 日中共中央办公厅发布的《中国共产党机关公文处理条例》和 2000 年 8 月 24 日国务院发布的《国家行政机关公文处理办法》停止执行。

附录四　普通话水平测试模拟试卷

一、读单音节字词(100 个音节,共 10 分,限时 3.5 分钟)

塔　抹　自　败　谁　扣　真　符　送　卡
孕　薛　女　闰　卵　快　跨　雄　拧　迭
炸　错　思　带　饶　竿　韧　棱　比　吓
群　雀　瓮　滚　睡　阔　刮　窘　评　篇
擦　者　吃　柴　燥　攥　堂　僧　弥　扭
俊　觉　床　吞　追　托　足　浆　锌　表
波　车　室　美　扫　参　行　统　拾　捏
癣　屈　妆　蒜　挥　夺　属　晾　品　棉
颇　测　尔　给　钩　酚　反　虫　贾　硫
全　虑　谎　攒　怀　划　讽　娘　烟　秒

二、读多音节词语(100 个音节,共 20 分,限时 2.5 分钟)

本事　解剖　扭转　照顾　创造　花粉　均匀　村庄　屏幕　嗓门儿
取舍　卡车　内在　新月　蜷缩　黄昏　快速　留学　标语　模特儿
催眠　医疗　坏人　确切　相当　漂亮　下令　穷困　手指　脖颈儿
儿童　非法　打倒　拼命　夸张　胸脯　拳头　茫然　代价　旦角儿
纳税　眷恋　采购　繁荣　里程碑　紫外线　司空见惯　包干儿

三、朗读短文(400 个音节,共 30 分,限时 4 分钟)

作品 28 号。

四、命题说话(请在下列话题中任选一个,共 40 分,限时 3 分钟)

1. 我的假日生活　　2. 我喜爱的职业

附录五 中华人民共和国国家标准校对符号及其用法

(GB/T 14706—93)

1. 主要内容与适用范围

本标准规定了校对各种排版校样的专用符号及其用法。

本标准适用于中文(包括少数民族文字)各类校样的校对工作。

2. 引用标准

GB9581 印刷技术术语

3. 术语

3.1 校对符号 proofreader's mark

以特定图形的为主要特征、表达校对要求的符号。

4. 校对符号及用法示例

编号	符号形态	符号作用	符号在文中和页边用法示例	说明
		一、字符的改动		
1	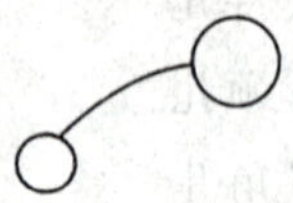	改 正	增高出版物质量。 提 改革开攻 放	改正的字符较多,圈起来有困难时,可用线在页边画清改正的范围 必须更换的损、坏、污字也用改正符号画出
2		删 除	提高出版物物质质量。	
3	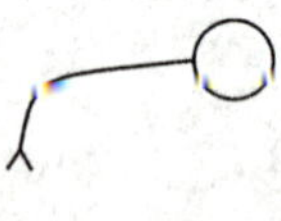	增 补	要搞好校工作。 对	增补的字符较多,圈起来有困难时,可用线在页边画清增补的范围
4	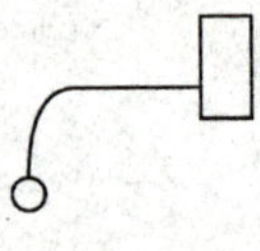	改正上下角	16＝42 2 H2SO4 4 尼古拉·费欣 · 0.25＋0.25＝0·5 . 举例: 2×3＝6 : X:Y＝1:2 :	

续表

编号	符号形态	符号作用	符号在文中和页边用法示例	说　明
二、字符方向位置的移动				
5		转　正	字符颠倒要转正。	
6	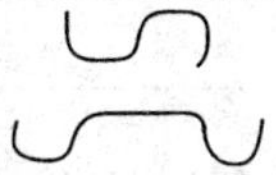	对　调	认真经验总结。 认真验结经总。	用于相邻的字词 用于隔于的字词
7	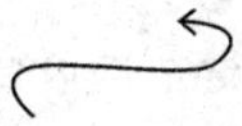	接　排	要重视校对工作， 提高出版物质量。	
8	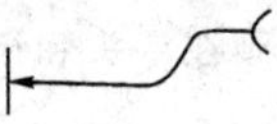	另起段	完成了任务。明年……	
9	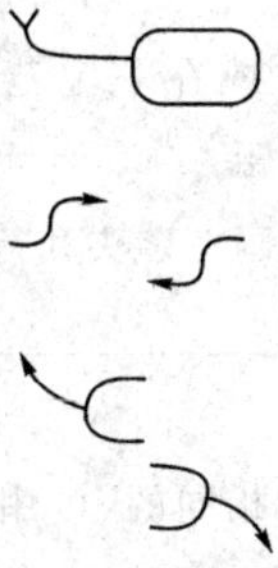	转　移	校对工作，提高出 版物质量要重视。 "。以上引文均见中文新版《 列宁全集》。 编者　年　月 …… 各位编委：	用于行间附近的转移 用于相邻行首末衔接字符的推移 用于相邻首末衔接行段的推移
10	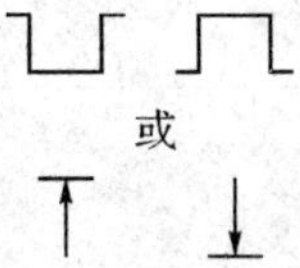 或	上下移	序号　名称　数量 01　显微镜　2	字符上移动缺口左右水平线处 字符下移到箭头所指的短线处
11	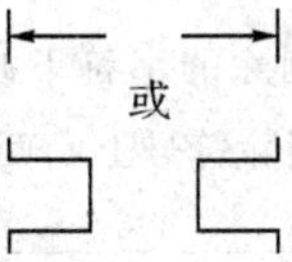 或	左右移	要重视校对工 作，提高出版物质量。 3 4　5 6　5 欢呼　歌　唱	字符左移到箭头所指的短线处 字符左移到缺口上下垂直线处 符号画得太小时，要在页边重标
12	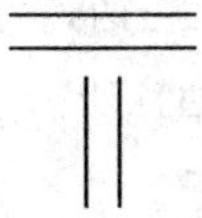	排　齐	校对工作非常重要。 必须提高印刷 质量，缩短印刷周 期。 国家标准	
13	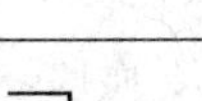	排阶梯形	RH_2	

续表

编号	符号形态	符号作用	符号在文中和页边用法示例	说明
14		正图		符号横线表示水平位置,竖线表示垂直位置,箭头表示上方
		三、字符间空距的改动		
15	∨ >	加大空距	一、校对程序 校对胶印读物、影印书刊的注意事项:	表示在一定范围内适当加大空距 横式文字画在字头和行头之间
16	∧ <	减少空距	二、校对程序 校对胶印读物、影印书刊的注意事项:	表示不空或在一定范围内适当减少空距 横式文字画在字头和行头之间
17	#	空1字距 空1/2字距 空1/3字距 空1/4字距	第一章校对职责和方法 1. 责任校对	多个空距相同的,可用引线连出,只标示一个符号
18	Y	分开	Goodmorning!	用于外文
		四、其他		
19	△	保留	认真搞好校对工作。	除在原删除的字符下画△外,并在原删除符号上画两竖线
20	○=	代替	兰色的程度不同,从淡兰色到深兰色具有多种层次,如天兰色、湖兰色、海兰色、宝兰色…… ○=蓝	同页内有两个或多个相同的字符需要改正的,可用符号代替,并在页边注明
21	○○○	说明	第一章 校对的职责 改黑体 ○○○	说明或指令性文字不要圈起来,在其字下面圈,表示不作为改正的文字。如说明文字较多时,可在首末各三字下面圈

5. 使用要求

5.1　校对校样，必须用色笔（墨水笔、圆珠笔等）书写校对符号和示意改正的字符，但是不能用灰色铅笔书写。

5.2　校样上改正的字符要求写清楚。校改外文，要用印刷体。

5.3　校样中的校对引线要从行间画出。墨色相同的校对引线不可交叉。

附录 A：校对符号应用实例

（参考件）

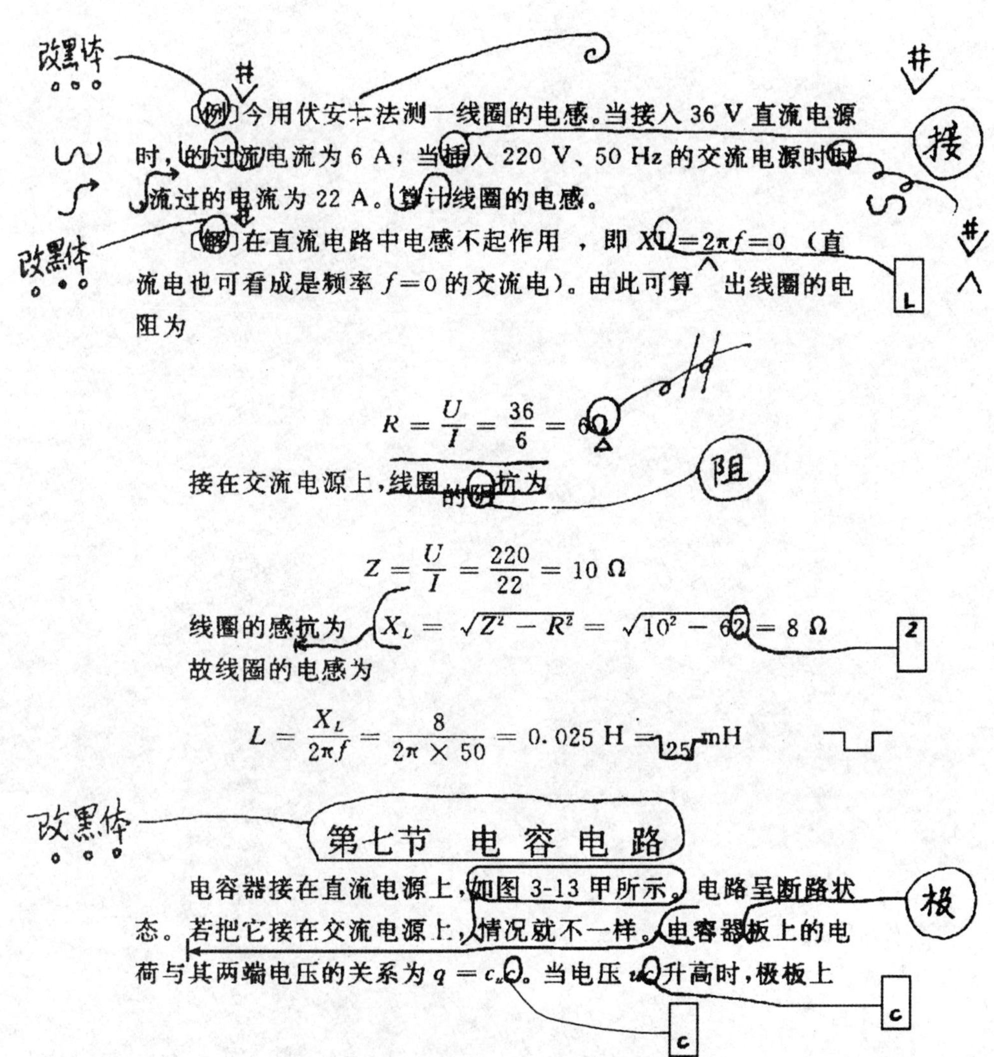

附加说明：

本标准由中华人民共和国新闻出版署提出。

本标准由全国印刷标准化技术委员会归口。

本标准由人民出版社负责起草。